欧亚备要

主办：中国社会科学院古代史研究所内陆欧亚学研究中心

主编：余太山　李锦绣

楼兰新史

(增订本)

孟凡人 著

商务印书馆

图书在版编目（CIP）数据

楼兰新史 / 孟凡人著. — 增订本. — 北京：商务印书馆，2023
（欧亚备要）
ISBN 978-7-100-22372-0

I.①楼… II.①孟… III.①楼兰－文化史 IV.①K928.6

中国国家版本馆CIP数据核字（2023）第072771号

权利保留，侵权必究。

（欧亚备要）

楼兰新史

孟凡人 著

商 务 印 书 馆 出 版
（北京王府井大街36号 邮政编码 100710）
商 务 印 书 馆 发 行
三河市尚艺印装有限公司印刷
ISBN 978 - 7 - 100 - 22372 - 0

2023年11月第1版　　开本 710×1000　1/16
2023年11月第1次印刷　印张 27　1/2

定价：138.00元

编者的话

《欧亚备要》丛书所谓"欧亚"指内陆欧亚（Central Eurasia）。这是一个地理范畴，大致包括东北亚、北亚、中亚和东中欧。这一广袤地区的中央是一片大草原。在古代，由于游牧部族的活动，内陆欧亚各部（包括其周边）无论在政治、经济还是文化上都有了密切的联系。因此，内陆欧亚常常被研究者视作一个整体。

尽管司马迁的《史记》已有关于内陆欧亚的丰富记载，但我国对内陆欧亚历史文化的研究在很多方面长期落后于国际学界。我们认识到这一点并开始急起直追，严格说来是在20世纪70年代末。当时筚路蓝缕的情景，不少人记忆犹新。

由于内陆欧亚研究难度大，早期的研究者要克服的障碍往往多于其他学科。这也体现在成果的发表方面：即使付梓，印数既少，错讹又多，再版希望渺茫，不少论著终于绝版。

有鉴于此，商务印书馆发大愿心，选择若干较优秀、尤急需者，请作者修订重印。不言而喻，这些原来分属各传统领域的著作（专著、资料、译作等）在"欧亚"的名义下汇聚在一起，有利于读者和研究者视野的开拓，其意义显然超越了单纯的再版。

应该指出的是，由于出版时期、出版单位不同，尤其是研究对象的不同，导致诸书体例上的差异，这次重新出版仅就若干大的方面做了调整，其余保持原状，无意划一，借此或可略窥本学科之发展轨迹也。

愿本丛书日积月累，为推动内陆欧亚历史文化的研究起一点作用。

余太山

目　录

上编　楼兰新史

绪　论
一、《楼兰新史》始自西汉终于前凉之末 3
二、罗布泊和楼兰故城的调查与遗迹分布概况 31
三、楼兰问题研究概况 35

第一章　两汉楼兰史谱新篇
一、西域境内丝路最早的起始路段——"楼兰道"的开辟、兴衰和作用 49
二、"楼兰道"上的桥头堡土垠遗址——兼谈居卢仓、龙城和姜赖之墟 65
三、伊循屯田与伊循城的方位 90

第二章　楼兰汉文简牍再现魏晋楼兰史
一、楼兰魏晋简牍年代构成略析 114
二、楼兰汉文简牍资料与魏晋西域长史机构职官系统的复原 129
三、魏晋简牍资料翔实反映出晋代楼兰屯田概况 146
四、从简牍资料管窥魏晋楼兰城的社会实态 154

第三章　楼兰故城的时代和性质
一、楼兰故城的形制和时代 166
二、从鄯善官方佉卢文简牍看鄯善与楼兰城的关系 175

第四章　前凉楼兰史的探寻

一、前凉李柏文书的年代和出土地点 …… 204

二、李柏文书之外其他前凉文书组合与年代 …… 220

三、前凉楼兰史编年 …… 226

四、前凉楼兰史的特点与楼兰史的终结 …… 229

下编　楼兰汉文简牍合校

凡　例 …… 237

第一章　楼兰汉文简牍的发现、刊布与研究

一、概说 …… 238

二、楼兰汉文简牍的发现与刊布 …… 239

三、楼兰汉文简牍研究概况 …… 242

四、楼兰·尼雅简牍在中国简牍学中的地位 …… 243

第二章　楼兰汉文简牍合校

一、《斯文·赫定在楼兰发现的汉文写本及零星物品》
　　刊布的楼兰汉文简牍 …… 246

二、《斯坦因在新疆沙漠发现的汉文文书》刊布的楼兰汉文简牍 …… 310

三、《斯坦因第三次中亚考察所获汉文文书》刊布的楼兰汉文简牍 …… 358

四、《西域考古图谱》刊布的楼兰汉文简牍 …… 386

五、《罗布淖尔考古记》刊布的土垠汉简 …… 398

参考书目 …… 409

佉卢文汉文译名对照 …… 415

索　引 …… 418

增订本后记 …… 430

上编

楼兰新史

绪 论

一、《楼兰新史》始自西汉终于前凉之末

（一）《楼兰新史》的时空界说

"楼兰"之称自张骞凿空之后就出现在中国的正史中，此名是大家所熟知的。但是，时至今日治西域史的学者们，对"楼兰"时空概念的定义却不尽相同。我们认为史籍中记载的"楼兰"，在不同历史时期其含义和地理范围是有很大区别的。因此，在正式阐述楼兰史问题之前，必须明确本书的"楼兰"时空界说。

如前所述，"楼兰"一称始出现于张骞凿空之后的正史中，据此可知，在张骞凿空之前"楼兰"之称当已出现。但是，由于汉通西域之前罗布泊和孔雀河下游一带尚处于史前时期，故"楼兰"名称的具体情况不明。据《史记》和《汉书》记载，西汉元凤四年（前77年）以前，"楼兰"系指楼兰国。这个时期罗布泊一带仅仅是楼兰国的东北边境地区，是楼兰国的组成部分之一。元凤四年傅介子刺杀楼兰王、更名其国为鄯善后，西汉占据了罗布泊和孔雀河下游的北岸地区，并在伊循屯田。鄯善势力被迫南撤，从此终西汉之世，"楼兰"一称消失。东汉时期，《后汉书》的《杨终传》和《班勇传》都提到"楼兰之屯"。魏晋前凉时期，则在楼兰城设西域长史。自东汉迄前凉的"楼兰"，都是以楼兰城为中心，其控制范围扩展至罗布泊和孔雀河下游南岸地区。到前凉末，楼兰城被放弃并逐渐荒废，楼兰地区人类正常聚居的历史亦随之结束，本书楼兰史则以此告终。

罗布泊所在地区，一般泛称罗布洼地。广义言之，罗布洼地东抵北山，

西邻塔克拉玛干大沙漠，南北分别以阿尔金山山前带、库姆塔格（沙山，位于东南方）和库鲁克塔格山为界。狭义的罗布洼地指罗布泊湖盆及湖水曾漫及的地方，位置大致在北纬39°—41°，东经88°—92°之间（图1）①，本书所称的广义楼兰地区大体指此而言。罗布洼地是塔里木地块东部的一个沉降块体，是叠加在地台上的复合性洼地，四周被断裂围限，是塔里木盆地最低的地区。而罗布泊又是洼地中的最低点（湖水面海拔780米），故罗布泊成为塔里木盆地的集水和积盐中心。罗布洼地是我国最干旱的地区，干燥、高温、少雨、多风沙。在罗布泊附近还有大片的盐壳和雅丹等特殊的地貌景观，自然环境恶劣，交通极其不便。但是，由于罗布泊东部的阿奇克谷地与敦煌连接，西经孔雀河沿岸直通西域腹地（图2），所以罗布泊北岸地区又成为控扼古代东西交通要冲的咽喉之一。② 罗布洼地这样的地理位置，与周围地区明显有别的自然环境，使之在塔里木盆地的最东端形成了一个独立的地理单元。而在这个独立地理单元内的主要绿洲，如土垠遗址一带（罗布泊东北），楼兰故城（LA）一带（罗布泊西及孔雀河沿岸）和LK古城（楼兰故城南约50公里）及其周围地区（图1），则为前述广义楼兰地区中的核心区，这个核心区自西汉元凤四年到前凉末均被内地各王朝控制，在行政隶属关系上，与鄯善无涉（伊循较特殊，下文有说）。所以这个核心区在特定的历史条件下，又在独立的地理单元之内，形成了与鄯善有别的政治地理单元。为叙述方便，并与地理学上的罗布洼地相区别，本书则将这个核心区政治地理单元称为"楼兰地区"。

---

① 中国科学院新疆分院罗布泊综合科学考察队：《罗布泊科学考察与研究》，科学出版社1987年版，第171页。
② 前引《罗布泊科学考察与研究》第60页记述，阿奇克谷地是一个典型的构造干谷，整个谷地呈东北—西南向，东起93°子午线，西至罗布洼地东缘，北以北山为界，南与库姆塔格（沙山）相邻，东西长约150公里，南北宽20公里—30公里。

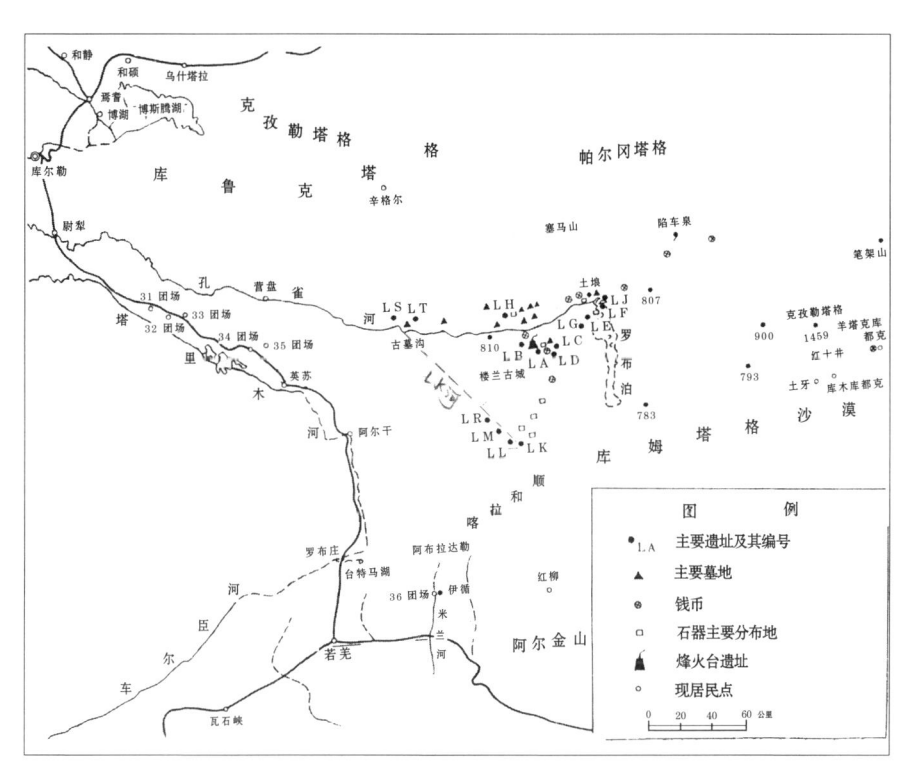

图 1　楼兰地区主要遗址分布图
（采自《罗布泊科学考察与研究》）

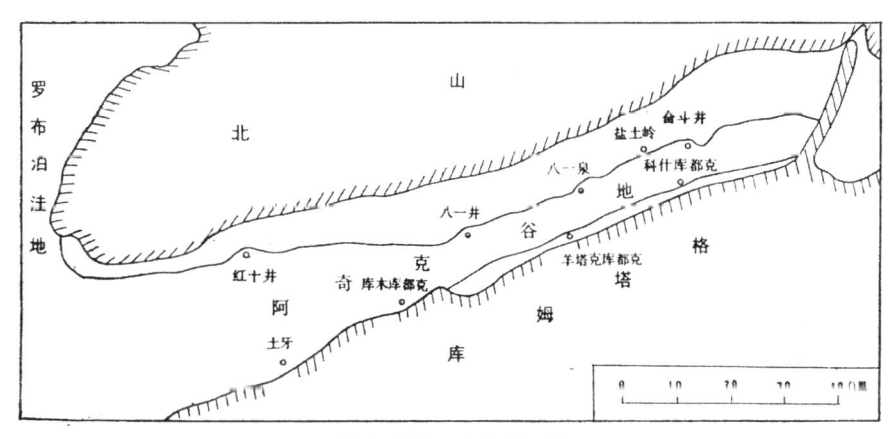

图 2　阿奇克谷地位置图
（采自《罗布泊科学考察与研究》）

综上所述，可以明确地指出，本书所讲的楼兰史，乃是指西汉通西域后至前凉之末，经营和统治"楼兰地区"（以土垠、LA、LK 所在核心区为主体，并涉及广义楼兰地区）的历史。对楼兰史的这种时空界说，与现在一些研究者将更名后的鄯善国也纳入楼兰范畴，并且始终把它们作为一个整体来论述是截然不同的。

（二）本书暂缺楼兰地区土著民族历史研究的原因

1. 关于楼兰地区史前史

现在谈到楼兰地区史，几乎都从汉通西域时讲起。其实，早在汉通西域以前，楼兰地区的文明就已经有了很长的发展过程。因此，一部完整的楼兰地区史，必须追本溯源，将当地汉通西域以前土著文化的历史纳入楼兰地区史的范畴。所谓汉通西域以前的当地土著文化，系指以汉通西域之时为下限的楼兰地区史前考古学文化而言。在楼兰地区的今罗布泊附近与孔雀河下游两岸，以及山前地带和曾经是古代绿洲的地方，广为散布着大量的石器，在孔雀河下游两岸及其附近地区还陆续发现一些史前时期的墓地或墓葬。其中迄今最重要的是1979年发掘的古墓沟墓地，以及2003年至2005年发掘的小河墓地[①]（图3）。古墓沟墓地东距今罗布泊约70公里，地理坐标东经88°55′21″，北纬40°40′35″，位于距孔雀河下游北岸不足2公里第二台地地势稍高的小沙丘上，共发掘42座墓葬。小河墓地东距楼兰故城约102公里，西南距阿拉干36公里，在孔雀河下游河岸以南约60公里的荒漠中，位于孔雀河支流小河河道东侧约4公里处，墓地在一座椭圆形原生大沙丘上，地理坐标为东经88°40′20.3″，北纬40°20′11″，共发掘167座墓葬。古墓沟墓地的时代，发掘者综合多组碳十四年代测定数据，认为其年代为距今3800年左右。小河墓地的时代，同样根据多组碳十四年代数据，认为小河墓地第一阶段墓葬年代为前2000—前1700年，第二阶段墓葬年代为前1700—前1450年。

[①] 王炳华：《孔雀河古墓沟发掘及其初步研究》，《新疆社会科学》1983年第1期；新疆文物考古研究所：《新疆罗布泊小河墓地2003年发掘简报》，《文物》2007年第10期。本文古墓沟和小河墓地的资料，均来源于上述二文。此外，1934年瑞典学者贝格曼首次在小河墓地发掘墓葬12座，称小河5号墓地。见〔瑞典〕贝格曼著，王安洪译：《新疆考古记》，新疆人民出版社1997年版。

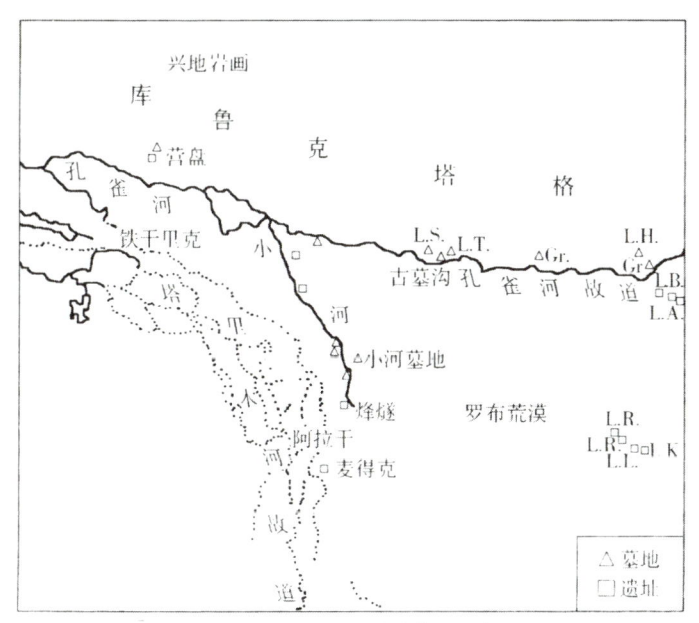

图 3　古墓沟与小河墓地位置示意图
(采自《孔雀河古墓沟发掘及其初步研究》)

(1) 古墓沟墓地

上述两座墓地的时代,在新疆已知的史前遗址和墓葬中,碳十四年代测定数据属于最早之列之一。这两座墓地中有许多共性,古墓沟墓地可分两个类型,第一类型共36座,墓竖穴沙室,部分墓葬墓室东西两端各有一根立木露出地表。木棺两侧长木板稍具弧形相向而立,无底,两端立挡木,棺略呈船形。棺上盖板由一些不规则小木板组成,上覆羊皮或簸箕状草编织物。死者男女老少皆有。除个别墓葬合葬二或三男性外,余者均葬一人。死者葬式仰身直肢,头东脚西,平置于沙土上。尸体裸身,包裹毛毯,头戴尖顶毡帽,帽上或插鸟翎羽,足穿皮鞋。腕、腰和颈部有玉、骨质珠饰。右胸上部置一小包碎麻黄枝,其附近有一草编小篓,少数篓内盛小麦粒(十余颗至百余颗不等)或盛白色浆状物(已干)。部分墓葬东头随葬木质或石质人像,其他随葬品有木质盆、碗、杯;角杯、兽角和锯齿形刻木等。此外,有一座墓男尸骨架骶骨部发现一细石镞,另一座墓中发现一件小铜卷。

第二类型墓共6座,有两座第一类型墓叠压于第二类型墓列木之下。

该类型墓地表有七圈较规整的环形列木桩，木桩由内而外排列，粗细有序。列木环圈之外，有呈放射状四向展开的列木，墓室置于环圈列木之内（图4）。墓内仅见木质棺木的盖板和矩形边板的灰痕，死者均为男性，仰身直肢，头东脚西。遗物深埋朽烂，故发现遗物较少。出土的锯齿形刻木、骨珠、骨锥、木雕人像等的风格与第一类型墓葬无异。其中有两座墓发现小件红铜饰物[①]。

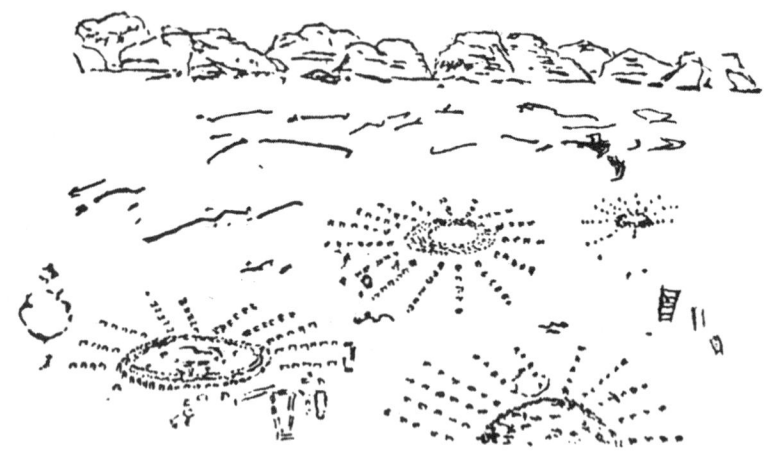

图 4　古墓沟第二类型墓地
（采自《新疆社会科学》1983 年第 1 期）

古墓沟第一类型墓葬形制和随葬品种类基本相同。但是，其中有五六座女性墓随葬品较丰富，并出土锯齿形刻木，木、石圆雕女像、玉珠、小铜饰和多置兽角等。这表明当时已有一定的贫富分化，占有较多财富的女性地位较高，当时应大体仍处于母系氏族社会阶段。第二类型墓葬均为男性，墓地上有七圈环形列木，环圈外还有放射状列木，其中两座墓发现小件铜饰，表明当时男性地位已显著提高。但是，由于此类墓仍出土木雕女像，所以第二类型墓很可能已处于母系向父系氏族社会转化的过渡阶段。

---

① 前引《孔雀河古墓沟发掘及其初步研究》说，古墓沟发现 3 件很小的红铜饰物，经鉴定红铜铜质纯度相当高，所含杂质不过千分之四左右，达三级到四级标准，认为是交换而来的。按古墓沟墓地墓主人生前尚处于原始社会阶段，使用木器和石器，未发现陶器，无烧陶技术，故不可能有冶铜技术，红铜是与外界交换而来的意见是可取的。小河墓地发现的小件铜饰，亦应属此种情况。

(2) 小河墓地

小河墓地从已刊布的第一、二层墓葬来看，墓葬结构基本一致，均为沙穴内置木棺，棺前立木，有的还立高大的胡杨木立柱（此类木柱在墓地沙丘地表露出百余根）。墓穴大致呈圆角方形，大小可容纳一棺及相关立木和木桩。木棺用胡杨木制成侧板、两挡、盖板（拼合而成），无底，略呈船形。木棺盖板上覆牛皮，牛皮中部多置红柳枝，当中夹一枝芦苇，有的在棺头上放一把碎石。木棺前立木，有的棺后还竖一细红柳棍（图5、6）。棺前立木形制因性别而异，男性棺前立木似桨（图7），发掘者称"女阴"。"桨"面涂黑，"桨"柄涂红，柄端多刻有7道旋纹。女阴立木下两侧分别插立一张冥弓和3支木箭（图20之3、图21之1）。女阴桨面大者高近2米，宽近0.7米；

M13 平、剖面图
1. 男根立木　2. 红柳枝　3、4. 盖棺牛皮

M13 木棺平、剖视图
1. 男根立木

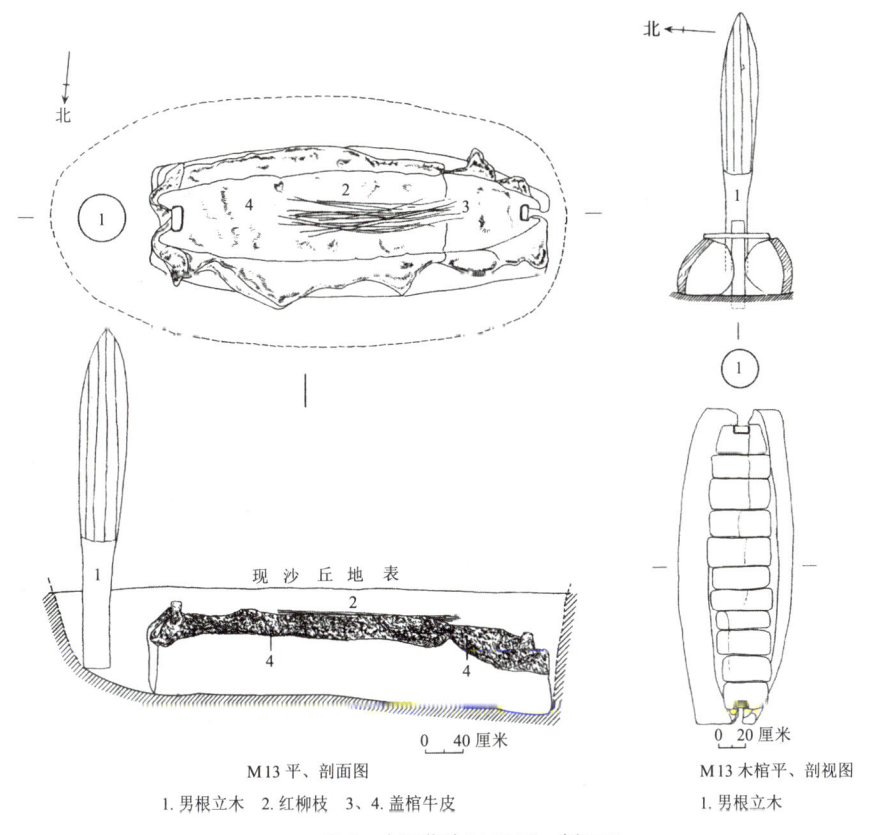

图5　小河墓地M13平、剖面图
（采自《新疆罗布泊小河墓地2003年发掘简报》）

小者高 1.3 米，宽 0.1 米余，差别较大。女性棺前立木基本呈柱体，高 1.5 米—1.8 米不等。形制有的为上下均匀的多棱木柱（图 7 之 2）；有的上部呈粗多棱状柱，下部为细圆柱（图 7 之 3）。木柱端头均涂红，缠一段毛绳，绳下固定草束。发掘者将女性棺前立木称"男根"。在一些"男根"和"女阴"立木顶端嵌有小铜片。第一层墓葬"男根"和"女阴"立木暴露于沙丘上，第二层墓葬此类立木多埋在墓穴中。此外，在第二层还发现 4 座墓木棺最前端再立一根高约三四米的粗木柱，木柱露出地表部分涂红，木柱根部置一把芦苇、麻黄等组成的草束，草束上置一块牛粪，当中多夹有羊腿骨，旁侧放一件较大的草篓（图 6）。

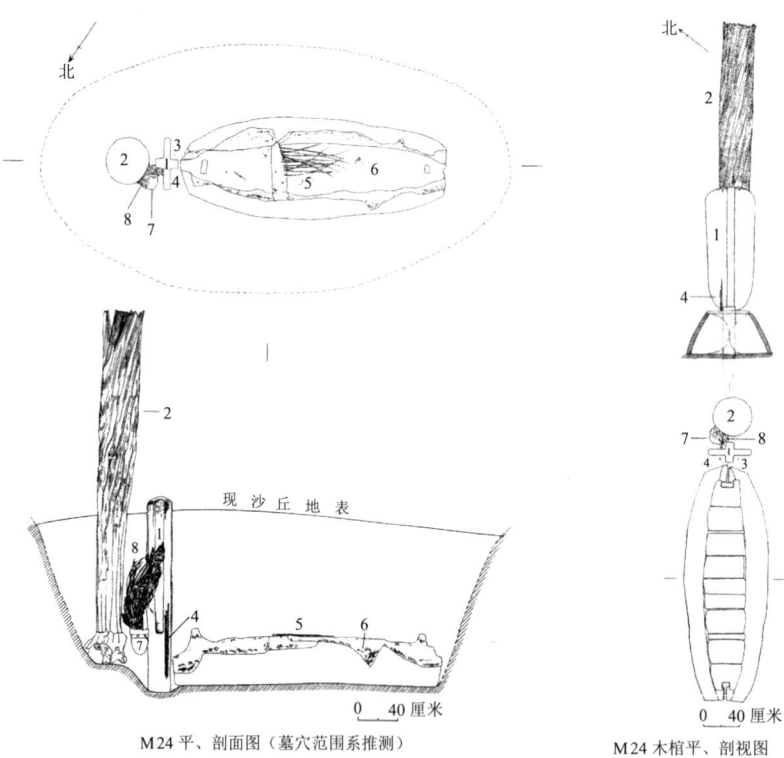

M24 平、剖面图（墓穴范围系推测）
1. 女阴立木 2. 棺前粗木柱 3. 冥弓 4. 箭（3 支） 5. 红柳枝
6. 盖棺牛皮 7. 草篓 8. 草束、羊骨一组

M24 木棺平、剖视图
1. 女阴立木 2. 棺前粗木柱
3. 冥弓 4. 木箭（3 支） 7. 草篓
8. 草束、羊骨一组

图 6　小河墓地 M24 平、剖面图
（采自《新疆罗布泊小河墓地 2003 年发掘简报》）

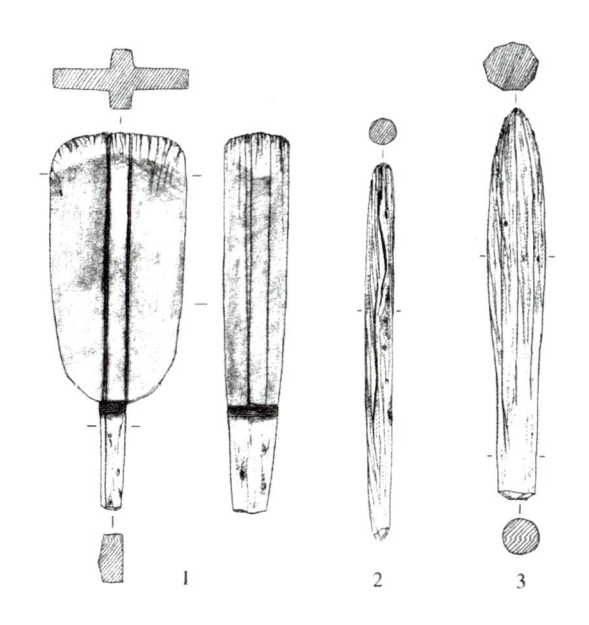

1.M24 女阴立木（M24∶1） 2.M11 男根立木（M11∶1）
3.M13 男根立木（M13∶1）（均为1/36）
图7 "女阴"、"男根"立木的形制
（采自《新疆罗布泊小河墓地2003年发掘简报》）

第一、二层墓葬均为单身葬，两层共40具个体中，成年个体30具、未成年个体10具。在明确性别的23具成年个体中，男性14人，女性9人。其中3具男性尸体特殊，一具是木质尸体[①]，一具用干尸的头颅、残肢和木质的躯干结合而成[②]，另一具仅存一只木质的手臂。死者头向基本朝东或东北，仰身直肢，部分死者面部涂画红色线条，身上普遍涂乳白色浆状物质。

死者头戴毡帽（图8），足蹬皮靴（图9），着腰衣（图10），身裹宽大的毛织斗篷（毛毯）。随葬品（图11、12、13）除随身的衣物、项饰、腕饰外，每墓必在斗篷外的右侧置一个草编篓（图14）。死者身上多置大量麻黄小枝、动物耳尖、用动物筋拧成的短绳，有的还在身上、身下散置麦粒、黍粒。其他如细长的红柳根、禽类羽毛制成的羽饰等，也较常见。死者性别不同，服饰和随葬品也有差别。如女性斗篷和毡帽多为白色，男性多为棕色；

---

① 见前引《新疆罗布泊小河墓地2003年发掘简报》M33。
② 见前引《新疆罗布泊小河墓地2003年发掘简报》M34。

男性斗篷（毛毯）的穗（流苏）多在下摆，女性斗篷的穗多位于颈肩；男性的腰衣似带，女性腰衣如短裙（图10之1、2）。随葬品中最显著的特征是生殖崇拜，男性棺前立木制"女阴"，"女阴"下面两侧置弓箭，身上放羽箭（图6、13）；女性棺前立木制"男根"，身上置木祖、皮囊和木梳（图5、11、12、15、16、17）。此外，随葬品还反映出已出现贫富分化和等级差别。比如，小河墓地第一层M13女性墓的随葬品远较M11女性墓丰富（图11、12），并有象征身份地位的大牛头、木质人面雕像（图18之1），腰衣缀铜片（图10之2），缠绕伶鼬皮的红柳棍、大皮囊（图17），内装可能是蜥蜴的木祖（图16），以及随葬较多的动物耳尖等。第二层M24男性墓随葬品最丰富，共40余件。M24棺盖上覆几张牛皮（图6，M11、M13皆3张牛皮），墓中随葬木质人面雕像（图18之2，额和下颌正中粘小铜片），人面木杖（图19），大牛头、蛇形木雕，有皮套的木杆，木箭、骨镞木箭、羽箭、缠绕鼬皮的红柳棍、羽饰、金属耳环、绕7圈由小白珠穿成的手链（余者单圈）（图21），尸身旁置4个小包（M11、M13有3个小包），随葬的动物耳尖和麻黄枝（图21之3）也较多。又M13、M24墓主人的毡帽均为多支羽毛组成的扇形羽饰缀两个伶鼬头，与M11毡帽2支羽饰、缀一个伶鼬头有别（图8）。M13、M24墓主人面部额至鼻部绘红色横线，与所出木雕人面像鼻梁上横搭细线绳（图18）相对应，M11墓主人面部无装饰，未出土木雕人面像[1]。上述情况表明，M13、M24墓主人不仅财富多于M11，而且地位也明显高于M11，M24则又超过M13。从M13、M24所出标志性随葬品来看，M13、M24墓主人的身份很可能是当时的"头人"兼巫师。M24与M13、M11随葬品相比较，又似可认为小河墓地第一、二层墓葬大体处于母系向父系氏族社会转化的后期阶段。

---

[1] 见前引《新疆罗布泊小河墓地2003年发掘简报》M11、M13、M24。

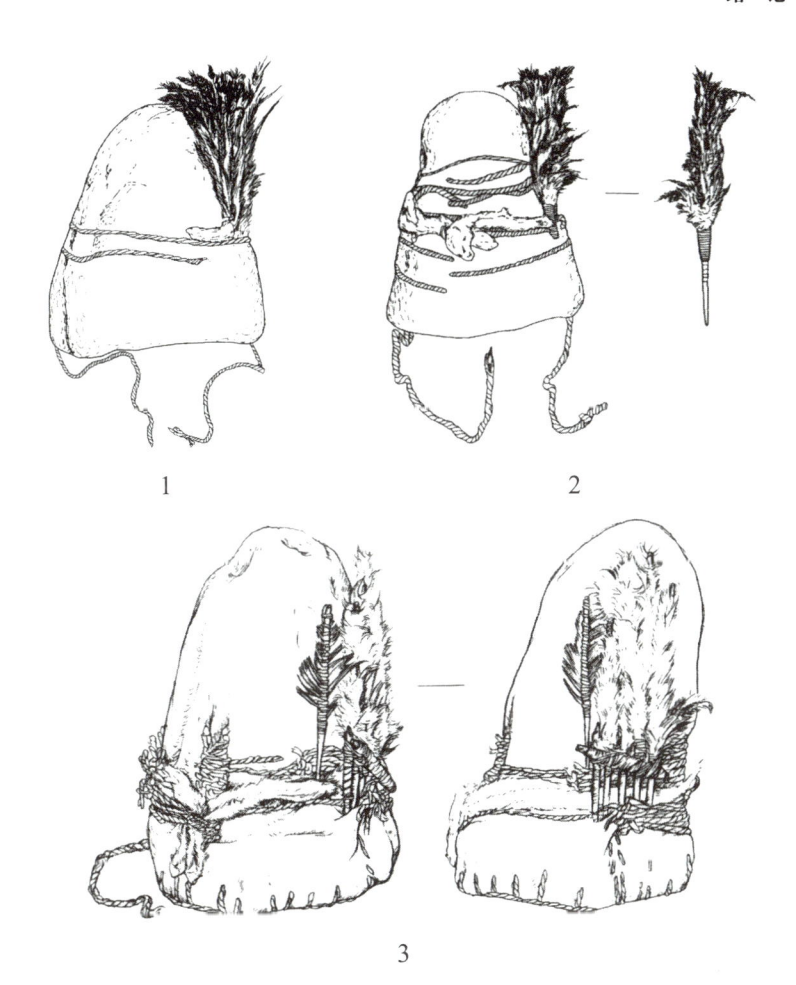

图 8 毡帽
（采自《新疆罗布泊小河墓地 2003 年发掘简报》）
1. M11 : 5 2. M13 : 9 3. M24 : 15

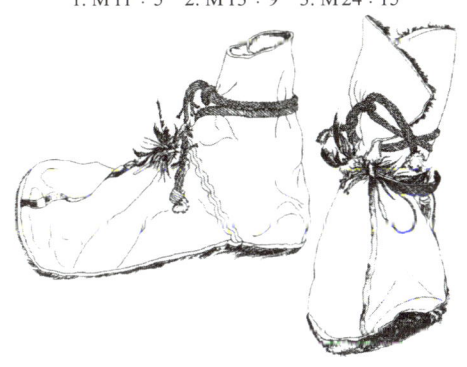

图 9 皮靴（M13 : 10）
（采自《新疆罗布泊小河墓地 2003 年发掘简报》）

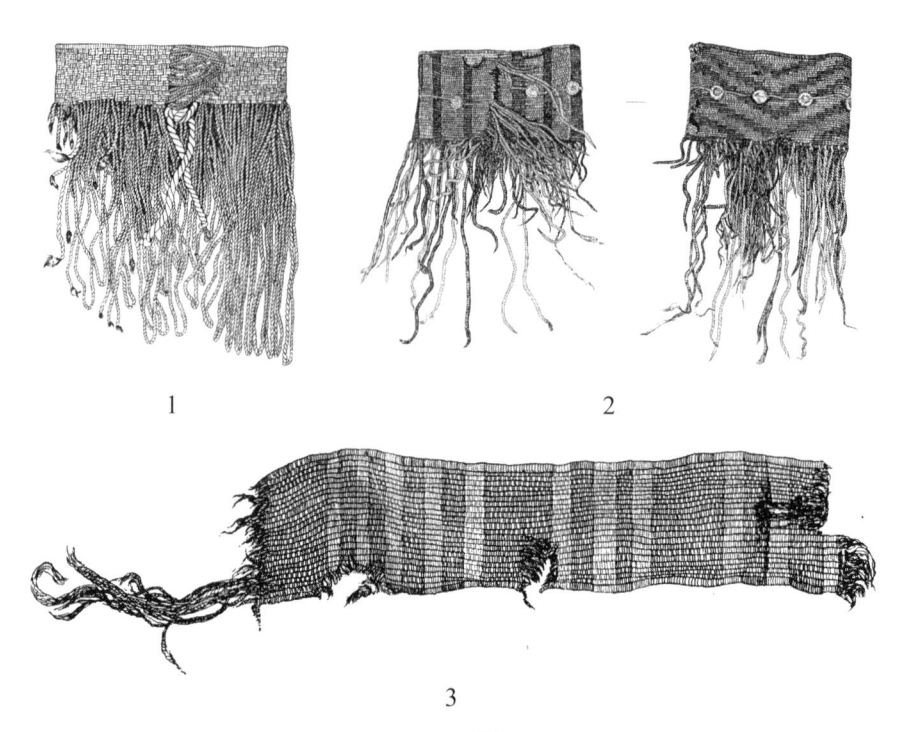

图10 腰衣
（采自《新疆罗布泊小河墓地2003年发掘简报》）
1.M11:16 2.M13:19，正背面 3.M24:19

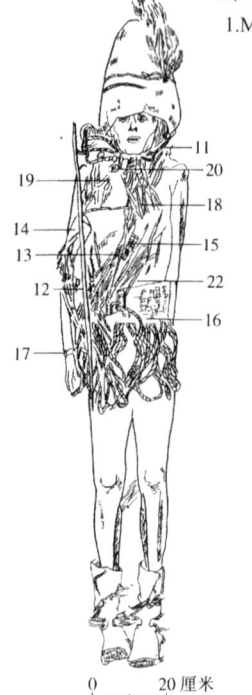

图11 M11墓主人及斗篷内遗物
（采自《新疆罗布泊小河墓地2003年发掘简报》）
11.项链 12.红柳棍 13.羽饰 14.皮囊 15.木祖 16.腰衣
17.手链 18.麻黄枝（胸腹部、颈部散置） 19.动物耳尖
20.乳白色块状物 22.黍粒与植物籽
未在图上标出的有：21.木梳（臀部下） 23.筋绳段（颈肩及胸口部散置）

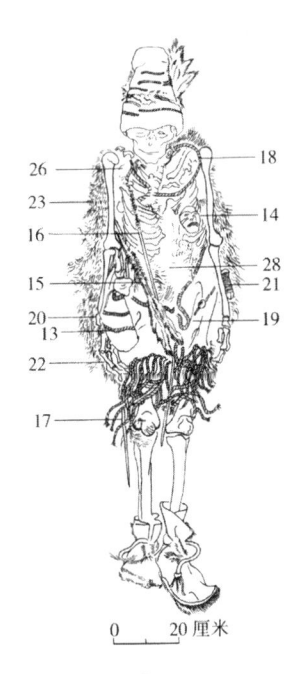

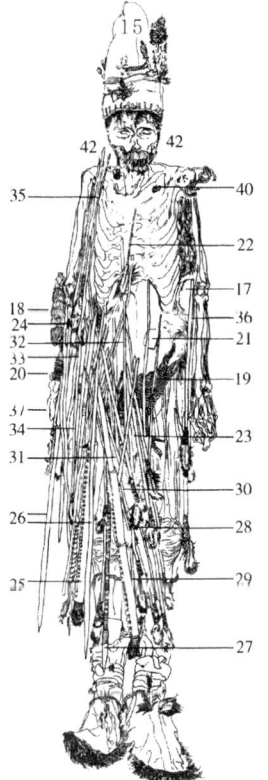

图 12　M13 墓主人及斗篷内遗物
（采自《新疆罗布泊小河墓地 2003 年发掘简报》）
13. 皮囊　14. 木雕人面像　15. 羽饰（3 支）　16. 绕伶鼬皮木棍　17. 红柳棍　18. 项链　19. 腰衣　20. 手链　21. 木祖
22. 小石头（右手卜）　23. 麻黄枝（身卜铺散）
26. 乳白色块状物　28. 黍粒（小腹部散置）
未在图上标出的有：24. 筋绳段（两臂下和臀左侧散置）
25. 动物耳尖（颈肩周围散置）　27. 木梳（右臂下压）

图 13　M24 墓主人及斗篷内遗物
（采自《新疆罗布泊小河墓地 2003 年发掘简报》）
15. 毡帽　17. 木雕人面像　18. 麻黄束　19. 腰衣　20. 手链
21. 小石头　22—24. 羽饰　25. 带皮套的扁木杆（2 支）
26. 蛇形木雕（2 支）　27. 骨镞木箭　28. 羽箭（12 支，集中在两腿间）　29. 绕伶鼬皮木棍（3 支）　30. 两头尖木棍（2 支）　31. 蛇形木雕　32. 红柳棍（2 支）　33、35、36. 羽箭（4 支）　34. 两头尖木棍（6 支）　35. 羽箭（7 支）　36. 羽箭（2 支）　37. 夹条石的马蹄形木器（右手内侧）　40. 动物耳尖　42. 耳环（1 对）
未在图上标出的有：38. 红柳棍（右侧身下）　41. 麻黄枝（身侧、身下散置）

1

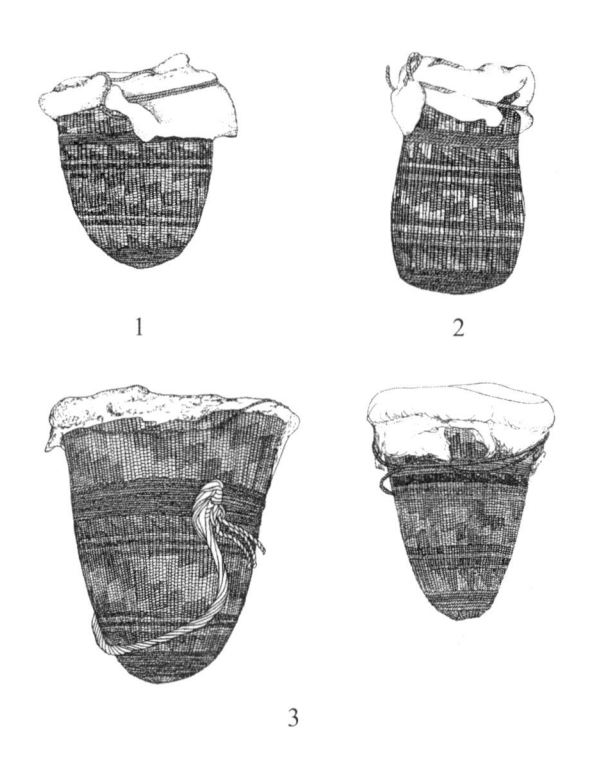

2

3

图 14 草篓
（采自《新疆罗布泊小河墓地 2003 年发掘简报》）
1.M11：7 2.M13：5 3.M24：7.12

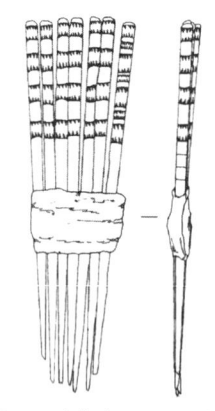

图 15 木梳（M13：27）
（采自《新疆罗布泊小河墓地 2003 年发掘简报》）

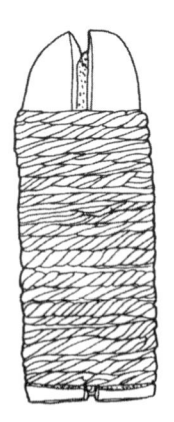

图 16 木祖（M13：21）
（采自《新疆罗布泊小河墓地 2003 年发掘简报》）

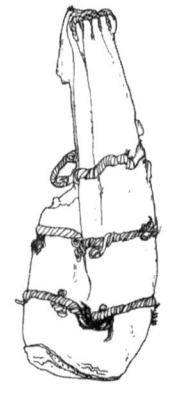

图 17 皮囊（M13：13）
（采自《新疆罗布泊小河墓地 2003 年发掘简报》）

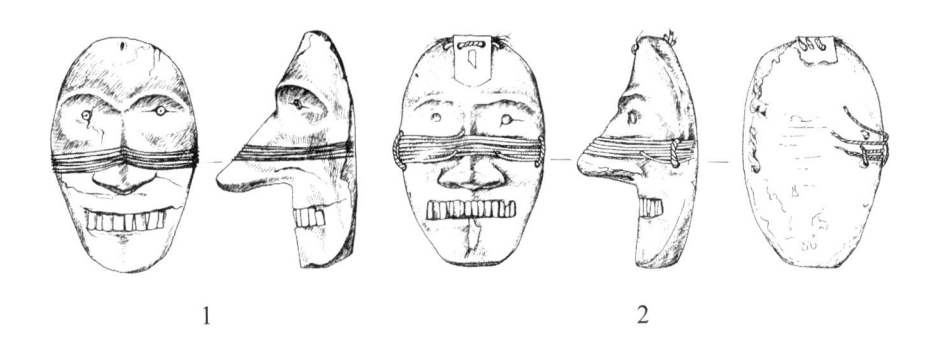

图 18　木雕人面像
（采自《新疆罗布泊小河墓地 2003 年发掘简报》）
1.M13∶14　2.M24∶17

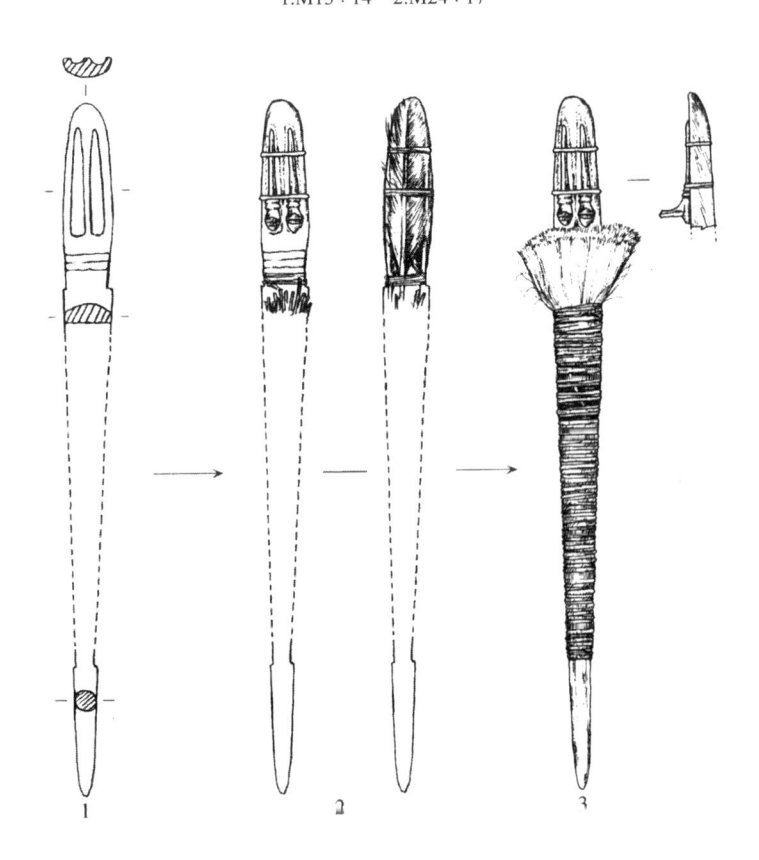

图 19　嵌人面像的木杖（M24∶9）
（采自《新疆罗布泊小河墓地 2003 年发掘简报》）
1.削制出木杆　2.正面嵌人面像，背面粘贴羽毛、绑麻黄枝等　3.裹鬃毛、缠绳后成型（1/7）

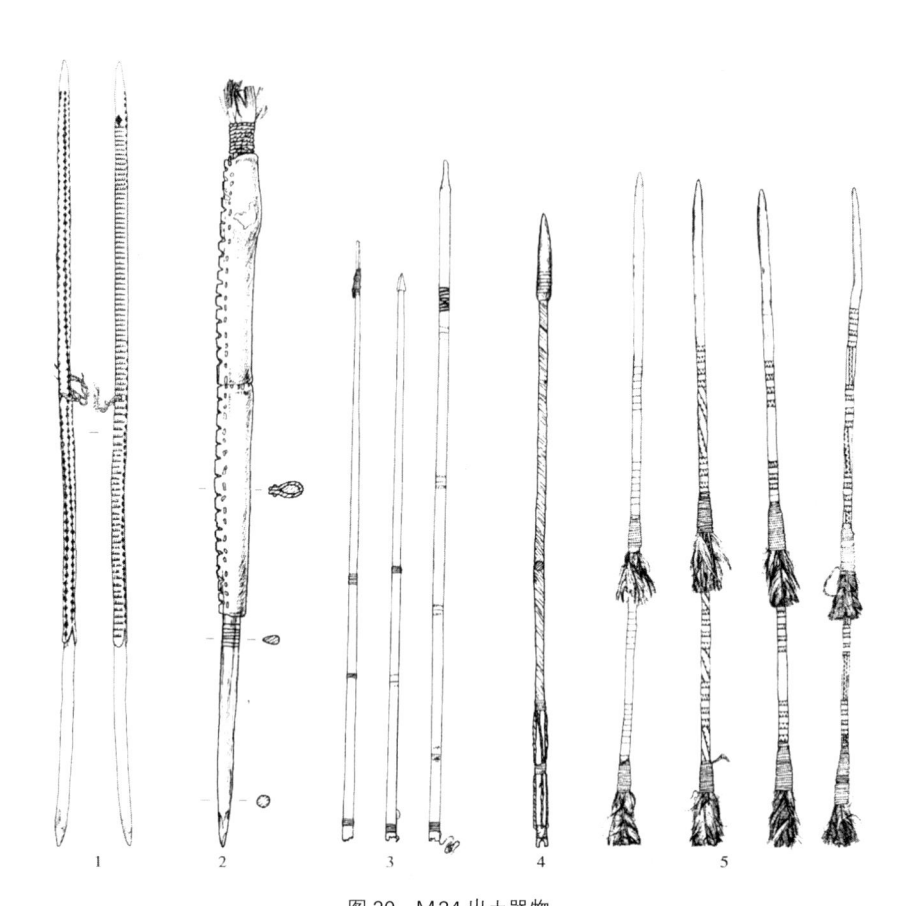

图 20　M24 出土器物
(采自《新疆罗布泊小河墓地 2003 年发掘简报》)
1.蛇形木雕（M24：26-1）　2.带皮套的扁木杆（M24：25-2）　3.木箭（M24：4）　4.骨镞木箭（M24：7）　5.羽箭（M24：8）（1—3 为 1/5，4、5 为 1/6）

图21 M24出土器物

（采自《新疆罗布泊小河墓地2003年发掘简报》）

1. 冥弓（M24：3）
2. 夹条石的马蹄形木器（M24：37）
3. 麻黄束（M24：18）
4. 玉珠手链（M24：20-2）
5. 羽饰（M24：24）
6. 绕伶鼬皮木棍（M24：29）
7. 小白珠手链（M24：20-1）

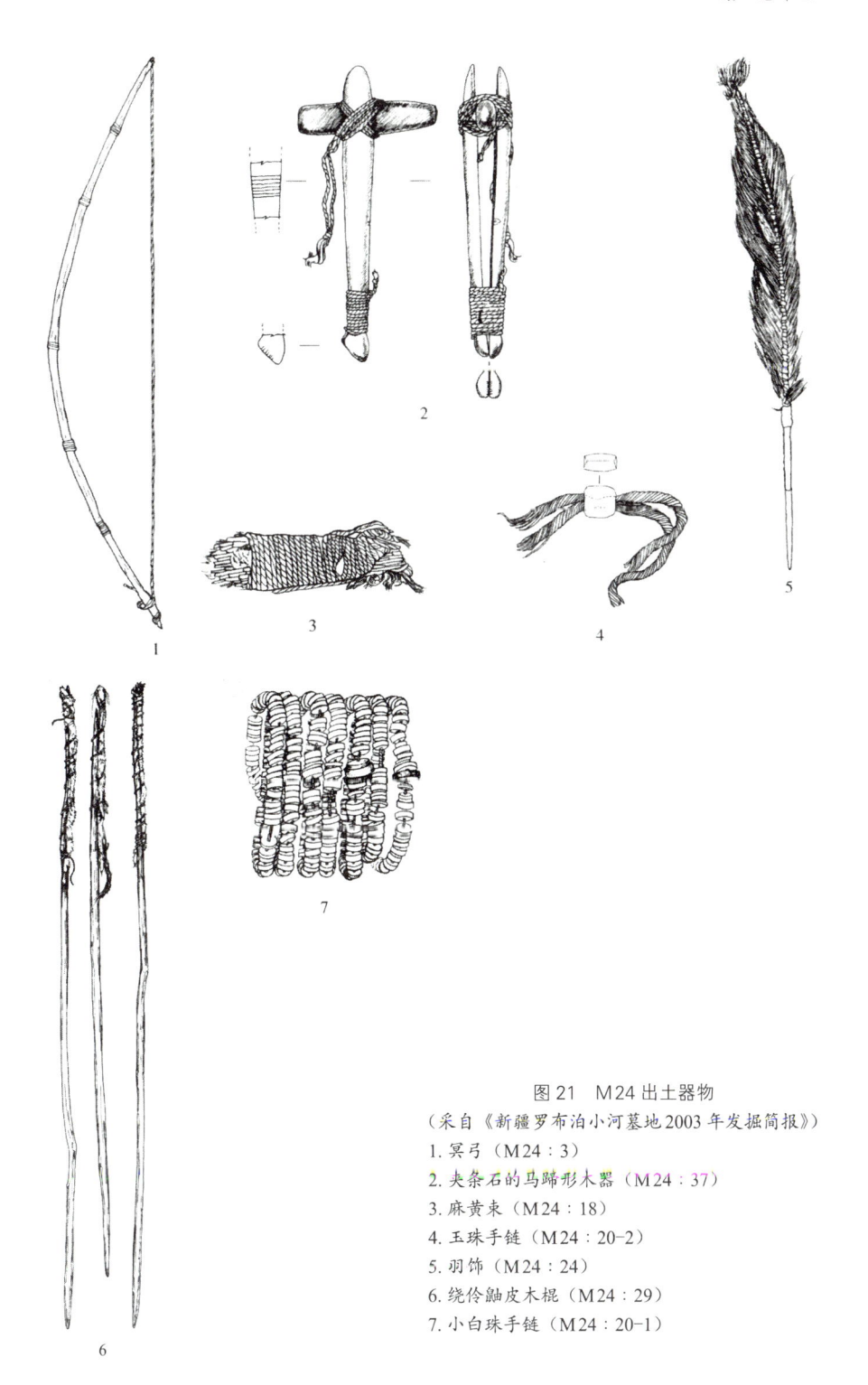

综上所述，古墓沟和小河墓地的文化面貌在已知的新疆史前墓葬中独树一帜。其中特别是小河墓地，不仅墓地基本完整，墓葬数量较多，层位关系较清楚，而且墓葬的形制、尸体、服饰和随葬品几乎均保持整装的原状。其墓葬文化内涵之丰富，所反映的墓主人生前的经济生活（以原始畜牧业为主，出现原始农业）和精神生活（出现原始艺术、生殖崇拜和巫术）的状况，以及墓地的性质（氏族公共墓地）和社会发展阶段（约处于母系向父系氏族社会过渡阶段）之清晰和明确的程度，也是新疆史前墓葬中罕见的。因此，上述两座墓地雄辩地证明了今孔雀河下游两岸的楼兰地区乃是新疆史前文明的摇篮之一，并在新疆史前墓葬和史前文明的研究中占有极其重要的地位。虽然如此，但是应当指出，上述两座墓地的时代下距汉通西域之时约有一千余年，其间的史前墓葬在孔雀河下游一带只有一些零星的发现，罗布泊周围地区则鲜见，同时在今孔雀河下游一带可确定与史前墓葬对应的居住遗址基本上还处于空白状态。据此拟指出以下两点：其一，楼兰地区史前文化发达地域在今罗布泊之西的孔雀河下游一带（即在广义的楼兰地区内），不在今罗布泊附近的楼兰核心区；其二，在今孔雀河下游一带，从上述两座墓地至汉通西域之时的史前文化序列和年代目前还存在很大的缺环，加之涵盖上述两座墓地全部资料的正式发掘报告仍未发表，所以现在难为"无米之炊"，无法全面复原楼兰地区的史前史。

2. 汉通西域后楼兰地区的土著文化概况

西汉通西域，从此西域史翻开了新的一页。当时西汉以盐泽一线为交通大动脉，深入西域腹地。因此，西汉通西域给楼兰地区的历史和文化带来了巨大的冲击。这种冲击主要表现在两个方面。第一，楼兰国逐渐被西汉控制，并被更名为鄯善。西汉和尔后的东汉、魏、晋王朝的派出机构成了楼兰地区的主宰。第二，加速了当地土著文化发展的历史进程，并使当地土著文化融进了汉族文化的成分。下面即以此为重点略作论述。

根据考古调查、发掘资料，在西汉大军、官吏和商旅们不断走过的孔雀河沿岸，地表散布的，或墓葬中的细石镞、磨制石器、玉斧、玉刀、陶片和木器等，经常与西汉的铜镜、铜镞、五铢钱和丝织品共存。如黄文弼《罗布淖尔考古记》刊布的墓LE（图22），该墓在土垠之西孔雀河北岸的土阜上。

墓周立6根木柱，墓内4具尸骨重叠丛葬，衣服已朽。随葬品有漆木桶状杯、木把杯、木案、耳饰、残铜镜等，"由铜镜之边缘，可决定其为汉物无疑"。在墓的附近还发现铜三棱镞、石镞和红陶片。墓L丂在墓L匚南里许（图22），墓上立木柱，墓中立石柱，墓内尸骨被扰乱。随葬品有草篓，漆木桶状把杯、骨锥、骨器、玉耳饰、磨制长方石块等。墓L彡在墓L匚之西一大土阜上（图22），墓口覆芦苇，女尸髻发尚存，额前覆乱纸，旁陈残绢及毛绳麻布之类。女尸衣丝绸，右手戴戒指，发现木把杯2件，木板上置2块羊骨以及铁刀等。墓L彡左侧一墓与墓L彡相近，墓L彡南半里许还有一座环形列木式古墓[①]。贝格曼《新疆考古记》刊布了赫定在罗布泊西北部孔雀河沿岸发现的34（M1）号、35号墓，以及LF附近的38号墓（图24）[②]。34号、35号墓相距较近，并与前述墓葬基本在同一地域。35号墓有独木舟形棺，女尸裹毛毯，丸头巾，衣丝绸。胸前有方块状红色丝绣，腰系带，足穿丝绸面料鞋。随葬品有各色丝绣小袋、木制长方形食盘、红漆碗及一副全羊骨骼。34号墓丛葬，墓四角有立柱，上有盖板。发现15具头骨及一些零散人骨。随葬品有4件木制食盘、2张弓、3件木梳、8件木碗、2件泥制容器、1件小草篓、4件木纺锤、1双小皮鞋，以及漆器、各色丝绸残件和丝绸绣花小袋等。在丝织品上发现写有佉卢文。38号墓丛葬，墓周列木桩，墓内8具人骨，出漆器。此外，1979年在老开屏附近孔雀河北岸，发掘了一座长方形竖穴墓。墓南边有小斜坡墓道，墓口覆芦苇，地表盖块石。丛葬，至少有12个个体，男女老少皆有，以青壮年为主。死者衣丝绸，随葬木制器皿，未见陶器[③]。上述墓葬资料表明，其墓葬形制、葬俗和遗物组合，较古墓沟和小河墓地时期都有显著的变化。这些墓葬，单身葬与丛葬共存。单身葬墓L丂和墓35、丛葬墓L匚和墓38的葬俗，以及部分随葬品尚存古墓沟和小河墓地类型遗风，但是已出现新的器类，并与漆器、丝绸和铜镜等汉族制品共存。这类墓很可能与古墓沟和小河墓地类型有渊源，但其时代已在汉通西域之后。单身葬墓L彡和丛葬墓34、35，据遗物判断其时代可晚至魏晋时期。老开屏丛葬墓与

[①] 参见黄文弼：《罗布淖尔考古记》第二章"湖畔古冢"。
[②] 〔瑞典〕贝格曼著，王安洪译：《新疆考古记》，新疆人民出版社1997年版。
[③] 吐尔逊·艾莎：《罗布淖尔地区东汉墓发掘及研究》，载穆舜英、张平主编：《楼兰文化研究论集》，新疆人民出版社1995年版。

图 22　黄文弼罗布淖尔考察遗迹位置图之一
（采自《罗布淖尔考古记》）

附近古墓沟墓葬的形制和葬俗完全不同，并出丝绸，再次表明了这种丛葬墓的时代晚于古墓沟和小河墓地类型。古墓沟小河墓地类型墓葬，绝大多数都是单身葬，丛葬很少。而本阶段丛葬墓则明显增多，并逐渐成为一种主要的墓葬形制。但是，关于该阶段丛葬与单身葬墓的关系，以及它们各自的发展序列，由于资料有限，目前尚无法研究。

除上所述，一些居住遗址和灌溉渠遗址也很值得注意。比如，黄文弼在土垠之西10余公里的大老坝北岸L厂、LT附近（图23），发现一居住遗址。

遗址内出土骨器5件、草具5件，以及泥杯和泥纺轮等。该居住遗址之北是汉通西域大道，五铢钱等散布地表。其西墓Lᄃ附近，发现一座用碱块垒墙，上覆芦苇的古房址。居住址Lㄩ在L厂、LT之西约30公里，房屋"叠碱块以为墙，苇草为衿被"，出草绳、泥杯和石器。Lㄩ之西有古墓群。古渠L《在Lㄩ西20余公里，渠宽丈余，残高约2尺，直通于河，渠畔散布黑沙陶片。渠北有 沙碛堆，周里许，胡桐丛立，"表现当时人烟之稠密"。其中一沙碛堆上残存居住址两处，房屋"编芦苇为褡，中夹胡桐叶，覆盖其上。下有木

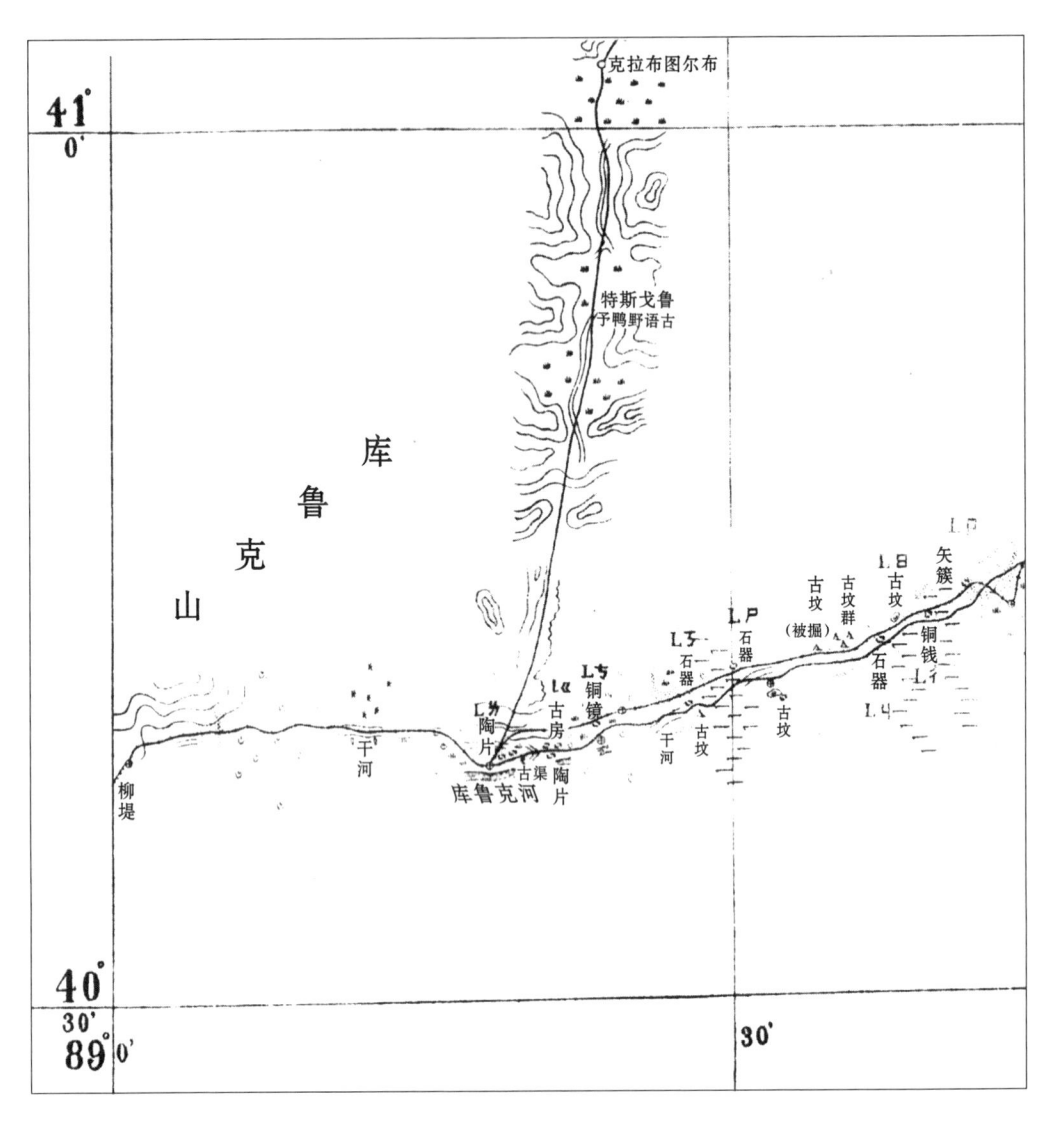

图 23　黄文弼罗布淖尔考察遗迹位置图之二
（采自《罗布淖尔考古记》）

梁及柱以支持之"。这一带黑沙陶片极多，在河边还发现残铜镜与陶片共存。柳堤在古渠之西约 30 公里（以上遗迹位置见图 23），堤长 950 双步，"下为土垠，上覆柳条，旁栽柳条一线"。堤宽 1.9 米，高 0.8 米，每隔 1.7 米植胡桐一棵。柳堤之西约 5 里许，发现一居住址，"以芦草编制之房顶作圆形"。柳堤约位于东经 89°（略过），北纬 40°34′（据《罗布淖尔考古记》附图 7，

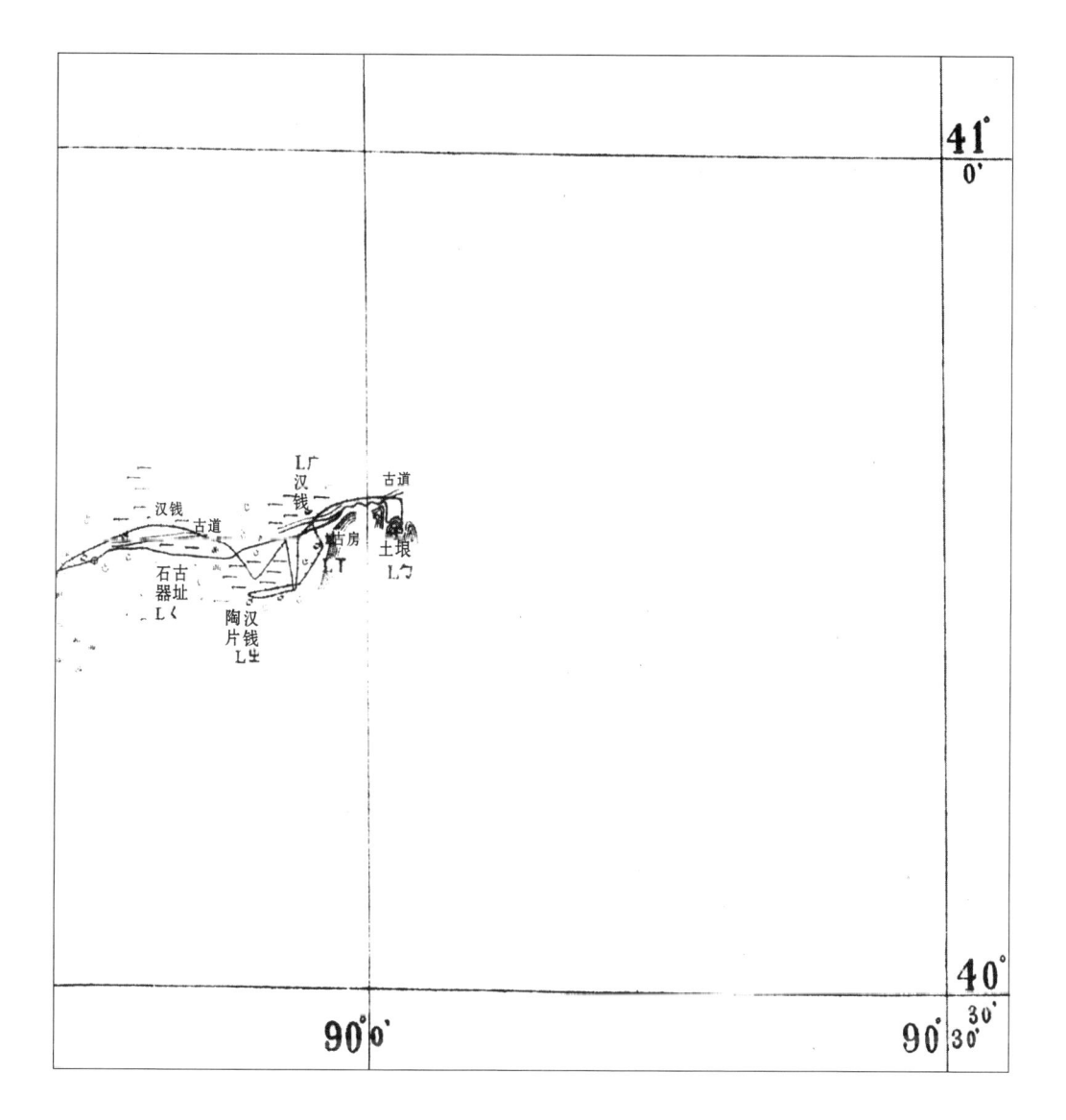

前述各点间距亦据该书附图估算）[①]。这个位置与老开屏（东经88°50′，北纬40°43′）和古墓沟（东经88°55′21″，北纬40°40′35″）基本同在一个地域之内。从上述诸种情况可以看出，自土垠遗址向西，沿孔雀河两岸

[①] 黄文弼：《罗布淖尔考古记》第三章之二"汉代古道及住宅"，其中墓L匚附近古房址见该书第98页。

断断续续均有居民点存在，并大都与相应的古墓地靠近。居民点的房址，有碱块垒砌的草木结合两种建筑形式。遗物有骨器、磨制石器、草具、泥杯、陶片和陶纺轮，附近又往往散布残铜镜和五铢钱等。古渠遗迹和柳堤与老开

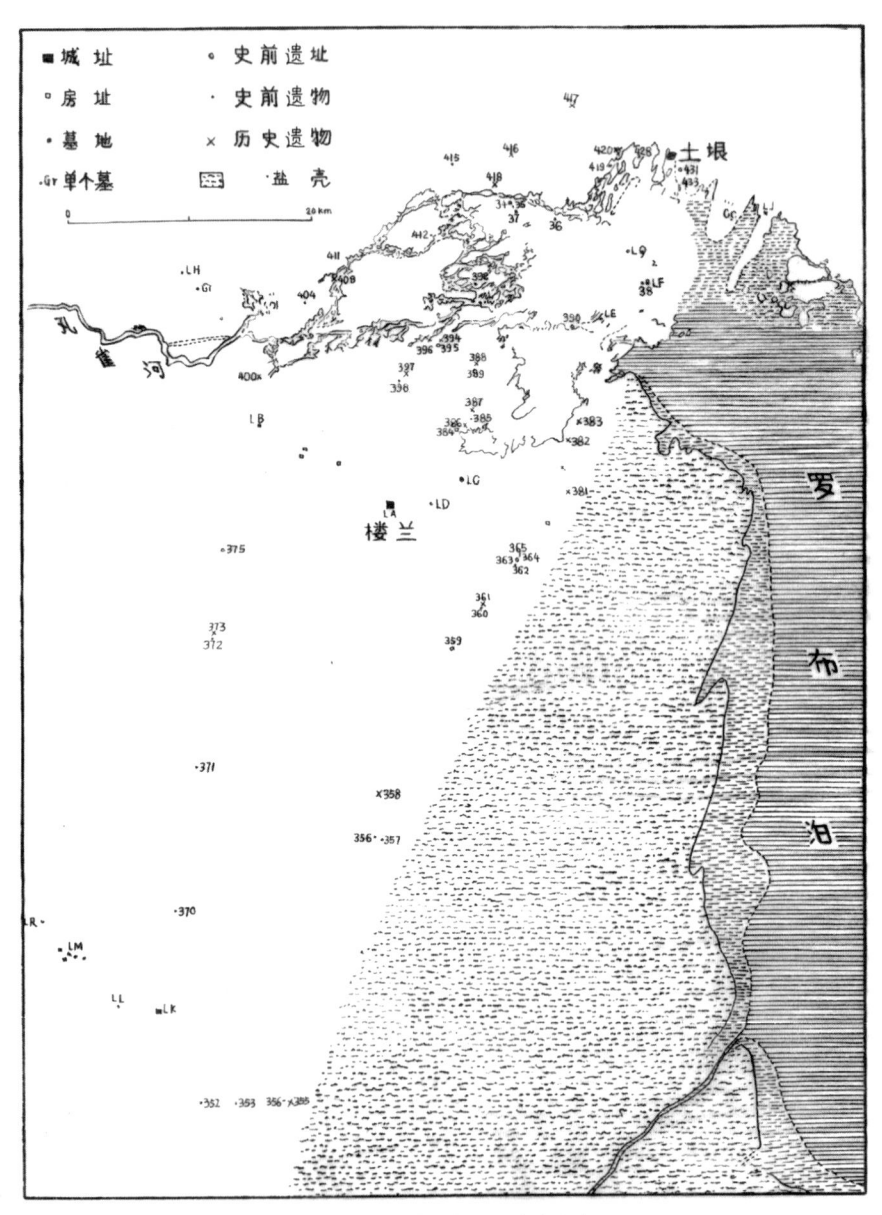

图 24　楼兰故城及其附近遗迹分布图
（采自贝格曼《新疆考古记》）

屏、古墓沟大体在一个地域。在此范围内灌溉渠、居住址和大片墓地共存。亨廷顿实地调查后认为，这里应是当地的一个大居民区。由于古墓沟和老开屏正处于LK河分流附近（见图1），这一带水源充足，适于农耕，墓地的时代前后延续时间较长，大居民区的判断是可取的。因此，古渠和柳堤应是这个阶段当地楼兰人兴建的水利设施。

综上所述，前面介绍的墓葬和遗迹均在土垠遗址之西孔雀河沿岸地区，其居住址和古渠遗迹等与古墓沟和小河墓地类型相比，生产力已经有较大的发展。此时以使用磨制石器为主，木制器皿增多，知道制造泥器和陶器。有了原始的灌溉农业，基本定居。遗物与汉代的铜镜、五铢钱和丝织品共存。墓葬的形制、葬俗和随葬品有从古墓沟和小河墓地类型过渡发展的痕迹。在此阶段，汉代物质文化的渗透是一个很明显的特征。其时代的上限或距西汉始通西域之时较近，盛期则与西汉统治楼兰地区相当，并延续至魏晋时期。社会发展仍处于较低的阶段。此外，由于上述遗址和墓葬多傍孔雀河沿汉通西域大道附近分布，故《汉书》所记为汉军和使者"负水担粮"的楼兰人，可能就是这个类型遗存的居民。

3. 楼兰城崛起后其附近地区土著文化概况

城镇的出现，是衡量社会发展程度的重要标志之一。两汉之际楼兰城的崛起（后文有说），使楼兰地区的发展跃进到一个新的阶段。由于楼兰城的出现、形成和发展，是与两汉、魏晋为确保通西域的交通线，而在楼兰地区苦心经营密不可分的。所以在这个新阶段中，楼兰城及其附近地区文化和社会的发展，无不打上汉族影响的烙印。这种影响一是直接的，如楼兰故城的形制和城墙的构筑方法颇具汉风，城内出土大量汉族遗物和汉文简牍，当地土著居民普遍使用汉族物品，等等。二是间接的，主要表现是在汉族高度发达文化的影响下，加速了当地土著文化和社会的发展，使之与鄯善中心区的差距日益缩小。从楼兰故城及其附近的LB遗址来看，东汉特别是魏晋时期，当地土著居民的建筑、日常生活用品、艺术、佛教建筑、雕塑、绘画，使用佉卢文，以及居民从事农牧业、商业和手工业等情况，与尼雅和米兰遗址已经基本接近。除此而外，这种影响在墓葬中也有较清楚的反映。

楼兰故城附近的墓地，主要有两处，一是"平台墓地"，二是LC墓地。"平台墓地"是1980年发现的，位于故城东北约4.8公里（图25）。墓地有

5座墓较完整，墓土坑竖穴，有的沿墓壁立木桩，木桩上横编苇草，无葬具。3座墓单身葬，2座丛葬。其中丛葬墓MA3有斜坡墓道，墓内人骨5具，可辨出2具为中年男性，1具为中年女性。上述各墓均有随葬品，主要有陶杯、陶罐、木案、木板、骨饰、铜饰、五铢钱、铁镞、铜镜、残铁器、丝织品等。单身随葬品多者4件，少者1件；丛葬墓平均每具人骨合一件。这批墓出土的木板经 ^{14}C 测定，年代为距今2040±90年（1950年起算）。以此结合遗物全面观察，发掘者认为其时代约相当于西汉晚期至东汉初期。LC墓地是斯坦因编号，位于"平台墓地"东北约2公里（图25）。1980年在此发掘2座墓（MB1，MB2），发掘者将LC墓又称为"孤台墓地"。MB1墓在台地中部，长方形，深1.88米。墓口上距地表约50厘米，墓口横盖圆木和苇帘。墓室北角立两根木柱，墓底横四根圆木，上架苇床，床上分三层叠压丛葬（图26）。每层男女混葬，年龄约在25—50岁之间。随葬品较丰富，2墓共计有陶杯2件，木器（盘、杯、梳、篦、弓箭）40件，有的木盘盛羊头和羊骨。箭杆绘黑、红两色图案。漆器（杯、碗、盖）7件，质量较高。铁环1件、骨器3件、皮制品7件、金饰1件、五铢钱4枚、毛织品22件、毯8件、毡3件、棉织品5件。丝织品很多，锦、绮、绢、刺绣等共75件，大都有精美的图案。墓内朽木经 ^{14}C 测定树轮校正，年代为距今1880±85年（1950年起算），相当于东汉时期[1]。20世纪初斯坦因在LC墓地发掘10座墓，其中有的墓出土纸文书，时代在魏晋时期[2]。根据上述资料可初步指出以下四点：其一，"平台墓地"和LC墓地的时代在两汉之际，东汉和魏晋时期。这个时代与楼兰城出现和进入盛期的时代是吻合的。其二，"平台墓地"和LC墓地距楼兰故城很近，应与楼兰城有密切关系。由于这些墓随葬品较丰富、精美，墓主人的地位较高，因此这些墓主人生前似为楼兰城当地土著居民中的上层人物。其三，"平台墓地"和LC墓地与前述孔雀河下游北岸墓葬相比，既有联系又有区别。"平台墓地"与孔雀河下游北岸墓葬相同的是，丛葬与单身葬共存，丛葬的葬俗也很相近。其区别是"平台墓地"墓葬形制较复杂一些，随葬品也较多，出现了真正的陶器，汉族物品丰富。LC墓地

---

[1] 新疆楼兰考古队：《楼兰城郊古墓群发掘简报》，《文物》1988年第7期。
[2] 〔英〕斯坦因著，巫新华等译：《亚洲腹地考古图记》第一卷第七章，广西师范大学出版社2004年版。

丛葬的葬俗，墓葬的结构，木盘盛羊头和羊骨，箭杆绘黑、红两色图案等，与孔雀河下游北岸墓葬相近。其区别是 LC 墓地墓的规模较大，结构较复杂，随葬品很丰富。除当地传统随葬品外，还出土了大量质量上乘的各种丝织品和漆器。其四，"平台墓地"和 LC 墓地所反映的文化和社会发展程度，高于孔雀河下游北岸墓葬，两者的时代差异明显。从上述四点中可以较清楚地看到，以"平台墓地"和 LC 墓地为代表的当地土著文化水平较高，其出现也是较突然的。这种情况显然是与外界的强烈影响有密切关系。比如，随着孔雀河下游改道至楼兰城附近，原孔雀河下游一带逐渐衰落，其居民可能大量迁居到楼兰故城附近。他们带来了孔雀河下游北岸逐渐盛行的丛葬葬俗，并在楼兰故城地区得到发展。其次，孔雀河下游北岸晚期丛葬墓主要集中在东部，并大都分布在至楼兰故城的交通线附近。这个现象再次证明，楼兰故城附近的丛葬墓是与孔雀河下游丛葬墓有渊源的。而其随葬品中汉族器物的增多，又是与楼兰城的地位和影响密不可分的。在两汉之际楼兰城迅速崛起，成为楼兰地区的交通枢纽和新的政治、经济、文化的中心。这种特殊的地位，加上汉族统治者的行政力量，汉族移民对楼兰地区的开发，使汉族的高度文明和物质文化很快渗透到当地土著居民的生活中，从而促进了当地土著居民文化和社会的发展。由此可见，楼兰城的出现大大加速了楼兰地区土著文化的发展，推动了楼兰地区社会历史的发展进程。

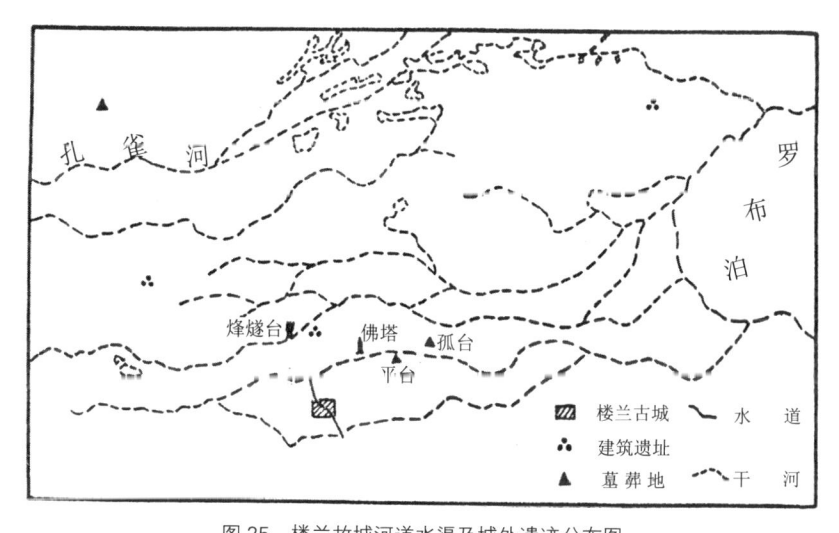

图 25 楼兰故城河道水渠及城外遗迹分布图

（据《楼兰遗址考察简报》历史地理创刊号 196 页图 1，孤台墓地，即斯坦因 LC 墓地）

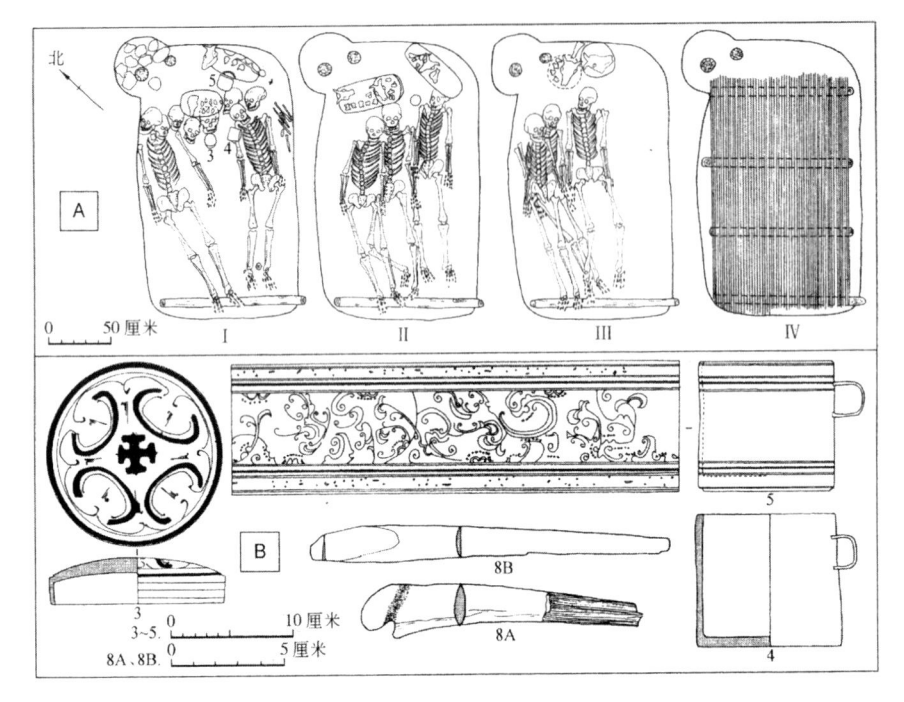

图 26　楼兰孤台墓地 MB1 平面图及部分出土器物
A. 平面图　Ⅰ. 第一层人骨　Ⅱ. 第二层人骨　Ⅲ. 第三层人骨　Ⅳ. 墓底
B. 部分出土器物　3. 漆器盖　4、5. 漆杯　8A、8B. 骨弓
(采自《中国考古学·秦汉卷》)

4. 小结：考古资料匮乏是主要原因

上面就目前已知的楼兰地区史前考古学文化，汉通西域后楼兰地区的土著文化，楼兰城崛起后楼兰地区土著文化的情况略作概括介绍。关于楼兰地区史前考古学文化，前已指出从古墓沟和小河墓地类型至汉通西域之时，其间的文化序列及年代断层和缺环很大，该地区史前考古学文化的整体面貌不明，无法据现在已有资料复原楼兰地区的史前史。汉通西域后和楼兰城崛起后其附近地区的土著文化，文献缺载；而与此有关的极其有限的考古资料中，属正规考古发掘的完整考古资料甚少，大多是早年调查所得支离破碎、内涵不完整、不清晰或似是而非的资料，其间的缺环也甚于前者，目前同样无法呈现这个历史阶段楼兰地区土著文化和历史面貌。综上所述，可以明确指出本书正文暂缺楼兰地区土著民族历史研究的主要原因，乃是为资料所

限，实属无奈。

鉴于上述情况，全面展开楼兰地区土著文化的考古调查和发掘，并据以进行深入的历史学研究，就成为今后楼兰考古学和楼兰史领域亟待解决的重要课题之一。但是，在此之前为在一定程度上弥补本书正文中对这个问题的缺环，并使读者对楼兰地区土著文化和历史能有个概括的了解，所以在上面的论述中，也力图据现有资料对楼兰地区土著文化和历史大体粗略地勾画出一个轮廓，以供参考。

二、罗布泊和楼兰故城的调查与遗迹分布概况

（一）调查概况

自19世纪末20世纪初以来，对罗布泊、楼兰故城及其附近地区不断进行的科学考察、考古调查与发掘，为研究楼兰问题奠定了重要的资料基础。因此，有必要将这些调查的情况简介如下[①]：

1. 1876—1877年：俄国军官普尔热瓦尔斯基到阿不旦调查，他将喀拉和顺误认为罗布泊。由于喀拉和顺是淡水湖，位置又较清朝实测的罗布泊纬度偏南一度，所以他断定清朝的实测地图是错误的。此说遭到德国地理学家李希霍芬的反对，他指出普氏考察的湖泊不是中国地图上的罗布泊，真正的罗布泊应在普氏所见湖泊之北。于是引起了关于罗布泊的位置之争。

2. 1889年和1893年：俄国军官科兹洛夫两次到罗布泊考察。他认为罗布泊北部的广泛湖相沉积，是孔雀河的湖状泛滥，与罗布泊没有任何关系。科兹洛夫仍坚持普氏观点。

3. 1896年：瑞典地理学家斯文·赫定于1896年3月到罗布泊一带调查。他在北纬40°30′的地方见到四个小湖，湖的周围有许多干涸的河床。这些湖泊与清朝地图标明的罗布泊方位一致，但形状不同。他认为这就是罗

[①] 参见黄文房：《罗布泊地区考察史》，收在中国科学院新疆分院罗布泊综合科学考察队：《罗布泊科学考察与研究》，科学出版社1987年版。

布泊的遗迹，从而证明了李希霍芬的推论是正确的。

4. 1900—1901 年：1900 年 3 月 28 日，斯文·赫定发现楼兰故城。此外，他还在罗布泊附近发现一条宽 100 米、深 4 米—5 米的干涸河床。他确信塔里木河曾经流过这里注入罗布泊，后来河流改道南流。1901 年 3 月之初，斯文·赫定发掘楼兰故城。他根据故城所出佉卢文简牍"Kroraina"一词，推定古城原名叫楼兰。主张公元前 77 年以前，楼兰国都在楼兰城，此后都城则迁到了若羌。他还根据楼兰故城汉文简牍纪年下限在公元 330 年，以及故城附近洼地比南部喀拉和顺地势低的现象，认为 4 世纪初叶以前罗布泊在北部。4 世纪初以后，由于堆积作用的发展，河道改变，北部湖泊缩小、消失，遂在沙漠南部形成了新的湖泊。后来南部的湖泊又因各种堆积物沉淀抬高，而北部原来干涸的湖盆则因强烈的风蚀变凹，结果湖水重新回到北部。斯文·赫定根据上述推论，提出了罗布泊游移说[①]。

5. 1905—1906 年：美国学者亨廷顿到罗布泊地区调查。他从气候变化对环境的影响出发，提出了罗布泊是"盈亏湖"说，即湖泊随着气候湿润或干燥而扩大或收缩，认为现在的罗布泊是经过两次干湿变化保留下来的。

6. 1906—1907 年：1906 年 12 月中旬，英国学者斯坦因发掘楼兰故城（LA）和 LB 遗址，出土了许多汉文和佉卢文简牍，以及其他遗物。据此他断定楼兰故城被放弃的时间，应距汉文简牍纪年下限 330 年不远。1906 年 12 月初和 1907 年 1 月，斯坦因两次发掘米兰古城及其附近的佛寺遗址。他主张米兰古城即是鄯善国都扜泥城。1907 年 2 月至 3 月，斯坦因从米兰向敦煌出发，调查了米兰到古代玉门关的交通线。

7. 1909 年：1909 年 3 月，日本学者橘瑞超到楼兰地区进行调查，发现了著名的李柏文书。

8. 1910 年末—1911 年初：橘瑞超发掘楼兰故城，发现部分遗物。此外，还调查了一些其他遗迹。

9. 1914 年：1914 年 1 月斯坦因到米兰，2 月 1 日向楼兰进发。途中发现 LK 古城，以及 LL、LM 等遗址。1914 年 2 月中旬，斯坦因再次发掘楼兰

---

① 〔瑞典〕斯文·赫定：《游移的湖》，见本编征引书目。

故城，并发掘了 LC 墓地，发现了 LE、LF 等遗址。先后出土了许多汉文和佉卢文简牍，以及丝织品等遗物。此外，斯坦因还对罗布泊和古河道进行了考察。他认为罗布泊的位置，随着河流的迁徙而经常变化，指出河流的回转是没有周期性的。斯坦因在楼兰地区考察完毕后，从此向敦煌进发，调查了楼兰与古代玉门关间的交通线。

10．1928 年：瑞典学者贝格曼，在孔雀河沿岸及北部山地进行考古调查。关于楼兰故城的性质和罗布泊的位置，他基本同意赫定的观点。

11．1930 年：1930 年 4 月，中国学者黄文弼到罗布泊北岸一带调查，发现了著名的土垠遗址及一批汉简。据此他认为楼兰国都很可能在土垠以西不远。但是，他到晚年时在《罗布淖尔沙碛中之古城遗址》一文中（未刊），又提出了 LK 占城是扜泥城的论点。

12．1931 年：1931 年春，中国学者陈宗器和英国人郝勒，从敦煌玉门关出发，调查了玉门关至罗布泊的古道。同时还调查了楼兰地区古代遗迹，采集了铜镜、铜钱以及石器等遗物。

13．1934 年：1934 年 4 月初，斯文·赫定一行从库尔勒出发，乘独木舟至罗布泊考察。沿途调查了一些古代遗址，并发掘了几座墓葬。根据这次考察，赫定进一步确认了罗布泊游移说。提出了罗布泊以 1500 年为周期，南北循回迁移的理论[①]。

贝格曼在孔雀河沿岸及其附近地区进行考古调查，发现了著名的"小河" 5 号墓地等一批墓葬和遗址，并做了一些发掘。

黄文弼再次到孔雀河沿岸进行考古调查。在土垠之西发现古道、居住遗址、石器遗址、墓葬，以及水渠、柳堤等重要遗迹。关于罗布泊位置的变迁，他基本同意赫定的意见。

陈宗器再次到罗布泊考察，测绘了罗布泊，并标出罗布泊位置、形状和面积。他认为罗布泊的位置，随着注入的河水分配情况而迁移。罗布泊有时进入到喀拉和顺，有时回到原地，提出了罗布泊是"交替湖"说[②]。

[①] 〔瑞典〕斯义·赫定：《漂移的湖——新疆罗布泊考察记》，《现代月刊》1948 年第 6 期。
[②] 陈宗器：《罗布淖尔与罗布荒原》，《地理学报》第 3 卷第 1 期，1936 年。陈宗器、〔英〕郝勒：《中国西北之交替湖》，《方志月刊》第 8 卷第 4、5 合期，1941 年。

14.1954 年：苏联学者西尼林到罗布泊地区考察。他认为由于盆地基底发生块状位移，而造成罗布泊的迁移。提出罗布泊的迁移，是新构造活动引起的理论[①]。

15.1959 年：中国科学院新疆综合考察队地貌组，进入罗布泊北部地区考察。通过这次考察，他们初步否定了罗布泊是"游移湖"或"交替湖"的论断。

16.1979—1980 年：新疆社会科学院考古研究所，于 1979 年 6 月和 11 月，1980 年 3 月至 4 月，三次组队到楼兰故城和孔雀河沿岸调查发掘。他们校正了楼兰故城的经纬度，发现了故城外的干河道和与之相连的城内水渠。发掘了城外及孔雀河沿岸的墓葬，取得了一批新资料，提出了一些新见解。

17.1980—1981 年：1980 年 5 月至 7 月，1980 年 11 月至 12 月，1981 年 5 月至 6 月，中国科学院新疆分院罗布泊考察队，三次深入罗布泊湖盆及其附近地区，进行水文地质、地貌、土壤、植物、动物、化学和历史地理等专业的综合考察。这次考察是罗布泊考察史上时间最长、范围最广、内容最丰富、成绩最大的一次。通过这些考察，他们对楼兰地区的历史地理，以及其他学科方面的问题提出了较系统的意见，并基本上否定了罗布泊"游移湖"说（注：中国现在仍有一些学者主张罗布泊迁移说，但其具体说法和论据与赫定等人有些区别）。

18.1988 年：1988 年 3 月底至 5 月底，新疆维吾尔自治区文化厅楼兰文物普查队，对米兰古城、米兰佛寺遗址、LK 古城、楼兰故城等遗址进行了普查，并采集了一批遗物。

19.进入 20 世纪 90 年代以后，新疆考古和自然科学工作者又对楼兰地区进行了多次考察，其中最重要的是 2002 年至 2005 年小河墓地的考古发掘（前文已介绍）。

以上诸次的考察和调查，详情请参见本书正文，及书后的参考书目。

---

① 〔苏联〕B·M. 西尼林：《罗布淖尔洼地及罗布泊的地质史》，《地理译丛》1955 年第 4 期。

（二）遗址分布概况

楼兰地区遗迹的分布，从北向南大致可分为四区。一是罗布泊北岸与孔雀河（包括支流）北岸地区。这一带是"楼兰道"主体之所在，遗迹主要分布于 LJ 遗址和土垠至营盘东西一线，距离很长，遗迹点多而疏散。遗迹以史前至汉通西域前后一段时间的墓葬和遗址居多，东部以汉代土垠遗址最重要，城址乏见；西部营盘古城和墓地的下限延续至魏晋或更长，沿线是烽燧和古道遗迹的主要分布区。二是以楼兰故城（LA）为中心的分布区，该区各种遗迹在一定范围内略呈组团式分布，较密集，遗迹种类较多（城址、戍堡、寺庙、屯田遗迹、古道遗迹、烽燧、墓葬等），出土了大量的珍贵文物和简牍文书（以汉文简牍为主，出土部分佉卢文简牍），内涵丰富，时代集中在魏晋前凉时期（史前和汉代遗迹较少），学术课题构成复杂，是楼兰考古学的主体部分。三是以 LK 古城为中心的分布区，该区除 LK 古城外，余者多为屯戍遗迹（戍堡和屯田遗迹），遗迹相对较少，时代与楼兰故城分布区大体相同。其中 LK 古城时代的上下限，分别早于楼兰故城时代的上下限（后文有说）。四是米兰遗址分布区，以米兰佛寺遗址群和米兰古城为主体。佛寺时代大致在 3—5 世纪，米兰古城下层约与佛寺时代相当，其改建的现存形制为唐代吐蕃城。出土较多的吐蕃遗物和吐蕃文简牍，古城附近还有灌溉遗迹（后文有说）。

上面所述遗迹的分布概况，仅以已刊布的资料为据，从近些年的零星发现来看，各种遗迹分布的范围、数量和密度远不止于此。可以说我们现在对楼兰地区遗迹的了解程度还很有限，对整个楼兰地区遗迹的分布、数量、形制、规模、时代和性质的底数，仍处于不完全清楚的阶段。

三、楼兰问题研究概况

（一）研究概况

总观近百年来楼兰问题的研究，主要是围绕着地理学、历史和考古学进行的。在地理学方面，罗布泊的性质及其变化的原因，是集中探讨的核心问题。据前所述，这种探讨基本可分为两大阶段，1876年至1934年（1915—1927年属间歇期）。自普氏挑起罗布泊位置之争后，对罗布泊的考察日益频繁，对罗布泊问题的探讨日渐深入，出现了各种各样的假说和推论。最后至1934年达到高潮，以斯文·赫定"游移湖"说取胜而告终。在这个阶段，列强诸国的学者们唱主角，中国学者是配角，罗布泊成为世人瞩目的学术探讨和列强角逐的舞台。第二阶段，约从20世纪50年代中期开始直至80年代。第一阶段之后，世界局势动荡不安，紧接着就是抗日战争、第二次世界大战和中国的解放战争，罗布泊的考察因而中断，研究也沉寂下去。新中国成立后，百废俱兴，罗布泊问题再次被提到日程上来。从此中国依靠自己的力量独自进行考察（仅初期有个别外国人短期介入），经过不断的积累，80年代已取得了大量科学考察资料和实验数据，对所涉及的领域提出了较全面的看法，令人耳目一新。其中特别是围绕罗布泊问题，更进行了多方面的详细论证，指出罗布泊并非是一个"游移湖"，从此关于罗布泊性质的百年之争有了比较科学的结论。其成果主要收在《罗布泊科学考察与研究》一书中，这是一部集罗布泊问题研究之大成，带有总结性的重要著作。

历史和考古学，是楼兰问题研究的另外一个主要领域。在这个领域中，历史研究所根据的文献资料极为有限，它主要是依托于考古资料和考古学研究成果。而楼兰史研究的发展，反过来又对楼兰学研究有很大的促进作用，两者关系很密切，难以截然分开。具体言之，楼兰史和楼兰考古学的研究，亦可大体分为三个阶段。第一阶段，从1900年发现楼兰故城至1945年第二次世界大战结束。其中1900—1940年属于盛期，1940年以后受第二次世界大战影响属衰落期。在这个阶段，楼兰考古学的成果主要表现在调查、发掘和整理刊布资料方面。现存的楼兰考古学资料，绝大部分都是这个阶段发现，并在1940年以前刊布的。斯坦因《西域考古图记》、《亚洲腹地考古图记》中的楼兰考古部分，贝格曼《新疆考古记》、黄文弼《罗布淖尔考古记》（发表于1948年，但研究完成于抗日战争期间，故应属于该阶段），是这个阶段有代表性的重要著作。这几部著作，将刊布资料与研究合而为一。楼兰考古学资料的核心部分，主要收在斯坦因的著作中。贝格曼书中与楼兰考古有关的，主要是"小河"及其附近地区的墓葬资料（其中包括一部分赫定发现的墓葬和遗迹)。黄文弼著作收的是土垠遗址及其以西孔雀河北岸的考古资料。在研究方面,上述著作由于受资料和时代的局限,对遗址和墓葬的整理研究主要是依据钱币、汉文化部分遗物和简牍纪年断代。几乎没有涉及层位学、类型学和分期问题,也没有充分注意交代各遗迹间的关系和遗物的组合情况,因而对文化内涵和性质的分析很不够。这种非规范化的粗线条研究,影响了所刊布资料的质量,给后人利用时造成了一定的困难。但是,对草创时期的工作不应苛求。斯坦因刊布的资料比较翔实,贝格曼的报告很有条理,黄文弼力图使考古资料与汉文史籍结合的研究方法,以及他们所提出的一些新见解,都是值得称道的。其他诸如斯文·赫定发现楼兰故城、橘瑞超发现李柏文书,学者们对楼兰汉文、佉卢文简牍的整理研究等,也都为楼兰考古学做出了重要的贡献。可以说这个阶段乃是楼兰考古学的丰收期。当然,列强的学者们掠夺中国的文化宝藏,无疑是应该受到严正谴责的。但是,他们的工作在客观上又为今天的研究奠定了基础。因此,我们应当以历史的眼光来看待这种矛盾的事实。

这个阶段楼兰史的研究,除据文献研究之外,主要是围绕考古资料而展开的。大量的文章是介绍和评述斯坦因等人发现的各种遗迹和遗物、考释简牍,并由此引申出一些历史问题。比如LA古城的命名、楼兰故城的性质、海头的地点、鄯善国都的方位、土垠遗址的性质、魏晋楼兰屯田、魏晋前凉时期在楼兰地区的经营情况,以及交通、年代、人种和东西方关系问题等。其中的代表人物,中国主要有三位。第一位是王国维。他对国外刊布的楼兰汉文简牍,重新进行校释,并结合汉文史籍作了精辟的论述,影响深远,为楼兰汉文简牍和魏晋楼兰史的研究,做出了杰出的贡献。第二位是黄文弼。他在《罗布淖尔考古记》中,对罗布泊水道变迁、楼兰国史、楼兰和鄯善国都的方位、交通、楼兰文化与中国之经营等问题,进行了较全面的阐述,具有较重要的参考价值。第三位是冯承钧。他根据汉文史籍,对楼兰鄯善问题作了系统的归纳整理,并结合部分考古资料和国外的研究成果进行了论述,因而提出一些新见解,后来整理出版《西域南海史地考证论著汇辑》一书。[①]

---

① 冯承钧:《西域南海史地考证论著汇辑》,中华书局1957年版。

这部著作，迄今仍是研究楼兰和鄯善问题必备的参考书之一。国外的研究工作，东方以日本为主。如羽田亨对李柏文书的考证及对楼兰史有关问题的论述，藤田丰八和大谷胜真等人对鄯善国都的研究都很有影响[1]。在西方主要是前面提到的斯坦因、贝格曼的著作，以及本书参考书目中孔好古和沙畹等人的著作。他们对楼兰史和楼兰问题作了较广泛的论述，书中的论点深受学术界的重视，影响很大。此外，赫尔曼《楼兰》一书[2]也较有名。

第二阶段，20世纪50年代中期至80年代。1945年第二次世界大战结束至50年代末是过渡时期，论著较少。其中较重要的有1953年马伯乐刊布的斯坦因第三次新疆考察所发现的楼兰汉文简牍，以及50年代末森鹿三撰文提出李柏文书出于LK古城问题。进入60年代以后，楼兰史的研究发展较快。主要表现在四个方面：其一，发表论著的数量增多，涉及的问题较广，研究比较深入。其二，汉文和佉卢文简牍在前阶段的基础上，研究水平有所提高。其三，比较注意社会历史问题，在文献与考古资料的结合上有所发展。其四，比较注意进行综合研究，提出了一些新课题和新见解。这个阶段日本学者起步较早，研究楼兰问题的人数也较多。其中以长泽和俊的《楼兰王国》一书影响较大。这部著作主要利用佉卢文简牍并结合文献和考古资料，力图勾画出楼兰和鄯善史的全貌，提出了一些新的见解。其他诸如榎一雄、藤枝晃等一些学者，对楼兰史和楼兰汉文及佉卢文简牍的研究也卓有成就（以上见书后参考书目）。此外，这个阶段欧美以及台湾地区和香港地区的学者们，亦不时发表一些与楼兰问题有关的论著。

新中国成立后，对罗布泊问题注意较早，但是对楼兰史和楼兰考古学的研究则起步较晚。大约到20世纪70年代后期才陆续涉足这个领域，进入80年代以后发展较快，并形成了自己的特点。比如：第一，这个阶段楼兰史和楼兰考古研究，以恢复长期沉寂的楼兰考古调查和发掘为起点。第二，采用正规的科学考古方法，改变了20世纪30年代以前"挖宝"的状态。第三，

---

[1] 〔日〕羽田亨：《羽田博士史学论文集——历史篇·言语宗教篇》2卷，京都，东洋史研究会，1957年。〔日〕藤田丰八：《西域研究》之（1）扞泥城与伊循城，《史学杂志》35：11，1924年。〔日〕大谷胜真：《鄯善国都考》，《市村博士古稀纪念东洋史论丛》，东京富山房，1933年。

[2] 〔德〕阿尔伯特·赫尔曼：《楼兰》（参见 Folke Bergman, *Archaeological Researches in Sinkiang, Especially the Lop-Nor Region*, Stockholm, 1939）。

在考古发掘和研究上,已开始注意层位学和类型学,利用考古手段和 ^{14}C 测定年代方法进行断代,并注意了新老考古资料的沟通和对文化内涵的分析,因而一开始就取得了一批新资料和新成果。第四,有相当一部分考古学者利用考古资料研究与楼兰史有关的问题,使楼兰史研究出现了新气象。此外,也还有一些自然科学工作者互相结合,不同学科互相渗透、相互促进,走综合研究之路,已成为一种重要的发展趋势。从目前情况来看,中国学者对汉通西域以前楼兰地区的文化面貌、文化类型和社会发展阶段,对楼兰故城出现、废弃的时间和原因,对楼兰故城的布局和性质,对LK古城的时代和性质,对河流变迁与楼兰故城和楼兰史的关系,对魏晋前凉时期楼兰地区的生态环境和该时期楼兰史的复原,对汉文、佉卢文简牍以及李柏文书的年代和出土地点,对楼兰地区的古代交通和人种问题等,都提出了一些新的见解。这种势头现在正向纵深发展。

第三阶段,20世纪90年代至今。这个阶段笔者出版了《楼兰新史》,对楼兰故城和楼兰史进行了全新的诠释。此外,这个阶段对楼兰地区的各种考察活动较多,不同类型的论著陆续问世。其中最重要的是前面介绍的小河墓地考古发掘与研究。

除上所述,在楼兰史研究的成绩之中,还有两个问题应当引起人们的注意:第一,迄今为止研究者们多将楼兰与鄯善连为一体进行论述,甚至混为一谈,对它们之间的区别没有给予充分的重视,从而导致了楼兰史中的一些问题很难讲清楚。第二,文献与考古等资料的有机结合,以及在此基础上的综合研究还很不够,因而影响了楼兰史的研究进程。有鉴于此,本书则力图改变上述情况作些初步尝试。

(二)楼兰名称与罗布泊性质的研究

1. 楼兰名称探源

如上所述,"楼兰"一称在西汉通西域之前至元凤四年指楼兰国。元凤四年楼兰国更名鄯善后,东汉至前凉时期的"楼兰"则是指楼兰城。20世纪初在罗布泊附近发现了LA古城,城内所出魏晋汉文简牍将LA古城称为"楼兰"。在LA古城和尼雅遗址发现的大约同期的佉卢文简牍,又提及一座名称"Kroraina"的城市①。经考证学者们认为，LA 古城"原来的名称是 Kroraina，楼兰一词大约即是译音，按之汉音极为相似，当不诬也"②。由于汉文简牍中的"楼兰"，佉卢文简牍中的 Kroraina 都确指 LA 古城，两者并可对音互证，故学术界将 LA 古城命名为楼兰故城。同时进一步认定，楼兰故城就是文献上记载的楼兰城。以此为契机，学术界又展开了对楼兰城名称的来源和"楼兰"一称起源问题的探讨。关于这个问题，迄今大约主要有以下三种意见：

第一种意见是同意《水经注》提出的"城禅国名"说。我们认为在楼兰国时期，罗布泊一带仅仅是远离楼兰国都的东北边境地区。元凤四年时楼兰国更名鄯善，此后终西汉之世楼兰一称消失。而楼兰城的出现，则在两汉之际。由于楼兰国与楼兰城的出现之间时间差过大，楼兰国的中心区与楼兰城又相距遥远，故"城禅国名"说难以成立。

第二种意见认为，佉卢文"Kroraina 是迁移到此地居住的人们带来的，是表示'土地'的词，原名产生于遥远的印度"。而这些"迁移到此地居住的人们"，则始于 2 世纪末叶（公元 175 年以后），"Kroraina"一称则随佉卢文而传入③。按佉卢文约在公元 2 世纪末传到于阗地区，大约在进入 3 世纪以后才在鄯善境内流行起来。在新疆境内发现的佉卢文简牍中，记有"楼兰"一称者只有 6 件，并仅出现于 3 世纪末至 4 世纪初这个短暂的历史时期。前已指出"楼兰"一称在西汉之前就已存在，这个事实说明"楼兰"一称不可能源于佉卢文 Kroraina。同时它也反映出，"楼兰"一称应是当地土著民族起的名称，汉文史籍中"楼兰"只不过是如实地记录了这个名称的译音而已。以此证之，出现很晚、使用时间又很短暂的佉卢文 Kroraina，也只能是当时利用佉卢文的鄯善人，用以记录早已存在的"楼兰"一称的标音，很难说它与在印度（指贵霜）的佉卢文 Kroraina 一词的本意有什么内在的联系。事实上鄯善境内流行的佉卢文，其许多字母的音值是贵霜佉卢文碑铭中所没有的。它乃是混有大量当地土著语言因素，经过改造而具有本地语言特色的一

---

① 参见本书"楼兰故城的性质是西域长史治所"章节。
② 向达译：《斯坦因西域考古记》，中华书局 1946 年版。
③ 〔日〕长泽和俊：《楼兰王国》，角川书店 1963 年版，1976 年再版。

种文字,不能将其与贵霜佉卢文简单地等同起来。由此可见,该说采用拦腰截断"楼兰"名称历史和硬与佉卢文挂钩的方法来论证楼兰名称渊源问题,是不足取的。

第三种意见以冯承钧为代表。他在《楼兰鄯善问题》一文中说:"由拉布(Lap-)我就联想到罗布(Lop)来了。我想楼兰、鄯善与罗布泊的名称很有关系,不是拿国名作湖名,便是拿湖名作国名。《水经注》卷二引释氏《西域记》名罗布泊为牢兰海,这个牢兰与楼兰,恐怕也是同名异译。吐蕃语,别言之西藏语,名罗布泊为 Nob,名大鄯善城为 Nob-Chen,名小鄯善城为 Nob-Chung(大鄯善城指若羌,小鄯善指米兰古城。——引者注),国与湖名同一称呼。西藏人的译法,向来是谨严的,可见罗布泊原来的发音用 N 后来转而为 L,这样看来 Lap、Lop、Nob 诸名,都是指的罗布泊或鄯善国。"①

综上所述,前两说都没有解决"楼兰"一称的来源问题。从"楼兰"作为国名和城名在相隔很久之后两度出现来看,"楼兰"既不是楼兰国也不是楼兰城的专用名称。"楼兰"之称很可能是源于一个比楼兰国和楼兰城出现时间更早、影响更大、生命力更强,并能左右国名和城名的自然界的自在之物。基于这种考虑,我们认为冯承钧的意见是有重要参考价值的。公元八九世纪时生活在米兰一带的吐蕃人,将大鄯善城称为 Nob-Chen,小鄯善城称为 Nob-Chung,显然是城本湖名 Nob。由此可见,"楼兰"一称很可能亦本自湖名。按牢兰海最早见于《水经注》,但是《水经注》卷二却用《汉书·鄯善国传》原文来解释牢兰海。这个现象表明,《水经注》的作者认为牢兰海一称在汉始通西域时就已存在了。由于牢兰海是鄯善境内最大的集水中心,其南北两岸自古以来又是重要的交通门户,因而牢兰海在古代鄯善人的心目中必然占有很高的地位。众所周知,古今中外不乏以名山大川,或以重要名胜等为国或城命名者。具体到楼兰国和牢兰海,由于牢兰海在晚更新世和全新世以前即已形成,显然应该海名在前,国名在后,这是历史造成的事实,所以我们认为,楼兰国乃是本于牢兰海这个湖名。同理,当位于牢兰海旁的楼兰城兴起之后,城本湖名亦顺理成章。在史籍中"楼兰"一称先以国名,后

---

① 《楼兰鄯善问题》,收在前引冯承钧撰《西域南海史地考证论著汇辑》一书。

以城名两次出现，道理恐怕正在于此。

2. 罗布泊不是游移湖[①]

罗布泊一带是楼兰史的摇篮，所以罗布泊的性质与楼兰史密切相关。前已阐明罗布泊问题的性质，主要是指罗布泊是否"游移"的问题。过去斯文·赫定的罗布泊"游移湖"说，在学术界占据统治地位，故这种理论长期地左右着学者们对楼兰故城和楼兰史一些问题的判断。我们认为，斯文·赫定的"游移湖"说缺乏科学根据，是不可信的。新中国成立后中国学者的科学考察证明，罗布泊不是一个"游移湖"。

早在20世纪50年代后期，中国学者就指出了"罗布泊的湖水受外围层层自然湖堤的包围，并受内部地堑活动的控制，其水体不可能在平原上任意游荡和喀拉和顺湖相互交替"。进入80年代以后，中国学者又先后对罗布泊进行多次科学综合考察，全面、科学地论证了罗布泊不可能是"游移湖"。他们指出，罗布泊是塔里木盆地的最低点，是盆地的汇水中心。塔里木盆地海拔比喀拉和顺低10多米，所以湖水不可能倒流入喀拉和顺。根据野外考察和湖盆中心附近钻井取样（泥沙沉积物及沉积物中的孢粉）测定来看，罗布泊的沉淀过程从未偏离湖盆。由于孔雀河和塔里木河入湖的含沙量少，罗布泊湖盆中的沉积作用是微弱的，所以罗布泊湖底地形不会发生明显变化（如西部湖底高差不超过20厘米）。据 ^{14}C 测定的资料，三千多年罗布泊湖底堆积了1.5米厚的沉积物。沉积物有明显的水平层次，并含有香蒲属、莎草等水生植物花粉，说明罗布泊经常有水停积，没有长期干涸过，湖泊的沉积作用是在持续进行的。罗布泊的真正干涸（20世纪70年代，由于孔雀河、塔里木河中上游农牧业开发，拦截了全部径流，罗布泊才完全干涸），是在1972年美国第一颗地球资源卫星相片上反映出来的。卫星相片上干涸的湖盆，呈现出由数道明暗相间的线条构成的耳朵状图案（图27）。经实地考察证明，凡是罗布泊湖水曾漫及的地方，都分布着龟裂状盐壳。卫星相片上罗布泊湖床的明暗相间之"耳轮线"，实际上是不同时期的湖水，因干涸时间长短不同，积盐过程有强有弱，而形成的在形态、物质组成和色调上各

[①] 夏训诚、樊自立：《关于罗布泊是否游移的问题》，载《罗布泊科学考察与研究》一书。

异的盐壳。这些坚硬的盐壳，不易受风的吹蚀而使湖底降低。因此，在历史时期罗布泊湖盆的地形不会发生很大的变化。斯文·赫定以湖盆中的堆积和吹蚀交替，来解释罗布泊游移的原因，是不符合实际情况的。从罗布泊干涸湖盆的图像来看，"耳轮线"作同心圆状分布，圆心约在东经90°25′和北纬40°15′之间，是一个完全封闭的洼地，没有出口。这说明在历史时期内，罗布泊湖水只是在"耳轮线"以内，有过涨落进退的变化，而从未越出最外圈的"耳轮线"（即780米等高线）。如果说罗布泊与喀拉和顺湖互相游移，那么湖盆南面的"耳轮线"应有湖水流出的缺口（按：无此缺口，只存在喀拉和顺湖水流入罗布泊的入水口），这样就不会形成同心圆状分布。此种情况从另一个侧面，也说明了罗布泊并非是"游移湖"。

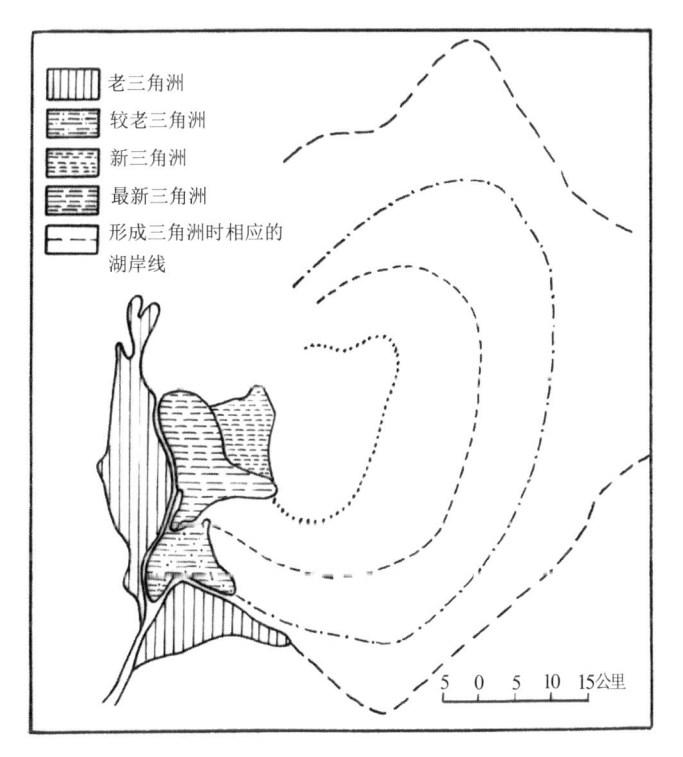

"耳轮线"的形态及与三角洲的对应关系

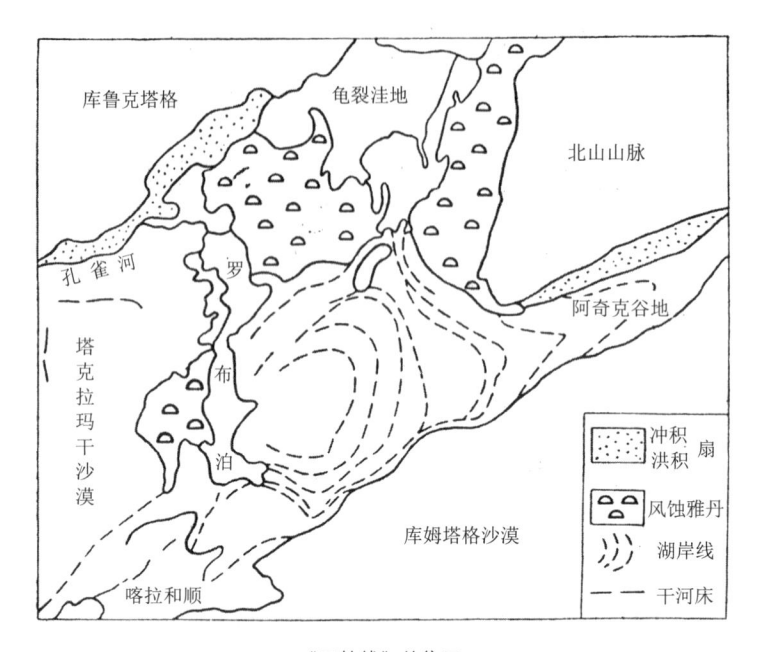

"耳轮线"的位置
图 27　塔里木河下游入罗布泊处三角洲及其对应的"耳轮线"形盐壳
（采自《罗布泊科学考察与研究》）

除上所述，从汉文文献来看，《汉书·西域传》记载，盐泽在楼兰与姑师之间，盐泽去玉门关 1300 里。《水经注》记载："泑泽水积鄯善之东北，龙城之西南。"清代文献如纪昀等撰《河源纪略》、徐松《西域水道记》、1863 年刊行的《大清一统舆图》等都说罗布泊在北纬 40°以北。上述资料反映出，罗布泊的位置从汉至清没有发生过"游移"。这个情况与现代的实地考察，以及卫星相片所显示的结果完全一致。因此，我们现在完全有理由认为，罗布泊不是"游移湖"。这个结论清楚地表明，在两汉、魏晋（包括前凉）时期，楼兰地区的河流与湖泊是相对稳定的。那种以"游移湖"说为前提，过分强调河流与湖泊的变化，以及这种变化对魏晋前凉时期楼兰地区城镇兴废的影响，显然是不合适的。

（三）所谓楼兰之谜

楼兰之谜，是楼兰问题中公众最感兴趣的主要热点。其实，现在社会上流传的许多楼兰之谜，或是莫须有的炒作，或是对尚未研究清楚的学术问题的曲解和讹传，其对公众的误导作用不容忽视。如果说一些学术问题的未解之谜，或有争论的而未达共识者也算作楼兰之谜的话，可概括略举数例。在地理学和生态学方面：第一，罗布泊是否为"游移湖"？第二，塔里木河下游和孔雀河下游关系的变化，孔雀河下流改道、断流的原因，其改道、断流的时代、次数、情况和规律，改道、断流对楼兰故城等遗址的兴废有无直接的影响？第三，楼兰地区雅丹等特殊地貌的成因、形成的时代、发育的阶段性，及其与龙城等传说和楼兰地区遗址荒废的关系。第四，楼兰地区史前、西汉、魏晋、前凉及其以后时期生态环境有无变化？不同时期的生态状况？楼兰地区生态环境恶化始于何时、起因、主要表现和演变情况，及其与该地区遗址兴废的关系。在史学和考古学方面：第一，土垠遗址的年代和性质及其与居卢仓的关系。第二，楼兰国和更名鄯善国后都城的方位，有无迁都问题？其都城与城址的对应关系如何？第三，楼兰城出现的时代，废弃的年代和原因，楼兰城的性质及其与楼兰（鄯善）国都和西域长史治所的关系。第四，魏晋西域长史治所在何处？其与楼兰故城和LK古城的关系。第五，LK古城的时代和性质，及其与注宾城和伊循城的关系。第六，李柏文书出于楼兰故城还是LK古城？李柏文书中的"海头"位在何处？李柏文书的年代。第七，米兰古城下层和改建后的现存形制的时代和性质，其下层早期城址与楼兰国都和伊循城的关系。伊循位于何处？《水经注》所记索劢屯田的年代和位置。第八，营盘古城和墓地的时代，两者的关系，其与楼兰故城等遗址群的关系，营盘古城与山国及其都城的关系，营盘古城与注宾城的关系，注宾城的位置。如此等等，不再枚举。

以上所述，其实基本上属于楼兰学术课题构成范畴。总的来看，在此类问题中，现在有的仍处于探索的初级阶段，有的已研究到一定的深度，有的已发表阶段性成果并或可定位，有的已明朗化只是尚未达到共识。对于这些问题，本书几乎均有论述，可供参考。

（四）本书《楼兰新史》研究的要点

新疆汉至唐代的遗址，大都前后沿用，延续时间很长，在此类遗址中目前还很难将不同时期的遗迹和遗物严格区分开来，故阻碍了新疆断代考古学的发展。但是，楼兰地区的土垠遗址和楼兰故城则不然。土垠遗址是新疆迄今已知唯一单纯的西汉时期汉文化遗址，楼兰故城（包括其附近同期遗址）则是新疆唯一的以魏晋前凉时期为主，并具有强烈汉文化色彩的大遗址。这两处遗址时代明确，遗物相对单纯，内涵丰富，是研究新疆汉代和魏晋考古学的典型遗址。同时两处遗址均出土数量较多的汉文简牍，楼兰故城还出土少量佉卢文简牍。这些简牍不仅可以配合遗址进行考古学研究，而且也是研究新疆汉代和魏晋史极为难得的珍贵资料。本书主要是以上述遗址和简牍为资料基础进行研究，其研究的要点如下：

1. 首先明确了本书《楼兰新史》的时空界说，指出《史记》、《汉书》记载的楼兰原指楼兰国，非指今楼兰故城。楼兰城出现于两汉之际，此后以楼兰城为中心的楼兰地区为魏晋前凉西域长史机构的直辖区，在行政隶属关系上与鄯善无涉，本书《楼兰新史》始自西汉终于前凉之末。

2. 汉通西域首先开通从敦煌玉门关和阳关经今罗布泊和孔雀河北岸通向西域腹地之路，本书将其命名为"楼兰道"。"楼兰道"是汉魏和前凉时期通西域的唯一交通干线（是时通过今哈密之路不通，或时通时断），也是官方在西域境内开通的"丝绸之路"上最早起始路段之主干线。文中论述了开通"楼兰道"的历史背景，"楼兰道"与西域南北道的关系和西域南北道的分途点，"楼兰道"的兴衰和废弃，"楼兰道"的历史地位和作用。

3. 将土垠遗址与土垠汉简有机结合，进行全方位研究。基本确定了土垠遗址的年代、性质、地位和作用，并对土垠遗址进行复原研究，论证了土垠遗址就是史籍所记的居卢仓故址，从而对土垠遗址提出了全新的见解。

4. 伊循屯田和伊循城的方位，是西域史中长期研究而未决的问题。本书论证了《水经注》记载的索劢屯田在东汉时期，它与此前的西汉伊循屯田和东汉楼兰之屯的屯田地点均在伊循城。论证了米兰古城的现存形制属吐蕃占领期，是吐蕃的屯城，屯城伊循说误传于唐代。论证了 LK 古城为伊循故址，即敦煌遗书《沙州都督府图经》记载古屯城（指伊循城）在屯城（指今米兰古城）西北所在的地望。

5. 利用楼兰汉文简牍，大致复原出魏晋前凉时期楼兰西域长史机构职官的组织系统,并对这套职官系统进行了分析和论证。大致复原出魏晋楼兰屯田概况,魏晋楼兰城社会实态概况,论述了楼兰城商业和手工业概况,以及西域长史机构对楼兰城的统治情况,从而再现了史载不明的魏晋楼兰史的概貌,补史之阙。

6. 楼兰故城的性质是楼兰史和西域史中迄今仍争论不休的问题。本书从论证楼兰故城的形制和时代入手,利用楼兰汉文简牍、佉卢文简牍和文献资料,详细论述了楼兰城不是鄯善国都,其国都在今若羌县附近。论证了楼兰西域长史机构隶属于凉州和敦煌郡,凉州、敦煌郡和西域长史营对鄯善实行有效控制,楼兰城一带是西域长史机构的直辖区。论证了楼兰故城所出佉卢文简牍的年代恰处于楼兰汉文简牍西晋纪年与前凉纪年间的中断期,即西晋西域长史机构暂时撤离楼兰城与前凉重设楼兰西域长史之间。楼兰故城佉卢文简牍内涵表明,此时鄯善曾统治过楼兰城。当前凉重设楼兰西域长史机构时,鄯善则被迫退出楼兰城,除这段历史时期外,楼兰城与鄯善无隶属关系。文中将楼兰故城遗迹与所出简牍相结合,论证了楼兰故城主要遗迹的性质是长史机构标志性建筑,指出楼兰简牍的内涵及据此所复原的魏晋楼兰城的政治、军事、经济和社会状况,乃是楼兰城的性质为魏晋前凉西域长史治所的铁证。

7. 李柏文书的年代经长期探讨研究,诸家意见不一,其中以王国维的永和元年(345年)说影响最大。本书则较详细地论证了其年代似在公元325年。其次,李柏文书出于楼兰故城,但是在李柏文书发现50周年之际,日本学者森鹿三提出李柏文书出于LK古城,LK古城即李柏文书写的地点"海头"说,于是在学术界引起了李柏文书出土地点之争。这个争论事关西晋泰始年间楼兰故城附近是否"水源枯竭"与河流改道问题,事关楼兰故城的性质和时代下限,LK古城的时代和性质,前凉楼兰史的中心区是否转移等问题,故深受学术界重视。本书紧扣上述问题,结合水源是否枯竭和河流是否改道问题,李柏文书与楼兰故城文书群的内在关联问题,以及对橘瑞超当年所记李柏文书出土地点具体情况的现场验证等,详细地论证了LK古城从城的位置、形制、时代(西晋和前凉时期该城早已废弃)、遗迹(很少)和遗物(未出任何简牍文书)来看,均无置西域长史治所和称"海头"的条件;

详细地论证了李柏文书出于楼兰故城，楼兰故城别称"海头"。

8. 楼兰故城出土前凉简牍较少，过去一直对前凉楼兰史的情况不明。本书通过对张济简牍群、"焉耆简牍"群、王彦时简牍群，以及李柏文书与张济简牍群的关系之整理研究，论证了上述简牍群涉及的主要事件的年代，论证了张济简牍群的年代在公元 323/324—329 年后不久，论证了李柏文书与张济简牍共存，两者关系密切；论证了"焉耆简牍"群的年代在公元 345 年杨宣伐焉耆前不久，王彦时简牍群的年代在公元 345 年以后，论证了楼兰故城残存的楼兰汉文简牍主要集中于公元 320 年以后至 345 年前后。从而否定了建兴十八年（330 年，楼兰故城最晚纪年简牍）后不久，楼兰城被放弃说。通过上述分析和论证结合文献记载，指出前凉楼兰史较魏晋时期有较突出的特点。比如：一，前凉强势进驻楼兰地区，重置楼兰西域长史机构。二，前凉统治楼兰地区时间长，前后达 60 余年，仅次于西汉时期。三，征伐事件多，如征高昌戊己校尉赵贞，征龟兹、鄯善和焉耆等，均与前凉西域长史机构有直接或间接的关系。四，前凉实际控制区较魏晋时期扩大，几乎控制了今新疆的东半部地区。五，前凉时期建置发生变化，楼兰城地位提高。公元 345 年将西域长史营划归沙州，楼兰城的地位比郡。公元 345 年左右又将西域长史更名西域都护。上述情况表明，魏晋前凉楼兰史的盛期不在西晋，而应在前凉时期。最后论证了前凉放弃楼兰城在前凉之末（376 年），楼兰史至此终结；论证了前凉放弃楼兰城后，导致楼兰城废弃和荒废的原因。总之，通过上述论证，对此前基本不明的前凉楼兰史，初步勾出了一个大致的轮廓。

以上所述，均属本书全新的研究，其详细情况，请参见本书正文。

第一章　两汉楼兰史谱新篇

西汉通西域必须打通和确保"楼兰道",为此西汉与楼兰国展开了一系列的斗争。最后以西汉占据"楼兰道",设居卢仓和烽燧,将楼兰国史名为鄯善,在伊循屯田而告终。两汉之际楼兰城开始崛起,以后又有东汉的"楼兰之屯"和索劢屯田等活动。这就是两汉楼兰史的主要内容,是时两汉紧握"楼兰道"这条东西交通的大动脉,分别以居卢仓、伊循和楼兰城为主要据点,生气勃勃地苦心经营。从而改变了楼兰史发展的格局,开创了楼兰史的新纪元,为楼兰史谱写了新的篇章。

一、西域境内丝路最早的起始路段——"楼兰道"的开辟、兴衰和作用

丝绸之路,在当今的世界上是个热门的话题,妇孺皆晓。但是,何为丝绸之路,丝绸之路开创的时代和背景是什么,却未必人人清楚。众所周知,中国是丝绸的故乡。自汉以来丝绸通过西域源源西运,风靡中亚和西方世界,造成了深远的影响。因此,近代的一些学者就将经过西域、运输丝绸的交通线统称为丝绸之路。其实这些交通线在中国的史书上,大都各有专名。它们的开通最初并非是以运输丝绸为目的,而是完全出于政治和军事上的需要。运输丝绸及其他方面的交流活动,是第二位的,或可称为"副作用"。关于这个问题,通过本节对西域境内丝路最早起始路段——"楼兰道"的开辟、演变、兴衰和作用的分析,以及本书其他章节对楼兰城丝绸贸易情况的

介绍便可了然。

（一）西汉开通"楼兰道"的历史背景

在《后汉书·班勇传》中，对西汉通西域前的形势和西汉对西域的战略，有一段很精彩的分析。《班勇传》说："孝武皇帝患匈奴强盛，兼总百蛮，以逼障塞。于是开通西域，离其党与，论者以为夺匈奴府藏，断其右臂。"可见在西汉武帝时，通西域势在必行。但是，通西域走哪一条路呢？当时匈奴在西域以蒲类海（巴里坤湖）地区为大本营，控制了天山北麓。此外，匈奴西边日逐王还在焉耆、危须、尉犁间置"僮仆都尉"，控制了天山南麓东部的关隘地带。在这种情况下，西汉通西域只有选择处于匈奴势力边缘，距汉最近，并能成为主要通道的楼兰地区作为突破口，所以西汉时期，一直在全力以赴地开通、经营和确保"楼兰道"。

据史籍记载，西汉从开通到完全控制"楼兰道"，大致经过四个阶段。第一阶段，初通"楼兰道"。从武帝感张骞之言，欲通大宛诸国（约在元狩四年即前119年以后），到赵破奴虏楼兰王破姑师后（元封三年即前108年），酒泉列亭障至玉门。第二阶段，打通"楼兰道"。太初元年（前104年）至四年（前101年），李广利伐大宛后，天汉元年（前100年）玉门"西至盐水，往往有亭"，开始在"楼兰道"上设防，土垠（居卢仓）遗址及孔雀河沿岸部分烽燧遗址，大致就出现于此阶段的后期。本阶段已打通"楼兰道"，其时间之下限约止于元凤四年（前77年）。第三阶段，彻底控制"楼兰道"。元凤四年汉遣傅介子刺杀楼兰王，更名其国为鄯善，派兵在伊循屯田，于是西汉彻底控制了"楼兰道"。第四阶段，健全控制"楼兰道"的体制。神爵二年（前60年）匈奴日逐王降汉，汉据姑师，设西域都护治乌垒城。乌垒东与"楼兰道"直通，"楼兰道"已成为都护能否存在的生命线。土垠汉简的年代主要集中在黄龙元年（前49年）以后，说明自都护建立后更进一步地整顿了"楼兰道"的守备，健全了在都护领导下，由居卢仓及沿线烽燧组成的防卫体制，从而确保了"楼兰道"的畅通。

在整个西汉时期，由于匈奴一直游弋于东部天山北麓地区，"伊吾路"无法启用，所以"楼兰道"始终是西汉通西域的唯一交通干线。

（二）"楼兰道"地理概况与"楼兰道"的交通线

1. "楼兰道"地理概况[①]

楼兰地区的地理位置和自然地理环境，是西汉首开"楼兰道"的重要依据。新疆第一大河塔里木河横贯于天山南麓缓斜、冲积、洪积平原和塔克拉玛干沙漠之间，长约1100公里，是我国最长的内陆河，也是世界上最长的内陆河之一。从阿克苏河口起到塔里木河中游，长达400公里，是塔里木河的主干。尉犁县群克以下塔里木河下游，这个地段最著名的是罗布泊（图1）。罗布泊古称泑泽、盐泽、蒲昌海、牢兰海，清代称罗布淖尔（蒙古语）。其位置二千余年来大致在北纬39°—41°之间（现代地图标在北纬40°30′—40°40′、东经90°05′—90°25′），在喀拉和顺湖和罗布泊之间有一条干河道相通，在河道入罗布泊处形状略似人的耳朵（图27）。湖水面海拔780米，780米等高线以下的面积为5350平方公里。在罗布泊西南还有喀拉和顺湖（北纬39°35′—39°50′、东经89°15′—90°）与台特马湖（北纬39°26′、东经88°30′）。罗布泊所在地区，一般泛称罗布洼地。前已指出，广义的罗布洼地东到北山，西邻塔克拉玛干沙漠，南北分别以阿尔金山前山带、库姆塔格和库鲁克山为界（图1）。罗布洼地是塔里木盆地最低的地区，而罗布泊又是洼地中的最低点，所以罗布泊成为塔里木盆地的集水和积盐中心。罗布洼地是我国最干的地区，主要特点是干燥、高温、少雨、多风沙。这里还有大片的盐壳和雅丹等特殊的地貌景观。"雅丹"是维吾尔语"雅尔"（陡崖之意）的变音，指大面积的土丘和沟谷相间的地貌形态。罗布洼地雅丹地貌分布在罗布泊北部、东部和西部（图28），面积仅次于柴达木盆地西北部的雅丹群。孔雀河下游北岸雅丹土丘一般高20米—25米、长30米—50米，《水经注》称"龙城"和"姜赖之虚"。南岸雅丹土丘一般高4米—7米，南北两岸雅丹范围东西约40公里，南北约160公里。罗布泊东北一带是白龙堆雅丹，东西约20公里、南北约80公里（图28）。这些雅丹主要是在灰白色沙泥岩夹石膏层的基础上发育而成，土丘一般高10米—20米，

[①] 参见中国科学院新疆考察队：《新疆地貌》，科学出版社1978年版；中国科学院《中国自然地理》编辑委员会：《中国自然地理——历史自然地理》，科学出版社1982年版；中国科学院新疆分院罗布泊综合考察队：《罗布泊科学考察与研究》，科学出版社1987年版。

一般长 200 米—500 米，也有长达几公里的。土丘长而弯曲，远望犹如条条白龙整齐排列在湖滨。此外，三垅沙和阿奇克谷地也有雅丹分布（图28）。在罗布泊东南部新疆、甘肃、青海三省区交界处是库姆塔格沙漠，向东可延伸至玉门关附近，是新疆第三大沙漠（图1）。位于玉门关外的沙漠"有三断"，故名"三垅沙"（图28）。在罗布洼地与三垅沙之间，是著名的阿奇克谷地。谷地东西长约150公里，南北宽约20公里—30公里（图2）。谷地之东，越三垅沙低丘即达疏勒河谷地的敦煌，直通河西走廊。谷地之西，沿罗布泊和孔雀河北岸可直达西域腹地。若采用此路作为通西域的主要交通干线，优点是显而易见的。比如，在东端可以敦煌为出入基地，这里经济比较发达，是著名的屯粮屯兵之区，后勤供应和安全较有保障。"楼兰道"虽然有雅丹、沙漠、盐壳、干燥、风沙等诸多不利因素，但是仍具备成为交通干线的条件。首先，"楼兰道"是内地通西域的最便捷之路。连接三垅沙与罗布洼地的天然孔道阿奇克谷地水位较高，有泉水出露，山麓地带茂密的芦苇和红柳等植物可充作草料和燃料。过此到罗布泊北岸有楼兰地区可作为中转站，西行沿孔雀河水草较好。在罗布泊北岸一带向西、向南、向北直接或间接通往西域全境，易于形成交通网络，成为交通枢纽。其次，楼兰地区从9

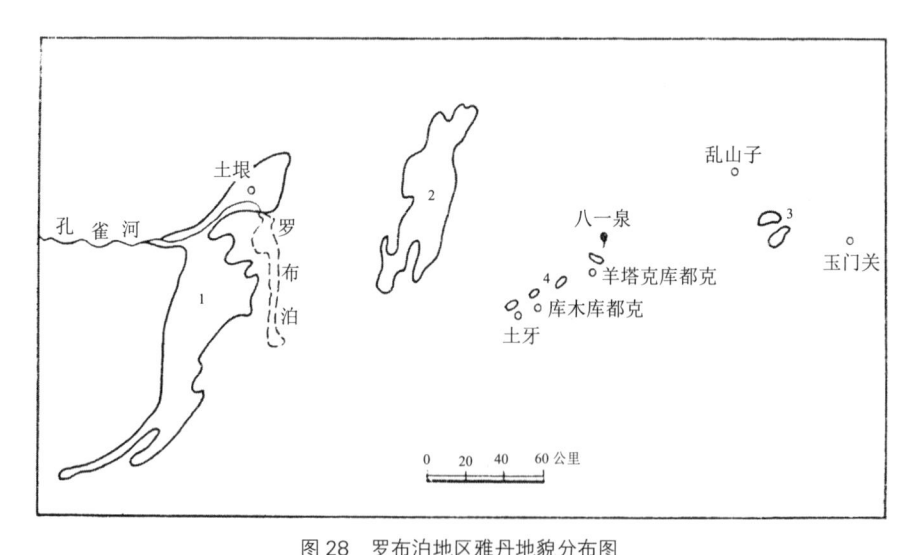

图28 罗布泊地区雅丹地貌分布图
1.孔雀河下游雅丹地貌；2.白龙堆雅丹地貌；3.三垅沙雅丹地貌；4.阿奇克谷地雅丹地貌
（采自《罗布泊科学考察与研究》）

月到次年 3 月无大风，冬季不十分寒冷（12 月中旬中午气温为 10℃左右），一年中有相当长的时间可以旅行。因此，只要掌握此路地理和气候特点，行前做好相应的准备，"楼兰道"是完全能够顺利通过的。最后，从历史背景来看，楼兰地区在楼兰国东北边陲，楼兰国弱，匈奴控制不严，容易占据。这里水源充足，便于屯垦戍守，控制交通线，所以西汉首选"楼兰道"通西域不是偶然的。

2. "楼兰道"的交通线

所谓"楼兰道"，系指东从敦煌的玉门关或阳关出发，越三垅沙、过阿奇克谷地和白龙堆，经土垠（居卢仓），或楼兰故城，沿孔雀河岸至西域腹地之路（图 29）。

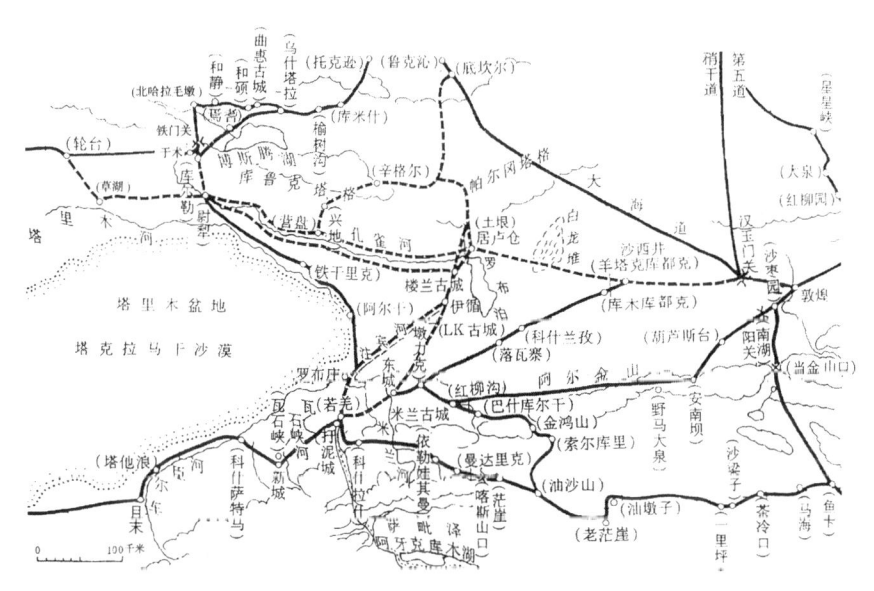

图 29 "楼兰道"及其与外界的交通线示意图
（采自孟凡人《新疆考古与史地论集》第 341 页图六）

汉魏时期的"楼兰道"，以《三国志·魏书》卷三〇引《魏略·西戎传》"西域中道"记载得最清楚。文中说："从玉门关西出，发都护井，回三陇沙北头，经居卢仓，从沙西井转西北，过龙堆，到故楼兰（衍一故字。——引者注），转西诣龟兹，至葱岭，为中道。"文中所记地名的方位，学术界意见分歧较大。笔者认为玉门关，即小方盘城，约在敦煌西北约 80 公里。三陇沙，《汉书·地志》"敦煌郡"条注说："武帝后元年分酒泉置。正西关外有白龙堆沙，有蒲昌海"。晋郭义恭《广志》上记载："流沙在玉门关外，南北二千里，东西数百里。有三断，名三陇也。"可见上文所说的白龙堆沙与三陇沙是一回事，其位置约在疏勒河终点附近，今亦称三垅沙。都护井，《汉书·乌孙国传》记载："汉遣破羌将军辛武贤将兵万五千人至敦煌，遣使者案行表，穿卑鞮侯井以西（孟康曰：大井六通渠也，下泉流涌出，在白龙堆东土山下），欲通渠转谷，积居卢仓以讨之。"所谓都护井或与卑鞮侯井同指一处，其位置既然在白龙堆东土山下，也就是位于三垅沙东北的雅丹群附近。居卢仓，后文将论证居卢仓即是土垠遗址，其年代下限在西汉末，因此"经居卢仓"应改为"经故居卢仓"；龙堆则是指白龙堆。沙西井，据前述居卢仓和龙堆的位置，《魏略》所记沙西井的位置似误。因居卢仓在龙堆之西，居卢仓西水源充足毋须打井。所以沙西井显然应在居卢仓和龙堆之东，三垅沙之西。沙西井或即因在三垅沙之西而得名，其位置似在羊塔克库都克（甜水井）附近（图28、29）。这里水草较好，现代地图上仍标有从此转西北至楼兰地区的路线。上述诸点分析表明，《魏略》记载的西域中道后半部分各地位置是不对的。似应改为："从玉门关西出，发都护井，回三陇沙北头，从沙西井转西北，过龙堆，经故居卢仓，到楼兰。"

上述交通线汉和魏的最大区别为是否经过楼兰城问题，楼兰城兴起于两汉之际（参见本书楼兰故城的论述），西汉"楼兰道"不经过楼兰城，东汉魏晋时期则经楼兰城。西汉时期"楼兰道"上的大本营设在居卢仓，其故址即罗布泊北岸偏东的土垠遗址。居卢仓约设于天汉元年（前100年）之后不久，约废弃于王莽新室后期。土垠汉简表明，居卢仓是西域都护府左部左曲候或右曲候的治所。其职能有三：一是楼兰道上诸烽燧的管理机构。天汉元年玉门"西至盐水，往往有亭"，孔雀河北岸至今还残留一些汉代烽燧遗址，这些烽燧当受居卢仓统辖管理。二是仓储粮食。遗址西部土台基是仓储遗址，土垠汉简记载由仓校和仓吏进行管理。由此可见，居卢仓也是"楼兰道"上诸烽燧和相关人员的后方补给基地。三是职司交通。土垠汉简记载居卢仓设有"传"（包括"传舍"、"行马"和"行车"）、"邮"等与交通有关的机构，并记载居卢仓东通敦煌，西通渠犁、龟兹和乌孙，南通伊循接西域南道，北通车师接西域北道。渠犁在都护治所乌垒南330里，乌垒东通尉犁300里，渠犁东通尉犁650里。据此判断，渠犁至尉犁中间应经过乌垒。而"楼兰道"西至今尉犁县附近后则分三途，即从今尉犁、库尔勒北入铁门关接焉耆道；从库尔勒附近北转西行至乌垒；从尉犁县境孔雀河与古塔里木河相会处之北往西至渠犁、轮台和龟兹（现代地图仍标有小路）。伊循故址在LK古城（参见本书关于伊循城的论述，伊循城一说在米兰），从土垠遗址西南行经罗布泊西北岸的楼兰地区，南偏西行约百里至LK古城，然后渡注宾河（古车尔臣河、且末河）西南行一段后，继续南行达鄯善国都扜泥城（若羌县）接西域南道。上述情况表明，居卢仓正处于戊己校尉府（高昌）、伊循都尉府、西域都护府（乌垒）和敦煌相连接的关节点上（图29）。

3."楼兰道"与西域南北道的关系及西域南北道的分途点

《汉书·西域传》记载："自玉门、阳关出西域有两道。从鄯善傍南山北，波河西行至莎车，为南道；南道西逾葱岭则出大月氏、安息。自车师前王廷随北山，波河西行至疏勒，为北道；北道西逾葱岭则出大宛、康居、奄蔡焉。"文中混言玉门、阳关，未指明两者与西域南北道的关系和中间的分途点，更未涉及"楼兰道"与西域南北道的关系。因此，造成学术界对这些问题长期争论不休，所以有必要再略加分析。

先简单谈谈玉门关与西域南北道的关系，以及西域南北道的分途点问题。从具体事例来看：一，《汉书·鄯善传》记载："……于是武帝遣从票侯赵破奴……击姑师。……破奴与轻骑七百人先至，虏楼兰王，遂破姑师，因暴兵威以动乌孙、大宛之属。……于是汉列亭障至玉门矣。"按西汉之世楼兰城尚不存在，当时楼兰国距今罗布泊最近的重要城镇是在楼兰故城之南的伊循。姑师在今吐鲁番，其与焉耆均在匈奴势力范围之内。这种态势与"汉列亭障至玉门"一语结合起来判断，破奴的行动路线应是从玉门关出发，走"楼兰道"至今罗布泊北岸南下虏楼兰王，然后回师向北越山击姑师，再从西域北道暴兵威以动乌孙、大宛之属。二，《汉书·李广利传》记载，李广利太初元年第一次伐大宛"西过盐水"，败退后不准其入玉门关。第二次伐大宛，"贰师起敦煌西"，"分为数军，从南北道"，自轮台以西"平行至宛城"，"军还，入玉门关者万余人"。《汉书·渠犁传》记载："初贰师将军李广利击大宛，还过扜弥。"扜弥在西域南道。上述情况表明，李广利从玉门关出发，走"楼兰道"向西经西域北道至大宛，而返回路线则经西域南道入玉门关。三，土垠汉简记有"伊循都尉左"（简一〇）、"伊循卒史黄广宗"（简一一），"龟兹王使者"（简一二）；"交河壁"（简一四）；"交河曲仓"（简一六），"车师戊校"（简一五）；"敦煌去渠犁二千八百里"（简二二）等。这些汉简与史籍所记均反映出，从玉门关到居卢仓后，向西至渠犁龟兹之路（西域北道），向南至伊循之路（南与西域南道起点接），向北至车师之路（西域北道起点），都在此分途。综上所述，可知西汉通西域主要是出玉门关，西域南北道的分途点即在"楼兰道"的居卢仓。

再谈谈阳关与西域南北道的关系和分途点问题。在《汉书·西域传》中记载阳关与西域关系的资料主要有以下一些：一，《西域传》序：西域"东则接汉，陀以玉门、阳关"，"蒲昌海，一名盐泽也，去玉门、阳关三百余里（一千三百里之误）"；"自玉门、阳关出西域有两道。"以下分记西域南北道。"都护治乌垒，去阳关二千七百三十八里。"二，《鄯善传》："王治扜泥城，去阳关千六百里。"[①] 三，《乌弋山离国传》："自玉门、阳关出南道，历鄯善西南行，至乌弋山离。"四，《大夏国传》、《康居国传》以与阳关距离计算里程等。上述资料与《汉书·西域传》序："于是自敦煌西至盐泽，往往起亭"，《汉书·李广利传》将出玉门关又记成"起敦煌西"结合起来判断，《汉书》混言玉门阳关实际上是指出玉门、阳关都走"楼兰道"，西域南北道的分途点均在居卢仓。但是，由于《汉书》记玉门关至西域的资料多，并且很具体，所以西汉通西域应主要是出玉门关。虽然《汉书》中有些地方以阳关为准计算里程也改变不了这个事实，甚至到《魏书》、《北史》时还专讲出玉门关至西域。只是到《元和郡县图志》时期，才明确记载西域北道出玉门，南道出阳关。

那么汉代西域南北道究竟从何处起算呢？《汉书·西域传》序记载："自玉门、阳关出西域有两道。从鄯善傍南山北，波河西行至莎车，为南道。……自车师前王廷随北山，波河西行至疏勒，为北道……"据此可

[①] 按：从盐泽（蒲昌海）北岸越山至高昌约千里，至鄯善国都300余里。

知，西域南北道的起点不在玉门和阳关，而是在西域境内的车师和鄯善。正如王国维所说："今案汉时南北二道分歧不在玉门阳关，而当自楼兰故城始（按此时应指居卢仓。——引者注），……然则楼兰以东实未分南北二道也。""《汉书》记北道自车师前王廷始，记南道自鄯善始，当得其实。"① 但是，应当指出元凤四年傅介子刺杀楼兰王并更名其国为鄯善，汉朝才彻底控制鄯善；而西汉最终占据车师则在神爵二年。所以南北二道分别以鄯善和车师为起点，应是神爵二年设置西域都护以后之事。这时盐泽一带已变成西汉的直辖区，车师和鄯善则位于西域东端，分守"楼兰道"两侧，是西域诸国中距汉最近又为汉牢牢控制的小国，因此才分别以其为西域南北道的起点。

（三）东汉时期"楼兰道"的衰落

东汉与匈奴的斗争，采取了直接进击天山北麓匈奴主力，然后占据、控制西域的策略。所以东汉将注意力集中在打通"伊吾路"上，"楼兰道"因而逐渐衰落。东汉通西域之路，《后汉书·西域传》序说："自敦煌西出玉门、阳关，涉鄯善，北通伊吾千余里，自伊吾北通车师前部高昌壁千二百里"，"伊吾地宜五谷、桑麻、蒲萄。其北又有柳中，皆膏腴之地。故汉常与匈奴争车师、伊吾，以制西域焉。"可见东汉通西域主要有两条路。一是"自敦煌西出玉门、阳关，涉鄯善"，自鄯善"傍南山北，陂河西行至莎车，为南道"。二是"自敦煌西出玉门、阳关"，"北通伊吾千余里"，然后至车师前部是为"伊吾路"；"自车师前王庭随北山，陂河西行至疏勒，为北道"。东汉与西汉的西域南北道相同，但是东汉西域北道的分途点已不在"楼兰道"，而是与"伊吾路"直接相连的车师（图30）。

此外，东汉通西域有时还利用车师敦煌间的小路。如班勇出屯柳中时，伊吾当时被匈奴占据，班勇先到柳中后到楼兰。因此，班勇出敦煌后只能走西汉和曹魏时期的"新道"②。唐代《西州图经》将其称为"大海道"，明确记载"山柳中县界，东南向沙川，下二百六十里"③。柳中即今鲁克沁，东汉时

---

① 王国维：《观堂集林》卷一七，中华书局1984年版。
② 《汉书·西域传下》记载："元始中，车师后王国有新道，出五船北，通玉门关，往来差近，戊己校尉徐普欲开以省道里半，避白龙堆之阨。"按："新道"在车师前部，不在车师后部。
③ 详见后文曹魏时期"新道"的注释。

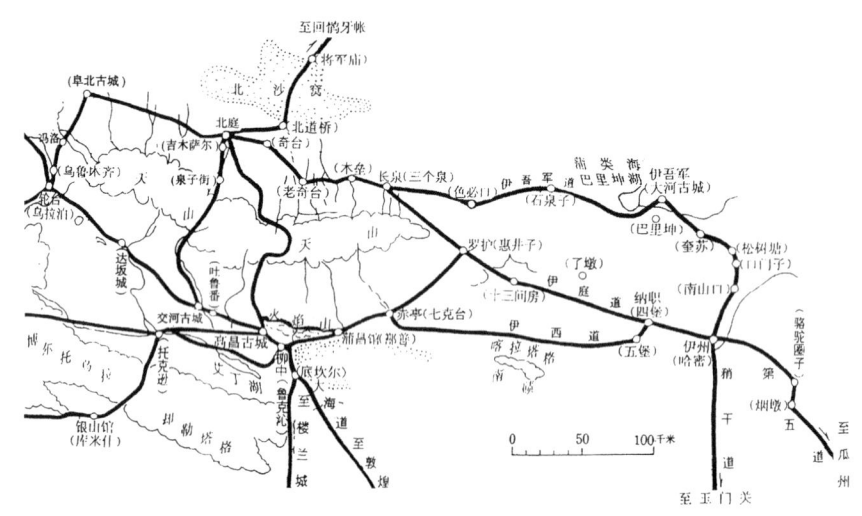

图 30　楼兰城与高昌间交通线示意图
（采自孟凡人《新疆考古与史地论集》第 328 页图三）

它是"伊吾路"、"新道"和"楼兰道"三道至高昌的必经之地，同时也是高昌至上述三道的分途点（图 30）。因此，班勇出屯柳中未屯高昌壁，显然是与东汉时柳中地处要冲，成为通西域诸道的主要交通枢纽的情况密切相关的。

东汉通西域主要使用"伊吾路"，但是，由于东汉与匈奴的斗争形势变化莫测，很难确保"伊吾路"一直畅通，所以"楼兰道"仍被保留。只是此时居卢仓已废弃，而将大本营改设在两汉之际新出现的楼兰城。《后汉书·杨终传》记载，早在建初元年（76 年）前东汉就已"远屯伊吾、楼兰、车师戊己"，控制了这三个交通要冲。班勇出屯柳中也有兼顾"楼兰道"之意，此外东汉还派索劢在楼兰大规模屯田（下文有说）。《后汉书·班勇传》明确地说："又宜遣西域长史将五百人屯楼兰，西当焉耆、龟兹径路，南强鄯善、于阗心胆，北扞匈奴，东近敦煌。"班勇出屯柳中后迫不及待地到楼兰城视察；班勇与敦煌太守张朗共击焉耆，张朗的进兵路线即是走的"楼兰道"。凡此种种，都说明了"楼兰道"东汉时的作用虽然不如"伊吾路"，但是它仍然占有十分重要的战略地位，所谓"楼兰道"的衰落，只是相对于西汉时"楼兰道"的盛况和东汉时"伊吾路"成为主要交通线而言。此外，还应指出东汉时西域南道依旧经"楼兰道"分途，只是将分途点改在楼兰城而已。

(四) 魏晋前凉时期"楼兰道"的中兴与废弃

1. 曹魏时期的"楼兰道"与新道

曹魏时期《魏略·西戎传》所记的"楼兰道"称"中道",其具体情况前文已作分析。《三国志·魏书》卷三〇引《魏略·西戎传》说:"从玉门关西北出,经横坑,辟三陇沙及龙堆,出五船北,到车师界戊己校尉所治高昌,转西与中道合龟兹,为新道",文中的"新道"与汉代的"新道"和唐代的"大海道"相同(图29、30)①。此外,曹魏时期有时也走东汉时期的"伊吾路",称"北新道"。由此可见,曹魏通西域之路与东汉基本相同。但是,曹魏时期经营西域的大本营设在楼兰城,置西域长史,进行屯田,所以曹魏时期更重视"楼兰道",这是"楼兰道"自东汉衰落后的中兴之始。

2. 晋前凉时期"楼兰道"的中兴与废弃

西晋时期西域的情况又有一些新的变化,大约在曹魏末年前后鲜卑的势力扩展到东部天山以北地区,这种态势一直延续了很长的时间。在此阶段"伊吾路"被鲜卑阻断,情况又与西汉通西域时相似。但是,由于西晋没有东汉那么大的国力直接进击鲜卑打通"伊吾路",所以又导致"楼兰道"的中兴。本书下面诸章节将详细论述西晋与前凉在楼兰地区的活动情况。如晋和前凉继曹魏之后在楼兰城设西域长史机构,派驻大量军队,进行大规模屯田,牢牢地控制了整个楼兰地区。是时西晋前凉与西域诸国的交往,楼兰城与高昌地区的联系,以及西域长史李柏击高昌戊己校尉赵贞,杨宣伐鄯善和焉耆等重要历史事件都是通过"楼兰道"进行的。此外,在楼兰汉文简牍中,还明确地反映出楼兰城与外界的交通四通八达。上述诸种情况,正是"楼兰道"在晋和前凉时期再度兴盛的真实写照。但是,这个时期南行路线较西汉时期略有变化,大致是从楼兰故城南偏西行至LK古城,又南行108公里至米兰古城(东汉时出现,3世纪以后逐渐繁荣,在今若羌东70余公里处),即鄯善之"东城",然后西偏南行至鄯善国都扞泥城。此外,据考古遗迹和遗物判断,从"楼兰道"

---

① 汉代的"新道",曹魏的"新道",隋裴矩《西域图记》高昌东至瓜州之路,唐《西州图经》"大海道",宋《太平寰宇记》的"柳中路",交通路线基本相同。其中《西州图经》记载:"大海道。右道出柳中县(今鲁克沁)界,东南向沙州(今敦煌)一千三百六十里。常流沙,人行迷误,有泉井咸苦,无草。行旅负水担粮,履践沙石,往来困弊。""大海道"的路线,是从今鲁克沁沿库姆塔格沙漠西缘南行至底坎尔(有唐代烽火台遗址),又东南行出沙漠入噶顺戈壁,继而东南斜插玉门关至敦煌,直线距离400余千米(图29)。大海道是连接敦煌和高昌诸路线中距离最短的捷径和间道,一般多在非常情况下才使用。

西行，在西汉时走孔雀河北岸，东汉及其以后则主要走孔雀河南岸（图29）。

在楼兰文书中曾发现粟特语文书（LA.Ⅱ.x.0l—02、LA.Ⅳ.v.028、LA.Ⅵ.ii.0104、LM.Ⅱ.ii.09、LL.018），一枚汉文木简记有"建兴十八年（330年）三月十七日粟特胡楼兰一万石钱二百"的出入账目（LA.Ⅰ.iii.1）。此外，笔者还论证了斯坦因在敦煌 T.Ⅻ.a 号烽燧发现的八件粟特文纸文书（《粟特古书简》）中第二号书信的年代在 320 年前后，书信所记粟特商团就是经楼兰地区至敦煌等地的。上述情况表明，是时楼兰地区不仅有粟特人，而且还是粟特商团至内地的主要商道（孟凡人《楼兰鄯善简牍年代学研究》所收《粟特古书简第二号书信的年代》一文，新疆人民出版社 1995 年版）。此后到唐天授二年（691年）一件文书上还记载："得石城（今若羌县城附近）镇将康拂耽延弟地舍拨（粟特人，石城粟特人聚落规模较大）状称，其蒲昌海旧来浊黑混杂，自从八月已来，水清彻底，其水五色"（《沙州图经》），说明晚至唐代粟特人仍与蒲昌海一带有某种关系。据上所述，似可认为这些墓葬的主人之所以在此荒僻之地长期居住，显然是与维护这条商道密切相关[①]。总之，

[①] 2003 年初，盗墓者在楼兰故城之北约 20 公里，LE 古城西北约 4 公里处盗掘几座墓葬。其前后双室墓的墓葬形制和葬俗可看到高昌地区的葬俗和双室墓的某些影响，而墓葬残存的大面积壁画的画风、人物形象、服饰、手持酒杯的姿势和酒杯的形制等，则颇具粟特壁画风格。上述墓葬与其西营盘墓地 15 号墓等似有某种内在联系。按《文物》1999 年第 1 期《新疆尉犁县营盘墓地 15 号墓发掘简报》说，M15 在墓地规格最高，葬俗特殊，毛织物纹样有希腊化艺术风格，狮纹毯有异域特色。文中与斯坦因发掘的 LC 墓地一件丝织品纹样比较，将其时代定在东汉中晚期。经查阅斯坦因《亚洲腹地考古图记》图版，两者还是有较大区别的。LC 墓地出土有纸文书，说明有的墓葬已晚至魏晋时期。《文物》2002 年第 6 期《新疆尉犁县营盘墓地 1995 年发掘简报》中，推测 15 号墓主人可能是来自西方的富商。并说墓地中出土大量不同风格的异地产品，如罽袍具有巴克特里亚风格，其他还有玻璃器、黄铜装饰件等。将墓地的时代下限定在魏晋或略晚。据上所述，我们认为在营盘附近当有粟特商人为主的聚落，M15 的时代定得似偏早。M15 所出遗物，结合前述盗掘的墓葬来看，其时代应在魏晋或更晚。以营盘 M15 为代表的墓葬类型和前述的被盗墓葬，两者恰位于"楼兰道"东西主干线上，被盗墓葬坐落在 LE 古城西北烽燧旁，东距西土垠遗址仅 7 公里左右。上述现象表明，被盗墓葬西至营盘一线与汉代"楼兰道"基本相合。该道远在楼兰故城之北，与楼兰城无关。以此结合其墓葬形制、葬俗和壁画来看，被盗墓葬的时代当在楼兰城废弃之后。据后来在 LE 古城西北一带进行考古调查的学者所述，与被盗墓葬相似的其他墓葬分布范围较广，数量较多。说明此类墓葬的主人有相当数量，而其墓葬形制和葬俗受到高昌地区的某些影响，又反映出与高昌地区关系密切，并在这一带定居的时间很长。从近似豪华的壁画墓来看，与这些墓葬有关的居民应有较强的经济实力，文化素质较高。现在学术界的研究表明，汉唐之间在今新疆地区与河西走廊一带（甚至远到长安、洛阳和内蒙古地区），粟特商人或商团十分活跃，并在沿途形成了一些粟特人的聚落。（参见荣新江：《中古中国与外来文明》，生活·读书·新知三联书店 2001 年版）。《旧唐书》卷一九八《焉耆传》记载："贞观六年，突骑支遣使贡方物，复请大碛路以便行李，太宗许之。自隋末罹乱，碛路遂闭，西域朝贡者皆由高昌。"

从粟特人与楼兰地区的传统关系和利用"楼兰道"作为主要商道的情况来看，上述墓葬及同类墓葬的主人很可能是隋末闭"大碛路"以前为维护这条商道，并为粟特商人或商团提供食宿而早已形成的粟特人聚落的居民，这些聚落的年代下限可能延续较长。此说虽然尚待进一步证实，但无论如何，上述情况都表明楼兰地区荒废之后，"楼兰道"还在发挥一定的作用。

3."楼兰道"彻底断绝似在唐末之后

西晋前凉时期"楼兰道"的中兴，是继西汉之后的第二个使用高潮，也是最后一个高潮。在公元376年前秦火前凉前后，西域长史机构撤离了楼兰城，终止了屯田，楼兰城逐渐废弃，"楼兰道"亦随之衰落下去，一蹶不振。到南北朝时期，"楼兰道"已不再是通西域的主要交通干线，虽至隋末又闭"大碛路"（约相当于"楼兰道"），但是，入唐以后贞观九年又重开大碛路。2019年、2020年考古发掘了西北距尉犁县城90公里，东南距营盘古城和楼兰故城分别为47公里、233公里的克亚克库都克烽燧。该烽燧是孔雀河烽燧群的一座，在烽燧遗址中出土的唐代钱币、木简和纸文书中可见唐代先天、开元、天宝等年号，^{14}C测定年代在公元700年左右。木简和纸文书中记有"楼兰路"、"焉耆路"、"麻泽贼路"、"通湾镇"、"榆林镇"、"麻泽镇"，以及一些守捉、铺、烽等不同级别军事机构，再现了唐代焉耆镇下军镇防御体系基本情况。据文书记载可知，该烽燧名为"沙堆烽"，是焉耆镇下"楼兰路"上一处基层军事管理机构。由此可见，在公元700年前后"大碛路"（楼兰道）又成为以烽燧相连接的正式的军事路线[1]。以此结合在"楼兰道"白龙堆东北的北山山坡上曾发现唐代"开元通宝"等钱币970枚来看[2]，这条军事路线同时也是一条商道和可正式通行的道路。"大碛路"（楼兰道、楼兰路）最后彻底断绝，恐怕要在唐末以后了。以后，情况又为之变，由于楼兰地区在前代的基础上河道进一步变迁，加剧了自然环境的恶化，遂导致人迹罕至。

---

[1] 新疆维吾尔自治区文物考古研究所：《新疆尉犁县克亚克库都克唐代烽燧遗址》，《考古》2021年第8期。该文有遗址位置示意图、遗址平面图、烽燧西立面图，介绍了木简和纸文书的详细情况。唐贞观九年开通"大碛路"，参见李宗俊《唐代河西通西域诸道及相关史事再考》，《中国历史地理论丛》2010年第1期。

[2] 白龙堆东北北山发现970枚开元通宝等钱币，见中国科学院新疆分院罗布泊综合科学考察队：《神秘的罗布泊》（科学出版社1985年版），第119页图213及说明。

上述情况表明,"楼兰道"作为主要交通干线应终止于公元376年前秦灭前凉前后。"楼兰道"作为正式的通道,则应废弃于隋末。

(五)"楼兰道"的历史地位和作用

自西汉开通"楼兰道"迄隋末闭"大碛路",前后共七百余年。若从西汉算到前凉之末,累计也达四百七十年以上。其间西汉和魏晋前凉时期是"楼兰道"的两个使用高潮期,两者的使用期都在百年左右。在如此漫长的岁月中,"楼兰道"充当了内地通西域主要交通干线的角色,因此它在西域史中占有很重要的地位。

关于"楼兰道"的历史地位和作用,概言之大致主要表现在五个方面。第一,在交通方面,"楼兰道"是张骞凿空之后官方正式开辟的第一条内地至西域的主要交通干线。进而以此为准,向西、向南、向北延伸,交通线上形成的分途点、重接点和关节点,使今新疆境内自古以来早已存在的交通孔道互相连接变为通途。同时它也是尔后内地至西域其他主要交通干线相继开辟的先声,是今新疆境内逐步建立起四通八达的交通网的基石。可以说内地与西域正式交通的开辟,今日新疆境内交通网的逐步形成均发端于"楼兰道"。第二,"楼兰道"是官方首次正式开辟的可以通向西方的主要交通干线,是两汉魏晋前凉时期连接当时东方和西方唯一的纽带(东汉魏晋时,伊吾路无保障),也是第一座正式沟通东西方交往的桥梁。"楼兰道"的开辟,进一步打开了中国的眼界,从而使中国在世界历史舞台上进一步发挥作用,中国的影响进一步走向世界之路,著名的丝绸之路即源于此。同时它也是开始将中亚、南亚和西方的各种知识和物品引向内地的主要门户,对汉以后的历史起到了一定的重要作用。由于"楼兰道"在通过陆路进行的东西方文化、经济和政治的交流史中占有重要地位,因此它在当时东西方历史中的功绩和历史地位是不可磨灭的。第三,从西域史来看,"楼兰道"是西汉和魏晋前凉时期内地与西域相通的大动脉,是内地与西域维系在一起的生命线。它使西汉通西域得以成功,使魏晋前凉能够在西域站稳脚跟,并为尔后各代经营西域奠定了基础。虽然"楼兰道"存在的时间与"伊吾路"相比并不算太长,但是它在早期阶段对加速西域各地经济文化的发展,不断加强今新疆地区与内地的紧密联系，使今新疆地区成为祖国不可分割的组成部分的过程中的纽带作用，将是永存的。一部汉以后的西域史，首先打上的便是"楼兰道"的印记。第四，从楼兰地区史来看，"楼兰道"的开通给楼兰地区带来了活力和巨大的影响。楼兰地区最初是因"楼兰道"而扬名，楼兰城的兴起和发展，楼兰城的社会构成状况，楼兰城的性质，楼兰城经济文化的发展等无不与"楼兰道"息息相关。可以说如果没有"楼兰道"，就不会有汉魏晋时期的楼兰史。"楼兰道"是楼兰城和楼兰地区赖以生存和发展的生命线，它的直接或间接影响在这个地区几乎是无所不在的。因此，我们研究楼兰城和楼兰地区史，"楼兰道"这个非常重要的因素是不容忽视的。第五，从楼兰城所在的楼兰地区行政建置，居民主体民族和文化构成上看。自汉通西域、确立"楼兰道"，设立居卢仓，两汉之间楼兰城出现到前凉之末，楼兰地区一直是中央政府直辖领地，在行政隶属关系上与鄯善无涉。其间东汉在楼兰城一带屯田，魏晋前凉在楼兰城设西域长史统领西域，在楼兰地区屯田，居民以汉族为主体，属汉文化圈（参见绪论和本章的有关论述）。前凉永和元年（345年）又将高昌郡、西域长史所在的楼兰地区和鄯善地区划归沙州，从此完全属于内地行政建置范畴，与内地行政机构合为一体。公元445年北魏攻降鄯善，将其"比之郡县"。609年隋置鄯善郡和且末郡各下设二县，可以说这时今库尔勒以南以东，今和田地区之东，行政机构已完全内地化了，所有这一切最初皆源于"楼兰道"的开辟。

除上所述，应当指出今研究西域史、西域民族史、西域文化史、西域与祖国不可分割的历史和丝绸之路史的学者，在有关的论述中却往往忽视或未充分认识到"楼兰道"、楼兰地区在其中不可或缺的历史地位和作用。其主要表现在此仅先略提两点。一是忽视或未充分认识到"楼兰道"在汉通西域和丝绸之路形成过程中的关键作用；忽视或未充分注意到汉至前凉末"楼兰道"在通西域、经营西域和东西文化经济交流过程中不可磨灭的功绩，不可替代的重要地位和作用。二是忽视或未完全注意到"楼兰道"和楼兰地区在西域与祖国不可分割历史的形成过程中，有着重要的地位，起过重要作用。前面已经谈到楼兰地区、鄯善和且末地区至隋代在行政建置上已完全与内地融为一体，此外胜过楼兰地区的还有吐鲁番盆地的高昌地区。高昌地区自汉代以来就是中央政府的直辖领地，或是汉族政权高昌国的领地，居民以汉族为主体，是古代西域汉文化的中心区。到唐代吐鲁番盆地的西州，大体是今昌吉州范围的庭州，哈密盆地的伊州，完全实行唐代的州、县、乡、里制度。在高昌地区通行汉文、汉族政治制度、社会制度、丧葬制度、汉族礼仪、汉族教育和汉族独有的道教；佛教寺院大都由汉僧主持，流行汉文佛经、佛教艺术基本是敦煌佛教艺术的变体。此外在州县之内还实行唐代的均田制、府兵制、租庸调制，在商业上分行设市，在交通方面设馆驿等。使天山东部地区（大体在今河东至哈密地段）在行政建置、隶属关系和社会制度上，几乎完全与唐代内地相同，已经与内地融为一体①。楼兰地区和高昌地区等的上述情况，很显然其实际上已成为汉至唐代中央政府掌控西域最得力的两个抓手，并进而成为汉通西域以后当地民族与汉族逐渐形成多元一体，形成共同文明意识认同的纽带。进而这两个地区又在西域与祖国血肉相连融为一体的进程中，起到黏合剂和催化剂的重要作用。这是今新疆自古以来就是祖国不可分割领土形成过程中不可或缺的主要内因和动因之一，由此形成的强大的黏着力，又使自古以来今新疆与祖国关系中的凝聚力坚如磐石，牢不可破。

综上所述，我们在谈"楼兰道"的历史地位和作用时，之所以顺便将其引申扩大到新疆自古以来就是祖国不可分割的领土上来，目的是提醒人们在论述这个问题时，不宜淡忘甚至完全忘却"楼兰道"，楼兰地区和高昌地区等在其中的特殊地位和独特的作用，从而将其当作一个不能回避，不能不谈的关键节点，予以特别重视起来。

总之，"楼兰道"在汉及其以后内地与西域的交通史、西域史、楼兰地区史，楼兰地区建置史、民族史、文化史，以及通过丝绸之路进行东西方经济文化的交流史中，都具有首创之功，它是一座永远值得人们铭心纪念的里程碑。

---

① 关于高昌地区，庭州和伊州与内地关系和行政建置等情况，请参阅拙著《北庭和高昌研究》（商务印书馆2020年版），第227—238页"高昌概说"，第53—65页"唐北庭都护府建置沿革"。《丝绸之路史话》（社会科学文献出版社2011年版），第21—36页西汉、东汉、魏晋至隋和唐代经营西域。

二、"楼兰道"上的桥头堡土垠遗址——兼谈居卢仓、龙城和姜赖之虚

所谓"楼兰道"上的桥头堡,即是指20世纪30年代黄文弼教授在今罗布泊东北部发现的土垠遗址。这个遗址虽经长期研究,但至今仍然疑团丛生。比如,土垠遗址的年代、本名和性质是什么?西汉破羌将军辛武贤欲积谷的居卢仓,《魏略》"西域中道"经过的居卢仓位于何处?它与土垠遗址是什么关系?《水经注》说蒲昌海北岸一带有神秘的龙城和姜赖之虚,何谓龙城和姜赖之虚?它们与土垠和居卢仓是什么关系?土垠遗址的形制到底如何?它与西汉时期西域史和楼兰地区史又有什么内在的必然联系?凡此未解之谜,就是本篇要探讨的主要问题。

(一)土垠遗址发现者的记述

1930年黄文弼教授从吐鲁番越库鲁克塔格山来到罗布泊北岸,在北岸之东发现了一座古代遗址并将其命名为"土垠"(图1、22)。1934年他再次到此调查。1948年将调查资料和研究成果刊布在他的《罗布淖尔考古记》一书中。这是土垠遗址目前仅有的第一手资料,其具体情况下面论述时将陆续引用,现仅将该书的要点简略介绍如下:

土垠遗址"北距得格尔三百五十里,位于经度九〇,北纬四十五度十分(按此经纬度误)"。遗址北部有城墙遗迹一段,其南有长方形土台,台上南北直列五根木杆,废木料横陈其旁。木杆四周有许多四方井穴,台上南北部各有房址一座。土台之东约百步有古房址一所,其北有围墙遗迹。在遗址南北两端,各有东西相承凿痕一线(图31)。遗物有西汉木简71枚,铜器492件,铁器15件,漆器、木器及漆麻布37件,丝麻织衣履残巾之属39件,木竹杂器22件,料珠12件,草贝2件,以及骨、石、陶、玻璃等项,共计600余件。书中的论断部分说,长方形土台上木杆是烽竿,附近废木料是烽竿架,杆旁井穴是兵卒避藏之所或兼储食粮,土台是烽火台。土台东围墙遗址为"左部曲候"所在地,遗址南北端凿削痕迹是士兵屯驻之所。土垠遗址

的性质是烽燧亭，其时代约在黄龙元年至元延五年之间，或在此后不久。

黄文弼对土垠遗址的发现与研究是卓有贡献的。但是，他的研究受到时代的局限，不可能做到尽善尽美。因此，其中许多值得商榷之处，又为我们留下了重新进行探讨的机会。

（二）土垠遗址的年代

关于土垠遗址的年代，黄文弼教授说：土垠汉简"最早者为黄龙元年，……距设都护之岁已十一年；故此地之设烽燧亭，当为西域设都护以后事"。土垠汉简纪年最晚者是元延五年，不久"及至哀平，中西交通隔绝，此路遂被放弃"①。按在土垠遗址共发现 71 枚汉简，有明确纪年者仅 4 枚，即简五六"黄龙元年（前 49 年）十日……"；简二"永光五年（前 39 年）七月癸卯朔壬子……"；简十五"河平四年（前 25 年）十一月庚戌朔辛酉……"；简十七"元延五年（前 8 年）二月甲辰朔己未……"。我们认为，71 枚汉简只是当年土垠全部简牍中残存的极小部分，而 4 枚纪年简牍又是这些残存部分的残存纪年，所以黄龙元年和元延五年不能代表土垠汉简和土垠遗址年代的上、下限。事实上，在 71 枚土垠汉简中，经分析有些缺纪年简牍的年代似已突破上述年代界限。试举三例。

1. 简二六正面记："己未立春伏地再拜八月十三日请卿辱使幸幸大岁在西在初伏问初伏门田口"；背面记："三月辛丑朔小三月辛丑朔小三月己未立夏夏己未立夏八月十九日九月十九。"黄文弼考证："'三月辛丑朔小'重出，但以长历推之，应在河平元年（前 28 年）。""又是简正面，亦为随意书写，语无伦次。己未立春，为正月节，大岁在西，疑为阳朔元年（前 24 年）。"②陈直则认为"此简为戍卒随手漫书，语多重复，然写简时，必在其年九月十九日以后"，"余按：西汉中期以后，有三月辛丑朔者，一为昭帝始元二年，是年太岁在丙申，三月（年）在丁酉。二为宣帝神爵三年，是年太岁在壬戌。三为成帝河平元年，是年太岁在癸巳。""本简时代之可能性，以昭帝

---

① 黄文弼：《罗布淖尔考古记》，中国西北科学考察团丛刊之一，1948 年，第 24、63 页。
② 黄文弼：《罗布淖尔考古记》，中国西北科学考察团丛刊之一，1948 年，第 199—200 页。

始元二年为最大。因本简有太岁在酉四字,始元三年,即为丁酉。若依黄氏之说,河平元年在癸巳,上下皆无酉年。戍卒虽在随意书写之时,亦有比类相从之意义。"① 我们认为,由于简二六正面和背面书法和行文特点一致,乃一人同时漫书,故正、背面简文应是一个整体,两者不可能相隔四年之久,所以黄、陈二氏意见相较,以陈氏之考证可取。这样,土垠汉简年代的上限即可上溯至始元二年(前85年),而非设西域都护以后事。

2. 简三记:"右部后曲候丞陈殷十月壬辰为乌孙寇所杀。"该简未记朔日,故不能依历法推断相对年代。按简文称乌孙为寇,表明是时乌孙已经叛汉。汉与乌孙的关系,武帝至宣帝时属和亲阶段,两者关系比较密切。成帝建始、河平间段会宗任西域都护时期汉与乌孙的关系时好时坏,日趋紧张。虽然如此,在王莽秉政以前乌孙从未叛汉。王莽秉政建立新室后,与西域的关系则发生了重要的变化。据《汉书·王莽传》和《汉书·西域传》记载,始建国元年(9年),授西域各国新写印绶,收故汉印绶,尽改其王为侯,"西域后卒以此皆叛"。始建国二年,"西域诸国颇背叛,匈奴欲大侵","戊己校尉史陈良、终带共贼杀校尉刁护",叛逃匈奴,西域的局势急转直下。始建国五年(13年),"乌孙大小昆弥遣使贡献。大昆弥者,中国外孙也。其胡妇子为小昆弥,而乌孙归附之。莽见匈奴诸边并侵,意欲得乌孙心,乃遣使者引小昆弥使置大昆弥使上。保成师友祭酒满昌奏使者曰:'夷狄以中国有礼谊,故谇而服从。大昆弥,君也,今序臣使于君使之上,非所以有夷狄也。奉使大不敬!'莽怒,免昌官。""西域诸国以莽积失恩信,焉耆先叛,杀都护但钦。"此后王莽在"天凤三年(16年),乃遣五威将王骏、西域都护李崇将戊己校尉出西域,……焉耆诈降而聚兵自备。骏等将莎车、龟兹兵七千余人,分为数部入焉耆,焉耆伏兵要遮骏,……皆杀之。唯戊己校尉郭钦别将兵,……引兵还……。李崇收余士,还保龟兹,数年莽死,崇遂没,西域因绝"。从上述背景来看,乌孙在始建国五年尚遣使贡献,所以它很可能在天凤三年以后亦因积怨新室,在"西域皆叛"逆流的影响下而叛汉。李崇还保龟兹,龟兹北与乌孙相接。陈殷被乌孙寇所杀,似在天凤三年至李崇

---

① 陈直:《居延汉简研究》,天津古籍出版社1986年版,第566—567页。

败没之前这个时期。

3. 简四〇记："恽私从者大马□　六月乙丑尽七月积一月十二日食粟四石二斗。"[①] 该简的年代可作两种推断，若七月大六月小，六月乙丑其月朔日应为戊申。武帝以后六月戊申朔者有元凤五年（前 76 年）和天凤五年（18 年）。若七月小六月大，六月乙丑其月朔日应为丁未。武帝以后六月丁未朔者只有鸿嘉二年（前 19 年）。上述情况表明，该简的年代很可能突破黄龙元年或元延五年这个界限。

从历史背景来看，《史记·大宛列传》记载，元封四年（前 107 年）赵破奴、王恢虏楼兰王，破姑师，举兵威以动乌孙、大宛之属后，"于是酒泉列亭障至玉门矣"。太初元年（前 104 年）李广利经楼兰地区西征破大宛后，天汉元年（前 100 年）玉门"西至盐水，往往有亭。而仑头有田卒数百人，因置使者护田积粟，以给使外国者"。《汉书·西域传》序则记为："于是自敦煌西至盐泽往往起亭。"从此西汉正式设防控制了经过盐泽通西域的交通线。以后在元凤四年（前 77 年）又派傅介子刺杀楼兰王更名其国为鄯善，排除了楼兰国（鄯善国）的干扰，彻底控制了这条交通线。据考古调查，在土垠东南方不远处有烽火台遗址，在营盘有堡垒遗迹，营盘至库尔勒途中则有很多烽火台遗址。[②] 凡此均可与盐水或盐泽"往往起亭"互相印证。黄文弼和斯坦因的调查，都证明了西汉的交通线正是沿着这条烽燧线前进的。[③] 黄文弼在《罗布淖尔考古记》中充分阐述了土垠是经盐泽交通线上的休整基地。本篇下面还将论证土垠就是居卢仓故址，它在黄龙元年以前早已存在，并成为这条交通线上的大本营。因此，土垠遗址始建的时间，似在西汉于盐泽一带开始列亭的时间之内。结合前述对土垠汉简的分析，或可认为土垠的出现应在天汉元年至始元二年间的某个时期。此外，由于经过土垠走盐泽之

---

① 黄文弼在《罗布淖尔考古记》中将"恽私"释为"浑和"，中国西北科学考察团丛刊之一，1948 年。
② 〔英〕A. 斯坦因著，向达译：《斯坦因西域考古记》，中华书局 1946 年版，第 195 页；〔英〕A. 斯坦因：《亚洲腹地考古图记》卷 4 地图第 17、21、25 页，广西师范大学出版社 2004 年版；另见黄文弼：《罗布淖尔考古记》附图 6，中国西北科学考察团丛刊之一，1948 年。
③ 〔英〕A. 斯坦因著，向达译：《斯坦因西域考古记》第九章，中华书局 1946 年版；〔英〕A. 斯坦因：《西域考古图记》第十一章第十节，广西师范大学出版社 1999 年版；黄文弼：《罗布淖尔考古记》，中国西北科学考察团丛刊之一，1948 年，第 105、110 页。

路乃是西汉通西域的唯一交通干线，故在汉绝西域之前土垠这个控扼交通孔道的大本营是不能撤走的（参见后文）。所以，前述土垠汉简年代的下限可能延至王莽后期亦在情理之中。

总之，根据上述分析，基本上可以认为土垠遗址年代的上、下限，大致与西汉在盐泽一带开始列亭至西汉绝西域之时相当。

（三）土垠遗址的职官和戍卒

1. 职官

在西域都护府设置后，土垠遗址的职官被纳入西域都护府的职官系统。如土垠汉简一记："都护军候张□所假官驿牡马一匹齿八岁高五尺八寸。"简中的"都护"显然是指西域都护府而言，此云"都护军候"当为西域都护属官之"候"。在土垠汉简中，凡记来往官吏如"郡吏"、"使者"等均写"来"或"去"，唯军候写"到"，所以这位养官马的军候应是驻在土垠的长官。又土垠汉简六六记："军□丞□再拜"，"军"下应为"候"字，说明军候之下设有丞。

土垠汉简二记："永光五年七月癸卯朔壬子左部左曲候。"简三记："右部后曲候丞陈殷……"简四记："二月庚辰朔丙午后曲候□。"简五记："者马召左部后山候尊丞崩令史利。"简六记："部右曲候□□令史□□□。"曲候即前述之军候[①]。王国维说，所谓军候、曲候和候三称是等同的[②]，其下设丞和令史，按汉代在西域设有西域都护和戊己校尉两个主要长官，西域都护是中央政府派驻西域的最高地方官吏，他直接统领所辖军队，其机构称西域都护府，治所设在乌垒，东与土垠直通。戊己校尉是中央政府在西域驻军（不包括都护所属军队）的长官，主要任务是平时屯田，战时打仗，其机构称戊己校尉府，治所设在车师前部高昌壁，它与土垠仅有山间小道相连。戊己校尉的军队，只有在中央政府批准的情况下，才可临时调往他处戍守或作战

---

① 胡平生、张德芳编撰：《敦煌悬泉汉简释粹》，上海古籍出版社2001年版。该书第127页注释中说：部曲为汉代军队之编制。棰之西北汉简，曲有前曲、后曲、左曲、右曲、中曲之分，曲有军候。
② 王国维：《流沙坠简》簿书类简四十二，第9页；烽燧类简六，第14页；1914年日本京都东山学社印本，1934年校正重印本。

（特殊情况除外）。戊己校尉下分戊部和己部，有时也称左右部[1]。前面各简所记职官应属西域都护府职官系统[2]，其中有的曲候之驻地当在土垠遗址。

土垠汉简八记："左右部司马"，简七记："□□部军守司马"（即左或右部军守司马，守乃试守之意）。依左或右部曲候之例，左右部司马同样应属于西域都护府职官系统。土垠汉简九记："……宗问从事人姓字……"从事"职参谋议"，此乃是西域都护府的部从事。[3]

据上所述，可知《汉书·百官公卿表》所记西域都护府的两名司马即为左右部司马；候非二人而是四人，即左部司马下设左部左曲候和后曲候，右部司马下设右部右曲候和后曲候。曲候之下设丞和令史。西域都护府的司马和曲候既然分左右部，必分部管理不同的地段。从土垠汉简三记右部后曲候丞为乌孙所杀来看，右部似在西域都护府治所乌垒之西，左部则似在其东。因此，土垠遗址当年可能是左部左曲候或后曲候之驻地。在曲候之下，土垠还有"仓校"（简一八）、"仓吏"（简一九）等属员，以及"三老"等。至于交河曲仓守丞（简一六）、车师戊校（简一五）、伊循都尉（简一〇）、伊循卒史（简一一）、都吏（简一六）、使者（简一九）等，因与本篇无关，兹不赘笔。

2. 戍卒及其家属和私从

土垠汉简有相当一部分涉及戍卒及其家属和私从。如土垠汉简二七记："里公乘史隆家属畜产衣器物籍。"简二九记："士霸陵西新里田由□□。"简三〇记："应募士长陵仁里大夫孙尚。"简三二记："士小卷里王护。"简三四记："士南阳郡涅阳石里宋利亲……"[4] 这5件残名籍分别记有戍卒的身份、爵位和籍贯。关于名籍，从居延和敦煌汉简来看，骑士名籍的书写格式是：县名（不书郡名）、骑士、里名、姓名（不书爵名）。戍卒名籍的书写格式是：戍（田）卒、郡国（或不书郡名）、县、里名、爵位（或不书）、姓名、

---

[1] 前引《敦煌悬泉汉简释粹》第129页简一七四、一七五，建平二年称"戊校左曲候"，第131页简一八一称"戊校右部中曲士……"，简一八二称"己校左部中曲候令史……"。
[2] 黄文弼《历史考古论集·罗布淖尔汉简考释》第378页认为左、右部曲候属戊己校尉。文物出版社，1989年。
[3] 王国维：《流沙坠简》簿书类简二十五，1914年初印本，1934年校正重印本，第6页。
[4] 黄文弼在《罗布淖尔考古记》中将"宋利亲"释为"宋钧亲"，中国西北科学考察团丛刊之一，1948年。

年龄（或不书）。据此可判定简二七、二九、三〇、三四属戍卒名籍。简三二在里名之上残存"士"字，姓名、里名间不书爵位，而居延汉简弛刑士在姓名之上又不书郡、县和里名，所以简三二之"士"应指骑士。简二七、二九、三四与简三〇应募士名籍书写格式相同。简二九、三四残留"士"字，应为应募士；简二七"里"字上残缺，是"应募士"还是被征调者不明。名籍所记"公乘"、"大夫"是爵位。在居延汉简中，民爵公士至大夫为戍（田）卒，公乘一般皆为候长、燧长；官爵五大夫则相当于候。以此证之，简二七公乘史隆当属候长、燧长一级官吏；简三〇大夫孙尚应为戍卒。

土垠汉简涉及戍卒家属和私从的简牍，有简二七："里公乘史隆家属畜产衣器物籍。"简三四："士南阳郡涅阳石里宋利亲／妻玑年卅／私从者同县籍同里父上□□□。"简四一："□□□□□家属六人官驼二匹食率匹二斗。"① 简三八："男□□孔六□。"简三九："没临中女子二七□为□男子十□□□□。"简四〇："悝私从者大马□六月乙丑尽七月积一月十二日食粟四石二斗。"简四六："十月丁丑从者给取。"简三五："妻子"；简三六："妻"，"伯子"；简四五"大女"② 等。戍卒携带家属，是西汉政府推行的重要边防政策，借以达到戍卒安心和徙民实边的目的。在居延汉简中，此类简牍很多；土垠汉简表明，这种做法也推广到了西域。私从者又记为从者，居延汉简亦记为私史从者。这些人是戍卒之亲友，相随至戍所，不是正员，但到戍地后有时也要服"兵役"，并成为政府统计的武装人数之一。由于戍卒携带家属和私从者，故需要有管理人员。土垠汉简二〇所记"三老"，可能即是管理家属和私从者的乡官。

关于家属和私从者的廪给，土垠汉简也有所反映。《汉书·晁错传》说，徙民实边需"先为筑室……置器物焉，民至有所居，作有所用，此民所以轻去故乡而劝之新（邑）也"，这样才能"使先至者安乐而不思故乡，则贫民相募而劝往矣"。这虽是文人之言，有理想化的成分，但是西汉政府也的确做了一些相应的准备。土垠汉简二七"里公乘史隆家属畜产衣器物籍"，可

---

① 黄文弼在《罗布淖尔考古记》中将"二斗"释为"二升"，中国西北考察团丛刊之一，1948年。
② 黄文弼在《罗布淖尔考古记》中将"大女"释为"大口"，中国西北考察团丛刊之一，1948年。

能即是这种准备的反映。此外，家属和私从者还要按月发口粮。在居延发现许多戍卒家属廪名籍，详细记载了对家属中的不同性别和不同年龄的成员配给谷物的数量。土垠此类简牍多残缺漫漶，详况不明。以较完整的简四〇为例，简文记"恽私从者大马囗六月乙丑尽七月积一月十二日食粟四石二斗"，合日食一斗，月食三石（据居延汉简证之，应为小石）。家属所养官驼，同样也配给谷物（简四一）。

综上所述，可简略指出以下几点：（1）土垠遗址的职官属西域都护府系统。最高长官称军候或曲候，其下设丞和令史；与居延候官之下设丞、掾、令史、尉史的情况相近。此外，土垠遗址还有管理仓的仓吏、仓校及乡官三老等。（2）土垠残简未见戍卒字样，但有些简可推断其身份为戍卒。（3）土垠汉简丝毫没有反映出与屯田和烽燧有关的任何情况。（4）从军候养官马，家属养官驼（简四一）来看，土垠的生产似以畜牧业为主，而粮食则靠外部供应。土垠汉简所记伊循、渠犁和车师均为西汉在西域的重要屯田地点。其中伊循屯田距土垠最近，或为土垠粮食的主要供应者。

（四）土垠遗址的交通枢纽地位和作用

土垠汉简涉及交通的简牍，有简一二："龟兹王使者二"；简一八："乙巳晨时都吏葛卿从西方来出遣已归舍旦葛卿去出送已坐仓校囗食时归舍日下铺时军候到出谒已归舍"；简一九："使者王囗旦东去督使者从西方来立发东去已坐仓吏耀黄昏时归仓"；[①] 简二〇："庚戌旦出坐西传日出时三老来坐食时归舍。"简二一："行马已坐西传中已出之横门已视车已行城户已复行车已坐横门外须臾归舍。"根据上述诸简，并结合有关简牍，下面主要谈四个问题。

1. 传、舍和仓

土垠汉简二〇、二一记"西传"；简一八、二〇、二一记"归舍"；简一九记"归仓"。所谓"传"，古籍中大都释为"驿"。如《汉书·高帝纪（下）》"五年"条记载："横惧，乘传诣雒阳"，颜师古注："传者，若今之驿。""总的来说，传就是传递，是以交通线上适当设置的车站来替换马的

---

① 陈梦家：《汉简缀述》释"囗晨时归舍"，中华书局1980年版，第213页。

意思。同时又把这种替换车马的地点叫作传。又因为替换车马需要停下一次，所以这个地点也叫作置。……再者，这个地点已做好替换拉车之马的准备，因而也叫作驿。"①从居延汉简来看，万余枚汉简中明确记载驿名者只有"驳南驿"。但是，居延汉简记载的驿马则较多，说明当时该地区的县、都尉、候官和一些燧大都有驿的设置，只是不以驿名出现罢了。土垠汉简不记"驿"，而记为"传"，可能亦属此种情况。

"舍"是居住之所。"传"设有供往来官吏或行人居住的宿舍，这种宿舍居延汉简称为"传舍"。土垠汉简所记"归舍"之舍，应是"传舍"的简称。

"仓"，在居延汉简中是指供应吏卒食粮的兵站仓库。土垠汉简所记的"仓"，即是简义"居卢訾仓"的简称。从土垠汉简记"仓校"、"仓吏"肩负送往迎来的任务来看，居卢訾仓的职能不单单是屯粮积谷，而是兼有"传"的性质。

2. 行马和行车

土垠汉简二一记载的"行马"和"行车"都与"传"相关联，好像是"传马"与"传车"，其实不然。按"传马"系由"传"供给的驾车之马，这种车又称"传车"。但是，简二一记"行马"和"行车"而不称"传马"与"传车"，说明两者是有区别的。《汉书·高帝纪（下）》"五年"记："横惧，乘传诣雒阳"，颜师古注："传者，若今之驿，古者以车，谓之传车，其后又单置骑，谓之驿骑。"《史记·孝文本纪》《索隐》引如淳注："律，四马高足为传置，四马中足为驰置，下足为乘置，一马二马为轺置，如置急者乘一马口乘也。"可见在西汉时期供驾车之马和供骑乘之马是同时存在的，所以"行马"当为供骑乘之马。关于"传车"，《汉书·平帝纪》"元始五年"记："征天下通知逸经、古记、天文……尔雅教授者，在所为驾一封轺传，遣诣京师。"如淳注："律，诸当乘传及发驾置传者，皆持尺五寸木传信，封以御史大夫印章。其乘传参封之。参，三也。有期会累封两端，端各两封，凡四封也。乘置驰传五封也，两端各二，中央一也。轺传两马再封之，一马一封也。"可见西汉时期供给"传马"和"传车"的规定是很严格的。前述平帝

---

① 〔日〕森鹿三：《论居延简所见的马》，见《东洋学研究·居延汉简篇》，同朋舍1975年版。

时诸使用一封轺传者,乃是一种特殊的待遇,当时能使用"传马"和"传车"者是很少的。土垠地在西域,路程遥远,交通艰险,在土垠与敦煌间没有驿站,故传马和传车制度恐怕很难实行。因此,土垠汉简二一所记"行马"、"行车"显然与"传马"和"传车"是不同的。

据吐鲁番文书资料,在高昌国时期有"远行马"制度。唐代西州则有"长行坊",下养"长行马";又有"长行车坊",下设"长行车"。当时"长行马"与"长行车坊"是和馆驿并存的交通组织,两者的区别是驿传需按驿换乘马匹,"长行马"与"长行车"执行长途运输任务,从起点到终点不换乘马匹。[1] 土垠汉简二一记载的"行马"、"行车"或属此种情况。如是,即表明高昌国"远行马",唐代西州"长行马"、"长行车"制度不是突然产生的,它乃是根据古代新疆的具体情况,由汉代的"行马"、"行车"逐渐演变而来的。

除上所述,土垠汉简二二和二三还记"用二私马至敦煌",在内地至西域的交通线上有私人运输业的存在,这是一个很值得重视的现象。

3. 邮行

土垠汉简一三记"居卢訾仓以邮行"。《说文》"邑部"云:"邮,境上行书舍也。"《汉书·薛宣传》注:"邮,行书之舍,亦如今之驿及行道馆舍也。"概言之,"邮"乃是传递文书的专门机构。从居延汉简来看,边远地区的"邮"是与亭、传、置、驿同为大道上有关交通机构的设置,并且往往重叠于一处互相通用。[2] 土垠遗址"传"、"邮"重叠于一处的现象是与居延相同的,关于"以邮行",系指传递文书的方式。云梦秦简《田律》曰:"近县令轻足行其书,远县令邮行之。"[3] 在居延汉简中,"以邮行"指用驿马、传马递送信。[4] 土垠地区道路难行,各点之间相距较远,与内地相距更远,故亦采用"以邮行"方式传递文书。传递工具,《汉书·西域传》说:"因骑置以闻",即用马传递。土垠汉简记有官马(简一)和官驼(简四一),魏晋时期

---

[1] 孔祥星:《唐代新疆地区的交通组织长行坊》,《中国历史博物馆馆刊》1981年总3期。
[2] 〔日〕森鹿三:《论居延简所见的马》,见《东洋学术研究·居延汉简篇》,同朋舍1975年版。
[3] 睡虎地秦墓竹简整理小组:《睡虎地秦墓竹简》,文物出版社1978年版。
[4] 甘肃省文物工作队、甘肃省博物馆:《汉简研究文集》,甘肃人民出版社1984年版,第317页。

楼兰汉文简牍记行书民使用官驼，①据此可认为土垠当时是马、驼并用。这种情况与内地郡县"马递曰置，步递曰邮"②的说法有别。

4. 土垠遗址的交通枢纽地位

土垠汉简二二记"用二私马至敦煌辄收入敦煌去渠犁二千八百里更沙版绝水草不能致即得用"。简一二记"龟兹王使者二"，简三记"右部后曲候丞陈殷十月壬辰为乌孙寇所杀"，简一五记"河平四年十一月庚戌朔辛酉到守居卢訾仓车师戍校"，简一六记"交河曲仓守丞衡移居卢訾仓"，简一〇记"伊循都尉左"，简一一记"伊循卒史黄广宗"等。

此外，敦煌悬泉置所出汉简中，有许多简记述了西域都护、戊己校尉、伊循都尉和渠犁都尉及其下属经悬泉置往来西域和内地，又有百余条记述了西域诸国王和使者等经悬泉置到内地和回西域，涉及楼兰鄯善、且末、小宛、精绝、扜弥、渠勒、于阗、蒲犁、皮山、莎车、疏勒、姑墨、温宿、龟兹、渠犁、危须、焉耆、狐胡、山国、车师等20国，以及乌孙、大宛、康居、大月氏、乌弋山离、祭越、钧耆、披垣、罽宾等。其中有的使团规模很大，如I0309③：134记"于阗王以下千七十四人"，II0115①：114记"送精绝王诸国客凡四百七十人"。乌孙、大小昆弥和使者往来很多，长罗侯常惠往来乌孙次数也很多。上述资料的纪年主要在西汉永光、建昭、河平、阳朔、鸿嘉、永始、建平、元始，以及王莽始建国、天凤之间，即在土垠遗址（居卢仓）的存在期间。因此，上述经悬泉置往来内地和西域之间，必途经居卢仓。③这些简牍资料，为我们清楚地勾画出一幅土垠与外界四通八达的交通网的蓝图及其繁忙的景象。据简牍资料，可清楚地看出土垠（居卢仓）东通敦煌，西通渠犁、龟兹和乌孙（南与龟兹相接），与西域北道相连；南通伊循接西域南道；北通车师可与天山北麓互相交往。敦煌是西汉通西域的前哨基地，渠犁是西汉重要的屯田地点，西域都护府治所乌垒即距其不远；伊循是伊循都尉府和伊循屯田之地，车师是戊己校尉府和车师屯田所在地。

---

① 〔法〕马伯乐：《斯坦因第三次中亚考察所获汉文文书》NO. 215："出大麦五斗给行书民桃将饭官／驼……"伦敦，1953年。
② 甘肃省文物工作队、甘肃省博物馆：《汉简研究文集》，甘肃人民出版社1984年版，第318页。
③ 胡平生、张德芳《敦煌悬泉汉简释粹》，除书所收汉简外，并参阅该书张德芳《简论悬泉汉简的学术价值》一文，上海古籍出版社2001年版。

由此可见，土垠正处在敦煌、西域都护府、戊己校尉府和伊循都尉府互相连接的关节点上；同时它又成为西域境内西域北道和南道的分途点，[1]是西域境内最重要的交通枢纽。在西汉时期，天山北麓东段被匈奴占据，历史上著名的"伊吾路"是时不通，所以经过土垠和盐泽之路就成为西汉通西域的大动脉和生命线，而土垠遗址则正控扼着这条唯一交通孔道的咽喉。前述土垠在交通职能方面的突出作用，便是土垠遗址这种重要战略地位的必然反映。

（五）土垠不是烽燧亭遗址

《罗布淖尔考古记》说：土垠遗址"南有长方形土台，高八英尺许，长十九英尺，宽五英尺五寸。上竖木杆五，南北直列，高十二英尺弱。每杆相距约十二英尺许。木杆上端凿一方孔，疑为穿桔槔之用。尚有若干废弃木料横陈其旁，木上均有斧凿痕迹，或中凿一圆孔，或方木而中凿一槽，均长不及丈，疑皆为支持烽杆之用，类今之取水井架也"。据此该书认为其构造显然是古时烽火台遗迹。该书进而又将土垠定为古烽燧亭遗址。现在学术界大都沿用这个结论，但是我们认为《罗布淖尔考古记》所提供的资料却恰恰可以证明土垠不是烽燧亭遗址（图31），理由如下：

1. 土垠位置很低，烽号传不出去

《罗布淖尔考古记》说："汉烽燧亭遗址，即在土垠平滩上。"土垠"傍于海岸之三角洲，三面环水，惟北路通陆"，"四周土阜骈峙"，"行人由西至东，或由东至西，至此城时，必须沿湖环行，越过土阜数重，方达到此地，盖已至湖泊之中洲矣"。近年来科学工作者亦曾到土垠一带进行过调查，他们说土垠"遗址位于一个巨大的近于南北向的长条形凹地中的一个小土丘上……它的周围是高达十多米乃至二十米的高大的近于南北向延伸的桌状地形，遗址所在的小土丘要比周围的高大桌状地形低得多"[2]。可见土垠遗址比较隐蔽，位置很低。土垠遗址处于上述宏观地形之中，所谓"烽竿"高仅12英尺，即使加上土台的高度8英尺也远远低于周围高大的土阜，因此烽号很

---

[1] 参见王国维《观堂集林》第三册卷十七《敦煌汉简跋十四》，中华书局1984年版。
[2] 王守春：《通过考古学和地理学的比较研究对楼兰地区某些历史地理问题的探讨》，《西域史论丛》第二辑，新疆人民出版社1985年版。

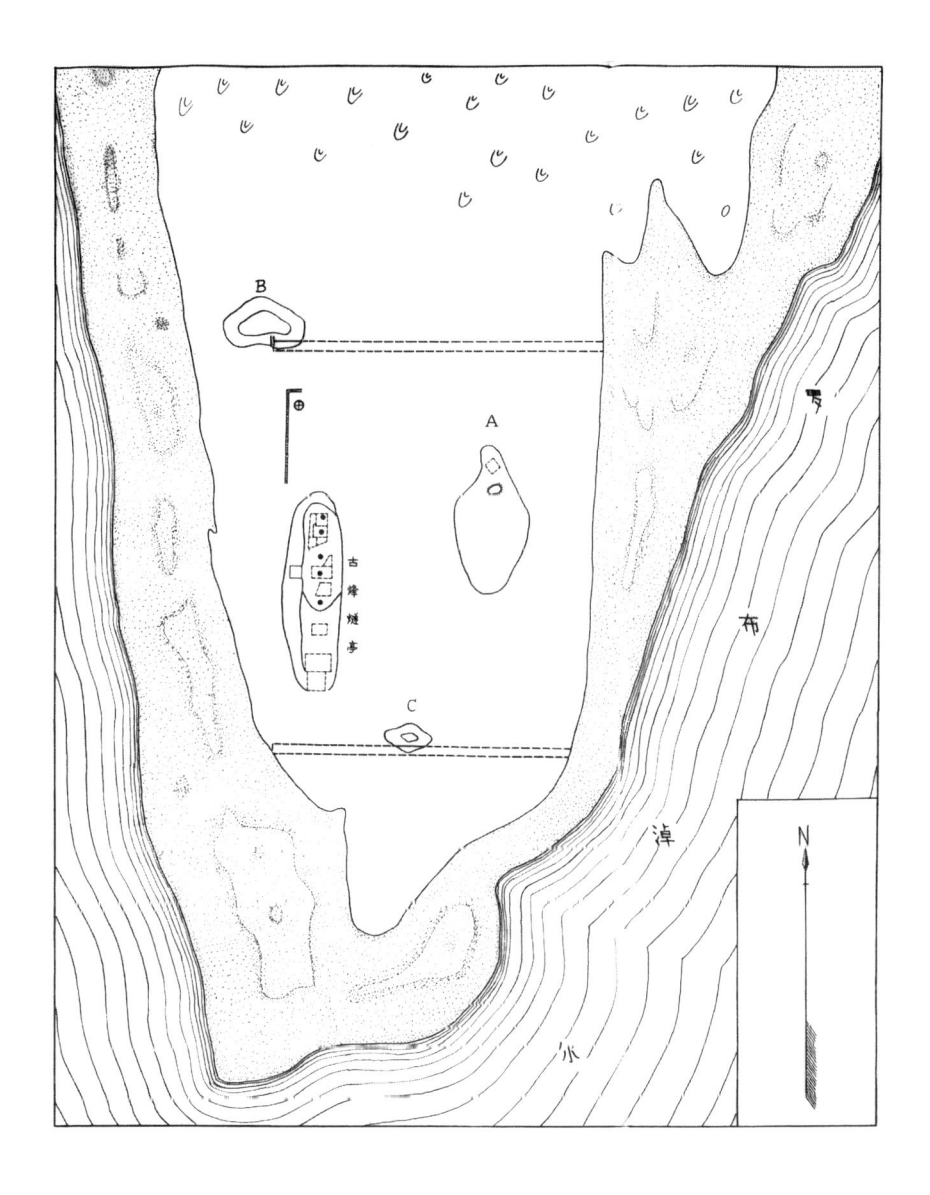

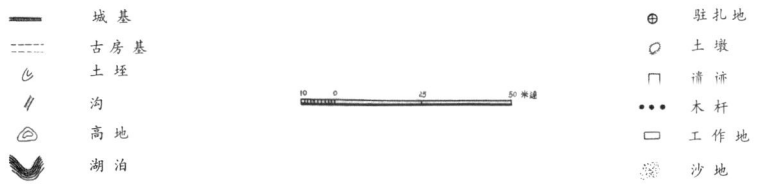

图 31 土垠遗址平面图
（采自《罗布淖尔考古记》附图 17）

难传出去。这样的位置和地形，显然是与选择烽燧址的原则背道而驰的。

2. 土垠不在交通线近旁的烽燧线上

前已说明土垠位于高大土阜之中，欲至土垠必沿湖环行，越过土垠数重。此外，《罗布淖尔考古记》还明记大道遗迹在土垠之北5里许。1914年斯坦因沿此路调查，在古三角洲终点附近发现古代道路遗址，他们顺此路东进并未经过土垠遗址。① 明显可见土垠遗址并不在当时交通大道的近旁，换言之，即土垠不在烽燧线上（烽燧一般靠近交通线）。其次，土垠台基上五根立柱呈南北向排列与东西向大道垂直，这种配置方式与烽竿的作用也是不相符的。

3. 土垠"烽竿"不合常规

土垠"烽竿"高12英尺弱，约合3.6米。《墨子·旗帜篇》说："亭尉各为帜，杆长二丈五，帛长丈五，广半幅者大。"战国时期一尺约合0.227米—0.231米，二丈五尺约为5.7米—5.8米。《汉书音义》记载烽竿高三丈，汉简资料亦说烽竿高三丈。② 汉代一尺约合0.23米，三丈则为6.9米。可见土垠"烽竿"大大低于一般烽竿的高度。烽竿一般置于烽台上，有人认为土垠烽竿不属此类而是地烽。③ 如是，土垠烽竿理应更高于立在烽台上的烽竿，特别是考虑到土垠周围的地形，土垠台基上立柱高仅3.6米，地烽说显然是不能成立的。

《罗布淖尔考古记》说，台基立柱上端方孔是供穿桔槔用的，而立柱附近的废木料则是供支撑烽竿的架子。按前者在文献中确有这种记载，但从居延汉简来看，至今尚无一例能证明此种结构的存在。④ 至于后者，如果废木料是烽竿架，那么烽竿就应有与之相结合的痕迹。可是在《罗布淖尔考古记》的文字和附图中均不见这种痕迹，故上面的推论令人难以相信。此外，《罗布淖尔考古记》还根据《墨子·号令篇》，认为台基上的五根立柱是五烽

---

① 〔英〕A.斯坦因著，向达译：《斯坦因西域考古记》第九章，中华书局1946年版；〔英〕A.斯坦因：《西域考古图记》第十一章第十节，广西师范大学出版社1999年版。
② 〔法〕沙畹：《斯坦因在新疆沙漠发现的汉文文书》简六九四："□下蓬灭火蓬竿长三丈□……"，牛津，1913年。
③ 甘肃省文物工作队、甘肃省博物馆：《汉简研究文集》，甘肃人民出版社1984年版，第255页。
④ 甘肃省文物工作队、甘肃省博物馆：《汉简研究文集》，甘肃人民出版社1984年版，第166页。

竿。但据居延汉简记载，每次举烽最多三枚①，用不着置五烽竿。

4. 土垠台基与烽燧亭的结构不符

在典籍与汉简中，"烽燧连举者有二义：一指烽火，一指亭燧"②。烽火台，台与台上的楼之整体结构称为亭，两者又可分别称为亭。③汉代的烽火台横剖面呈四方形，敦煌的烽火台残高多在4米—7.7米，高者可达9米，基宽则在4.5米—8米，上窄下宽。④根据笔者在新疆的调查，汉代烽火台保存较好者情况与此相近。另外，敦煌在烽火台之上建方屋，台旁跳出橹，即所谓候楼，候楼中立烽竿（亭上烽）。相比之下，土垠台基呈南北向长方形，高约2.4米（8英尺）、长约57米（黄文弼记为19英尺，据原书附比例图尺计算，应为190英尺）、宽约16.5米（黄文弼记为5.5英尺，但据原书附图比例尺计算，应为50.5英尺），与汉代烽火台通制完全不符。土垠台基上的房屋残毁，平面呈长方形，其形制与候楼亦不相同。根据当时的实测图可以看出，土垠台基北边四根木柱立于房屋建筑之内（图32）。《汉书·尹赏传》注引如淳曰："旧亭，传于四角面百步筑土四方，上有屋，屋上有柱高出丈余，有大板贯柱四出，名曰桓表。"所谓高出丈余，即相当于3米左右，其中一半3米则隐于屋内。⑤若勉强以此类比，土垠台基在四根立柱，柱总高才3.6米，这个高度恐怕连屋顶都难以露出。

根据上述四点，我们认为土垠不可能是烽燧亭遗址。

（六）土垠是居卢仓故址

1. 土垠台基是仓储遗迹

黄文弼先生在《罗布淖尔考古记》中说："在杆之四周，尚有许多四方井穴，用柳条渗以木屑，编织为箔，覆于井口，约四尺见方，彼此相通为甬道。""余在杆之两旁，曾掘二井，内满储沙子，无一他物"，"疑杆旁之井穴，皆兵卒避藏之地，如敌人来侵，避匿其中，免受敌人之攻击也"。原书

---

① 甘肃省文物工作队、甘肃省博物馆：《汉简研究文集》，甘肃人民出版社1984年版，第364页。
② 陈梦家：《汉简缀述》，中华书局1980年版，第170、155页。
③ 陈梦家：《汉简缀述》，中华书局1980年版，第170、155页。
④ 陈梦家：《汉简缀述》，中华书局1980年版，第170、155页。
⑤ 甘肃省文物工作队、甘肃省博物馆：《汉简研究文集》，甘肃人民出版社1984年版，第365页。

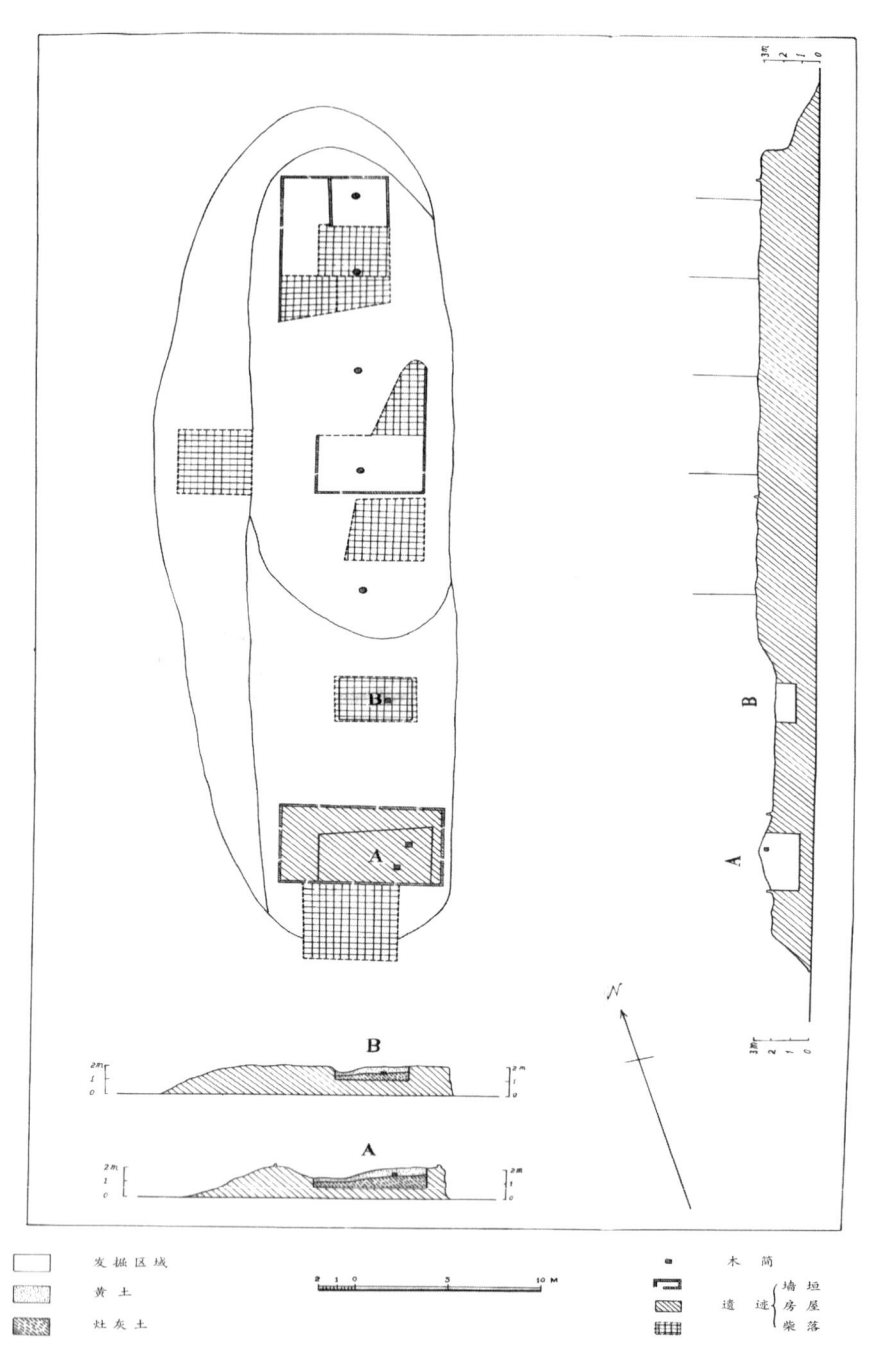

图 32 居卢仓遗址平剖面图
（采自《罗布淖尔考古记》附图 18）

又说，第二次前往时，"复掘其旁之其他井穴，有类似高粱之谷粒，或井中兼储食粮，亦未可知也"。我们认为，上述井穴的结构与防御工事毫无共同之处。由于其内有粮食遗存，显然是与储存粮食有关，这种地窖式的粮仓在内地也是存在的。至于台基上房屋与井穴的关系，原书没有交代，推测有立柱的房屋当与粮仓的整体结构有关。从土垠台基上五根立柱排列形式、高度及与建筑遗迹的关系来看，这些立柱和附近的木料实际上乃是房屋建筑的木构件。在敦煌和居延地区，烽火台上之残屋有的高达 12 英尺。[①] 借此相比，由于粮仓需要有良好的通风条件，故其建筑一般都较高大，所以将土台基上高 12 英尺的木杆当作仓房的立柱是完全可以说得通的。而土台基南部无立柱并发现木简的房屋，则可能是守仓者的办公之处。

从形制和地形上来看，土垠与敦煌大方盘城仓储遗址有相似之处。[②] 大方盘城一带地势低洼，仓建在土台上，仓平面长方形，东西长 132 米、南北宽 15 米，三间大厅相连，墙上有通风孔（图 33），在仓之南有烽燧 T18 为之耳目。[③] 土垠台基与之相比，台宽相近（长度则短）；两者均建在与大道有一定距离的低洼之处（便于隐蔽）；仓均建在长条形土台上，仓不远处均有烽燧为之耳目等都基本一致。据此亦可证明土垠是居卢仓遗迹。

2. 土垠是居卢仓故址

（1）居卢訾仓是土垠遗址的本称

土垠汉简一三记"居卢訾仓以邮行"；简一五记"河平四年十一月庚戌朔辛酉刊守居卢訾仓车师戊校"；简一六记"交河曲仓守丞衡移居卢訾仓"；简一七记"元延五年二月甲辰朔己木□□□土□尉临居卢訾仓以□……即日到守□"。简一三记发义之地，简一五、一八记收义之地，简一七所临之地均在居卢訾仓。此外，简一八、一九记送往迎来者为仓校和仓吏，简一九记仓吏归仓，以前述简一三、一五、一六、一七证之，仓校和仓吏所服务的仓显然是指居卢訾仓而言。由于上述诸简牍均出于土垠遗址，土垠台基又为仓储遗迹，故可确认土垠遗址就是居卢訾仓，居卢訾仓乃是土垠遗址的本称。

---

① 陈梦家：《汉简缀述》，中华书局 1980 年版，第 156 页。
② 〔英〕A. 斯坦因：《西域考古图记》III 图 41，广西师范大学出版社 1999 年版。
③ 〔英〕A. 斯坦因著，向达译：《斯坦因西域考古记》，中华书局 1946 年版，第 134—135 页。

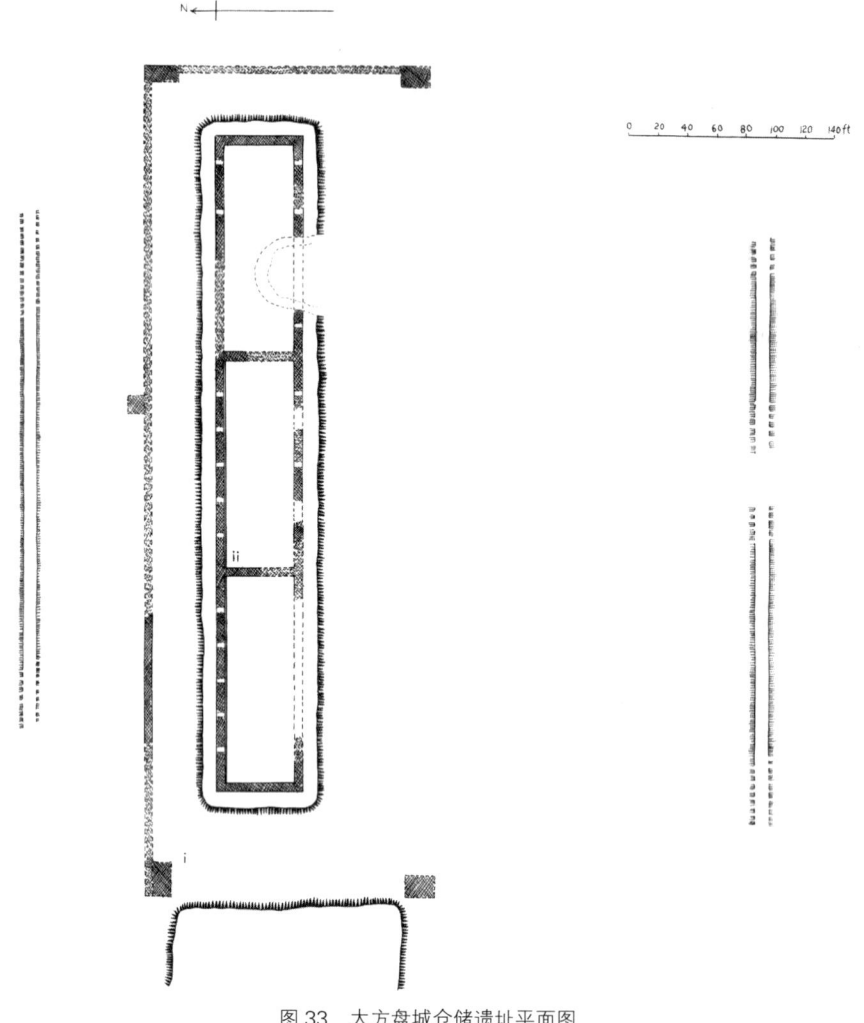

图 33　大方盘城仓储遗址平面图
（采自《西域考古图记》Ⅲ卷图版 41）

(2) 居卢仓是居卢訾仓的简称

《汉书·西域传》"乌孙"条记载：甘露三年（前 51 年）乌孙内乱（指乌就屠袭杀狂王，自立为昆孙事），"汉遣破羌将军辛武贤，将兵万五千人，至敦煌。遣使者案行表，穿卑鞮侯井以西（孟康曰：大井六通渠也。下泉流涌出，在白龙堆东土山下），欲通渠转谷，积居卢仓以讨之"。据此可知，居卢仓在辛武贤以前早已存在。《三国志·魏志》卷三〇引《魏略·西戎传》

说:"从玉门关西出,发都护井,回三陇沙北头,经居卢仓,从沙西井转西北,过龙堆,到故楼兰(衍一故字),转西诣龟兹,至葱岭,为中道。"这条交通线的起点玉门关,俗称小方盘城,约在敦煌西北 80 公里。三陇沙,《汉书·地理志》称"白龙堆沙"即今之三陇沙。都护井或与辛武贤表穿的卑鞮侯井同指一处,如是即应位于白龙堆沙东土山下(三陇沙东雅丹群附近)。居卢仓,《罗布淖尔考古记》及另外一些学者主张在出三陇沙不远的废墟中。[①] 我们认为该地距玉门关较近,且在沙漠边缘,极为荒凉,在这种情况下居卢仓与其设在此处还不如设在玉门关。从辛武贤欲积谷居卢仓以讨乌孙来看,表明居卢仓应是征讨乌孙的前哨和补给基地,距乌孙不会十分遥远,所以居卢仓不可能设在三陇沙附近。黄文弼说,居卢訾仓"班固作《汉书》取其典雅,故略去訾字尾音,鱼豢亦从之"[②]。土垠汉简三记陈殷为乌孙寇所杀,说明居卢訾仓是与乌孙事务有一定关系的,与辛武贤欲积谷居卢仓以讨乌孙的态势相符,足见黄文弼的论断是有道理的。龙堆,主要是指现在的白龙堆。沙西井,由于居卢仓和龙堆位置已定,居卢仓以西水源充足不需打井,故沙西井应在居卢仓和龙堆之东、三陇沙之西。沙西井或即因在三陇沙之西而得名,其位置似在羊塔克库都克(又名甜水井)附近,这里水足草茂,现代地图仍标有从此转西北去楼兰地区的路线。根据上述分析,《魏略》所记从玉门关至楼兰路线的后半段显然有误。似应改为:从玉门关西出,发都护井,回三陇沙北头,从沙西井转西北,过龙堆,经居卢仓(曹魏时期居卢仓已废弃,因此应改为"经故居卢仓"),到楼兰。这样一改,与现代考古学所发现的遗址及实地调查这段路线的情况就基本吻合了,它从另外一个角度再次证明了土垠、居卢訾仓即是居卢仓故址,居卢仓乃是居卢訾仓的简称。

(七)居卢仓是龙城和姜赖之虚的组成部分

《水经注》卷二记载:"河水又东注于泑泽,即经所谓蒲昌海也。水积鄯善之东北,龙城之西南。龙城,故姜赖之虚,胡之大国也。蒲昌海溢,荡覆

[①] 黄文弼:《罗布淖尔考古记》,中国西北科学考察团丛刊之一,1948 年,第 41、193—194 页;陈宗器:《罗布淖尔与罗布荒原》,《地理学报》第 3 卷第 1 期,1936 年。
[②] 黄文弼:《罗布淖尔考古记》,中国西北科学考察团丛刊之一,1948 年,第 193 页。

其国。城基尚存而至大，晨发西门，暮达东门。浍其崖岸，余溜风吹，稍成龙形，西面向海，因名龙城。地广千里，皆为盐而刚坚也。""西接鄯善，东连三沙，为海之北隘矣。"文中所记龙城和姜赖之虚，千余年间津津乐道者不乏其人。对龙城和姜赖之虚的位置、形成原因和性质在神秘色彩的笼罩下众说纷纭。20世纪初以来，随着这个地区考古调查和科学考察的开展，特别是自土垠遗址发现以后，人们对龙城的认识才逐渐明朗。但是，却又随之出现了龙城、姜赖之虚与土垠遗址的关系问题。前面已谈到这个问题，但诸家竞相诠释，至今尚无满意答案。有鉴于此，下面也打算谈点拙见。

20世纪80年代初科学工作者经调查研究后指出，《水经注》"浍其崖岸……因名龙城"，这段文字明确道出了龙城的成因和地貌特点，如"浍其崖岸"，是指昔日湖水和偶然出现的暴雨产生的临时径流对地面和雅丹土堆边缘的侵蚀。"余溜风吹"，是指当地盛行东北风对雅丹土堆的不断吹蚀。先水后风，水风兼施，日久天长，终于形成了独特的龙形雅丹地貌。可见龙城实际上是指雅丹地貌而言。在今罗布泊北部和东部有两处大雅丹群，在北者即俗称的龙城雅丹群，在东北者就是著名的白龙堆雅丹群[1]（图28）。1914年斯坦因沿古"楼兰道"调查，他说罗布泊北部的雅丹群约始于LE遗址（见图1），东北30英里，雅丹高达百英尺以上。在古三角洲的雅丹群中斯坦因发现了古道、铜钱和铜镞等。他指出此后所经过的长串的大台地风蚀得奇形怪状，这就是中国古书记载的龙城。斯坦因从LE遗址东北30英里处过罗布泊北部雅丹群用了一天时间，与《水经注》龙城"晨发西门，暮达东门"相合。[2] 可见龙城，即是指今罗布泊北部的"龙城雅丹"群。据《罗布淖尔考古记》说，土垠遗址"四周土阜骈峙，如岛屿，如城郭"，土垠遗址以西道路情况也与斯坦因所述相同。现代科学工作者实地调查后明确指出，土垠遗址即位于罗布泊北部雅丹群之中。所以土垠遗址乃是《水经注》龙城的组成部分。

---

[1] 〔英〕A. 斯坦因著，向达译：《斯坦因西域考古记》第九章，中华书局1946年版；〔英〕A. 斯坦因：《西域考古图记》第十一章第十节。
[2] 中国科学院新疆分院罗布泊综合考察队：《罗布泊科学考察与研究》，科学出版社1987年版，第52—59页。

《水经注》"水积鄯善之东北,龙城之西南","西南向海,因名龙城。地广千里,皆为盐而刚坚也"。这两句话显然又将白龙堆包括在龙城范围之内了。所以《水经注》记载的龙城似有狭义(龙城雅丹)和广义(龙城雅丹、白龙堆)之别,而"龙城、故姜赖之虚,胡之大国也",根据《水经注》上下文义分析即指广义的龙城。"地广千里",斯坦因说他从罗布泊东岸(LJ附近,见图1),至三陇沙走了十天(参见图4),行程230英里,约合1000汉里。这段路程是古干盐湖床(已得到现代科学证实),坚硬的盐层广为存在,与《水经注》"地广千里,皆为盐而刚坚也"、"西接鄯善,东连三沙,为海之北隰矣"相合。[①]上述范围即属古罗布湖床。斯坦因的结论是正确的。

据王国维考证:"惟汉魏时,由玉门关出蒲昌海孔道,以达楼兰龟兹,中间有居卢仓一地。姜居赖卢,皆一声之转,准以地望,亦无不合。"[②] 前已说明土垠即是居卢仓故址,是狭义龙城的组成部分,并位于广义的龙城或称姜赖之虚的范围之内,所以居卢仓一称很可能就是因姜赖之名而转译而来的。它们的区别,一是在于具体的范围不同,二是土垠为位于雅丹群中的人工建筑,龙城和姜赖之虚则是自然形成的雅丹群。

(八)土垠遗址之复原及其性质

1. 土垠遗址的复原

前已说明土垠台基是仓储遗迹,下面再简述四个问题。(1)土垠遗址无城墙遗迹。《罗布淖尔考古记》说,上台基之北"有城墙遗址一段,高二尺许,余二面均被冲刷"。这段所谓城墙,据图31的比例来看,南北残长约25米,东西残长约5米。南北向墙基若向南延长正好压在台基西侧边缘上;而东西向残墙又在土垠北部遗迹范围之南,起不到城墙的作用。上述情况表明,这段墙址不可能是城墙。由于它临靠台基和遗址北部边缘,所以可能是戍卒居住遗迹,或是土垠汉简中"舍"的遗迹。(2)土垠东部遗迹应是衙署

---

① 同前注斯坦因著作。
② 王国维《流沙坠简》序,1914年日本京都东山学社印本,1934年重印本。

区。《罗布淖尔考古记》说："在烽火台之东约百余步"，"略与烽火台北端东西对直，有围墙遗址。叠碱块为墙，旁集苇草"，发掘其下"出汉木简数十枚"，其中有"黄龙元年"、"左部后曲候"、"右部后曲候"等简，还出有漆器等物。根据土垠遗迹平面图（图34之A）标明的比例，该房址面积约为3米×2.5米。此房址之南，有一宽广平滩，略作椭圆形，周里许，滩南枯木横陈，东边有墙壁遗迹，类似古时建筑遗构。《罗布淖尔考古记》认为，北边房址是"左部曲候"所在地。但是，这座房址规模很小，估计它与南部的平滩同为衙署区，而小房址则为衙署的组成部分之一。（3）南北凿削遗迹不是士兵屯驻之所。在土垠遗址南部边缘中间偏西，有一东西长11米、南北宽约8米，高不足2米的小土堆。沿该土堆南缘，有一横贯东西，宽约2米的凿削遗迹，底部平齐，深不足1米（见图引，图34之C）。在土垠遗址北部边缘近西端处，有一东西约20米、南北约10米，高不足3米的小土堆。从该土堆北缘中部向东达遗址东缘，有一宽约2米、深不足1米，底部平齐的凿削遗迹（见图引，图34之B）。《罗布淖尔考古记》认为，南北凿削遗迹乃是当时士兵的屯驻之所。但是，南北两条凿削遗迹宽仅2米，深不足1米，且东西贯通，底平齐无炕（按敦煌和居延汉代戍所居住址均有矮炕），上部又无升高之辅助设施，无顶，士兵怎么能在如此狭小简陋之处长期屯驻呢？况且南部凿削遗迹已临近罗布泊湖水，士兵在此屯驻毫无防卫意义。事实上，土垠遗址比较隐蔽、安全，它本身主要肩负仓储和交通两项主要职能，无明显的军事色彩，所以士兵没有必要长期住在壕沟之内一直处于临战状态。因此，我们认为南北凿削遗迹不可能是士兵屯驻之所。（4）城与横门。土垠汉简二一记有"城"和"横门"。前已说明土垠遗址发现城墙的论断是不确切的，从已刊布的资料来看，可以断言土垠遗址非为建有城墙之城。故土垠汉简所记之城，似不能按一般对城的传统观念去理解。前述南北凿削遗迹从形制和位置上看类似近现代的交通壕，土垠全部遗迹均在南北壕沟范围之内。南边的壕沟东西长约83米，北边的壕沟东西长约93米，在北部土堆西缘距遗址西缘间留有约10米的缺口。南、北壕沟间距约110米，壕沟东西两侧接高大的土阜，壕沟与土阜共同围成了封闭式的土垠遗址。若以上述范围计算土垠遗址的面积，其规模则与居延和敦煌较大的候官遗址相近。因此，有理由认为具有防御功能的南北壕沟，以及东西两侧高大的土阜即是起城墙作用的设施。关于横门，黄文弼说："按《西域传》云：汉立尉屠耆为王，更名其国为鄯善，丞相将军率百官送至横门外。……"徐松《西域传补注》引《三辅黄图》曰："长安城北出西头第一门，曰横门。……是横门为北城之西门。"[①] 土垠遗址东、南、西三面环水，故其出入口只能设在北边。所以土垠汉简记载的横门，乃是以北边壕沟西端的缺口比拟横门而言。

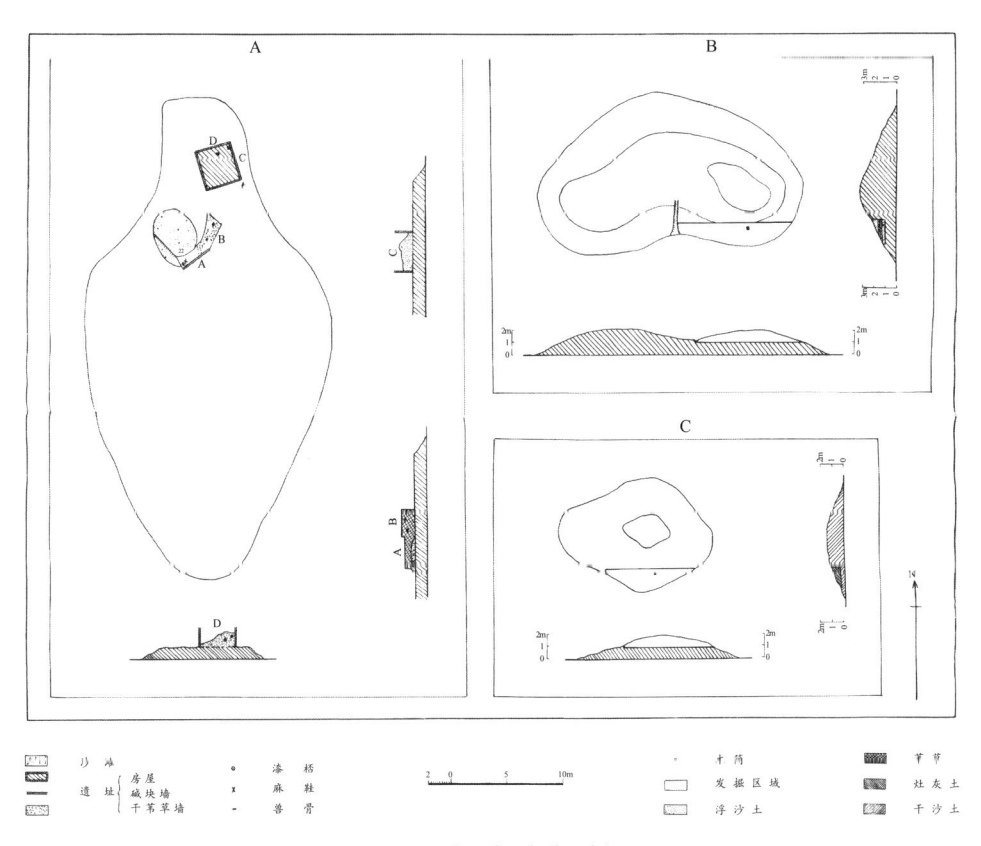

图34 土垠遗址清理部位平剖面图
（采自《罗布淖尔考古记》附图19）

综上所述，可将土垠遗址大致复原。其范围是：南边东西宽约83米，北边东西宽约114米（包括缺口），南北壕沟间距约110米，面积为1200平

---

① 黄文弼：《罗布淖尔考古记》，中国西北科学考察团丛刊之一，1948年，第190—191页。

方米左右。以此与居延、敦煌的候官遗址相比，其规模可以说是很大的。土垠遗址的形制，平面近于梯形，东西两侧以高大的土阜代替城墙，南北充分利用了地形地物，并掘壕沟以代替城墙，北部西端留缺口充作城门。在遗址之内，西部土台基为仓储遗迹，是遗址内的主体建筑，其北有房舍遗迹；遗址东部则为衙署区。从遗址的布局来看，戍卒可能居住于北部，或距仓储遗迹不远的地方；家属可能居住在东南部。由于在土垠遗址内，仓储遗迹是主体建筑，因此土垠汉简将其称为居卢訾仓是名副其实的。

2. 土垠遗址的性质

根据前面诸项分析，现将与土垠遗址性质有关的几个问题简单归纳总结如下。

（1）土垠遗址是西域都护府左部左曲候或后曲候的治所。官吏以曲候（军候）为长，下设丞、令史；此外还有仓校和仓吏，以及管理家属的乡官三老。土垠遗址东部房址是其衙署区。

（2）仓储和交通是土垠遗址的两个主要职能。遗址西部土台基是仓储遗迹，它是遗址内规模最大的主体建筑。土垠汉简将其称为居卢訾仓，文献则简称为居卢仓，有仓校和仓吏进行管理。土垠遗址设有"传"、"邮"等与交通有关的机构，它与外界有四通八达的交通网。土垠地处要冲，是西域境内主要交通干线的分途点和交通枢纽；它位于淡水与咸水的分界处，是长途跋涉往来行人较理想的休整之地。所以土垠的交通比较繁忙，甚至连仓校和仓吏也要参加送往迎来的工作。由此可见，迎送往来使者、官吏，提供食宿和车马乃是其除仓储之外的最主要的日常工作。

（3）土垠不是烽燧也不是屯田之地。土垠台基上的立柱不是烽竿，土台基也不是烽燧亭遗迹。土垠遗址偏离交通大道，选在交通线附近的海湾顶部，建于雅丹群中较低的土丘上，恐怕主要是考虑到隐蔽、安全、水源充足和少受风沙之苦等因素。选择这样的地点，绝不是出于直接的军事目的，而应是与前述仓储和交通两大职能密切相关的。所以土垠本身并无烽燧职能，它的耳目和警戒任务是靠在土垠遗址附近的其他烽燧来完成的。

土垠汉简记载的士卒中，骑士、应募士较多，大都有爵位，并携带家属有私从者，身份较高。家属有养官驼者，官吏有养官马者；有为官吏酿酒者

（简四九），唯未见有关田作的记载。按土垠遗址附近虽有丰富的水源，但由于它位于雅丹群之中，不适于屯垦。所以土垠不是屯田之地，士卒的性质也不是田卒[①]而是戍卒。其粮食来源，似主要靠伊循屯田，此外与渠犁屯田和车师屯田也可能有一定关系。

（4）土垠是附近沿线诸烽燧的管理机构和补给基地。西汉在经过土垠这条通西域的唯一的交通线上派兵镇守，沿线设烽燧，警戒较严。从土垠遗址的位置、规模、主要遗迹的性质和职官设置及职能等方面来看，它是这条交通线上诸烽燧遗迹所无法比拟的。因此，土垠遗址显然是这条交通线上诸烽燧的粮仓和管理机构，战时则成为西域汉军的后方补给基地（如辛武贤欲积谷居卢仓以讨乌孙）和大本营。

（5）土垠的性质大体相当于居延地区的候官。根据居延汉简资料，候官是管理几个烽燧的哨所基地，长官称"候"，驻于障城之内，衙署称"候官"。在"候官"的诸职能中，有发放通行证（符），管理邮书和驿的职能。在军事地区，"候官"既是重要的兵站基地，又是公私经济生活的中心。土垠遗址内主要遗迹的性质、职能和职官设置与之基本接近，所以土垠遗址的性质，似大体相当于居延地区的"候官"。土垠汉简将该遗址又称为城，恐怕亦与此有关。

土垠遗址既然与居延地区"候官"相近，那么土垠汉简为什么不将其称为"候官"而称为居卢訾仓呢？推测可能有三个原因：一是地区差异，迄今在新疆地区尚未见到与"候官"一称有关的资料。二是土垠遗址规模较居延地区一般"候官"遗址大，其职能与居延地区"候官"职能也不尽相同。三是土垠遗址是伴随着西汉通西域而逐渐兴起的，最初它可能只起到储存粮食等给养和兵站的作用，故称为仓。以后虽然规模扩大，地位提高，职能增多，但仍沿用当时早已为人熟知的原名，这种做法即使现代也不乏其例。所以我们认为在西汉全面统治西域后，"居卢仓"之称只不过是沿用旧名而已。因此，绝不能仅据此称来断定土垠遗址的性质和作用。

[①] 现代一些研究者在论述西汉在西域屯田时，往往将土垠遗址也作为屯田的例证，并认为土垠士卒是田卒。

三、伊循屯田与伊循城的方位

西汉伊循屯田与伊循城的方位，在汉代西域史中占有重要地位，因而成为20世纪中叶以前西域史领域中研究的热点之一。经中外硕学们的长期研究，米兰古城伊循故址说似乎已成定论。但是，时至今日当我们再次研究这个问题时，则发现米兰古城伊循故址说是很值得商榷的，故拟就此略述拙见。

（一）西汉伊循屯田、东汉"楼兰之屯"与索劢楼兰屯田

1. 西汉伊循屯田的年代

《汉书·鄯善传》记载："元凤四年，大将军霍光白遣平乐监傅介子往刺其王。……介子遂斩王尝归首……乃立尉屠耆为王，更名其国为鄯善……王自请天子曰：'身在汉久，今归，单弱，而前王有子在，恐为所杀。国中有伊循城，其地肥美，愿汉遣将屯田积谷，令臣得依其威重。'于是汉遣司马一人，屯士四十人，田伊循以填抚之。其后更置都尉。伊循官置始此矣。"根据这段资料，可知西汉伊循屯田分为司马屯田和都尉屯田两个阶段。设司马屯田，《鄯善传》已明示约始于元凤四年（前77年）后不久。那么，司马屯田年代的下限和伊循都尉府设于何时呢？下面着重谈谈这个问题。

在土垠汉简中，记有"伊循都尉左"，"伊循卒史黄广宗"，敦煌悬泉置汉简记有甘露四年伊循都尉大仓[①]，可证西汉确曾设置过伊循都尉府。其设置的时间，史无明载。《汉书·冯奉世传》说："前将军增举奉世以卫候使持节送大宛诸国客。至伊脩（伊循）城，都尉宋将言莎车与旁国共攻杀汉所置

---

① 胡平生、张德芳编撰：《敦煌悬泉汉简释粹》125页一六二简记甘露四年六月"伊循都尉臣大仓上书一封"。126页一六六简记有"伊循城都尉"，一六七简记有"伊循候傀君从者二人"。124页简一六一记有"伊循田臣彊"。此外，39页简三四记甘露三年四月"以诏书送施刑伊循"。136页简一九一记"送徒施刑"，"闰月八日至伊循"。可见伊循屯田有刑徒，屯田规模也较初设屯田时扩大。

莎车王万年，并杀汉使者奚充国。……都护郑吉、校尉司马意皆在北道诸国间。"文中的都尉即指伊循都尉。奉世送大宛诸国客，《汉书·莎车传》将其系于元康元年（前65年），也就是说伊循都尉府应设于元康元年以前。关于郑吉，始任西域都护在神爵二年（前60年）。《汉书·车师国传》记载："地节二年（前68年），汉遣侍郎郑吉、校尉司马熹将免刑罪人田渠犁，积谷，欲以攻车师。"以此证之，奉世到伊循时郑吉还未任都护，说明伊循都尉府的设置也应早于神爵二年。考虑到西汉政府在地节二年遣郑吉田渠犁，进一步加强西域屯田这个背景，似可推断伊循都尉府约设于地节二年或其后不久。

关于伊循都尉府年代的下限，据前述对土垠遗址的分析，居卢仓的粮食储备主要靠伊循屯田供应。下文还将进一步说明居卢仓与伊循都尉府不但在粮食供应方面，而且在政治、军事和交通上也是互相依存的。在这种情况下，伊循都尉府与居卢仓年代的下限应是相近的。换言之，即伊循都尉府年代的下限应大致延续到西汉撤离西域之前。

2. 东汉楼兰之屯与索劢楼兰屯田

《后汉书·杨终传》记载，建初元年（76年）杨终上疏中曾提到"又远屯伊吾、楼兰，车师戊己"，"今伊吾之役，楼兰之屯，久而未还，非天意也。"在永平十六年（73年）至建初元年间，东汉远屯伊吾、车师戊己，《后汉书》其他有关资料中都有明确反映。唯楼兰之屯仅此一例，未见旁证。从史实来看，永平十六年，窦固大军击败匈奴呼衍王，取伊吾卢地，置宜禾都尉就地屯田；同年班超杀匈奴使降服鄯善。永平十七年（74年），东汉平定车师前后部，设西域都护，并在车师前部柳中城和车师后部金满城分别设己校尉、戊校尉屯田。永平十八年（75年），匈奴与车师又分头攻柳中和金满城。可以说在永平十六年至建初元年间，伊吾卢、车师和鄯善境内的楼兰乃是东汉经营西域的三个立足点（当时西域其他地方仍为匈奴所左右）。在三个立足点中，鄯善是相对稳定的，既然东汉在伊吾、车师屯田，那么杨终提到的楼兰之屯，此时也应该是存在的。《后汉书·班勇传》说班勇在朝堂议事时曾建议遣西域长史将五百人屯楼兰，亦可证明在此之前确实有过楼兰之屯。不过从《杨终传》来看，这次楼兰之屯的时间是短暂的。

关于索劢屯田，《水经注》卷二记载："敦煌索劢，字彦义，有才略。刺史毛奕表行贰师将军,将酒泉、敦煌兵千人,至楼兰屯田,起白屋,召鄯善、焉耆、龟兹三国兵各千,横断注宾河。河断之日,水奋势激,波陵冒堤。勋厉声曰:王尊建节,河堤不溢。王霸精诚,呼沱不流。水德神名,古今一也。勋躬祷祀,水犹未减。乃列阵被杖,鼓噪谨叫,且刺且射,大战三日,水乃回减。灌浸沃衍,胡人称神。大田三年,积粟百万,威服外国。"

《水经注》约成书于公元 6 世纪初,但是书中所记索勋屯田事则远在此之前。现在多数人认为在魏晋时期,我们认为这种意见是很值得商榷的。因为自曹魏开始在楼兰城设西域长史以后,楼兰屯田完全在西域长史机构领导之下,不需另外委派官吏领导屯田。同时在魏晋时期,正规官吏中也不见贰师将军之称。从时间上看,魏晋楼兰屯田时间是连续的,屯田时间较长,不是只有三年。魏晋时期在西域的力量有限,召鄯善、焉耆、龟兹兵各千人的可能性很小。在楼兰故城发现汉文简牍很多,其中绝大部分与屯田有关。但是,简牍所记众多的敦煌人氏中,却难得见到敦煌大姓的索姓,更不见索勋其人。在西域长史机构的职官名称中也未见到刺史、贰师将军这类职称。可以说楼兰汉文简牍对如此大规模的索勋屯田几乎毫无反映。因此,认为索勋屯田在魏晋时期是缺乏根据的。

那么,索勋屯田究竟在何时呢?我们认为要解决这个问题还得从《水经注》中寻找答案。在《水经注》中最值得注意的是,文中引用了"王尊建节,河堤不溢","王霸精诚,呼沱不流"两个典故。前一个典故出自《汉书·王尊传》,后者出自《后汉书·王霸传》。王霸是东汉光武时人,索勋既然引用这个典故,文中又没有比它再晚的事例,说明索勋屯田应在东汉时期,其屯田具体时间尚难以确指。就东汉史而言,杨终在建初元年已提到楼兰之屯。但是,在永元年间窦宪战胜匈奴之前,西域诸国大都在汉与匈奴间首鼠两端,是时不可能大规模调动龟兹等国的兵力,索勋屯田与杨终提到的楼兰之屯显然不是一回事。此后,永元三年(91年)窦宪等大破匈奴,班超任西域都护,复置戊己校尉。永元六年(94年)班超又率龟兹、鄯善等国兵攻入焉耆,立元孟为焉耆王,"于是西域五十余国悉纳贡内属"。到永初元年(107年)西域叛汉,东汉撤回了西域都护以及伊吾和柳中的屯田士卒。延光二年(123年)至永建二年(127年),通过班勇的活动,又重新统有西域。

但是，班勇建议在楼兰屯田的结果不明。根据上述情况，似可认为索劢屯田应在永元三年战胜匈奴，特别是永元六年班超统一西域之后至永初元年之前的时期内。据上所述，索劢楼兰屯田似为前述杨终所说"楼兰之屯"的延续和发展，故这两次屯田的地点应在一处。

关于西汉伊循屯田，东汉的"楼兰之屯"和索劢屯田的地点，笔者认为三者同在一处，这个问题后文有说。

3. 伊循屯田的目的和意义

西汉伊循屯田的目的是保障"楼兰道"，控制鄯善，总管南道。而西汉要想控制"楼兰道"，必须彻底排除楼兰国（鄯善）的干扰，保证给养供应。西汉虏楼兰王，刺杀楼兰王更名其国为鄯善，都是这种努力的重要步骤。当楼兰王被杀后，新王请求汉在伊循屯田。伊循恰好位于楼兰地区与鄯善中心区之间，在此屯田一方面彻底割断了鄯善与"楼兰道"的直接联系①，从根本上解除了鄯善对"楼兰道"的干扰，同时又可解决为"楼兰道"提供给养的问题。汉朝梦寐以求的伊循屯田，就这样顺利地解决了。

西汉通西域的目的是统治西域，而若要达此目的，必须要控制住西域南、北道。控制西域南道的关键，是解决位于南道东端的鄯善问题。所以西汉在伊循屯田后，很快又将其升格为伊循都尉府。都尉是武职，秩比二千石。由于伊循是屯田之地，所以伊循都尉的性质当与居延的"将屯"（即将兵屯田）相同。这种变更，提高了伊循的地位，加强了军事力量，扩大了屯田规模，使之在交通、政治和军事方面可发挥更大的作用。具体言之，在交通方面它可以确保"楼兰道"的安全和给养，又可以从此直下西域南道各国。在政治和军事方面，伊循则成为两汉设在西域南道最东端的桥头堡和基地。既可使鄯善放心"依其威"，不敢怀有二心，又可将鄯善置于实力控制之下。同时对鄯善以西诸国也是一种重要的威慑力量，有利于西汉实现控制西域南道的计划。

据《汉书·冯奉世传》记载，奉世到伊循城后，"都尉宋将言莎车与旁国共攻杀汉所置莎车王万年，并杀汉使者奚充国。时匈奴又发兵攻车师城，

---

① 鄯善国都在今若羌县城附近，今罗布泊一带则是其东北边境地区。参见本书"楼兰故城的性质是西域长史治所"中的有关论述。

不能下而去。莎车遣使扬言北道诸国已属匈奴矣，于是攻劫南道，与歙盟叛汉，从鄯善以西皆绝不通"。奉世遂发兵击败莎车，"诸国悉平，威震西域"。这段记载表明，伊循都尉有监视西域南道诸国动静的任务。在莎车等叛汉逆流中，鄯善未与之合流显然是伊循都尉的威慑力量起了重要作用，而奉世能迅速讨平莎车又是与伊循占据的重要战略位置密不可分的。此后西汉虽然设置了西域都护，名义上总领西域，但实际上车师前后部是由戊己校尉管辖，鄯善则受伊循都尉控制。车师戊己校尉府和伊循都尉府犹如二虎把门，牢牢地控扼着西域北道和南道的起点，是汉在西域的两个重要基地。这两个基地东与敦煌，西与都护治所乌垒分别形成了两个鼎足之势，中间则有居卢仓将其串联起来（图29、30）。这样戊己校尉府和伊循都尉府既是西汉在西域的前进基地，又是西域都护府的强大后方，使西汉得以进退自如，所以我们认为戊己校尉府和伊循都尉府的设置，乃是西汉经营西域的重要战略部署的一部分。假如鄯善不请求西汉在伊循屯田，西汉政府同样会有一天采取类似的步骤。因此，伊循都尉府对西汉经营西域来说，其意义已远远超出了单纯屯田的范围。

东汉的"楼兰之屯"和索劢屯田，实际上是西汉伊循屯田的延续，其目的和意义与西汉相近。而这种目的和意义，又与探讨伊循城的方位是密切相关的。

（二）米兰古城、佛寺群及其附近灌溉遗迹的时代

1. 米兰古城和佛寺群的时代

米兰位于若羌县城之东70余公里处，在米兰乡东约7公里有一座古城址（东经88°58′26″，北纬39°13′35″），以及十四处以佛塔为中心的佛寺遗址（图29、35）。佛塔均为土坯垒砌，从佛塔的形制、壁画、塑像和共存的佉卢文资料来看，大家几乎公认其时代约在公元三四世纪（废弃的时间则略晚）。古城址在今青新公路附近，南临古米兰河道。古城南北宽约56米，东西长约70米，平面略呈不规则方形。城墙残高4米—9米，下层夯筑加红柳枝；上层结构不一，或砌土坯，或土坯、草泥、红柳枝混用。城四隅有角楼台基。东、北、西三面城墙各有一个马面。南城墙向外突出部分较大，有防御设施似为敌楼。西城墙有缺口，似为城门。此外，在南城墙也有缺口。城

图 35 米兰遗址分布图
（采自斯坦因《西域考古图记》第三卷）

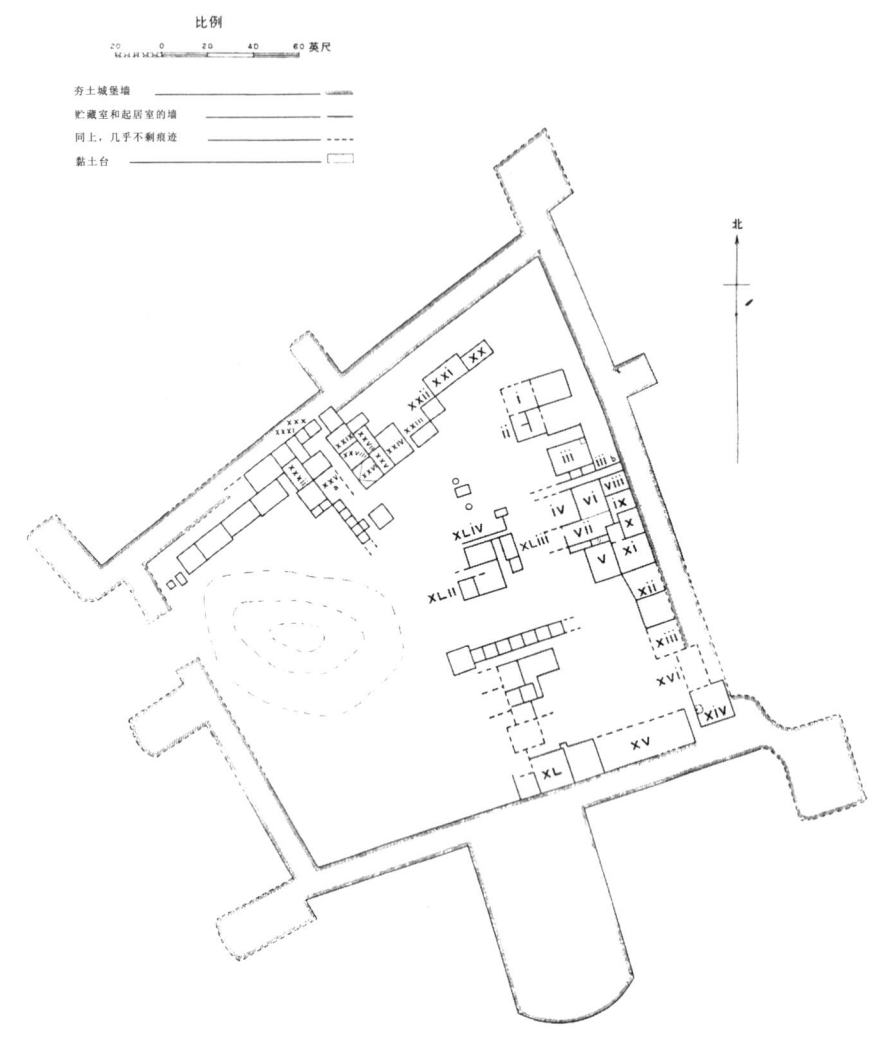

图 36　米兰古吐蕃戍堡遗址（M.I）平面图
（据斯坦因《西域考古图记》第三卷图 30）

内中间低凹，北部为一阶梯形大土坡，依土坡建半地穴式、平顶土坯小房。东部一大型房屋深入地下 5 米，地上建筑规整，似为衙署所在地（见图 36）。

　　米兰古城从结构上看，明显可分为两个阶段。第一阶段是下部夯筑，厚夯层城址。从考古学上来说，这个地区夯筑一般早于土坯建筑，即早于附近的佛寺遗迹。但是，这种厚夯层又不同于附近地区西汉时期的薄夯层建筑，所以夯筑城址应建于西汉以后。由于附近佛寺至少在 3 世纪时已经出现，因此古城可能始建于东汉时期。3世纪以后佛寺与夯筑城址是共存的，两者废弃的时间大体相近。据史籍记载，太平真君二年（441年），沮渠无讳遣弟安周击鄯善，安周战不利退保"东城"。太平真君三年，鄯善王比龙惧安周，率国人之半奔且末。太平真君六年，万度归执其王真达。太平真君九年，以交趾公韩拔镇鄯善，赋役其民，比之郡县。在公元491—493年间，鄯善为丁零（指高车）所破，人民散尽，公元493年地属吐谷浑。安周退保之"东城"，《水经注》称为"东故城"，即今米兰古城。《水经注》约成书于5世纪末6世纪初，以此结合前述历史背景，似可认为夯筑城址废弃于5世纪中叶至5世纪末之间。

第二阶段是上部经增筑补筑城址。夯筑城墙之上是用一层草泥或土坯夹一层红柳枝间筑，并有许多增筑和补筑痕迹，外观不规整。城墙与城内房屋所用土坯形制相同。城内房屋完全是吐蕃式建筑，并发现大量的吐蕃文简牍和吐蕃人的用品。因此，增筑补筑城址乃是经吐蕃人之手完成的，故现在一般将其称为吐蕃城堡。米兰一带是吐蕃进入西域的重要孔道之一。据《新唐书·吐谷浑传》记载，吐蕃经显庆五年（660年）、龙朔三年（663年）两次战争破吐谷浑后，"遂有其地"，开始进入今米兰、若羌和且末地区。此后该地区便成为吐蕃与唐朝争夺西域的重要基地。天宝十四载（755年）安史之乱爆发后，吐蕃趁机在西域大肆扩张，米兰、且末等地则成为吐蕃西域控制区的中心。到公元9世纪中叶，吐蕃内部矛盾加剧，政局不稳，咸通七年（866年）又被回鹘战败，吐蕃势力才被迫退出西域。由此可见，吐蕃占据米兰一带前后将近二百年。但是，吐蕃人退走后，米兰城并未马上废弃。现在很多学者都认为，至少在10—11世纪间，有个叫"仲云"的部落曾在这一带活动，首府称大屯城，即米兰古城。不过应当指出，米兰古城内的遗物目前所知最晚者均是吐蕃人的。其中是否混有"仲云"人的遗物，或两者遗物相近而不易分辨，尚不得而知。所以，米兰古城废弃的时间现在还难以确定。但是，最迟不会晚于11世纪以后。

2. 米兰灌溉遗迹属吐蕃占领时期

1965年在米兰发现了一个较完整的灌溉系统遗迹，对此，1970年以后学者们陆续发表了一些文章进行介绍和研究。这个灌溉系统是由一条总干渠、7条支渠和许多斗渠、毛渠组成。呈扇形由南向北展开，灌溉范围东西约 6 公里，南北约 5 公里。总干渠高大笔直，长约 8 公里，宽约 10 米—20 米（包括堤宽），高约 10 米。上端开口于古米兰河东支故道，渠首毁。7 条支渠各宽约 3 米—5 米，高约 2 米—4 米，长自西向东分别为 3、4.5、4.5、5、5 和 4.5 公里。除西面第一支渠外，余者均在总干渠末端集中分水。支渠上有斗渠，斗渠上有毛渠（图37、38）[①]。在灌溉渠范围内，发现有犁沟痕迹、麦草和麦穗。灌溉渠包围米兰古城，并伸展到一些佛寺近旁。灌溉系统的时代，有的研究者断定在汉代，有的认为该地区古代遗迹存在的年代就是灌溉系统的年代。他们以在灌溉系统范围内采集到五铢钱、汉唐陶片，佛寺遗址属三四世纪，米兰古城发现唐代吐蕃文书和吐蕃遗物为证，断定时代为汉唐时期，即上限始于西汉伊循屯田，下限止于吐蕃人撤走的 9 世纪中期前后。并由此证明，米兰古城伊循说已成定论。对于这些论述，我们难以苟同，故下面拟略述拙见。

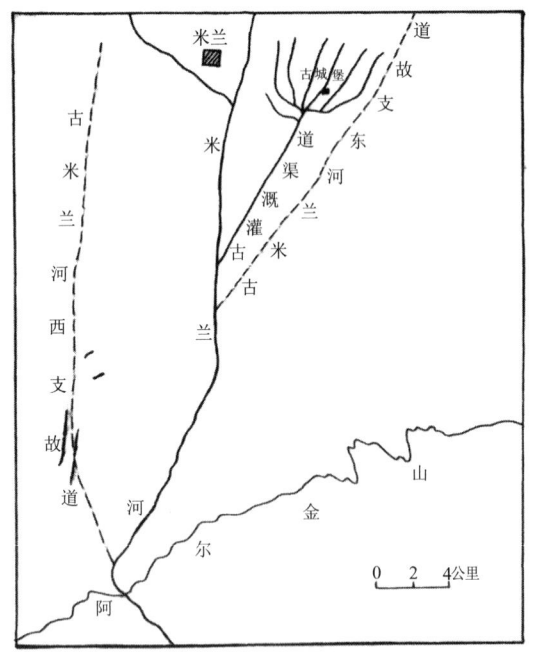

图 37 米兰吐蕃灌溉渠位置图
（采自《新疆米兰灌溉渠道及相关的一些问题》）

[①] 参见陈戈：《新疆米兰灌溉渠道及相关的一些问题》，《考古与文物》1984 年第 6 期，第 92 页图 2、3。

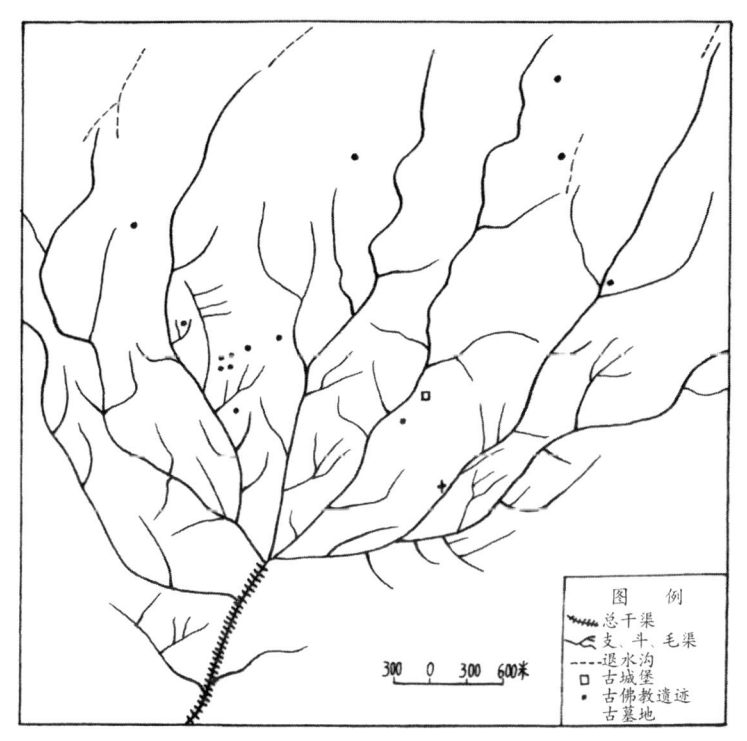

图 38　米兰吐蕃灌溉渠道分布图
（采自《新疆米兰灌溉渠道及相关的一些问题》）

　　我们认为利用考古手段断定灌溉渠系统的时代，必须以灌溉渠本身的遗迹和遗物，或以与灌溉渠有明确地层关系的遗迹和遗物为依据。若没有条件发掘或试掘，求其次在调查时也要尽量对遗迹的内涵有一定的了解，并采用与灌溉渠关系较清楚的遗迹和遗物来推断它的大致时代。在一般情况下，遗迹所涉及的范围内，地表散布的遗物时代跨度是较长的。假若我们对灌溉渠的文化内涵一无所知，是不能确定地表遗物的时代跨度与灌溉渠的时代是相同的，更不能确定地表某一部分遗物的时代与灌溉渠时代的关系。其次，新疆地区迄今尚未建立起不同地区不同时代的陶器发展序列。所以新疆各个地区各个时代的陶器之间的沿袭演变关系，共性和个性还不清楚，特别是新疆的陶器，质料、器型和纹饰相近者延续时间很长，故仅利用陶片来断代是没有什么把握的。至于在地表采集的个别五铢钱，情况更为复杂。铜钱这类遗物，往往成为人们的收藏品。它可能是在此居住的汉代人的遗留，也可能是汉代过境者或后人的遗留，所以地表采集的个别五铢钱若没有同时代的遗物共存，最多只能充作旁证，是不能作为断代主要依据的。因此，在对灌溉渠文化内涵一无所知的情况下，便以地表采集的遗物为媒介，将灌溉系统与古城和佛寺遗址的时代等同起来显然是不合适的。此外，从自然条件来看，米兰地区干燥，风沙很大，河流容易改道。因此，灌溉系统必须经常维修，否则就会遭到大自然的破坏。而米兰古城，前已说明它约出现于东汉时期，在公元5世纪中叶以后又曾长期废弃。所以无论说米兰灌溉渠是西汉伊循屯田者修建的，还是从汉沿用到唐的，都是难以成立的。

如上所述，根据已刊布的资料，目前尚不具备利用考古手段来断定灌溉系统时代的条件。在这种情况下，若采用其他方法大致推断灌溉系统的时代或是可行的。比如，我们认为下面两个现象是很值得注意的：（1）灌溉系统中的一些灌溉渠伸展到佛寺近旁，这种有碍宗教活动的分布态势表明，灌溉系统显然不是佛教盛期时兴建的。也就是说，它应兴建于5世纪中叶佛寺衰落或废弃之后。而米兰城再度复兴的主宰者是吐蕃人。他们当时主要信仰苯教，而佛教尚未兴盛。（2）灌溉系统包围着米兰古城，说明它是与古城内外居民密切相关的。从米兰古城发现的大量吐蕃文简牍来看，与农业有关的资料甚多。比如，吐蕃文简牍中明确记载当地政府设有农田官（屯田官），将耕作活动称为屯田，把土地分为好田、良田、中等田、平坝田、零星农田、新垦荒田、青稞田、菜园子、俸禄田、军官俸田、永业田等。农作物有青稞、麦子、大麦、白谷子、种子等，耕作采用土地轮休制，耕作者称为耕田人、农户、上等农户、农田佣奴等。种田者要交纳冬季田租、田赋。小罗布（米兰）长官管理这个地区的房屋、田地，过问年成好坏，有时还要将小罗布城住户迁到大罗布（若羌）去种王田[①]。吐蕃人占据米兰城将近二百年，是时米兰城虽然有浓厚的军事色彩，但是其经济生活却是以农业生产为主（在古城内吐蕃人的遗物中还发现有麦穗、糜子、葫芦籽）。所以吐蕃文简牍又将今米兰古城称为"七屯城"，可谓名实相符。当时的"七屯城"农业生产不但规模较大，而且时间也延续较长。大家知

---

① 参见王尧、陈践：《吐蕃简牍综录》，文物出版社1985年版。

道，在干旱地区从事大规模的农业生产，必须要有配套的灌溉系统，特别是吐蕃简牍中有多处记载菜园子，如果没有灌溉，在米兰发展蔬菜生产是不可想象的。因此，吐蕃简牍中明确记载的"主渠"或是前述灌溉系统的干渠。总之，上述两点反映出米兰灌溉系统，很可能是唐代吐蕃人兴建的重要水利工程。

（三）吐蕃文简牍中的"七屯城"确指米兰古城而非伊循城

1. 吐蕃文简牍中的"七屯城"确指米兰古城

在吐蕃文简牍中，记有大罗布（Nob-Ched. Po）、小罗布（Nob-Chung）和七屯城（Rtse Vton，Rtse mton，Rtse·thon、Rtse·hthon、Rtse-hton……），学者们考证大罗布即今若羌，小罗布和七屯城则指今米兰古城。大、小罗布之称与伊循无关。但是，有些学者却认为托勒密《地理书》中的 Issedon 即伊循的对音，"七屯城"是由 Issedon 演变而来的[①]。

我们认为吐蕃人在米兰古城一带屯兵、屯田，将米兰古城称为屯城顺理成章。至于前面的"七"字，含义虽然不明，但与屯城的性质无关，似不必深究。按常理推度，吐蕃人不是当地土著民族，他们到达米兰上距西汉已八九百年，距鄯善亡国也二三百年。在这种情况下，吐蕃人不可能为米兰屯城之称而费心追溯汉史和鄯善史中的伊循。其次，在唐代以前的汉文史籍，未见将伊循称为屯城或七屯城之例。东汉时期，伊循城正处于衰亡之中，其名已不见了载籍。因此，那种认为活动于公元 2 世纪的托勒密，所记之 Issedon 是伊循的对音，乃是猜测之说（学术界对 Issedon 所指的地望分歧较大），它与史实和伊循城存在的时间均不相符。此外，东西方相距遥远，当时交通十分不便，互相难以沟通。很多地名都是辗转翻译的，难免错讹。所以依靠西方著作中的名称寻找西域地名汉译对音，猜测的成分很大，张冠李戴者屡见不鲜，是很靠不住的。在这种情况下，Issedon 是伊循对音说也是不能成立的。因此，上述分析表明所谓"七屯城"乃是吐蕃人根据他们在米兰屯兵、屯田这个重要事实，而为米兰取的名称之一，"七屯城"与伊循无关，

---

① 参见岑仲勉撰：《汉书西域传地里校释》上册，中华书局 1981 年版，第 12、22 页。

关于这个问题，下文的论述亦可作为佐证。

2. 屯城伊循说误传于唐代

在汉文史籍中，屯城和屯城伊循说最早均见于唐代。如《新唐书·地理志》"贾耽入四夷道里记"："又一路自沙州寿昌县西十里至阳关故城，又西至蒲昌海南岸千里，自蒲昌海南岸西经七屯城，汉伊脩（循）城也。又西八十里（注：一百八十里之误），至石城镇，汉楼兰国也……"斯坦因获《沙州都督府图经》记载："鄯善之东一百八十里有屯城，即汉之伊循。"伯希和获《沙州都督府图经》记载："屯城西去石城镇一百八十里。鄯善质子尉屠耆归单弱，请天子，国中有伊脩城，城肥美，愿遣一将屯田积谷，得依其威重。汉遣司马及吏士屯田依脩以镇之，即此城是也。胡以西有鄯善大城，遂为小鄯善，今屯城也。""古屯城在屯城西北。"上述史料均将七屯城、屯城与伊循等同起来，这可能就是近现代一些学者不断在Issedon、七屯和伊循三个名称的关系上大做文章的主要依据。按在汉文史籍中，唐代以前均无将屯田之城正式称为屯城者。具体到伊循，《汉书·鄯善传》称"田伊循"，土垠汉简则直称伊循。就米兰古城而论，它约出现于东汉时期，时代晚于伊循城，两者的地望也不相同。因此，不能以伊循是西汉屯田之地，便硬将屯城之称套在它的头上。总之，将伊循称为屯城，在唐代以前的史料中是找不到根据的。

大家知道，唐代并未在米兰附近屯田，也未在此长期屯兵或活动过。当时在这一带长期活动的乃是吐蕃人，吐蕃人将米兰城称为七屯城。而《沙州都督府图经》成于676—695或866年（886年说较合适），即在吐蕃统治或退出米兰城之后；《新唐书》修于宋代，所以唐代史料"屯城"一称应源于吐蕃人对米兰城的称呼。具体言之，唐代史料"七屯城"与吐蕃文简牍"七屯城"一致，大鄯善（若羌）、小鄯善（米兰古城）与吐蕃文简牍大小罗布相对。唐代史料将七屯城又称屯城，并指明是"今屯城"（即唐代时的屯城），凡此都说明了唐代上述称呼与吐蕃是有密切关系的。那么，唐代史料又为什么将屯城与伊循拉在一起呢？我们认为是与唐代已搞不清伊循的确切方位有关。早在《水经注》时期就错将伊循城的位置放在西边，扜泥城的位置放在东边。冯承钧先生曾提出这是因为错简,方位倒置所致①。其实《水经注》在伊循下面与《汉书》伊循屯田事相接,扜泥城又与《汉书》扜泥城四至里程相接,在这点上郦道元并无差错。以此证之,《水经注》所记扜泥与伊循东西倒置,乃是郦道元当时真实认识的反映,它说明郦道元当时已不清楚两者的确切方位了。正如岑仲勉先生所说:"道安未履西陲,道元抄自旧籍,于关外地传闻有误,是意中之事。"② 在这种情况下,到了唐朝当然就不知道伊循城位于何处了。估计很有可能是由于屯城文义与伊循屯田的事实相近,所以唐代文献才将屯城与伊循拉在一起。

此外,还应指出唐代文献提出的屯城伊循说,本身就是自相矛盾的。比如伯希和本《沙州图经》一方面说屯城是伊循、小鄯善,另一方面又说屯城是"今屯城也","古屯城在屯城西北"。③ 它告诉我们,"屯城"是"今屯城",是唐代的屯城,是当时的称呼,而唐代以前的古屯城与唐代的屯城并不在一地。虽然如此,唐代史料却仍搞不清楚伊循与"今屯城"和"古屯城"的关系,还硬将"今屯城"与伊循拉在一起,说明当时的认识是相当混乱的。根据上述分析,我们认为唐代文献将屯城与伊循等同起来,乃是一种附会之说,这种误传对后世影响极大。除前面已提到者外,还有一个东故城问题。《水经注》记载"扜泥城,其俗谓之东故城"。现在学术界已经明确扜泥城与东故城是两个城,东故城即是安周退保之东城,位置在今米兰古城,这个意见是可取的。但是,有些学者又将其引申,认为东城=东故城=米兰古城=伊循④,则又是重蹈唐代屯城伊循说的覆辙,可见其影响之深。

综上所述,完全有理由认为屯城伊循说,乃是唐代文献记载错误所造成的一种历史的误会。因此,导源这种附会之说的米兰古城伊循说,也是不能成立的。米兰古城约出现于伊循城衰落之后,米兰古城是唐代吐蕃人的屯城,它不是汉代伊循故址,这就是本篇的结论。

---

① 见冯承钧:《西域南海史地考证论著汇辑》19页,对《水经注》卷二引文的注三〇,中华书局 1957 年版。
② 参见岑仲勉:《汉书西域传地里校释》上册,中华书局 1981 年版,第 16 页。
③ 冯承钧:《西域南海史地考证论著汇辑》,中华书局 1957 年版,第 28 页。
④ 参见冯承钧《西域南海史地考证论著汇辑》中"鄯善事辑"第 45 页注二,第 15—16 页注二二,第 19—20 页注三〇,中华书局 1957 年版。

（四）伊循城的位置应靠近"楼兰道"

汉代史料表明，在汉始通西域之时，楼兰国在"楼兰道"附近是有重要据点的。如《史记·大宛列传》记载："楼兰、姑师，小国耳，当空道，攻劫汉使王恢等尤甚。"《汉书·鄯善传》记载："然楼兰国最在东陲，近汉，当白龙堆，乏水草，常主发导，负水担粮，送迎汉使；又数为吏卒所寇，惩艾不便与汉通。后复为匈奴反间，数遮杀汉使。"《汉书·傅介子传》记载："楼兰王安归常为匈奴间，候遮汉使者，发兵杀略卫司马安乐，光禄大夫忠，期门郎遂成等三辈，及安息、大宛使，盗取节印献物，甚逆天理。"从上述史料中可以看出，汉始通西域之时在"楼兰道"上与楼兰国的关系是比较紧张的，斗争有时也是很激烈的，特别是楼兰国还发兵遮杀汉使及西域诸国使汉者，盗取节印献物，汉军在"盐水中数败"。在这种情况下，是时"楼兰道"已变为楼兰国边防重地，故距"楼兰道"较近的地区必有屯兵应变的据点。

汉代史料表明，汉始通西域之时，楼兰国在"楼兰道"之南有城邑，《汉书·鄯善传》说"汉使多言其国有城邑"。这里所说的汉使是指来往于"楼兰道"上的使者，因此他们耳闻目睹的城邑必距"楼兰道"较近。同传又记载"破奴与轻骑七百人先至，虏楼兰王"，楼兰国都在今若羌，破奴只率七百轻骑，若从"楼兰道"长驱四五百里深入楼兰国腹地，到国都虏楼兰王是很冒险的。这样做既无成功把握，难以迅速解决战斗，又与破奴急于破姑师"因暴兵威以动乌孙、大宛之属"的使命不相容。所以，虏楼兰王之地必距"楼兰道"较近。据前引史料当时楼兰王可能因指挥与汉朝的斗争正在楼兰地区活动，而楼兰王所居之地就应是楼兰国在该地区的主要据点，汉使报告的城邑或即指这个据点来说的。由于西汉之世楼兰城尚未出现，"楼兰道"附近亦无其他城邑，因此楼兰王所居的据点，则应是在"楼兰道"之南不太远的一座城邑。

汉代史料表明，伊循城的位置靠近"楼兰道"。《汉书·鄯善传》记载：傅介子刺杀楼兰王后立尉屠耆为王，"王自请天子曰：身在汉久，今归，单弱，而前王有子在，恐为所杀。国中有伊循城，其地肥美，愿汉遣一将屯田积谷，令臣得依其威重。于是汉遣司马一人，吏士四十人，田伊循以填抚之。其后更置都尉，伊循官置始此矣"。据此可知伊循城附近土地肥美，故必靠近河道，水源充足。楼兰王欲依伊循屯田威重，王都必距伊循城不太遥远。而汉同意在伊循屯田，也说明伊循距汉"楼兰道"上大本营居卢仓不会很远。此外，伊循还必与居卢仓能直通，中间没有鄯善势力阻隔。只有这样，汉军才不致冒孤军深入之险，伊循屯田将士才能有巩固的后方而无后顾之忧，伊循屯田才能起到保障"楼兰道"畅通，供应居卢仓粮食的重要作用。其次，《汉书·冯奉世传》记载："前将军增举奉世以卫候使持节送大宛诸国客。至伊脩（循）城……"《汉书·西域传》说西域"北道西逾葱岭则出大宛……"，可见伊循城必距"楼兰道"较近，只有这样才能与西域北道相通西出大宛。若伊循在米兰，则与西域南道相接，因此奉世所至之伊循不可能在今米兰。

总之，根据西汉史料，伊循城应在楼兰国的东北边境地区，并距"楼兰道"上西汉大本营居卢仓不太远的地方。前述楼兰道附近的据点，汉使报告的城邑和虏楼兰王之地大概指的都是伊循城。由于两汉时期楼兰城和米兰城尚未出现，楼兰道附近亦无其他城镇，所以伊循城显然应处于后来的楼兰城之南、米兰城之北这个范围之内，而在此范围内则只有LK古城较符合伊循城应具备的条件。

（五）LK古城的形制和时代

1. LK古城的形制、遗迹和遗物[①]

LK古城在楼兰故城南偏西约50公里，位于东经89°40′52″，北纬40°05′15″（图1），城的平面呈竖长方形，城墙略斜（图39）。据斯坦因记述，城墙长边取东北—西南方向，长约188.976米（620英尺，1英尺=0.3048米）；短边长约100.584米（330英尺），城墙残高约6.40米（21英尺）。城墙构筑方法较复杂，基底垫白杨木，厚约60厘米（约2英尺），宽约9.75米（32英尺）。其上黏土层厚约1.52米（约5英尺，系用大黏土块

---

① 〔英〕A.斯坦因：《亚洲腹地考古图记》第一卷第六章"古三角洲上的遗存"，第一节LK大城堡遗址，第二节LK古城堡遗址上采集或出土的古物名单，广西师范大学出版社2004年版。

堆垒），然后垫红柳，铺一层厚约 46 厘米（1.5 英尺）、宽约 6.7 米（22 英尺）的白杨木，上面又堆厚约 1.37 米（约 4.5 英尺）的黏土层；再上白杨木层厚约 60 厘米（约 2 英尺），宽约 4.57 米（约 15 英尺），黏土层约 1.2 米（约 4 英尺）；该层之上白杨木层厚约 60 厘米（约 2 英尺），宽约 3 米（约 10 英尺），黏土层风蚀无存。城墙内有木骨，竖立的木骨间距约 4.5 米（约 15 英尺），从城墙基底可直达第三层白杨木层，立木之上似有横木连接，共同组成框架。城墙的白杨木层宽度向上递减（约 2∶3），厚度增大，黏土层的厚度则递减。这种构筑方式，显然有利于加固城墙。城门一座，在东城墙南端之北约 30.48 米（约 100 英尺）处。门道宽、高各约 3 米（约 10 英尺），门道两侧壁底部有木础，其上各有九根立柱，在门内一侧有二横木与木础连接形成门槛。城门原有两扇板门，一扇板门倒在地上，厚约 15 厘米（约 5 英寸）。1988 年 3 月，新疆文化厅楼兰文物普查队调查了 LK 古城。他们说 LK 古城东城墙长 163 米，南城墙长 82 米，西城墙长 160 米，北城墙长 87.5 米，城周 492.5 米（调查者认为，斯坦因记述长边和短边的长度，是指 LK 古城两个对角线的长度）。城墙顶部残宽 1.5 米—6.5 米，墙基宽度在 7 米以上。城墙残高 3 米—5.4 米，城墙为夯土夹红柳、胡杨枝层筑成。红柳、胡杨层厚 20 厘米—60 厘米，夯土层厚 50 厘米—150 厘米。在城墙顶部还竖植了许多排列有序的胡杨加固棍。在东墙北段局部还用土坯垒砌，土坯间有 3 厘米厚的草泥。土坯长 44 厘米、宽 25 厘米、厚 10 厘米。在东城墙中部与城垣相连有一长 16 米、宽约 8 米、残高 2 米的土台。上层为 20 厘米—50 厘米厚的红柳层，下层为 130 厘米—150 厘米的夯土层。土台与城垣相连，很可能是瓮城遗迹。城门在距东南角 8 米的东城墙南端（与斯坦因的记述不同），门宽 3.2 米，门框是用 27 厘米×20 厘米的方木榫卯相连构成。[1] 按斯坦因调查 LK 古城较楼兰文物普查队早 70 余年，当时 LK 古城的保存情况远比现在要好。斯坦因在调查过程中仔细地研究了城墙的结构，他在《亚洲腹地考古图记》一书中还附有城墙结构图。[2] 通过比较，我们认为 LK 古城城墙的结

---

[1] 《罗布泊地区文物普查简报》，《新疆文物》1988 年第 3 期。
[2] 〔英〕A. 斯坦因：《亚洲腹地考古图记》III，图 10，广西师范大学出版社 2004 年版。

构，应以斯坦因的记述较接近原来的实际情况。至于楼兰文物普查队所说夯土层和局部用土坯，大概就是斯坦因记述的用黏土块堆垒的黏土层。经过了70余年后，由于风化的作用，除个别部位仍可看出土块外，城墙大部分的黏土层外观可能与夯土层已经很相似了。用比较整齐的黏土块作建筑材料，在新疆的古遗址中不乏其例。这种黏土块不一定是模制的，它与真正的土坯是有区别的。此外，瓮城应与城门相连，与城墙相连的土台不是瓮城。

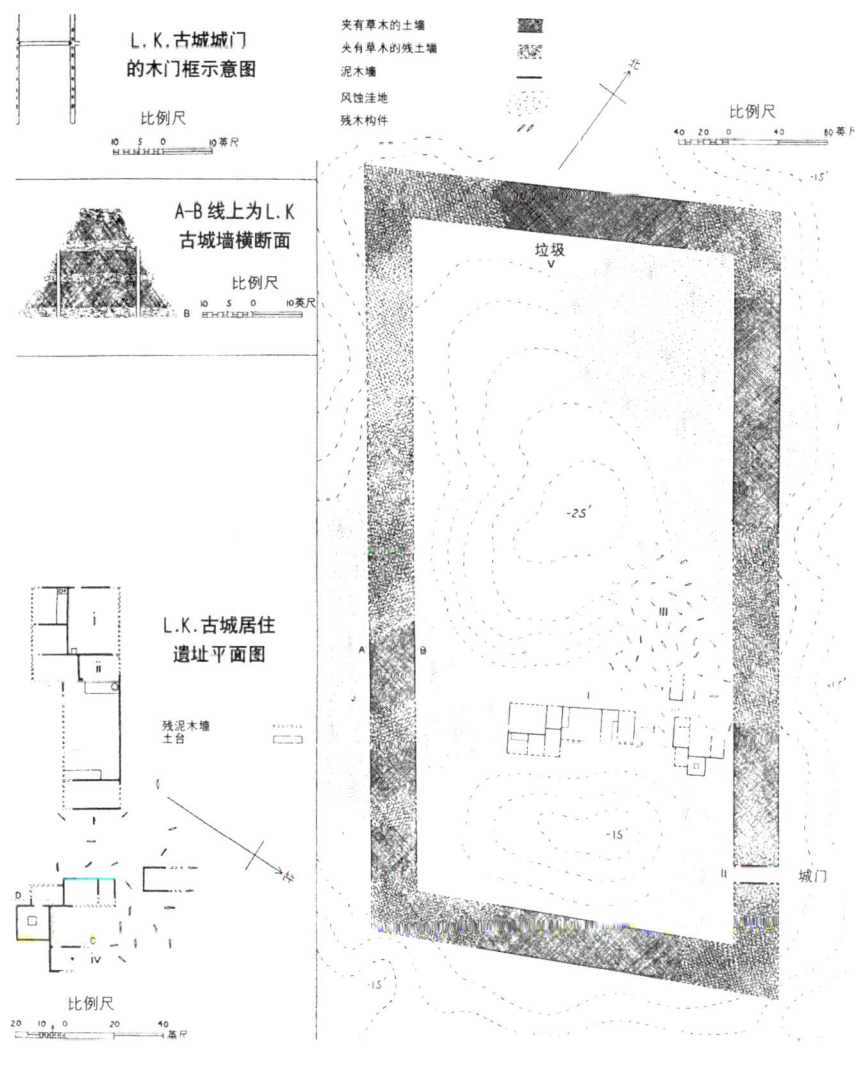

图 39　罗布泊地区 L.K. 古城遗址平面图
（采自斯坦因《亚洲腹地考古图记》第三卷）

城内遗迹主要有两处，遗迹 I（斯坦因编号，下同）在城门之北约 17 米—18 米，东临东城墙，西达城内中部以西，是一组房屋建筑遗迹（图 39）。房址墙壁残高约 0.9 米—1.20 米（约 3 英尺—4 英尺），厚约 27 厘米（约 8 英寸—9 英寸）。墙内立白杨木，其间编织红柳，外抹芦苇泥为墙面。房址内区分一些小房间，在主要房间内沿一侧墙壁均有矮炕和泥质灶。最西边的房址 I，面积约 8.2 米×6 米（约 27 英尺×20 英尺），残存板门。发现的遗物有双云纹雀替形木构件、麻绳、石杵、玻璃珠，以及小件青铜器等。东南部的 III 室，残存板门，门道高仅 1.30 米（约 4 英尺 3 英寸），宽约 76 厘米（约 2 英尺 5 英寸），墙壁立柱高约 2.80 米（约 9.5 英尺）。室内中间有一方形平台，边长约 1 米（约 3.5 英尺），高约 30 厘米（约 1 英尺），台边镶柳木，顶部有火红痕迹。室外附近发现白杨木挖成的木槽，斯坦因认为是冷却槽，此房间为铁匠工作室。遗物仅在室内发现一件大陶罐。IV 室在 III 室之北，墙壁立柱高约 91 厘米（约 3 英尺）处有雀替形木构件，长约 1 米（约 3.3 英尺），宽高各约 27 厘米（约 9 英寸）。在室外发现一件木柄铁农具残件。在遗迹 I 之北是大木料堆，散布范围约 40 米×30.5 米（约 130 英尺×100 英尺），其南尚有两小堆木料和涂泥残墙遗迹。堆积中的木料最长者可达 9.10 米（约 30 英尺），堆积处地面被风蚀成深坑，无法判定建筑结构。斯坦因从堆积范围来看，认为似官署或休憩之所。遗迹 V 在城北临北城墙中部，是座小垃圾堆，仅见马粪及小毡块等。

古城之外也残存部分遗迹、遗物，如古城西南约 300 米处有一长约 20 米、宽约 8 米—10 米、高约 2 米的台地，上面散布许多木建筑构件，以及陶片、铜镞、铁器、冶炼渣和玻璃片等。在城门外 30 余米处有大片冶炼渣。据记载调查者在 LK 古城内外发现石器、陶片、残铜器、残铁器、玻璃片、残丝毛织物等先后共达 200 件以上。

2. LK 古城的时代

首先，谈谈 LK 古城时代的下限问题。与这个问题相关，有几个现象很值得注意。（1）在 LK 古城内外均未发现任何佛教遗迹和遗物。佛教约在 2 世纪中叶传入鄯善，到公元三四世纪时佛寺和佛教壁画、塑像等就成为鄯善城镇最富特征的重要标志。据此可认为 LK 古城或废弃于公元 2 世纪中叶佛教传入以前。退一步说，LK 古城的废弃也应在公元 3 世纪鄯善佛教进入盛期以前。(2) LK 古城所出遗物大都是生活用具，其中宜与其他遗址相比者，仅有雀替形木构件。这种木构件两端刻简单云纹，较楼兰故城、LB 遗址、米兰遗址和尼雅遗址的同类木构件显得纹饰简单，雕刻技法古朴，属该地区木雕的早期形式。此外，LK 古城仅见个别的五铢钱，而未见任何可确定为魏晋时期的遗物。(3) LK 古城未见三四世纪鄯善境内通行的佉卢文简牍，未见楼兰地区广为流行的魏晋汉文简牍，迄今尚未发现任何文字资料。但是，在 LK 古城附近的 LL 和 LM 遗址却发现有汉代和魏晋时期的遗物，发现佉卢文简牍和魏晋汉文简牍。这个现象清楚地表明，LK 古城的年代下限应止于曹魏之前。(4) 从古城形制来看，楼兰故城对称开城门，出现瓮城，城的形制之发展较 LK 古城前进了一步。此外，城内的配置和建筑及室内具体结构也都较 LK 古城复杂。所以 LK 古城不但出现的时间早于楼兰故城的形成期，而且它的废弃也应早于楼兰故城的发展期。根据上述分析，我们认为 LK 古城的年代下限似在曹魏之前。

关于 LK 古城年代的上限则难以估断。从自然条件来看，楼兰城的出现是与河流改道至其附近密切相关的。LK 古城则不然，这里是 LK 河与注宾河交汇之处（后文有说），交通方便，水源充足，土地肥沃，植被茂密。在 LK 古城一带广为散布着各种石器和粗陶片，说明此地自古以来就是人类生活的主要聚居区。优越的自然环境，加上这里正处于从楼兰国都扜泥城至蒲昌海的要道，所以是具备产生城镇条件的。也就是说，在汉始通西域之前，LK 古城的存在是完全可能的。

（六）LK 古城是伊循故址及其与注宾城的关系

《水经注》卷二记载："南河又东，迳且末国北，又东，右会阿耨达大水。释氏《西域记》曰：阿耨达山西北有大水，北流注牢兰海者也。其水北流，迳且末南山，又北，迳且末城西，国治且末城……又曰且末河东北流，迳且末北，又流而左会南河。会流东逝，通为注宾河"；"注宾河又东，迳鄯善国北，治伊循城（按：伊循城不是鄯善国治）"。据黄文弼 1929 年对南河故道的调查记载，如果把旦当、哈拉墩、尼雅联结起来，画一横线，恰恰与

《水经注》所说南河经行的路线相合。从尼雅遗址向东北方向伸展，恰到阿拉干南边。默得克沁旁有一干河床自西来，斯坦因说是孔雀河最后的支流，但本地人说是叶尔羌河，皆指注宾河也，该河当称南河。[①] 德学者赫尔曼更明确指出："南河在阿拉干南与车尔臣河（现且末河）会合会为注宾河。"[②] 默得克沁遗址在楼兰故城东南100里。[③] 其位置与LK古城相合。《水经注》的记载与实地调查相结合，证明LK古城旁西来的干河道就是注宾河故道。《水经注》记载伊循城在注宾河旁，而不在今米兰河附近的米兰古城。从《水经注》相关的行文来看，在记述注宾河流经伊循城后，接着就连续记述了西汉伊循屯田和索劢楼兰屯田，表明两者的屯田地点均在伊循城附近。而在注宾河该河段与伊循城时代相当的城址只有LK古城，所以LK古城应为伊循故址。下面拟就此再作论述。

据上所述，我们认为LK古城符合伊循城应具备的条件。首先，从LK古城的位置和时代来看。LK古城在楼兰故城南偏西约50公里，是楼兰地区规模仅次于楼兰故城的城镇。LK古城的时代早于楼兰故城，在西汉时期它既是蒲昌海地区也是上述注宾河旁存在的唯一的一座最早的城镇，同时又是楼兰国及更名后的鄯善国距"楼兰道"最近的一座城镇。这个情况与前述楼兰国时期靠近"楼兰道"有城邑，并以此作为对抗汉朝的据点是吻合的。其次，LK古城位于注宾河与LK河旁，附近水源充足，土地肥沃，适于屯田并发现屯田遗迹（后文有说）。加之它与居卢仓间楼兰国或鄯善国势力阻隔，同时又距楼兰国或鄯善国都不太远，所以汉军屯田、鄯善王欲倚其威重的伊循城非LK古城莫属。此外，从交通方面来看，LK古城与居卢仓及后来的楼兰城直通，西北还可沿LK河直达古墓沟，与"楼兰道"连接（图1）。[④] 至

---

① 黄文弼：《谈古代塔里木河及其变迁》，载黄文弼：《西北史地论丛》，上海人民出版社1981年版。斯坦因在LK古城附近发现的古河道，见斯坦因《亚洲腹地考古图记》第一卷，广西师范大学出版社2004年版，第280、281、291页。
② 〔德〕赫尔曼：《楼兰》（Albere Herrmann, Lou-lan: China, Indien und Rom im Lichte der Ausgrabungen an Lobnor, Leipzig, 1931）。
③ 黄文弼：《谈古代塔里木河及其变迁》，《西北史地论丛》，第16页。
④ 黄盛璋《塔里木河下游聚落与楼兰古绿洲环境变迁》一文，介绍了自LK古城东南向西北延伸的古河道，河道两岸有众多的死胡杨，河床遗迹十分明显。文中引用王守春等对卫星照片的解析研究，指出这条古河道是从古墓沟附近孔雀河故道分流出来的。该古河道即本文所称的LK河（图1），《亚洲文明》第二辑，安徽教育出版社1992年版。

于LK古城到鄯善国都扜泥城（今若羌）之路，现在多认为南下米兰再西至扜泥城。其实这个意见是很值得重新考虑的。据斯坦因等人的调查，米兰、LK古城间道路十分难行。在这个地段内，虽然后来由于喀拉和顺湖潴留，地面遭到冲刷，但是在如此广大的地区之内，几乎不见新石器时代和晚期的遗迹、遗物是很值得注意的。斯坦因等人的调查表明，在楼兰地区凡是沿交通线及其附近地区都有新石器及汉代遗物。根据上述现象，我们认为当时LK古城与米兰古城间不是当时主要交通线经过的地区。假如当时从LK古城至米兰古城，中间要渡注宾河，这是违背西域交通线沿河而行原则的。同时前已说明西汉时米兰古城尚未出现，因此从LK古城至米兰古城，再到扜泥城绕路而行也是毫无意义的。所以从LK古城至扜泥城，应是沿注宾河而行接西域南道。总之，从交通上将LK古城比作伊循，也是比较合适的。

LK古城与伊循的关系，另一个重要的证据是在LK古城附近发现了LL、LM、LR等屯田遗址（图1）。据斯坦因记述，LL是座小城址，在LK古城之西约4.8公里（3英里），城南有古河床，两岸残存死杨树林。古城方向东东北—西西南，平面长方形，长边约66.4米（218英尺），短边约42米（138英尺），城门开在东面。城墙残高约7.9米（约26英尺），黏土与红柳枝间筑。黏土层残存7层，每层厚约40厘米（16英寸），红柳层厚约15厘米（约6英寸）。城内东南角与东、南城墙相接有一组建筑，南北长约20.7米（约68英尺），东西宽约13.3米（约42英尺），院墙残高2.4米—3米（约8英尺—10英尺），黏土与红柳间筑。院内堆有大量芦苇和牲畜粪等垃圾，清理出许多羊毛织物、毡块和汉代丝织品。较重要者有印花绢，斯坦因认为与LC墓地发现的绢织物相同，属于汉代丝绢的早期样品。此外还发现一件早期粟特文纸文书，据此斯坦因认为LL古城的时代与LA古城（楼兰故城）大体相同。1988年楼兰文物普查队到LL古城调查，他们说LL古城在LK古城西北约3公里。古城东城墙长71.5米，南城墙长61米，西城墙长76米，北城墙长49米，城门可能开在东城墙。城墙残高3米—4米，顶宽1.2米—5米，底宽8米以上。城墙系一层红柳枝夹胡杨棍、一层夯土间筑而成。东城墙红柳4层，厚20厘米—50厘米，夯土4层，厚20厘米—70厘米。城墙顶部有两排竖植胡杨棍，行距2.7米，胡杨棍间距10厘米—

100厘米不等。南、西和北城墙结构与东城墙相近。LL古城与LK古城相比较，LL古城夯土紧密，红柳枝均很细小，夹在红柳层中的胡杨棍也较小，没有发现黏土块垒砌痕迹。在LL古城内东南角，与东、南城墙相接，有一组南北21米，东西10.5米的建筑。城外发现两处建筑遗迹，分别位于东城墙外25米，北城墙外约50米处的台地上，地表散布着木建筑构件。在LL古城采集的遗物有陶片、小件铜饰和珠饰等，在LL古城外还发现一些炼铁渣[1]。LM遗址在LL古城西偏北约4.8公里（3英里），距LK古城约8公里，遗址位于水网地带。斯坦因清理过5个地点，其中3个地点发现简牍。LM.I房址位于河床北岸，出8件汉文简牍，2件婆罗迷文简牍，一件佉卢文简牍。LM.II房址东南距LM.I约603米，位于两条古河道之间，周围有死杨树林，出有汉文、佉卢文、婆罗迷文和粟特文简牍。LM.III房址在LM.II西北约639.8米，位于古河道北岸台地上，出一件汉文简牍，背面书写佉卢文。斯坦因在这一带发现有农耕土、木制农具，漆匣和丝织品等（LR保存不好，从略）[2]。

　　据上所述，可指出以下三点：一，LK古城的形制和城内遗迹、遗物，表现出来的完全是当地土著的特点。在LL和LM等遗址发现的遗物则主要是汉族的，反映出LK古城与LL和LM等遗址是分属当地土著和汉族两个不同的生活区。二，LM遗址群发现的遗物和简牍（后文有说）表明它应是汉人的屯田区，LL古城和LM遗址的时代约从西汉直到魏晋时期。三，在LK古城一带，LL是除LK之外的唯一的城址。两城相比，城墙结构虽然相近，但是LL古城城墙结构已较LK古城简化。这个现象表明，LL古城的出现似晚于LK古城的初建期，而又与LK古城有一段时间是并存的。在如此近的距离内（约3公里—4公里），两城同时共存，文化内涵又截然不同，说明两城的性质和职能是有区别的。以此三点结合前面诸点分析，似可认为LK古城应是鄯善的伊循城，LL古城则可能是伊循屯田官署即伊循都尉府所

---

[1] 〔英〕A.斯坦因：《亚洲腹地考古图记》第一卷，第三节LL遗址和LM遗址，第四节LL、LM和LR诸遗址上采集和出土的古物名录，广西师范大学出版社2004年版；《罗布泊地区文物普查简报》，《新疆文物》1988年第3期。

[2] LM遗址见上注[1]斯坦因《亚洲腹地考古图记》，并参见《亚洲腹地考古图记》第三卷附图XI。

在地，分布在 LL 古城附近的 LM 等遗址应为伊循屯田区之一。前述西汉伊循屯田、东汉"楼兰之屯"和索劢楼兰屯田大致就在这一带，此后直到魏晋时期这里仍有屯田活动。关于东汉时期楼兰屯田需要指出的是，当时楼兰城出现不久，楼兰城附近没有屯田基础。两汉相接，东汉在西汉伊循屯田基础上进行屯田事半功倍。在史籍中东汉时期已不见伊循一称，说明该城当时可能已逐渐处于衰亡之中。由于伊循距楼兰城较近，故东汉以"楼兰之屯"和"楼兰屯田"称之亦无不可。除上所述，由于东汉时史籍中已不见伊循城名，所以索劢楼兰屯田时，西汉时的伊循城或因在注宾河旁而改称注宾城①。此外，前述 LL 古城附近可能是与伊循城相对应的伊循都尉府城，由于 LL 古城附近是屯田区，所以也不排除注宾城是指 LL 古城。

总之，从 LK 古城的位置，遗迹、遗物和时代，城址的规模和交通、历史背景，LK 古城与 LL 和 LM 等遗址的关系，LL 和 LM 等遗址的时代和性质，以及米兰古城伊循说之否定等几方面综合起来判断，可认为 LK 古城应为伊循故址，并很可能是《水经注》所记注宾城的故址。此外还应指出，米兰古城的兴起大体可与 LK 古城年代的下限相接，以后米兰古城又成为重要的佛教中心之一。这个现象反映出，两个城址的兴废之间或有某种关系，这是今后需要进一步探讨的重要课题之一。

---

① 〔德〕赫尔曼《楼兰》一书认为："南河在阿拉干南与且末河会合为注宾河，附近默得克遗址为注宾城。"按默得克（沁）遗址即 LK 古城；《水经注》卷二"北河"条记载："河水又东，迳墨山国南，治墨山城"，"河水又东，（迳）注宾城南，又东迳楼兰城南而东注"。这条资料，一直干扰注宾城方位的探讨。按注宾城当在注宾河旁，不应在北河附近。杨守敬《水经注疏》凡例中指出："郦氏书中，左右互错，东西易位，亦不一而足"（江苏古籍出版社 1999 年版）。我们认为，《水经注》北河条中的注宾城亦属杨守敬所指出的错误，文中的"注宾城南"似为"墨山城南"之误。

第二章　楼兰汉文简牍再现魏晋楼兰史

魏晋楼兰史文献缺载，长期处于空白状态。自20世纪初发现楼兰故城，并陆续出土汉文及少量佉卢文简牍以后，人们对魏晋时期的楼兰史才逐渐有所了解。一些学者利用考古和简牍资料，对魏晋楼兰史中某些问题的探讨也日渐深入。但是，迄今为止尚缺少对魏晋楼兰史进行较全面探讨的论著，魏晋时期的楼兰史基本上还是不清楚的。在这种情况下，本章拟据考古、简牍资料，并结合文献记载，从编年、政治、经济、社会状况，以及楼兰故城的性质等具体问题入手，进行初步的整理复原工作。以此为基础，力图再现魏晋楼兰史的实态，大致勾画出魏晋楼兰史的轮廓。

一、楼兰魏晋简牍年代构成略析

楼兰故城以及附近的 LB、LE、LM、LL 等遗址和 LC 墓地所出的 600 余件汉文简牍，是研究魏晋时期西域史和楼兰故城诸方面问题的极为重要的资料。但是，由于先后多人插足楼兰故城的发掘，简牍各得其手，加之清理不善，忽视了层位关系，遂导致这批简牍比较散乱。多数简牍纪年界限不明，简牍之间的关系不清楚，很难正确利用。在这种情况下，一些研究者在引用楼兰汉文简牍时，往往忽视了简牍的年代（绝对年代和相对年代），以及它们之间的组合关系。所以，经常发生简牍文书的年代与论述的问题在时间上不相对应，或在说明同一问题时引用的简牍文书之间在年代上发生矛盾，或用同一简牍文书组合同一年代界限的简牍去论证时间差较大的不同问题等现象。有鉴于此，对这批简牍进行梳理，了解简牍与遗迹的共存关系，分析简牍的组合状况，并在此基础上明确简牍的年代构成和魏晋楼兰史的编年，就成为研究魏晋楼兰史的基础。

（一）纪年简牍及与之相关的简牍组合

1. 纪年简牍

在楼兰故城及其附近遗址所出土的汉文简牍中，残存一些纪年简牍。这些纪年简牍，是探讨楼兰汉文简牍年代构成的主要依据。以此为框架，基本上可以勾画出楼兰汉文简牍年代构成的大致轮廓。这些残存的纪年简牍概况请参见表一①。

表一　楼兰汉文简牍残存纪年简表

朝代	纪年	简牍编号	件数
曹魏	嘉平四年（252年）	C・P・No.16.1	1
	景元四年（263年）	Cha・No.738	1
	景元五年，即咸熙元年（264年）	Cha・No.721	1
	咸熙二年，即泰始元年（265年）	Cha・No.722、730、939；C・P・No.16.1	4
	咸熙三年，即泰始二年（266年）	C・W・No.51、64	2
	咸熙□年	C・W・No.71	1
西晋	泰始元年（265年）	Cha・No.723	1
	泰始二年（266年）	C・P・No.16.2；C・W・No.50；Ma・No.216、246；Cha・No.724、735	6
	泰始三年（267年）	Ma・No.213、247	2
	泰始四年（268年）	Ma・No.195.214、221；Cha・No.65、114；Cha・No.725、728	7
	泰始五年（269年）	Cha・No.726、727、733、741；Ma・No.229；C・W・No.1a、49、102；西・图・史・图版（1）	9
	泰始六年（270年）	Cha・No.729、736、748、896；C・W・No.107	5
	泰始□年	Cha・No.878；Ma・No.248；C・W・No.54	3

---

① 本文引用的简牍及简牍编号，见本书"楼兰汉文简牍合校"。

续表

朝代	纪年	简牍编号	件数
前凉	永嘉四年（310年）	C·P·No.20.1、22.8	2
	永嘉六年（312年）	Cha·No.910、912	2
	建兴十八年（330年）	Cha·No.886	1
备注	①上表中有3件属LE遗址，余均为LA遗址。②C·P·No.16.1有两个年号，Ma·No.195记三个泰始四年。③近年来在楼兰故城发现的泰始二年、四年、五年的简牍未计算在内。④书名缩写代表的原书名。		48

由表一看出，西晋纪年简牍约占全部纪年简牍的69%，而西晋纪年简牍中又有近70%集中于泰始四年至六年。曹魏时期的纪年简牍约占全部纪年简牍的21%，前凉时期的约占10%。此外，关于纪年简牍还应指出，司马炎代魏在咸熙二年十一月（《三国志·魏书·三少帝纪》），十二月丙寅（十七日）即帝位，改元为泰始元年（《晋书·武帝纪》）。所以C·P·No.16.2"泰始二年二月癸□"（二月癸丑为五日，癸亥为十五日，癸酉为二十五日）距司马炎改元最多只二个月左右，它乃是迄今所见楼兰汉文简牍中使用泰始年号最早的一件。有鉴于此，Cha·No.723的"泰始元年"显然是属追述性质。

2. 与纪年简牍相关的简牍组合

楼兰汉文简牍绝大部分缺纪年，其中有些缺纪年的简牍所记的人名、职官和事件等与某些纪年简牍相同或有一定的内在联系。据此可将这类缺纪年的简牍与纪年简牍串联起来，以纪年简牍为纲，大体可确定其绝对年代或相对年代。

（1）曹魏时期

曹魏时期的纪年简牍残毁严重，难以进行比较。其中Cha·No.738记景元四年将张禄，Cha·No.842记"入四斗给张禄部"，两个张禄应是一个人。此外，Ma·No.198的张禄由于身份不明并与梁功曹同见，故很难确定是否为"将张禄"。除上所述，Cha·No.825记"咸熙四年假将张景记"，"咸熙"二字漫漶；C·W·No.52"咸熙五年□□史"之"五"孔好古似误释，所以这两件均未列入前述纪年简牍之中。

（2）泰始二年

泰始二年简牍C·W·No.50记有将尹宜、仓曹史申传、监仓史翟同阘携，录事掾阘凌。与此相关的简牍有C·W·No.73"阘携翟同"、

C·W·No.74"阚携翟同"、C·W·No.75"阚携翟同"、C·W·No.76"翟同"、C·W·No.77"监仓史阚"、C·W·No.78"监仓阚"、C·W·No.79"监仓史阚携"、C·W·No.80"（录事掾）阚凌"、C·W·No.94"监仓史阚携"、Cha·No.760"将尹宜"、Cha·No.884"翟同"等。又Ma·No.216号泰始二年简牍记有李卑，仓曹史张□，监仓翟同阚携。C·P·No.15.3"卑白"、C·W·No.22"李卑疏"、Ma·No·233"卑遇卒"等或在泰始二年。此外，还有一件Cha·No.735号泰始二年简牍，拟在下文探讨。

（3）泰始三年

Ma·No.247泰始三年简牍记有"督田掾张雕"。Cha·No.882"督田掾张"、C·W·No.81"督田掾张"应即是"督田掾张雕"。此外，C·W·No.82"督田掾"、C·W·No.83"督田"或亦与张雕有关。如是，其年代也应在泰始三年左右。

（4）泰始四年

泰始四年简牍Cha·No.728记有李卑（为伍佰之属）、仓曹掾曹颜、功曹史赵伦、主簿梁鸾、录事掾曹、监量掾阚、伍佰穆成；Ma·No.214记有监仓史马□、监量掾阚凤（？）。与此相关的简牍有Ma·No.190"仓曹掾曹颜监仓史马"、Ma·No.195B"仓史马"、Ma·No.195G"监仓史马"、Ma·No.195F"仓掾曹颜"、Ma·No.202"伍佰李卑穆成领下李"，这个李卑与泰始三年的李卑或是同一个人。此外，Cha·No.928兵"吴仁"与泰始四年简牍C·W·No.65吏"吴仁"虽同名同姓，但不是同一个人。

（5）泰始五年

泰始五年简C·W·No.102记吏从史位宋政，C·W·No.49记仓曹掾李足。与此相关的简牍有C·P·No.14.2"从史位宋政"、C·P·No.34.1"贺大蜡弟子宋政再拜"、Cha·No.813"仓曹掾李"等。此外，Ma·No.183记"蜡节"或与泰始五年宋政简有关。

除上所述，泰始六年和前凉纪年简牍涉及的人物及相关的简牍下文有说。此外，C·W·No.54—63为一组禀给简牍。其中C·W·No.54纪年部位有"泰"字，所以这些简牍可能属晋泰始年间。总之，通过前面的介绍，可知与魏纪年和西晋泰始二年、三年、四年、五年直接或间接挂钩的约在28件以上，另外还有几件应属晋泰始年间。

(二)以梁鸾等为中心的简牍组合与年代

1. 以梁鸾为中心的简牍组合与年代

梁鸾在楼兰汉文简牍中出现较频繁,其情况如下:(1) Cha·No.728泰始四年六月十一日,记仓曹掾曹颜,功曹史赵伦、主簿梁鸾、录事掾曹、监量掾阚。(2) Cha·No.733泰始五年十二月二十八日,记从史位车成岱、主簿梁鸾。据此可知,梁鸾在泰始四年六月至泰始五年十二月间任主簿。(3) Cha·No.745记"曹赵伦主簿梁鸾录事掾曹 监量掾阚"。此件与Cha·No.728号简牍基本相同,应在泰始四年。与Cha·No.728相比,可知Cha·No.745"曹赵伦"应为"功曹史赵伦"之误。(4) Cha·No.736泰始六年五月七日,记从掾位赵辩、兵曹史车成岱,吴枢、录事掾梁鸾。(5) Cha·No.737记四月十一日监藏掾赵辩、兵曹史车成岱,□枢录事掾□……与Cha·No.736相比较,可知"□枢"即吴枢,录事掾为梁鸾,故Cha·No.737亦应在泰始六年。(6) Cha·No.734记兵梁秋,领功曹掾梁鸾。兵梁秋在Cha·No.928中记为"高昌士兵梁秋",同记的还有"枢",时间在九月初。这个"枢"当为Cha·No.736中的"吴枢",故Cha·No.928应在泰始六年九月,Cha·No.734则在泰始六年五月七日之后。据此可知,Ma·No.198记"梁功曹"(指梁鸾)又应在Cha·No.734号简牍梁鸾任领功曹掾之后。如是,或可认为梁鸾在泰始六年五月七日之后以录事掾领功曹掾,后又升为功曹。(7) Ma·No.248记"泰始□年□月十日丙辰言／书一封□曹史梁□言事",按泰始元年至六年间(六年以后纪年简牍中断),只有泰始二年八月十日是丙辰,"□曹史梁□"应为"功曹史梁鸾"。此外,Cha·No.854只记梁鸾之名,缺乏比较条件,故无法确定年代。

2. 以张龟为中心的简牍组合与年代

(1) Cha·No.735记泰始二年九月十二日,(主簿)张龟。Ma·No.220记功曹李,主簿张龟,时间在十一月。两者相比,Ma·No.220应在泰始二年。(2) Cha·No.744记"功曹史张龟关领主簿梁鸾省",按梁鸾任主簿最早见于泰始四年六月十一日,是时功曹史是赵伦(Cha·No.728),故梁鸾领主簿即Cha·No.744号简牍或在泰始三年。(3) Ma·No.215记功曹张龟主簿梁鸾,时间是十二月十二日至二十二日。按梁鸾任主簿最晚见于泰始五年十二月二十八日(Cha·No.733),泰始五年十一月时功曹是阚氏(C·W·No.102),所以此件及Cha·No.742功曹掾张（指张龟）应在泰始四年。（4）Cha·No.743记"领功曹掾梁鸾关主簿张龟"，此件结合前面关于梁鸾的分析似可认为在泰始六年。（5）Cha·No.807记吏唐循、吏左曜、吏张龟、吏申传。吏申传见于泰始二年十月（Cha·No.50），张龟亦最早见于泰始二年九月（Cha·No.735），所以Cha·No.807或在泰始二年。Cha·No.809记"掾唐循"，Cha·No.831记"遣督唐循将赵"，时间应与Cha·No.807相近。

除上所述，赵辩、赵伦、车成岱是与梁鸾经常组合的重要人物。据楼兰汉文简牍记载，赵辩在泰始五年十一月和泰始六年五月为从掾位，泰始六年任过监藏掾（Cha·No.737），Cha·No.731"吏赵辩"，Cha·No.750"从掾位赵辩"，其年代应在泰始五年或六年。车成岱泰始四年十二月为从史位，泰始六年五月七日为兵曹史，同年五月七日之后又任过监藏掾（Cha·No.885），此外，他还任过监仓掾。赵伦的情况已见前述。

3. 以马厉为中心的简牍组合与年代

马厉在楼兰晋代简牍中是很常见的主要人物之一，他往往通过媒介与梁鸾发生间接的组合关系。马厉简牍有纪年的不多，如C·W·No.102"泰始五年十一月五日从掾位马厉"、"从掾位赵辩"、"从史位宋政"，Cha·No.748"（泰始）六年二月八日"、"曹马厉"，C·W·No.107"泰始六年二月十五日"、"从掾位马厉"等。由此可见，马厉主要活动于泰始五年和六年。此外，直接记载马厉的简牍还有C·P·No.5.2"马厉白事"、"将朱游"，C·P·No.6.1"白／讳泰文／马评君"，C·P·No.13.1"白泰文／主簿马君"，C·P·No.13.2"马主簿念事"，C·P·No.14.1"白泰文／从事马君"，C·P·No.15.2"楼兰贼甥马厉再拜"，C·P·No.18.3"马厉"，C·P·No.18.6"白泰文／主簿马"，C·W·No.84"马厉吏……"，C·W·No.118"白泰文……"，C·W·No.119"马厉印信"，Cha·No.746"主簿马厉"，Cha·No.747"主簿马厉"等。上述诸件简牍互相参证，可知"泰文"即是马厉。另外还有一些与马厉有间接关系的简牍，如C·P·No.5.1与5.2马厉简牍同组，C·P·No.5.1中多次出现的"沙麻"一名又见于C·P·No.10（马厉）书信中。C·P·No.5.2中的"将朱游"亦见于Cha·No.839。C·W·No.119记"马厉印信"，与之相接的C·W·No.120记"印信"，上述诸简牍的年代应相近。又Cha·No.904是侄女马羌写给在楼兰的叔叔的信，收信人很可能是马厉。

除上所述，楼兰故城所出前凉汉文简牍的年代，将在本书第四章"李柏文书与前凉楼兰史的探寻"中进行分析和研究。现将其结论记述如下：西域长史李柏文书（出于 LA. II）推定在公元 325 年；张超济（文书出于 LA. II）在楼兰城活动的时间约在公元 310—323/324 年间，下限约在公元 330 年；与焉耆有关的简牍群（出于 LA. I）推断在公元 345 年前不久；王彦时一组书信（出于 LA. I）的年代约在公元 345 年后一段时间。

（三）楼兰故城各遗迹的简牍组合与年代

楼兰故城出土的简牍，可判断出土地点者主要集中在以下六个地点：

1. LA. I

LA. I 是一座大型房址，在故城内渠道之东，约位于城内东部中间。所出汉文简牍近 20 件，规格普遍较高，内容有别于其他遗迹，自成一系。其中有一件建兴十八年简牍（330 年，Cha·No.886），一组与焉耆有关的简牍（Cha·No.934、935、938），年代在公元 345 年前不久；一组王彦时简牍（Cha·No.930、931、932、937），年代在公元 345 年以后一段时间。总的来看，LA. I 汉文简牍的时代几乎都集中在前凉时期。

2. LA. II

LA. II 俗称"衙门"遗迹，在城内渠道之西，东临渠道，大致在故城中部略偏西南。所出简牍已刊布者 LA. II.i 有：Cha·No.739（咸熙二年）、740（出廪床）、741（泰始五年）、901、902、904（羌女书信）、905、906、907（楼兰以白）、908、909 等。LA. II.ii 有：Cha·No.878（泰始……）、879（出小麦）、880、881、882（出大麦、督田掾张……）、883、884（书史董）、885（西域长史文书事郎、仓曹掾江凉、监仓掾车成……）、896（泰始六年）、897—902 等。斯文·赫定在楼兰故城发现的简牍，亦主要出于 LA. II.ii。这批简牍的特点是，与马厉和张超济（张济逞、济）有关的简牍很多。与马厉有关的简牍如 C·P·No.5.2（马厉、将朱游）、6.1（白讳泰文马评君）、13.1（白泰文主簿马君）、13.2（马主簿念事）、14.1（白泰文从事马君）、15.2（马厉）、18.3（马厉）、18.6（白泰文主簿马……）；C·W·No.84（马厉）、102（泰始五年、从掾位马厉）、107（泰始六年，从掾位马厉）、118（白泰文、主簿马、赵君）、119

（马厉印信）等。与张超济有关的简牍有 C·P·No.2、3.1、7、22.13、25.1、31.1a、31.4、31.6、33.2、35……此外，还有些纪年简牍，如 C·P·No.16.1（嘉平四年，咸熙二年）、16.2（泰始二年）、20.1（永嘉四年）、22.8（永嘉四年），C·W·No.1a（泰始五年）、49（泰始五年）、50（泰始二年、将尹宜部）、51（咸熙三年）、52（咸熙五年？）、54（泰始……）、64（咸熙三年）、65（泰始四年）、71（咸熙□年）、114（泰始四年）……LA.II.iv 有李柏文书。LA.II.v 有 Cha·No·738（景元四年、将张禄）、750（从掾位赵辩）、818、820。LA.II.vi 有 Ma·No.179。LA.II.X. 有 Ma·No.169、170（急就篇）、177、178、180—185 等。

3. LA.III

LA.III 在 LA.II 之西，同属"衙门"遗迹。已刊布的简牍主要有 Cha·No.729（泰始六年）、737（监藏掾赵辩、兵曹史车成岱）、742（功曹掾张）、745（功曹赵伦主簿梁鸾）、746（主簿马厉）、754（帐下将薛明）、759、777—779、781、783、784、787、814—817、819、821、822（将陈颠）、823、824、825（假将张景记）、826（督将吏兵减食）、827—829、830（节省周接）、831（督唐循）、832（将周弄部）……

斯坦因在 LA.II 发现的汉文简牍，纪年界限在景元四年至泰始六年。斯坦因在 LA.III 发现的汉文简牍纪年界限在泰始四年至六年，以泰始六年的居多。斯文·赫定在 LA.II 发现的汉文简牍，纪年界限在嘉平四年至永嘉四年。由于 LA.II 与 LA.III 同在一个"衙门"建筑单元内，汉文简牍性质相同，内容相关，所以嘉平四年至永嘉四年应是它们共同的纪年界限。此外，前面分析李柏文书（出于 LA.II.iv？）的年代约在公元 325 年，张超济书信年代的下限可到公元 330 年左右，故 LA.II.iii 汉文简牍年代之下限当距此不远。

4. LA.IV

LA.IV 在 LA.III 之西，临西城墙，属"衙署"性质的遗迹。所出汉文简牍已刊布者主要有 Ma·No.186—189、190（仓曹掾曹颜、监仓史马）、191（太守副骑步督）、192（子曰学而……）、193、194、195（泰始四年，仓……掾曹颜、监仓史马）、196、197、198（梁功曹、张禄）、199（家书）等。该遗迹纪年简牍仅见泰始四年，但是由于梁功曹（梁鸾）在泰始六年，故这一年可作LA.Ⅳ汉文简牍的年代下限。

5. LA.V

LA.V在LA.Ⅲ之北，为"衙门"遗迹附属建筑，已刊布的汉文简牍主要有Cha·No.889—891，Ma·No.174、200、201、202（伍佰李卑穆成铃下李）、203等。该遗迹发现的简牍少且无纪年，由于李卑、穆成在Cha·No.728泰始四年简牍中与仓曹掾曹颜、功曹史赵伦、主簿梁鸾、监量掾阚同记，李卑最早见于泰始三年（Ma·No.216），梁鸾任主簿最晚在泰始五年十二月，所以其纪年界限似在泰始三年至泰始五年间。

6. LA.Ⅵ.ii

LA.Ⅵ.ii在LA.Ⅲ之西、LA.Ⅳ之东，是个大垃圾堆，为故城内出土简牍最多的地点。简牍已刊布者主要有Cha·No.721（景元五年）、722（咸熙二年）、723（泰始元年）、724（泰始二年）、725（泰始四年）、726（泰始五年）、727（泰始五年）、728（泰始四年，功曹史赵伦、主簿梁鸾）、730（咸熙二年）、731（吏赵辩）、732、733（泰始五年，从史位车成岱、主簿梁鸾）、734（兵梁秋、领功曹掾梁鸾）、735（泰始二年）、736（泰始六年，从掾位赵辩、兵曹史车成岱、录事掾梁鸾）、743（功曹掾梁鸾、主簿张龟）、744（功曹史张龟、主簿梁鸾）、747（主簿马厉）、748（泰始六年、马厉）、749、751（西域长史、王督、张君）、752（西域长史承移……）、753（将张金部、将梁襄部）、755—758、760（将尹宜部）、761—763、764（将张忠）、765—776、780、782、785、786、788—805、806（将狄讳部）、807（吏唐循、吏张龟）、808、809（唐循）、810—813、833—838、839（将朱游部）、840、841、842（张禄部）、843—877、910（永嘉六年）、911、912（永嘉六年）、913—921、922（张主簿）、924—927、928（兵梁秋）；Ma·No.207（悁楼兰）、208、209（长史鸿移）、210—212、213（泰始三年以来）、214（泰始四年，主簿梁鸾）、215（功曹张龟、主簿梁鸾）、216（泰始二年）、217—219、220（主簿张龟）、221（泰始四年）、222—228、229（泰始五年）、230（将张金）、231—242、252等。纪年界限在景元五年至永嘉六年左右。

表二　LA.Ⅰ、Ⅱ、Ⅲ、Ⅳ、Ⅴ、Ⅵ.ⅱ汉文纪年简牍统计表

单位	嘉平四年	景元四	景元五	咸熙二	咸熙三	咸熙□	泰始元	泰始二	泰始三	泰始四	泰始五	泰始六	永嘉四	永嘉六	建兴十八年	件数
LA.Ⅰ															1	1
LA.Ⅱ	1	1		2	2	1		2		2	4	2	2	2		21
LA.Ⅲ											1					1
LA.Ⅳ										1						1
LA.Ⅴ																
LA.Ⅵ.ⅱ			1	2			1	3	1	4	4	2		2		20
总计	1	1	1	4	2	1	1	5	1	7	8	5	2	2	1	44

注：LE遗址所出及《西域考古图谱》所录纪年简牍未计。

表三　LA.Ⅰ、Ⅱ、Ⅲ、Ⅳ、Ⅴ、Ⅵ.ⅱ常见人物简表

人物	LA.Ⅰ	LA.Ⅱ	LA.Ⅲ	LA.Ⅳ	LA.Ⅴ	LA.Ⅵ.ⅱ	年代
梁鸾			○	○	○	○	泰始二年至六年
赵伦			○			○	泰始四年
赵辩		○	○			○	泰始五年、六年
马厉		○				○	泰始五年、六年
宋政		○					泰始五年
张龟			○			○	泰始二年至六年
张禄		○		○			景元四年，泰始年间
唐循			○			○	泰始六年
朱游		○				○	泰始五年、六年
尹宜		○				○	泰始二年
吴枢				○		○	泰始六年
吴仁		○					泰始四年
李卑		○			○	○	泰始三年、四年
穆成					○		泰始四年
曹颜				○			泰始四年
车成岱		○	○			○	泰始五年、六年

续表

人物	单位						年代
	LA.Ⅰ	LA.Ⅱ	LA.Ⅲ	LA.Ⅳ	LA.Ⅴ	LA.Ⅵ.ii	
监仓史马				○		○	泰始四年
监量掾阚			○			○	泰始四年
监仓翟同阚携		○				○	泰始二年、三年
李柏		○					公元325年（文书年代）
张超济		○					？—公元323/324年—330年左右
王彦时	○						公元345年以后

注：该年表系根据纪年简牍及人物组合关系推断出来的。

（四）楼兰魏晋简牍的年代构成

1. 残存楼兰魏晋简牍年代的上下限

魏晋前凉时期，楼兰城总共经营了百余年。在此期间楼兰城内的主要建筑衙署大都先后长期沿用，这样就导致了早期简牍很容易遭到人为损坏，或被清理掉，故难以较完整地保存下来。而晚期简牍，在楼兰城废弃后，由于它们处于遗迹的最上层，又很容易遭到楼兰地区恶劣的气候和其他自然因素的破坏，所以更难保存。此外，楼兰西域长史机构存在的时间很长，中间几经较大的政治变动，特别是在魏晋与前凉间更形成了经营楼兰的历史断层，这也是西域长史机构档案资料无法完整保存下来的重要原因之一。就迄今所刊布的楼兰汉文简牍资料而言，绝大部分都是出自垃圾堆和残毁的衙署遗迹中，资料十分零散。鉴于上述种种原因，我们现在所能见到的楼兰汉文简牍，实际上仅仅是西域长史机构全部档案资料中的极小部分。因此，这部分残存的楼兰汉文简牍的纪年资料，也只是代表了西域长史机构存在期间全部简牍纪年界限中的几个重要阶段，尚不能形成完整的年代序列。

前面我们对楼兰汉文简牍的年代构成进行了较全面的分析，据此可知年代或大致年代界限的楼兰汉文简牍约170件（不包括李柏一组文书）。孔好古、沙畹和马伯乐已刊布的楼兰故城（包括其附近地区）所出魏晋前凉汉文简牍，按大小编号统算共595件（按大编号算为468件），已知年代或大致年代界限的简牍约占这个总数的1/3。其余的简牍，从简牍出土地点的组合关系，简牍的内容、书写程式、字体，以及与已知年代的诸件简牍进行比较等方面来看，绝大部分应属西晋时期。总之，楼兰地区出土的残存魏晋简牍的纪年界限，就其本身所有的纪年而言，它的上限在曹魏嘉平四年（252年），下限在西晋泰始六年（270年）。

2. 魏晋西域长史机构年代的上限和下限

如前所述，楼兰汉文简牍绝大部分都是西域长史机构的文书档案。按常理推度，任何一个政府机构自其开始运转之日起直到撤销时止，作为其职能表现形式之一的各类文书也即随之产生，并伴随始终。所以在楼兰西域长史机构存在期间产生的全部汉文简牍，其年代的上下限应与西域长史机构年代的上下限是一致的。

那么，魏晋西域长史机构年代的上下限在何时呢？这又是迄今尚未解决的问题。据《三国志·魏书》卷十六《苏则传》记载，黄初元年（220年）苏则曾谏阻文帝与西域市易[①]。但是，时隔不久，在黄初三年（222年）二月《三国志·魏书》卷二则记载："鄯善、龟兹、于阗王各遣使奉献……顷者，西域外夷并款塞内附。其遣使者抚劳之，是后西域遂通，置戊己校尉。"此外，《三国志·魏书》卷十六《仓慈传》还记载："……太和（227—233年）中迁敦煌太守。郡在西陲，以丧乱隔绝，旷无人守二十岁。大姓雄张，遂以为俗……""又常日西域杂胡欲来贡献，而诸豪族多逆断绝。既与贸迁，欺诈侮易，多不得分明，胡常怨望。慈皆劳之，欲诣洛阳，为封过所；欲从郡还者，官为平取，辄以府见物与共交市；使吏民护送道路。由是民夷翕然，称其德惠。数年卒官，吏民悲感如丧亲戚，图画其形，思其遗像。及西域诸胡闻慈死，悉共会聚于戊己校尉及长吏治下发哀，或有以刀画面，以明血诚，又为立祠，遥共祠之。"对这段史料，王国维在《流沙坠简》序中说："魏黄初元年始置凉州刺史（张轨传），并以尹奉为敦煌太守（阎温传）"，至于《仓慈传》中的"长吏二字语颇含混，汉末西域除西域长史、戊己校尉外，别无大官，魏当仍之。则长吏二字必长史之讹也"，"恐西域长史一官，

---

① 《资治通鉴》卷六十九"黄初元年"条记载："帝谓侍中苏则曰：'前破酒泉、张掖，西域通使敦煌，献径寸大珠，可复求市益得不？'则对曰：'若陛下化洽中国，德流沙幕，即不求自至。求而得之，不足贵也。'帝嘿然。"

自黄初以来与戊己校尉同置矣",此说甚是。

除上所述,Cha·No.752"西域长史承移今初除月二十三日当上道从上邽至天水"这枚简牍也很值得注意。据王国维分析,该简"乃西域长史初除,移书旧长史或属吏,告以到官日期者"。"简中有天水郡名,《晋书·地理志》云:天水郡汉武置,孝明改为汉阳,晋复为天水。《通典》、《元和郡县志》、《太平寰宇记》皆承其说。然据他史所记,则汉魏之际早已复为天水。《魏志》明帝纪,曹真、张既、卫觊、阎温、杨阜、邓艾诸传;《蜀志》诸葛亮、姜维诸传,皆称天水不称汉阳,则天水郡之名不待晋时始复也。上邽者,天水属县,而郡治则在冀城。简所谓天水当指冀城言之。《晋志》天水各县以上邽为首,冀城次之,尔时郡守当已徙治上邽。苟此简书于郡治徙上邽之后,则上邽天水即为一地,不得复云从上邽至天水也。故此简时代即非曹魏之初,亦当在司马氏之初。又长史行程自上邽至天水虽系西行孔道,然天水郡城实为汉魏以来凉州刺史驻节之地。西域长史本凉州刺史所辖,其中止天水当缘谒刺史之故,若道路所经书中亦不必言之矣。晋时凉州刺史,自张轨时治武威之姑臧县不治天水,其移治年月史亦不记。然《晋志》言,泰始五年始分凉州置秦州,治天水之冀城。太康三年罢,七年复立,徙治上邽。则凉州刺史之徙治武威当在初置秦州之时,天水郡治之徙于上邽当在复置之时也。故此简时代亦当在泰始五年或太康七年之前……"①上述分析虽然精辟,但是论断仍有不足之处,故下面拟再申拙见。

(1)《晋书·地理志》上"秦州"条记载:"及泰始五年,又以雍州陇右五郡及凉州之金城、梁州之阴平,合七郡置秦州,镇冀城。太康三年,罢秦州,并雍州。七年,复立,镇上邽。"由此可见,泰始五年后不管秦州如何变化,其辖地均与泰始五年之后的凉州无关。所以西域长史到天水谒凉州刺史事,不可能发生在泰始五年以后。

(2)《晋书·地理志》上"凉州"条记载:"汉改周之雍州为凉州,盖以地处西方,常寒凉也。""南隔西羌,西通西域。""献帝时,凉州数有乱,河西五郡去州隔远,于是乃别以为雍州。末又依古典定九州,乃合关右以为雍

---

① 王国维:《流沙坠简》,屯戍丛残考释·二十八。

州。魏时复分以为凉州，刺史领戊己校尉，护西域；如汉故事，至晋不改。"同书"雍州"条记载："献帝时又置雍州，自三辅距西域皆属焉。魏文帝即位，分河西为凉州，分陇右为秦州。"另据其他史料记载，在魏文帝分凉州、秦州之前，无论称凉州或雍州，其州治均在天水郡冀城[①]。上述情况表明，Cha·No.752号简牍所记事件应发生在魏文帝即位分凉州、秦州前后不久。

（3）魏文帝即位分凉州，以邹岐为凉州刺史。但是，当年（黄初元年）就发生了"西平麹演结旁郡作乱以拒岐；张掖张进执太守杜通，酒泉不受太守辛机，皆自称太守以应演；武威三种胡复叛"等事件，后为苏则平息[②]。黄初二年，"凉州卢水胡治元多等反，河西大扰。帝召邹岐还，以京兆尹张既为凉州刺史……""后西平麹光反，杀其郡守"，最后到十一月均被张既平息[③]。由此可见，黄初元年、二年正是凉州草创多难之时，在一系列反叛事件的阻击下，凉州刺史在前方作战而其衙署则可能仍暂时寄置在天水郡之冀城，这是黄初元年分凉州后，凉州刺史衙署可能在天水郡冀城的唯一机会。

（4）《三国志·魏书》卷二记载，置戊己校尉在黄初三年二月。但是，据《三国志·魏书》卷十八《张恭传》记载，张恭在黄初二年"已拜西域戊己校尉。数岁征还"。该传前记酒泉黄华、张掖张进反叛事，后记张恭攻之，黄华"遂诣金城太守苏则降"，这些事件均在黄初元年。因此，"黄初二年，下诏褒扬，赐恭爵关内侯，拜西域戊己校尉"在时间上是顺理成章的。此外，《三国志·魏书》卷二记载，元康元年（即黄初元年）三月"焉耆、于阗王皆各遣使奉献"，可见曹魏与西域之交往也不是始于黄初三年二月。上述情况表明，曹魏始置戊己校尉亦有可能在黄初二年。据前所述，凉州刺史衙署仍留在天水冀城，只有在黄初二年至三年初才有可能，Cha·No.752号简牍记载的事件也只有在此时才能成立。因此，我们认为黄初二年或三年（221、222年）应为西域长史机构年代的上限。魏晋西域长史机构的年代下

---

① 建安十八年（213年）初，汉献帝将凉州并入雍州后，史书仍不乏将其称为凉州之例，其州治仍在冀城。如《资治通鉴》卷六十七"建安十八年秋七月"条记有"参凉州军事杨阜"，"惟冀城奉州郡以固守"；卷六十七"建安十九年"条记载："春，马超从张鲁起兵，北取凉州"，"抱罕宋建因凉州乱"；"建安二十年"条记载："操承凉州从事及武都降人之辞"。《三国志·魏书·阎温传》记载：阎温"以凉州别驾守上邽令"，"超复围州所治冀城甚急"等。
② 《资治通鉴》卷六十九"黄初元年"条；《三国志·魏书·张恭传》。
③ 《资治通鉴》卷六十九"黄初二年"条；《三国志·魏书·张恭传》。

限，止于泰始六年。

3. 楼兰魏晋简牍年代分期与编年

据前所述，大致可将楼兰魏晋西域长史存在期间的汉文简牍分为以下四期：

（1）分期

A. 第一期

黄初二年、三年（221年、222年）至嘉平三年（251年）。在此期间曹魏王朝草创，西域长史初置，曹魏与蜀、吴战事频仍，故很难下大力量顾及西域。因此，目前尚未发现属于该阶段的纪年简牍，仅Cha·No.752号简牍可推断在黄初二年、三年。

B. 第二期

魏嘉平四年（252年）至景元五年（264年）。其间纪年缺环11年，可判断为这个时期的简牍也不多。这个现象除前面已提到的原因外，恐怕与正始十年（249年）司马懿杀曹爽，到景元三年杀嵇康、吕安的十二三年中，统治阶级内部不断发生残酷的事变；以及正元二年（255年）"陇右四郡及金城连年受敌"[①]等情况有关。此外，C·P·No.16.1记"□嘉平四年三月……/□二年正月戊寅……/咸熙二年十一月……"简文"二年正月"夹在嘉平四年与咸熙二年之间，具体年号不详。

C. 第三期

咸熙二年、三年（265年、266年）。公元265年西晋建立，而曹魏咸熙年号只有两年（264—265年）。但是，在楼兰汉文简牍中咸熙年号则多至三年，同时咸熙二年、三年年号又与晋泰始元年、二年混用。使用泰始元年、二年年号简牍的程式和内容，也与曹魏简牍一脉相承。因此，这个阶段应属魏晋交替时期。

D. 第四期

泰始三年（267年）至泰始六年（270年）。此时简牍的程式和内容已经完全属于晋代。魏晋楼兰汉文简牍中的纪年简牍，以及可判断年代的简牍，绝大部分都集中在此阶段，其中尤以泰始四至六年最为集中。根据这些简牍，不但可基本复原出西域长史的完整的行政机构，而且还可以窥见西域长

---

① 《三国志·魏书》卷四"正元二年十一月"条。

史统治楼兰地区的种种实态，这是其他几期简牍所无法比拟的。

（2）魏晋楼兰史编年

从魏晋楼兰史角度来看，实际上可分为曹魏（前述一、二期）、魏晋交替（前述三期）、西晋（前述四期）三个历史阶段。这三个历史阶段，自曹魏景元四年（263年）至西晋泰始六年（270年），简牍纪年无缺环。以此结合前述推断的曹魏西域长史年代上限在黄初二年（221年）或三年（222年），可形成该时段魏晋楼兰史完整的编年。前已指出，以魏晋纪年简牍为纲，可判断该时期绝大部分简牍的相对年代及其组合关系。这样，又可进一步对楼兰魏晋简牍的内涵建立初步编年框架，从而为研究和复原这个时段魏晋楼兰史奠定了基础。

除上所述，西晋泰始元年以后，楼兰史可分为鄯善国王统治楼兰地区时期（前述第五期）和前凉时期（前述六、七、八期）。但是，由于这两个时段简牍发现较少，纪年缺环很大，所以本书未作复原研究，只进行探讨和相关研究，并概括论述而已。

二、楼兰汉文简牍资料与魏晋西域长史机构职官系统的复原

魏晋前凉时期在楼兰城设置西域长史问题，在史籍中仅个别史料略有记载。至于西域长史机构的组织情况在史籍中则毫无线索可寻，迄今仍处于不明的状态。但是，在楼兰故城发现的汉文简牍却为探讨这些问题提供了重要依据，使我们有可能将西域长史行政机构的组织系统大致复原出来。这样就可在宏观上把握楼兰史的脉络，从而有助于对魏晋楼兰史进行具体分析。

（一）楼兰汉文简牍资料所记职官名称

在楼兰故城出土的汉文简牍中，记有职官名称者颇多。其中基本上可确定为是楼兰城西域长史机构中的职官者主要有以下一些：

1. 西域长史

西域长史，简牍中有时又简称长史。（1）因王督致／西域长史／张君坐前／

元言疏/（Cha·No.751）①。（2）西域长史承移今初除月廿三日当上道从上邽至天水（Cha·No.752）。（3）西域长史文书事郎中阚适（Cha·No.885）。（4）长史鸿移（Ma·No.209）。②（5）出长史白书一封诣敦煌府……（C·W·No.107）③。（6）五月七日海头西域长史关内/侯李柏顿首……（《西域考古图谱》下册史料部图版2）。

2. 司马

（1）敕与司马为伴辄又住留司马及还……（Cha·No.928）。（2）当告部曲军假司马□□……（Cha·No.857）。（3）告部曲军倪司马……（C·W·No.12：原书释"□林军"、"即林军"误。）

3. 功曹、功曹掾、功曹史

（1）（功）曹赵伦……（Cha·No.745）。（2）梁功曹取一斗（Ma·No.198）。（3）功曹张龟（Ma·No.215）。（4）功曹李□（Ma·No.220）。（5）功曹阚（C·W·No.102）。（6）领功曹掾梁鸾（Cha·No.734、743）。（7）功曹掾张……（Cha·No.742）。（8）功曹史赵伦（Cha·No.728）。（9）功曹史张龟（Cha·No.748）。

4. 主簿

（1）主簿梁鸾（Cha·No.728、733、744、745；Ma·No.214、215）。（2）主簿张龟（Cha·No.743；Ma·No.220）。（3）主簿马厉（Cha·No.746、747）。（4）因主簿奉谨……（Cha·No.755）。（5）张主簿前（Cha·No.922）。（6）……主簿……（Ma·No.195；C·P·No.21·10）。（7）白泰文主簿马君（C·P·No.13·1，18·6）。（8）马主簿念事（C·P·No.13·2）。（9）主簿赵□（C·W·No.7）。（10）主簿马赵君（C·W·No.118）。

---

① 〔法〕沙畹：《斯坦因在新疆沙漠发现的汉文文书》（Edouard Chavannes, *Les documents Chinois découverts par Aurel Stein dans les sables du Turkestan Oriental*, Oxford, 1913）。本篇引用时缩写为 Cha·No，后面注明原书简牍编号。
② 〔法〕马伯乐：《斯坦因第三次中亚考察所获汉文文书》（Henri Maspéro, *Les documents Chinois de la troisiéme expédition de Sir Aurel Stein en Asie Central*, London, 1953）。本篇引用时缩写为 Ma·No，后面注明原书简牍编号。
③ 〔德〕孔好古：《斯文·赫定在楼兰发现的汉文写本及零星物品》（Conrady A., *Die Chinesischen Handschriften und Sonstigen Kleinfunde Sven Hedins in Lou-Lan*, Stockholm, 1920）。本篇引用时缩写为 C·P·（纸文书）·No，C·W（木简），后面注明原书简牍编号。

5. 录事掾

（1）录事掾曹（Cha·No.728、745）。（2）录事掾记（？）（Cha·No.732）。（3）录事掾（Cha·No.735、737；Ma·No.195）。（4）录事掾梁鸾（Cha·No.736）。（5）录事掾阚（Cha·No.738）。（6）录事掾左□谨（言）（Ma·No.203）。（7）录事掾张□□（Ma·No.214）。（8）录事掾李（C·W·No.49）。（9）录事掾左廉（C·W·No.85）。

6. 书史

（1）书史兰保（Cha·No.822）。（2）书史董……（Cha·No.884）。（3）书史……（Ma·No.195；C·W·No.74、94）。（4）书史张……（C·P·No.19·4）。（5）书史卫登（C·W·No.47）。（6）书史林阿（C·W·No.50）。（7）书史阎房（C·W·No.60、63）。（8）书史王……（C·W·No.64）。（9）书史范……（C·W·No.73）。

7. 行书

（1）出大麦五斗给行书民……（Ma·No.215）。（2）从掾位马厉付行书□□（C·W·No.107）。（3）三日赐行书兵□（Cha·No.798）。

8. 郎中

（1）……郎中言兵……以泰始元年中（Cha·No.723）。（2）……西域长史义书事郎中阚适（Cha·No.885）。（3）……月壬戌诏书除郎中……泰始二年……（C·P·No.16·2）。

9. 伍佰、铃下、马下

（1）……削工伍佰铃下马下（Cha·No.728）。（2）……□伍佰李卑穆成铃下李□（Ma·No.202）。

10. 奏曹史

……奏曹史淳于仁……（C·W·No.49）。

11. 簿曹

簿曹李杨（Cha·No.749）。

12. 仓曹、仓曹掾、仓曹史、仓吏

（1）仓曹廿斗（Ma·No.198）。（2）泰始五年五月一日辛卯起仓曹（Ma·No.229）。（3）……仓曹掾曹颜（Cha·No.728；Ma·No.190、195）。

（4）……仓曹掾李……（Cha·No. 813）。（5）……仓曹掾江凉……（Cha·No. 885）。（6）……仓曹掾李足……（C·W·No. 49）。（7）……仓曹掾李辛移（C·W·No. 93）。（8）……仓曹史高开……（Ma·No. 214）。（9）……仓曹史张……（Ma·No. 216、246）。（10）……仓曹史虞（C·W·No. 4）。（11）……仓曹史申傅……（C·W·No. 50）。（12）兼仓吏……（Cha·No. 803）。

13. 监仓、监仓掾、监仓史

（1）监仓（C·W·No. 71）。（2）……监仓苏良（C·W·No. 49）。（3）……监仓翟同阚携（Ma·No. 216）。（4）……监仓谨条正领杂谷簿状（Cha·No. 759）。（5）……监仓掾车成……（Cha·No. 885）。（6）……监仓史马……（Ma·No. 190、195、214）。（7）……监仓史……（Ma·No. 195；C·W·No. 77）。（8）……监仓史翟同口（C·W·No. 50）。（9）□监仓史阚携（C·W·No. 79）。（10）……监仓史董堂……（C·W·No. 94）。

14. 监量、监量掾

（1）监量□（C·W·No. 86）。（2）监量掾阚（Cha·No. 728、745；Ma·No. 214）。

15. 监藏掾、监藏史

（1）……监藏掾……（Cha·No. 800）。（2）……监藏掾赵辩（Cha·No. 737）。（3）……监藏史虞及属……（Cha·No. 796）。

16. 水曹、水曹掾

（1）水曹 泰始二年八月（Cha·No. 724）。（2）水曹请绳十丈（Cha·No. 888）。（3）水曹督田掾鲍湘张雕言事（Ma·No. 247）。（4）水曹掾左朗白……（Ma·No. 228）。

17. 督田掾

（1）督田掾鲍湘……（Ma·No. 247）。（2）督田掾（C·W·No. 82、83）。（3）督田掾张（C·W·No. 81；Cha·No. 882）。

18. 兵曹、兵曹史

（1）兵曹泰始四年六月发讫部兵……（C·W·No. 114）。（2）兵曹史车成岱（Cha·No. 736、737）。（3）兵曹史高徽白（Cha·No. 920）。（4）兵曹史蕲仁……（C·W·No. 49）。

19. 铠曹

铠曹谨条所领器杖及亡失簿（Cha·No.758）。

20. 客曹、客曹史

（1）客曹犊皮二枚（Ma·No.204）。（2）……贾彩一匹付客曹（Ma·No.228）。（3）……客曹史张抚（Ma·No.214）。

21. 辞曹

辞曹主者去四年奉……（Cha·No.912）。

22. 吏

（1）吏（Cha·No.938；C·W·No.84）。（2）吏令狐承……（Cha·No.728）。（3）吏赵辩（Cha·No.731）。（4）吏程穆（Cha·No.749）。（5）史唐循吏左曜吏……；吏张龟吏申口吏……（Cha·No.807）。（6）……口遣吏（Cha·No.863）。（7）……白主吏赵君即日平安……（C·P·No.15·1）。（8）大吏一人（C·W·No.42）。（9）九（？）斗禀吏邹绍吴仁（C·W·No.65）。（10）马厉吏口（C·W·No.84）。（11）……吏可以决疑鄢……（Cha·No.938）。（12）出敦煌短绫彩廿匹给吏宋政籴谷（C·W·No.102）。

23. 从掾位、从史位

（1）从掾位赵辩（Cha·No.736、750）。（2）……从掾位张钧言敦煌太守（C·W·No.1a）。（3）泰始五年十一月五日从掾位马厉主者王贞从掾位赵辩付从史位宋政（C·W·No.102）。（4）泰始六年……从掾位马厉（C·W·No.107）。（5）……从掾位张雅（C·W·No.49）。（6）从史位车成岱（Cha·No.733）。（7）从史位宋政……（C·P·No.4·2；C·W·No 102）。

24. 从事

（1）白泰文从事马君（C·P·No.14·1）。（2）……长从事辛酉书寄……（C·W·No.25）。（3）……从事王石二君（C·W·No.117）。

25. 主者

……主者王贞……（C·W·No.102）。

26. 主国

楼兰主国均那羡（C·P·No.19·7）。

27. 幕下史

景元四年八月八日幕下史……（Cha·No.738）。

28. 督

（1）月七日 诣督 泰始四年（Cha·No.725）。（2）其十枚贷督……（Cha·No.823）。（3）……今权复减省督将吏兵所食……（Cha·No.826）。（4）……遣督唐循将赵（Cha·No.831）。（5）八月十日督武诩于樊……（C·P·No.14·2）。（6）假督王佩部（Ma·No.231）。（7）泰始六年九月十二日假督（Cha·No.735）。

29. 都佰

（1）八月十二日都佰樊阳等四人……（C·P·No.14·2）。（2）都佰一名军尽卅日（C·W·No.162）。（3）……都佰（Cha·No.880）。

30. 统军

统军君□……（Cha·No.860）。

31. 将

（1）……将张录（Cha·No.738）。（2）将孟（？）（Cha·No.740）。（3）将张金部（Cha·No.753；Ma·No.230）。（4）将梁襄部（Cha·No.753）。（5）帐下将薛明……（Cha·No.754）。（6）将尹宜部（Cha·No.760；C·W·No.50）。（7）将张忠……（Cha·No.764）。（8）将狄津部（Cha·No.806）。（9）将陈颠（Cha·No.822）。（10）……□□四年假将张景记（Cha·No.825）。（11）将赵……（Cha·No.831）。（12）将周弄部（Cha·No.832）。（13）将朱游部（Cha·No.839；C·P·No.5·2）。（14）……主将孙诣国□……（Cha·No.856）。（15）……遣将董思（C·W·No.6）。（16）将梁惠部（C·W·No.113）。（17）周主将（C·P·No.24·1）。

32. 督战

……督战车成辅一人（C·W·No.51）。

此外，还有个别零星资料，暂略。

（二）楼兰汉文简牍资料所记诸职官名称的时代

上述职官资料有明确纪年者大致如下（不录简牍全文）：一，魏景元四年（263年）：景元四年八月幕下史索卢灵□兼将张禄录事掾阙（Cha·No.738）。二，魏咸熙三年（266年）：咸熙三年二月督战车成辅一人监（仓

(C·W·No. 51）；咸熙三年书史王同（C·W·No. 64）。三，魏咸熙五年（268年）：咸熙五年□□史（C·W·No. 52）。此外，还有一件咸熙□年简记有监仓（C·W·No. 71）。四，晋泰始元年（265年）：泰始元年中郎中（Cha·No. 723）。五，晋泰始二年（266年）：泰始二年八月水曹□□掾（Cha·No. 724）；泰始二年八月仓曹史张事（Ma·No. 246）；泰始二年十月将尹宜部仓曹史申傅监仓史翟同阚携付书史林阿□□掾阚凌（C·W·No. 50）。六，晋泰始三年（267年）：泰始三年二月水曹督田掾鲍湘张雕（Ma·No. 247）；泰始三年仓曹史□监仓翟同阚携（Ma·No. 216）。七，晋泰始四年（268年）：泰始四年诣督（Cha·No. 725）；籾二斛八斗当麦一斛四斗禀削工伍佰铃下马下／李卑等五人日食八升起六月十一日尽十七日／泰始四年六月十一日受仓曹掾曹颜／史令狐承付／功曹史赵伦 主簿梁鸾录事掾曹 监量掾阚／伍佰穆成 消工郭受／马下穆取／领下张丰（Cha·No. 728）；泰始四年，监仓史马，仓曹掾曹颜，将□□，录事掾……香书史，主簿……（Ma·No. 195）；泰始四年七月仓曹史高开监仓史马□客曹史张抚（正面），主簿梁鸾录事掾张□□监量掾阚（背面，Ma·No. 214）；泰始四年吏邹绍吴仁（C·W·No. 65）；泰始四年六月兵曹（C·W·No. 214）。八，泰始五年（269年）：泰始五年十二月主簿梁鸾从史位车成岱（Cha·No. 733）；泰始五年五月仓曹（Ma·No. 229）；泰始五年七月从掾位张钓（C·W·No. la）；泰始五年十一月九日仓曹掾李足监仓苏良／奏曹史淳于仁兵曹史蘄仁从掾位张雅／……录事掾李（C·W·No. 49）；出敦煌短绫彩廿匹／给史宋政粜谷／泰始五年十一月五日从掾位马历主者土贞从／掾位赵辩付从史宋位政。背面：功曹阚（C·W·No. 102）。九，晋泰始六年（270年）：泰始六年九月假督录事掾（Cha·No. 735）；（泰始）六年五月兵曹史□从掾位赵辩兵曹史车成岱录事掾梁鸾（Cha·No. 736）；泰始六年三月□曹马历（Cha·No. 748）；泰始六年三月从掾位马历行书□□（C·W·No. 107）。十，前凉永嘉六年（312年）：永嘉六年二月辞曹（Cha·No. 912）。

根据上述资料，可以清楚地看出楼兰故城汉文简牍中具有纪年的职官名称的年代主要集中在公元263—312年之间。其中魏咸熙三年、五年与晋泰始元年和三年的纪年互相混用，说明魏晋西域长史建置及其职官系统是一脉相承的。前凉时期纪年职官资料虽然只有一件，但是参照前凉西域长史李柏文书，以及属前凉时期的水曹（Cha·No. 888）和诸将（Cha·No. 935）等资料，估计其职官建置当与魏晋时期基本相同。总的来看，由于这批职官资料的纪年大都集中在晋泰始四年至六年，所以它主要是反映西晋西域长史职官系统的情况。

（三）晋西域长史职官的组织系统

关于西晋楼兰西域长史机构的职官组织系统，可根据泰始四、五、六年纪年职官资料进行复原。现将各年职官情况和任职者排列如下：

1. 泰始四年

功曹（史）——赵伦

主簿——梁鸾

录事掾——曹·张

书史——香

伍佰、铃下 ┐ 穆成、张丰
马下、消工 ┘ 穆取、郭受

仓曹掾——曹颜

仓曹史——高开

监仓史——马

监量掾——阚

客曹史——张抚

兵曹——

吏——邹绍、吴仁

督——令狐承

将——

2. 泰始五年

功曹——阚

主簿——梁鸾

录事掾——李

奏曹史 —— 淳于仁

仓曹 ——

仓曹掾 —— 李足

监仓 —— 苏良

兵曹史 —— 蕲仁

主者 —— 王贞

吏 —— 宋政

从掾位 —— 张雅、张钧、马厉、赵辩

从史位 —— 车成岱、宋政

都伯 —— 樊阳

3. 泰始八年

录事掾 —— 梁鸾

行书 ——

□曹 —— 马厉

兵曹史 —— 车成岱

从掾位 —— 赵辩、马厉

假督 ——

在上述资料中，有几位人物比较重要。一是梁鸾，他在泰始四年六、七月和泰始五年十二月时为主簿，泰始六年降为录事掾。此外，梁鸾还任过功曹掾，时间缺载，但可据与他人的组合情况略作推断。如 Cha·No. 734 号简牍记领功曹掾梁鸾、兵梁秋；Cha·No. 928 号简牍记有"枢"死罪字样和高昌士兵梁秋，时间是九月。此处所记之"枢"即是 Cha·No. 736 所记泰始六年五月的吴枢，即与录事掾梁鸾同见的吴枢。据此并结合梁鸾任其他职官的时间，似可认为梁鸾升任功曹掾应在泰始六年五月以后，最迟至九月已任功曹掾。二是张龟，Cha·No. 744 号简牍记功曹张龟，领主簿梁鸾；Ma·No. 215 号简牍记功曹张龟、主簿梁鸾，时间是十二月。据前述梁鸾泰始五年十二月时为主簿，泰始五年十一月时功曹是阚氏（C·W·No. 102），所以张龟可能在泰始五年十一月以前任功曹史，十二月时则升任功曹。其次，张龟还任过主簿，Cha·No. 743 号简牍记领功曹掾梁鸾，主簿张龟；Ma·No. 220 号简牍记功曹李□，主簿张龟，时间是十一月。据此结合前述梁鸾、张龟任职情况，似可推断张龟在泰始六年十一月已任主簿。三是马厉，此人在泰始五年十一月为从掾位（C·W·No. 102），泰始六年三月则有从掾位（C·W·No. 107）和□曹（Cha·No. 736）两种情况。此外，马厉还任过主簿（Cha·No. 746、747）。四是车成岱，泰始五年十二月为从史位，是时主簿为梁鸾（Cha·No. 733）；泰始六年五月为兵曹史，梁鸾为录事掾（Cha·No. 736）；另外他还任过监仓掾（Cha·No. 885）。五是赵辩，泰始五年十一月时为从掾位，同记者还有从掾位马厉（C·W·No. 102）；泰始六年五月为从掾位，同记的还有录事掾梁鸾、兵曹史车成岱（Cha·No. 736）。凡此种种，清楚地表明在西晋泰始年间楼兰西域长史行政机构中有的职官是连续设置的，而且主要职官有升有降，各职官间排列有序，有一套比较完整的系统。但是，由于资料残缺、零散，难窥全貌，故有必要参照当时内地郡县的职官组织情况。据近人研究，魏晋郡县行政组织系统大致如下：①

魏晋郡县行政组织系统表

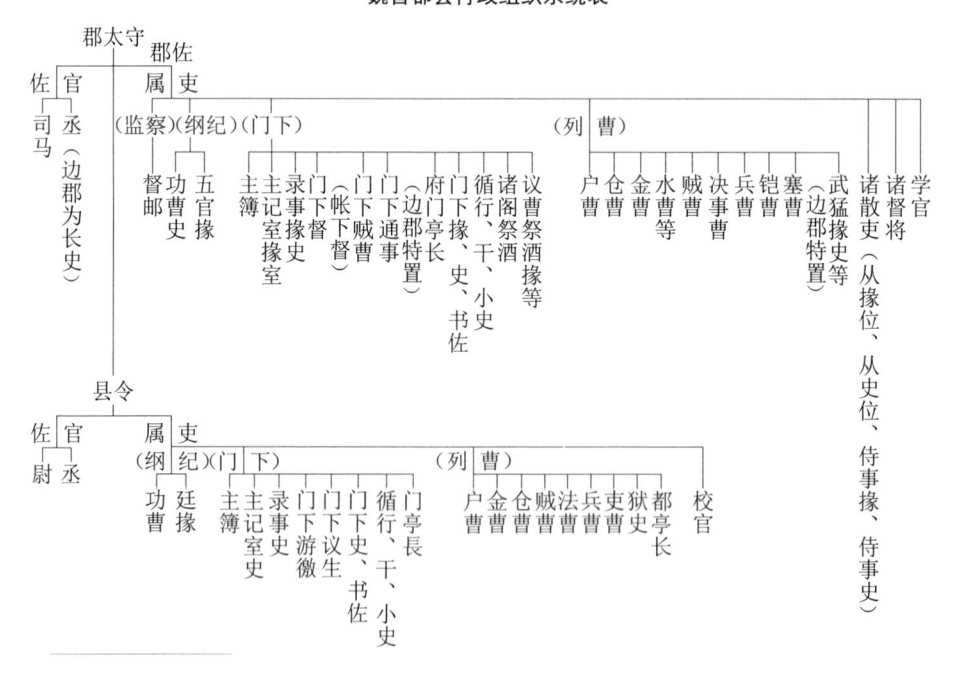

① 严耕望：《中国地方行政制度史》上编第四册，附表一，台北"中央研究院"历史语言研究所1963年版。

根据泰始四、五、六年的职官资料并结合其他楼兰汉文简牍的职官资料，参照上表，可将楼兰西域长史行政组织系统大致归纳如下：

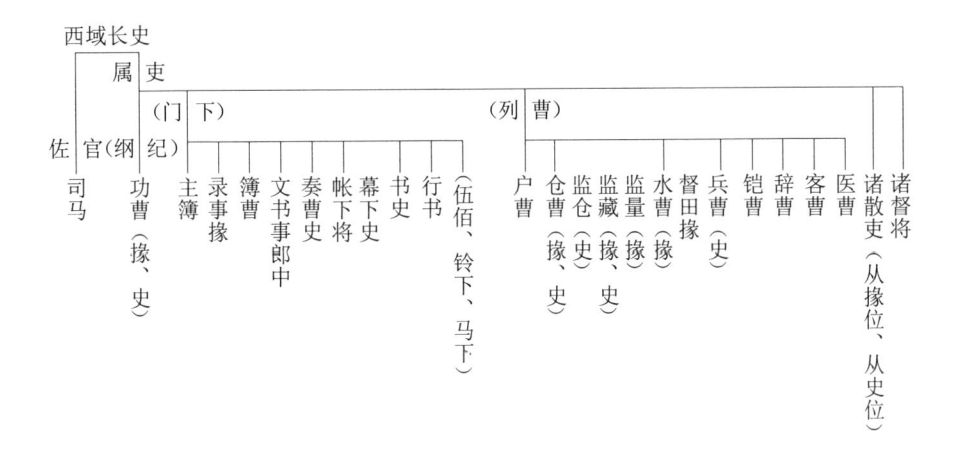

```
西域长史
├─ 佐官（纲纪）── 司马
└─ 属吏
    ├─（门下）── 功曹（掾、史）、主簿、录事掾、簿曹、文书事郎中、奏曹史、帐下将、幕下史、书佐、行书、（伍佰、铃下、马下）
    └─（列曹）── 户曹、仓曹（掾、史）、监仓（掾、史）、监藏（掾、史）、监量（掾）、水曹、督田掾、兵曹（史）、铠曹、辞曹、客曹、医曹、诸散吏（从掾位、从史位）、诸督将
```

（四）西域长史职官系统略析

1. 西域长史职官系统的特点

（1）职官对西域长史的依附性加强

内地郡之职官系统中，职官分为中央任命与太守自辟任之两种。中央任命者称佐官（或称长吏），即丞、长史和司马。太守自辟任者称属吏，功曹以下诸吏皆是。西域长史职官系统，职官选任方法与此相同。但是，在佐官中治民之丞自汉以来已是闲职[①]，加之西域长史机构的主要任务不在治民，故省丞。其次，丞在边郡为长史，以军职兼理民事，而西域长史制视将军，本身已称长史，所以佐官不得再有长史。在这种情况下，西域长史的佐官便只剩下司马一职了。佐官由中央任命，不为太守所亲信，多无实权。[②] 属吏则不然，功曹以下皆太守自辟任，故与太守关系亲近，依附性很强。在西域长史职官系统中，除佐官司马一职外余皆长史自辟任，所以这套职官系统对西域长史的依附性更强于前者。据此并结合下文的论述，似可认为西域长史机

---

① 严耕望：《中国地方行政制度史》上编第三册，《魏晋南北朝地方行政制度》上册，台北"中央研究院"历史语言研究所1963年版，第268页。

② 严耕望：《中国地方行政制度史》上编第一册，《秦汉地方行政制度》上册，台北"中央研究院"历史语言研究所1963年版，第102—105、119—125页。

构中的职官带有部曲的性质。

（2）重实效去闲职

西域长史自辟任属吏，很注重精简机构，讲究实效，去闲职。如西域长史机构下无属县，要务不在治民，所以省监察属县的都邮和学官。五官掾署功曹及诸曹事，无定掌，尊显而职散，与功曹有重叠之感，亦省。作为补充，则设功曹掾、史；与郡只设功曹史不同。门下约相当于今之秘书侍从处，亦在精简之例。只保留了郡职官系统的主簿和录事掾，以帐下将或幕下史取代门下督，以书史取代书佐，以伍佰、领下、马下、削工充小史[1]，余皆省。但同时却又强化了文书班子，增设了主簿书的簿曹、文书事郎中，主奏议的奏曹史，主传递邮书的行书。在散吏中仅见从掾位和从史位，侍事掾、侍事史省。

（3）因事设曹

在列曹中，西域长史机构没有照搬郡县诸曹，而是根据实际需要因事设曹。西域长史机构的主要任务是屯田和戍守，所以诸曹亦以此为重点。如与屯田有关的仓曹、监仓、监藏、监量、水曹和督田掾。监仓、监藏、监量不见于载籍，乃是根据楼兰西域长史机构的特点"随事命名"。[2] 与戍守有关的则为兵曹和铠曹，王国维说："后汉三公太守诸曹，但有兵曹无铠曹。《晋书·百官志》将军下各置兵、铠、士、贼曹，始分兵曹、铠曹为二。西域长史制视将军，故其属有铠曹矣。"[3] 余者还有户曹、辞曹、医曹（C·P·No.18·2）和客曹。户曹，楼兰汉文简牍无记载，但却有户籍，"著名户"等资料，所以主民户的户曹应是存在的。司法和医药，任何一个社会都是必需的，楼兰当然概莫能外（楼兰城设有医院，见 C·W·No. 721），故设主辞讼事的辞曹，主医药的医曹。客曹，《后汉书·百官志》、《晋书·职官志》均说客曹"主外国夷狄事"，或"主护驾羌胡朝贺事"，地方郡县不设客曹。但是，楼兰地处要冲，是塔里木盆地东端唯一最大最重要的交通枢纽，故有必要设客曹。其主要任务是招待到楼兰或过往的内地官吏及西域诸国使节

---

[1] 关于伍佰等，王国维《流沙坠简》（1914年日本京都东山学社印本）禀给类简二十八中有较详细的解释。此外，还可参见严耕望：《中国地方行政制度史》上编第三册，台北"中央研究院"历史语言研究所1963年版，第277页。
[2] 王国维：《流沙坠简》，1914年日本京都东山学社印本，1934年校正重印本。
[3] 王国维：《流沙坠简》，器物类，简五十九，1914年日本京都东山学社印本，1934年校正重印本。

(Ma·No.228，Cha·No.798），它的职能与中央政府的客曹有别。

2.西域长史机构的军事系统

西域长史制视将军，楼兰屯田和戍守者都是军队。但是，楼兰汉文简牍关于西域长史机构军事系统的编制情况却反映得很不清楚。因此，下面有必要根据有限的资料略作探讨。

（1）督

"督"是魏晋时期常见的将领名称，内涵较为复杂。《三国志》卷四八《吴书·孙皓传》中记有部曲督，随太守迁转；此外还有西陵督、京下督、江陵督、武昌督等。王欣夫《补三国兵志》说，东吴军队中的敢死、解烦、无难、马闲等部队多分左右两部，各以左部督和右部督领兵，其下还设有五营督和五校督。到西晋时期仍有"督"的建置，如《金石录》卷二〇、《晋彭祈碑阴》记有骑督、步督、散督（按彭祈尝历西郡、酒泉、略阳太守，护羌校尉）。《八琼室金石补正》卷九《南乡太守郭休碑阴》（泰始六年正月造）题名有"司马顺阳黄根"，下有骑督一人，部曲督八人，部曲将卅四人。《晋书·朱伺传》记载，朱伺"为郡将督"，后"转骑部曲督，加绥夷都尉"，又"以功封亭侯，领骑督。时西夷贼抄掠江夏，太守杨珉每请督将议拒贼之计，伺独不言，……"《晋书·职官志》说："二卫始制前驱、由基、强弩为三部司马，各置督史。……二卫各五部督。"总的来看，三国全晋中央直属军队皆设"督"领兵。三国时分级设"督"，孙吴郡守有部曲，由部曲将分统之，设部曲督总其任，并随太守迁转。部曲督领兵五百，下辖五将，每将统兵约百人。[①] 西晋郡置"督"较多，并有骑督、骑部曲督、步督、部曲督、散督之别，每督数人；其中以骑督、骑部曲督地位较高，似高于吏（《晋书·朱伺传》）。"督"在司马之下，部曲将之上（《南乡太守郭休碑》）。楼兰西域长史机构与内地的郡同样在军队中设"督"。楼兰汉文简牍所记之"督"皆集中于泰始年间，其中"州骑督"（C·P·No.12）、"副骑步督"（Ma·No.

[①] 《三国志·吴书·孙皓传》记部曲督郭马将兵五百，其下有何典、王族、吴述、殷兴等部曲将。《八琼室金石补正》（文物出版社1981年版）卷9《南乡太守郭休碑阴》题名"兵三千人"，"骑一百卅"，"骑督一人"，"部曲督八"，"部曲将卅四人"。依此计算，督辖$4\frac{1}{4}$将，将领兵近90人。但是，"兵三千"乃是概数，部曲将有的可能隶属于骑督，同时汉晋军队编制多为五进位制，所以督辖五将，将领兵百人左右的可能性较大。

191）之类均不属于长史机构。从"诣督"（Cha·No. 725）、"因王督致西域长史"（Cha·No. 751）、"今权复减省督将吏兵所食"（Cha·No. 826）等来看，督的地位似高于吏。C·W·No. 12号简牍记有"部曲军假司马"，由此证之，"部曲军"应是西域长史所辖军队的总称。依前例楼兰汉文简牍记载的"督"，显然是"部曲军司马"之下的部曲督。假司马和假督（Ma·No. 231），则分别为司马和督之副贰。又Cha·No. 826号简牍"减省督将吏兵所食"，Cha·No. 831号简牍"遣督唐循将赵"的排列次序表明，督的地位在将之上。此外，Cha·No. 807、809、831号简牍记载的督唐循，C·P·No. 14·2号简牍记载的"督武诩"（与宋政同记），两者的年代均在泰始五六年。据此判断，西域长史军队可能至少同时设有二"督"。

（2）将和都佰

楼兰故城汉文简牍所记之"将"（帐下将、主将等等不计）约十三人，其中景元四年一人（Cha·No. 738），泰始二年一人（Cha·No. 760），余十一人主要出自LA. III和LA. VI. ii，这两个单位的年代集中在泰始四年至六年。这样看来楼兰城当时有可能同时共设十将左右。此点与前述孙吴军队分两部设督各统五将的记载基本相符，"将"在简牍中又称为"部"，兵称为"部兵"。依前述部曲军和部曲督之例，这些将亦应称为部曲将。"将"领兵数，多数简牍只记其中的一部分，如"将张金部见兵廿一人"，"将梁襄部见兵廿六人"（Cha·No7. 53）；"将梁惠部卅二人"（C·W·No. 113）等。少数简牍记得较全，如"徐部百一人／卅一人留／其七十……"（C·W·No. 48）；"（百）余人部伍器口备守"（C·W·No. 41）。据此判断，当时每部足额似为百人左右。这样若同时共存十将（将下有假将为副），则其总兵力当在千人左右，与索劢率兵千人至楼兰屯田的规模相近。

关于都佰，C·P·No. 14·2号简牍记"八月十日督武诩于樊……／……八月十二日都佰樊阳等四人……／从史位宋政……"。宋政活动于泰始五年，该简牍"督"与"都佰"相对，说明都佰是军职。由于"督"下统"将"，将领兵约百人，故此简牍"督"下之"都佰"恐系"将"之别称。另外，简牍中还记有"主将"一称。从C·P·No. 24·1号简牍记周主将，Cha·No. 832号简牍记将周弄部来看，所谓"主将"似相对"假将"而把"将"称为主将。

（3）统军

据史籍记载，西晋时凡总领一方的都督等均可视为统军，并称为统府。[①] 此后降至北朝和唐朝也都设有统军。[②] 所谓统军即是统率一军之首长，凡称统军者必为将军，[③] 仅级别有差而已。西域长史制视将军，总领一方，统率部曲军，下辖督将，故简牍中的"统军"应指西域长史。

综上所述，关于西域长史机构军事系统的编制情况，大致可归纳如下：

统军（西域长史）—司马、假司马—督、假督—将（都佰）、假将—部兵。

3.西域长史机构和郡之职官系统的同一性

在西域长史职官系统中，西域长史是最高军政长官，司马副贰，其下有功曹总揽内外众务，门下主簿为群吏之长，录事掾、簿曹等职掌文书、奏议、侍卫；余诸曹分职列曹治事；督将领兵。这套职官系统的重要特点，是突出了与屯田积谷和军队有关的职官；紧缩了门下机构，简化了与长史机构职能关系不大的职官。它与内地郡的职官系统相比，除在具体职官的设置上略有增减外，两者职官系统模式是基本相同的。其次，在职官的选任上，两者除佐官外，属吏均自辟任，所以职官系统对郡守和长史的依附性都很强。这一点在军队方面表现尤为突出，他们所属军队都设部曲军、部曲督、部曲将，按部曲西汉时乃是指军队的编制[④]，但是到汉末三国时期，部曲的意义已转化为私兵。[⑤] 因此，郡和西域长史职官系统从军、政两方面来看，都具有浓厚的部曲色彩。

总之，西域长史职官系统，无论在职官系统的模式，还是在职官选任和

---

① 严耕望：《中国地方行政制度史》，台北"中央研究院"历史语言研究所1963年版，第89—91、99、102、106—109页。
② 《魏书·杨播传》，《周书·权景宣传》。到唐代中期以后，禁军之左右龙武、左右神武、左右神策等六军亦于大将军之下设统军。
③ 严耕望：《中国地方行政制度史》，台北"中央研究院"历史语言研究所1963年版，第89—91、99、102、106—109页。
④ 《后汉书·百官志》："其领军皆有部曲，大将军营五部，部校尉一人……部下有曲，曲有军候一人……"
⑤ 金发根：《永嘉乱后北方的豪族》，台北"中国学术著作资助委员会"1978年版，第24—36页。

内在的特点等方面，都是与郡职官系统非常接近的。如果说西域长史职官系统是郡职官系统的小型化，或将其称为郡职官系统的亚型是不算过分的。我们认为，有些学者分析"西域长史总领一方，实如郡守，故得置吏比郡"[1]，是很有道理的。

（五）复原魏晋西域长史职官系统的意义

1. 弥补史籍记载的缺环

在史籍中仅略提到前凉西域长史李柏，长史的职官和治所缺载。因此，过去对魏晋是否设过西域长史长期处于推论阶段。自楼兰汉文简牍发现以后，虽然已经明确魏晋在楼兰城设置过西域长史，但是其具体情况仍不太清楚，遗留的问题较多。现在本文将魏晋西域长史职官系统大致复原出来，雄辩地证明了从魏至前凉的百余年中（约从黄初三年至前凉之末）不但在楼兰城设有西域长史，而且还有完整的长史行政机构，从而弥补了史籍记载的缺环，将魏晋楼兰史正式提到日程上来。此外，由于《晋书·职官志》等史籍对郡县职官记载比较简单，所以西域长史职官系统的复原对了解魏晋内地郡县职官的组织形式和制度也是有一定帮助的。

2. 有助于对楼兰故城进行深入研究

楼兰故城的性质之所以长期争论不休，西域长史职官组织系统不明是主要原因之一。现在将西域长史职官系统复原出来，为论述楼兰故城的性质是西域长史治所，提供了充足的证据。而西域长史职官系统比郡，又表明了魏晋是将楼兰城及其附近地区当作内地的郡县一样进行统治的，到前凉后期则明确将楼兰划归沙州。在上述的前提下，使我们有可能对楼兰城的兴衰，楼兰城与内地和鄯善的关系，楼兰城的社会状况，楼兰城在西域史中的地位和作用等一系列问题进行较深入地探讨。也就是说，西域长史职官系统的复原，对全面深入地研究楼兰故城是至关重要的。

3. 有助于研究历代西域职官演变过程

中国地方行政制度，魏晋南北朝是介于秦汉与隋唐两大类型之间的过渡

---

[1] 严耕望：《中国地方行政制度史》，台北"中央研究院"历史语言研究所1963年版，第298页。

阶段。魏晋西域长史职官系统在西域职官制度的演变中亦处于同样的地位。据《汉书·百官公卿表》记载，西汉时西域都护之下"有副校尉，秩比二千石；丞一人，司马、候、千人各二人"。戊己校尉属吏"有丞、司马各一人，候五人，秩比六百石"。东汉始设西域长史以行都护之事[①]，后亦设都护，官制与西汉相近。但是到了魏晋时期，楼兰西域长史职官系统的模式与之完全不同。从这个变化中，可看出以下几个问题：（1）楼兰汉文简牍关于魏及西晋泰始三年以前的职官资料很少，也较简单，只是到泰始四年才较完备。这个现象的产生，除政治背景和简牍保存情况等原因外，恐怕也反映出泰始二年以前西域长史职官系统仅初具雏形而已。说明这套职官系统的形成和发展是有一个过程的。由于在楼兰汉文简牍中晋泰始元年至二年与魏咸熙年号混用，表明是时正是魏晋长史机构交替时期。因此，西域长史职官系统应形成于西晋时期。（2）南北朝以后，除州郡外都护的官制也发生了变化。如唐代的都护府，采用了分职列曹"如州府之职"的形式[②]。这种形式与楼兰西域长史职官系统是一脉相承的。（3）据上所述，可看出中国在西域的职官设置可分为两汉类型、魏晋类型和唐代类型。其中魏晋类型是重要的过渡阶段，隋唐类型则是直接承袭魏晋类型发展而来的。由此可见，西域长史职官系统的复原对探讨中国古代在西域职官制度的演变过程是大有裨益的。

总之，魏晋西域长史机构职官系统的复原，无论对深入研究这个时期的西域长史和楼兰城，还是对研究中国古代在西域行政建置和职官演变过程来说，都是有重要意义的。此外，还应指出由于魏晋西域长史机构职官系统是按内地郡级职官系统模式设置的，从而表明了当时已将楼兰地区当作内地郡县一样进行统治，故又可将它看作是前凉在高昌设郡、隋在鄯善设郡的先声。

[①] 王国维：《流沙坠简》序，1914年日本京都东山学社印本，1934年校正重印本。
[②] 《旧唐书·职官制》所记大都护府、上都护府之职官。

三、魏晋简牍资料翔实反映出晋代楼兰屯田概况

楼兰屯田是魏晋前凉时期西域长史机构存在和楼兰城稳定与繁荣的基础。楼兰汉文简牍的内容，大部分都与屯田有关。其中以晋泰始四年至六年资料最为集中，据此大致可描述出当时屯田的概况。估计曹魏和前凉时期，屯田情况亦相去不远，故本文也涉及这两个时期的屯田资料。

（一）楼兰城附近具备屯田条件

罗布泊地区深居亚洲大陆腹地，距海遥远，三面环山，降水量极少，气候干燥，春季多风，夏季酷热，冬季寒冷，自然条件很不好。但是，由于罗布泊一带是一个构造洼地，是塔里木盆地中最低之处，因而成为重要的集水中心。附近地区形成了大片的湖积平原及河流淤积平原，又为人类生存和发展农耕创造了条件。楼兰故城濒临罗布泊边缘的三角洲上，对这里的自然情况近年来曾作过多次科学考察。据参加考察的同志记述，在楼兰故城的周围，大片大片枯死的胡杨林历历在目，直径50公分以上的大树屡见不鲜。这些胡杨林不仅沿古河道呈带状分布，而且在古河道以外也很多。估计在楼兰全盛时期，森林覆盖率至少在40%。他们认为，在楼兰城孕育、形成和发展期间，楼兰故城地区是一个地势较平坦，河网密布，植被茂密，地下水位较高的绿洲[①]。

水是楼兰地区发展农业的命脉。塔里木河和孔雀河由西北、车尔臣河由西南汇入罗布泊。这些河流沿途形成了一些小支流和小湖泊，水量还可得到阿尔金山和库鲁克塔格山洪水的补给，所以楼兰地区水源是比较充足的。对此楼兰汉文简牍也有很明确的反映。如"水大波深必泛"（C·W·No.15），"史顺留矣□□为大涿池深大又来水少许计月末左右已达楼兰"（C·W·No.2），"白／刘□季□／塞水南下推之"（Ma·No.180），"从掾位赵辩言谨案文书城南牧宿以去六月十八日得水适盛"（Cha·No.750），"帐下将薛明言谨案文书前

[①] 陈汝国：《楼兰故城历史地理若干问题的探讨》之三《楼兰的地理位置和自然环境问题》，收在前引《罗布泊科学考察与研究》。

至楼兰□还守堤兵廉□……"（Cha·No. 754），"东空决六所并乘堤已至大决中作……/……五百一人作……/……增兵……"（Cha·No. 761），"至镇军堤相迎营从左蔚"（C·W·No. 5），"将敕/□□兵张远马始今当上堤敕到具粮食伯物……"（Cha·No. 768）等。这些资料表明，魏晋时期楼兰地区不但水源充足，而且对水利也是非常重视的。当时观察水势十分仔细，为充分利用水源灌溉，还修了一些小型水库（大涿池）、渠、堤；堤有专名，有守堤兵守护。其中有些堤规模较大，一次竟决口六处动用五百人进行修补，这种盛况在当时内地一些地方也是不多见的。

有的研究者提出，楼兰城在西晋泰始年间已临近"水源枯竭"的表现。其理由一是农业减产和减食是"水源枯竭"的表现。二是根据简牍C·W·No. 2记载的"大涿池"，认为所谓"大涿池"即是"蓄水池"，也就是今天新疆的"大涝坝"。并说从现在新疆绿洲农业来看，只有水量很小，不够用才需要修建大涝坝。三是根据简牍Cha·No. 753记载只灌溉总亩数中的一部分，认为这是水源不足的表现[①]。我们认为魏晋时期楼兰地区水源一直是比较充足的，甚至主要活动于晋泰始五、六年间的马厉简中还记载"得水适盛"（Cha·No. 750）。本书在论述楼兰故城的时代和有关楼兰地区河道问题时，将进一步说明在前凉退出楼兰直至《水经注》时期，楼兰一带不存在水源枯竭问题。关于他们提出的一个论据，农业减产和减食不是水源枯竭所致，此点下文有说。"大涿池"，据笔者在与楼兰地区相邻的尉犁县的调查，当地一些水源比较充足的地区，某些河水难以灌溉到的地方多修有"大涝坝"。以此证之，楼兰城附近修有"大涿池"可能亦属此种情况。故用解决局部地域灌溉的"大涿池"，来论证整个楼兰城一带水源不足是很值得商榷的。至于简牍Cha·No. 753记"大麦二顷已截廿亩"，"禾一顷八十五亩溉廿亩茆九十亩"等，也不是缺水无法全部进行灌溉的表现。细究该简全文，并与简牍Cha·No. 760记"将尹宜部溉北河田一顷 六月廿六日敕"结合起来看，Cha·No. 753所记显然是记录屯田士兵在某月某日以前，于总任务中已完成"截"、"溉"和"茆"各种工作量的上报文书，从中很难引申出上述结论来。

[①] 侯灿：《论楼兰城的发展及其衰落》，《中国社会科学》1984年第2期。

总之，魏晋前凉时期楼兰地区不存在"水源枯竭"问题。充足的水源、茂密的植被，夏季高温，日照时间长，使楼兰地区完全具备了屯田的条件。

（二）屯田的区域和屯田者

现在楼兰地区由于严重的风蚀，屯田遗迹已难以辨认。虽然如此，但仍留有少量痕迹。如在故城东北郊和西南郊，即发现许多植物的腐质和扰土，它表明这里可能是故城居民的农耕地带。从楼兰汉文简牍来看 C·W·No. 44 记"□将城内田明日之后便当斫地下种□"；Ma·No. 227 记"……□□□卒……／……楼兰耕种"；Cha·No. 760"将尹宜部／溉北河田一顷……"。它表明在楼兰故城周围，北河（似指楼兰故城之北的干河床）附近是重要的屯田区，甚至连楼兰城内也有少量耕地。可以说在楼兰附近，只要有河流和能引水灌溉的地方均可屯垦。因此，残存的楼兰汉文简牍反映出来的屯田之地，只不过是其中的一小部分而已。除上所述，在楼兰地区还有许多其他遗址。如楼兰城东北的 LE、LF 遗址，楼兰城西北的 LB 遗址，楼兰城南的 LM 遗址等（图1）。这些遗址大都发现有汉文简牍，是重要的居民点。在这些地方活动的长史机构下属人员，粮食问题必须靠自己解决，因此亦应存在屯田问题。LM 遗址屯田问题前已说明，LE 遗址则有简牍为证。如 Ma·No. 246（LE·i-1）记"泰始二年八月十日丙辰言／簿书一封仓曹史张事／营以行"；Ma·No. 247（LE·i-2）记"泰始三年二月廿八日辛未言／书一封水曹督田掾鲍湘张雕言事／使君营以邮行"。水曹、督田掾和仓曹都是与屯田直接有关的官员，由此可见楼兰地区屯田分布的范围是比较广的。

楼兰屯田的主要劳动力是"部兵"，如简牍 Cha·No. 753 记："将张金部见兵廿一人／大麦二顷已截廿亩／小麦卅七亩已截廿九亩／禾一顷八十五亩溉廿亩葪五十亩／下床九十亩溉七十亩"（正面），"将梁襄部见兵廿六人／大麦七十七亩已截五十亩／小麦六十三亩溉五十亩／禾一顷七十亩葪五十亩溉五十亩／下床八十亩溉七十亩"（背面）。Cha·No. 760 记"将尹宜部／溉北河田一顷……"；Cha·No. 745 记"帐下将薛明言谨案文书前至楼兰□还守堤兵廉……"；C·P·No. 5·2 记"言将朱游私使／羌驴以为□阿／要务又迫芽锄／还楼兰推／（马）厉白事"等。

（三）屯田概况

1. 屯田规模和管理

楼兰屯田部兵总数和屯田总亩数，限于资料无法知晓。简牍 Cha·No. 761 记载，一次修堤动用士兵五百人。《后汉书·班勇传》记载："宜遣西域长史将五百人屯楼兰。"《水经注》卷二记载，索劢"将酒泉敦煌兵千人"，又"召鄯善、焉耆、龟兹三国兵各千"屯楼兰。前已推断魏晋盛期兵力达千人左右，其中除去戍守及从事各种杂务者，按前述情况估计千人之半，即五百人直接屯田当不为过。具体屯田亩数，简牍 Cha·No. 753 记将张金部 21 人负责 5 顷 12 亩地，每人合 24 亩；将梁襄部 26 人负责 3 顷 90 亩地，人均 15 亩。汉赵充国奏云："赋人二十亩。"以此证之，上述人均屯田亩数应有一定的代表性。若屯田人数以五百人为基数，按人均 15 或 24 亩计算，那么当时屯田总亩数保守地说，至少也将在七千五百亩或一万二千亩以上。

楼兰屯田完全在西域长史机构控制之下，功曹和主簿总领其事（Cha·No. 728、745；Ma·No. 214），由督田掾（C·W·No. 81、82、83；Cha·No. 882）和水曹（Cha·No. 724、888；Ma·No. 247）直接管理，并对诸将所部下达具体任务，各部要将各个阶段完成任务的情况及时上报（Cha·No. 753、760）。农作物收获后，由监藏掾、史（Cha·No. 737、796、800），监仓掾、史（C·W·No. 49、50、71、77、79、94；Ma·No. 190、195、214、216；Cha·No. 759、885），监量掾（C·W·No. 86；Ma·No. 214；Cha·No. 728、745）等进行管理和分配。出廪给官吏将卒的粮食文书，多由监仓掾、史，仓曹掾、史，监量掾签署或与功曹、主簿等共同签署（Ma·No. 214、215、216；C·W·No. 50；Cha·No. 728、743、745）。由此可见，魏晋楼兰屯田无论是垦殖，还是粮食管理，都是有比较严格的规章制度。

2. 生产概况

楼兰屯田以粮食生产为主。土地量度单位称顷、亩（Cha·No. 753）；耕作方法称种（C·P·No. 17·1；C·W·No. 44）、耕种（Ma·No. 227）、锄（C·P·No. 5·2）、截、溉（Cha·No. 753）等。大型农具是犁，畜力以牛为主，如"……囗因主簿奉谨道大俟究犁与牛诣营下受试"（Cha·No. 755），小型农具主要是甬，如"前新入胡甬合三百九十五枚"（Cha·No. 779），

"官驰一顷甾十五"（Cha·No.891）。上述情况表明，楼兰屯田已经使用了中原地区较先进的牛耕技术。但是，由于耕作程序和其他农具种类比较简单，因此农业生产仍然是粗放的，广种薄收恐怕是当时主要的生产形式。

楼兰屯田的农作物品种，见于简牍记载的有麦、大麦（种），小麦（C·P·No.6·2、13·2、17·1；C·W·No.1b、49、91、92、93、112；Ma·No.195、215、222；Cha·No.728、729、731、732、753、799、836、859、879、882、883、900等）。与麦相关的加工产品有麦麴、麵、麩（Ma·No.205；Cha·No.749、766），麨（Cha·No.728）。粟，黑粟（C·W·No.50、63、70、90）。禾（Cha·No.731、734、753、928），秫（Ma·No.216；Cha·No.753,同禾），谷、谷食、杂谷（C·P·No.14·2；C·W·No.1b；Ma·No.180；Cha·No.759、769、883、878、928），五谷（C·P·No.21·7）。叔机（C·W·No.110）、芒（C·W·No.99）、粮（C·W·No.16），粮食（Cha·No.769），米（Cha·No.816）等。以出现多寡情况来看，农作物似以麦为主，其次是粟和禾。粮食度量单位称斛、斗、升、合、撮、秒（C·P·No.6·2；C·W·No.49、50、51、57；Ma·No.188、195、237；Cha·No.827、835、928）。此外，在楼兰还生产一定数量的蔬菜，如简牍中记有瓜菜、菜蔬（Ma·No.228；Cha·No.774）。从简牍Cha·No.750记"从掾位赵辩言谨案文书城南牧宿以去……"，以及"右二人牧牛验"（《文物》1988年第7期，第41页）来看，楼兰还有畜牧业。主要牲畜有牛（Cha·No.755、756、757）、胡牛（C·P·No.14·2）、驴（C·P·No.17·2；Cha·No.839、846）、羌驴（C·P·No.5·2）、马（C·P·No.19·6,35；Ma·No.225）、驼（Cha·No.778、839、840、841）、羊（C·W·No.110）等。

3. 粮食生产自给有余

楼兰屯田的生产率，粮食单产和总产量，以及不同年份的差异等，因资料缺乏无法估计。《水经注》卷二记索劢楼兰屯田"大田三年，积粟百万"。这虽是夸张之词，但是从楼兰汉文简牍来看，魏晋楼兰屯田在正常情况下是自给有余的。如简牍Cha·No.833记"薄余谷二百卌七斛一斗一升"。此外，Cha·No.835记："百一十三斛七斗六升六合三撮三秒秫"，C·W·No.93记"……二百斗麦□仓曹掾李辛移"，C·W·No.95记"……□九十四斛二升"，C·W·No. 96 记"……麦百五十二斛……"等亦应是余谷。简牍 C·W·No. 1b 记有"官谷"，所谓官谷一般是由戍所保管的多余的存谷。C·W·No. 90 记"出粟七斛六斗五升给将／张金廿一人正祭里／右禀三百卅四斛三斗四升"，"祭里"应是社祭。如无余谷很难出粟供社祭活动，该简后面记的谷物数额很大，或为余谷。此外，楼兰城存在谷物市场（Ma·No. 237），有时谷物还作为交易的等价物（Ma·No. 188）。上述诸种情况表明，楼兰屯田在正常情况下至少可以说是做到了自给有余。

但是，楼兰汉文简牍中也有"宜渐节省相周接"（Cha·No. 830），"今权复减省督将吏兵所食条所减"（Cha·No. 826）的记载。据此，有的研究者提出，晋泰始年间因"水源枯竭"，"土地往往不能按计划垦种"，农业减产被迫减食，简牍所记不同的口食量就是减食的表现，并把它作为前凉在西域长史李柏之前，放弃楼兰城的依据①。下面我们就来谈谈这些问题。

（四）不同日食量与减食问题

1. 不同日食量问题

在楼兰汉文简牍中，记载不同日食量的资料主要有以下一些：（1）出床三斛六斗给禀李卑等三人／人日食 斗二升起十 月廿 日尽川口／泰始口年十一月廿一日仓曹史张口临仓翟同阚携（Ma·No. 216）。（2）麨二斛八斗当麦一斛四斗禀削工伍佰铃下马下／李卑等五人日食八升起六月十一日尽十七日／泰始四年……（Cha·No. 728）。（3）出 大麦一斛五斗……／日食五升……／泰始六年二月 口（Cha·No. 729）。（4）出 大麦五斛五斗二升小麦二升床二斛九斗四升禀吏赵辩兵／……食五升床口六升起正月 口尽二月廿日（Cha·No. 731）。（5）"出床五十斛四斗禀兵贾秋伍何钱虎等廿八人人日食六／出床四斛禀兵曾房王羌奴二人起九月一日尽廿日人日食／……人食八升"，"出床四斛四斗禀兵孙定吴仁二人起九月一日尽十日日食六／升口口口尽月卅日人日／八升"，"出床十二斛六斗禀兵卫芒等七人人日食六升……"，"出床五斛四斗禀高昌士兵梁秋等三人日食六升……"（Cha·No.

---

① 见前引侯灿:《论楼兰城的发展及其衰落》。

928)。(6) 出床卌一斛七斗六升给禀将尹宜部兵胡支 / 鸾十二人人日食一斗二升起十月十一日尽十一月十日 / 泰始二年十月十一日……（C·W·No. 50）。(7) 出床二斛四斗禀兵邓…… / 兵梁秋等四人日食六升…… / 领功曹掾梁鸾（Cha·No. 734）。(8) 出黑粟三斛六斗禀督战车成辅 / 一人日食一斗二升…… / 咸熙三年二月一日……（C·W·No. 51）。(9) 出孙歆等五人人日食一斗……（C·W·No. 53）。(10) ……日食一斗……（C·W·No. 57）。(11) ……斗起正月廿一日尽……（C·W·No. 58）。上述简牍的时代，除有纪年者外，余者与其他楼兰汉文简牍对比，年代大致是资料（1）泰始二年，资料（4）（5）（7）泰始六年，资料（9）（10）（11）属曹魏时期。

据上所述，楼兰汉文简牍所记的不同日食量，大致有三种情况。第一，不同的日食量与谷物品种有关。如禾日食六升，麦日食五升、籹日食八升。第二，给禀谷物的数量似与地位有关。官吏多只记给禀谷物总数，不记日食量。如 C·W·No. 64："出黑粟六斛禀书史王同 / 咸熙三年"；C·W·No. 65："九斗禀吏邹绍吴仁 / 泰始四年"；Ma·No. 198："梁功曹取一斗"，"杨通二斗"，"曹仓曹廿斗……"个别地位较低的官吏日食量记为一斗二升（C·W·No. 51），少数民族士兵亦记为一斗二升（C·W·No. 50）。士兵及一般人员，日食量则为一斗或六升。第三，日食量的差异与时间有关。据现有资料来看，泰始二年以后日食一斗二升和一斗之例甚为少见，主要是记士兵等日食禾或粟六升。《汉书·百官公卿表》记载："百石以下，有斗食佐史之秩"，师古注说："斗食者，岁俸不满百石，计日而食一斗二升，故云斗食也。"楼兰汉文简牍所记下级官吏日食一斗二升，当属斗食之例。而少数民族士兵日食一斗二升，则应属照顾性质的特殊现象。关于屯田士兵和一般人的日食量，汉代居延汉简记屯田戍卒每日平均食粟大石 $6\frac{2}{3}$ 升，小石 $11\frac{1}{9}$ 升；大男日食大石 6 升，小石 10 升，小石大石之比 5∶3。大小石不同量制并行，早在战国时期即存在，秦汉仍之，并成为南北朝隋唐大小量的滥觞，两种量制的比率是 5∶3[①]。汉代一升约合 198.1 毫升[②]，这样居延大石

---

① 高自强：《汉代大小斛（石）问题》，《考古》1962 年第 2 期。
② 吴承络：《中国度量衡史》，商务印书馆 1957 年版。

6升为1188.6毫升，$6\frac{2}{3}$升为1320.6毫升；小石一斗为1188.6毫升，$11\frac{1}{9}$升为1329.46毫升，一斗二升为1426.58毫升。明显可见，大石6升与小石一斗容量相等，大石$6\frac{2}{3}$升与小石$11\frac{1}{9}$升亦相差无几。曹魏时期史籍明记有大小斛问题[①]，楼兰晋代简牍记载的尺度有长度和短度之别（Cha·No. 812—814），所以魏晋时期楼兰城在量制上同样存在着大小石问题。魏晋时期一升约合202.3毫升，大小石比率仍为5∶3。按此计算，大石6升＝小石一斗＝1213.8毫升；小石一斗二升为1456.56毫升。根据上述情况，可指出四点：

（1）自汉至魏晋时期，屯田戍卒的日食量基本相同（相差无几）。楼兰汉文简牍所记日食6升和1斗，乃是分别采用大、小石不同量制的反映。

（2）在楼兰汉文简牍中，魏咸熙二、三、四年与晋泰始元年、二年、三年互用，说明此时正是魏晋西域长史机构交替阶段。简牍中记载的一斗与六升大体以晋泰始二年为界，反映出曹魏时期楼兰屯田量制主要采用小石，晋时则主要使用大石。

（3）一斗二升量制采用小石，属汉以来的斗食之例。泰始四年以后简牍中几乎不见一斗二升，似为仅写给禀粮食总数所代替。日食八升、五升，量制采用大石。八升、五升、六升之别，是给禀谷物品种不同所致。

（4）西域长史机构中地位较高的官吏，简牍中不见给禀谷物的记载。他们似以丝织品折算俸钱，然后用丝织品籴谷（C·W·No. 102；Cha·805、749等）。从"水曹掾左朗白前府掾所食诸部瓜菜贾丝一匹付客曹"（Ma·No. 228）来看，内地来的官吏之食用亦折算成丝织品支付。

2. 减食是暂时的现象

在已刊布的楼兰汉文简牍中，迄今未见减食时间和减食量的资料。简牍所记不同日食量，上文已经说明与减食无关，均属正常供给范围。但是，据Cha·No. 826、830记载，楼兰城的确曾存在过减食问题。而Cha·No. 826"今权复"三字则又表明，这种减食现象应是一种暂时或临时性的措施。查Cha·No. 826、830简牍出于LA.Ⅲ.i室，同出的汉文简牍约37件，它们直

[①] 《三国志·魏书·武帝纪》裴注引《曹瞒传》。

接或间接反映出来的年代主要集中在晋泰始四至六年。泰始四、五年属楼兰屯田盛期，前已说明楼兰屯田在正常情况下粮食自给有余，故这个阶段不会发生减食问题。这样看来，减食发生在泰始六年的可能性较大。其次，C·P·No.17·1中记有"种大小麦稀"，"……今营求索／亦落度糊口恒有不足／某患口腹使有愁……"，"希告佥"。这件简牍通过与其他楼兰汉文简牍类比，年代当在泰始六年。是时农业生产不景气，故"亦落度糊口恒有不足"，这是减食的表现。

本书第三章《楼兰故城的性质是西域长史治所》指出，泰始六年正是晋西域长史机构行将撤离之际。在这种情况下，可能因为正常秩序和规律遭到破坏，而影响到农业生产导致减食。直言之即政治变动是减食的主要原因，反过来农业减产和减食则可能又加速了西域长史机构撤离的进程。

（五）结束语

楼兰屯田的规模和保存下来的资料，都远不能与居延相比，至今还有许多情况不明。但是，魏晋楼兰屯田，上承两汉，下启隋唐，在新疆古代屯田史中占有重要地位。特别是魏晋楼兰屯田的资料，是新疆目前同类资料中发现数量最多、内容最丰富的，所以它对研究新疆古代屯田史具有十分重要的意义。此外，由于楼兰屯田是西域长史存在的基石，屯田活动贯穿始终，故无论对研究楼兰史，还是研究魏晋前凉时期的西域史来说，都是不可不进行研究的重要课题。

四、从简牍资料管窥魏晋楼兰城的社会实态

楼兰城是楼兰地区政治、军事、经济、交通和文化的中心，在楼兰史中处于核心的地位，并与当时的西域史和鄯善史密切相关。因此，长期以来楼兰故城一直是人们注意的焦点，楼兰故城的性质成为学者们探讨和争论的主要问题。但是，在这种探讨和争论中，诸家却大都忽视了楼兰城的社会状况。我们认为任何一个城镇的社会状况都是一个活标本，它向人们提供了通

过现象看本质的机会，是判断城镇性质的重要依据。所以本文拟据魏晋楼兰汉文简牍和考古资料，对其所反映的楼兰城的社会状况做些归纳整理，借以透视楼兰城的社会，判断楼兰城的性质，再现西域长史统治楼兰城的实态。

（一）楼兰城的居民构成

居民是城镇的主人，是社会的主体。因此，探讨楼兰城的社会状况，必须对它的居民构成有个大概的了解。魏晋时期住在楼兰城的居民，处于最上层者是西域长史机构的官吏及其各类卜属人员。西域长史机构职官的组织系统前面已经大致复原，在这个机构中西域长史是楼兰城的最高军政长官，下设的职能部门则对楼兰城的政治、军事和经济进行具体管理。全部官吏都是汉族，但是下属的一般成员中则不全是清一色的汉族。如简牍 Ma·No. 198 正面记"买布四斗 / 劳文□二斗…… / 劳阳□二斗……"；背面记"阿邵戈阿几取十六斗 / 梁功曹取一斗 / 复劳益取四斗 / 杨通二斗 / 复共张禄吴政方取二斗 / 价单子二斗 / 复劳仁子十四斗 / 劳子估四斗 / 曹仓曹廿斗"。简中与梁功曹、曹仓曹同记的劳文□、劳阳□、阿邵戈阿、劳益、价单子、劳仁子、劳子可能即是当地土著民族在长史机构中任职者。楼兰城位于民族地区，城内外土著居民占有相当的数量，因此在长史机构中吸收少量当地民族亦在情理之中。长史机构人员的数量，简牍资料没有直接反映出来。《晋书·职官志》记载了郡县职吏和散吏的法定人数，可是实际上当时的郡县往往超编。长史职官建置比郡，根据已复原的长史职官系统来看，长史机构官吏、属员及各类服务人员总数，恐怕不会少于七八十人。

军队是长史机构的柱石，楼兰城是长史治所又是军事首脑机构驻地，因此楼兰城内必驻守较多的军队。楼兰故城南部的堡垒遗迹，应即是军队的驻防地之一。军队的民族构成，简牍所反映的军官都是汉族，士兵则不尽然。如简牍 Cha·No. 846 记：兵支胡薄成兵支胡重寅得；Cha·No. 892 记兵支胡管支等，即是当地土著民族。楼兰城的普通居民，当地土著民族可能为数较多。楼兰城内的建筑遗迹几乎都是民族形式，城外已发现的墓地埋葬的也是当地民族。这些土著居民除一小部分在长史机构和军队中服务外，余者大都从事手工业、商业和农牧业（见楼兰佉卢文简牍），其中地位较高的是民族上层人物（见楼兰佉卢文简牍和墓葬资料）和佛教僧侣（城内有佛寺）。城内汉族普通居民，可能大部分是官吏们的家属（汉文简牍记有妇女和儿童）和杂役人员（如 Cha·No. 770 记有婢），此外还有商人和手工业者（下文有说）等。从简牍反映的情况来看，这部分居民所占比例有限。楼兰城地处要冲，是东西交通、经济和文化交流的枢纽，因此也有不少流动人口，如过往的旅客、商人、官吏、使节，等等。为此楼兰城专设客曹，以接待官吏和使节。

总之，西域长史机构中各类人员、军人、当地土著居民、汉族普通居民是楼兰城居民构成的主体。此外，还有一定数量的各种流动人口。

（二）楼兰城的宗教和文化

楼兰城的宗教，主要是佛教。楼兰城内外均有佛寺，其西北还有 LB 佛寺遗址群，时代属魏晋时期，特点与米兰和尼雅同类佛寺相近，当地土著居民主要信仰佛教。在楼兰汉文简牍中，除个别地方提到"佛图"外（C·W·No. 28·2），余者对佛教几乎毫无反映。同时也不见任何与其他宗教有关的记载，可见当时居住在楼兰城的汉族，宗教观念是很淡薄的。

在文化方面，当地土著物质文化以建筑、家具、毛织物、各类木器、生产工具及日常用具为主。汉族的物质文化，在建筑方面仅衙署遗迹可见汉族的影响，其他主要表现在丝织品、漆器、铜镜、铜钱、兵器、笔纸、汉文简牍和一些汉族日常生活用品方面。土著和汉族物质文化都有很强的个性，各具特色。很多土著居民也使用汉族用品，这点在楼兰城内的一些房址及城郊的墓葬中反映得很清楚。从发现的数量来看，汉族遗物似占优势。在楼兰城所出佉卢文简牍中，几乎不见与文化有关的内容，汉文简牍反映的文化内容则多一些。其主要表现大致有三个方面，第一是文化教育，如楼兰城出有"九九口诀"残件：（C·W·No. 22·15、22·16）；《急就篇》（Ma·No. 169—173）；《论语》（Ma·No. 192）；《左传》（C·W·No. 1）等古籍残件，此外还有残诗（Cha·No. 926）等。"九九口诀"残件，字体歪斜幼稚，似儿童或初学者所写。《急就篇》是东汉以后流行的文化教材。残诗，王国维认为诗中大都是训诫之词，似属家教一类残文。楼兰地处绝域，屯戍者尚不忘对儿童和戍卒进行文化教育，不忘对家人进行训诫，这种精神实在难能可贵。

第二是医药方面，中医药学是中国传统文化的重要组成部分之一，是保障楼兰屯戍顺利进行的重要因素。在楼兰故城不但设府医曹、医院（C·P·No.72），而且在各遗址发现的简牍中还记有不少的药方和医方。如简牍 Cha·No.782、783 记："承前桔梗八两"；Cha·No.784 记："承前茱萸五升称得……"；Cha·No.785 记："承 前注丸二百七十二丸"；Cha·No.795 记："煮丸"；Cha·No.790 记："发寒散五合"；Cha·No.893 记："犁卢四两"；Cha·No.933 记："口热……五十"；"腹中不调一岁饮一丸不下至三丸二岁三丸……"；"七丸不下稍曾至十丸"。Ma·No.210 记："……疾病苦寒气……"；Ma·No.174 提到刀伤和名医扁鹊等。上述医方主要是治"寒"、"热"和"腹中不调"等病。楼兰地区多风，夏季酷热，冬季寒冷，早晚和四季温差很大，水质不好，因此寒、热和腹中不调应是这里的常见病、多发病。医方中所开药物，除汤药外还有丸、散制剂。药物绝大部分产于内地，储存量比较充足，可见当时对医疗保健是很重视的。

第三是风俗方面。广义而言，风俗也是一个民族文化的组成部分之一。在风俗方面，楼兰汉文简牍记有："贺大蜡"（C·W·34·1），"蜡"（C·W·No.34·2）、"蜡节"（Ma·No.183）。所谓"蜡"、"蜡节"乃是古代年终的腊祭风俗。此外，C·P·No.90 记"出粟七斛六斗五升给将／张金二十一人正祭里……"，应是指"社祭"风俗。汉晋时期内地普遍流行社祭，居延屯田也有社祭活动。上述情况表明，这些远离家园身在西域的屯戍者，于艰苦的环境之中仍遵循着传统的风俗习惯，过腊节举社祭，显示出浓厚的生活情趣。

总之，魏晋前凉时期楼兰城不但在政治和军事上，而且在文化生活和风俗习惯方面也具有浓厚的汉族色彩。使人感到这个时期的楼兰城，就好像是内地的小城镇一样。

（三）长史机构对楼兰城的统治情况

1. 实行户籍制

楼兰汉文简牍记有儿童习写的"九九口诀"，有为儿童开的药方（Ma·No.210），有城旦妻（Ma·No.235），有"民张兴"（C·P·No.69），有"里间"(Cha·No. 768)。简牍 Cha·No. 925 还记"得田盖少",请实田,并令主国实其田,另一件记"佃田"[①]。楼兰屯田是士兵集体耕作,不存在得田少请实田和佃田问题,而"主国"又是楼兰城管理地方的官吏(C·W·No. 19·7 记"楼兰主国均那羡"),因此请实田和佃田者当为百姓。可见楼兰城及其附近地区不但有土著居民,而且也有汉族居民,任何一个政权要想实行统治,都必须对居民进行有效的控制,中国自汉以来对居民进行控制的传统办法是实行户籍制,楼兰地区也概莫能外。如楼兰汉文简牍中可以见到"户民"(Ma·No. 191),"著名户"(Ma·No. 226)之类的记载。在 LM 遗址还出有户籍,如简牍 Ma·No. 260—LM·I·i 记载:

蒲隊　窦成年卅　妻妈申金年廿□
　　　息男蒲笼年六死

蒲隊　隃林年卅　妻司文年廿五
　　　息男皇可笼年五

蒲隊　澡支年廿五　妻温宜□年廿

蒲隊　□□曾年七十二　□死
　　　息男奴斯年卅五□死
　　　………□年卅………
　　　………年………死

□□　葛奴年五十　妻句文年卅
　　　息男公科年廿五

勾文□安生年卅　死
　　　五十三除　十一
　　　年卅　……

这件户籍从名字上看当为土著居民,LM 遗址在楼兰故城南约 50 公里,

---

① 参见侯灿:《楼兰新发现木简纸文书考释》,《文物》1988 年第 7 期,第 50 页。

属边远地区。以此证之，可以认为当时在楼兰城和楼兰地区，只要住在长史机构管辖地域之内，不论什么民族，一律实行户籍制。实行户籍制不单纯是为控制居民，同时它也是政府课税的依据。楼兰汉文简牍所记"课"，"今营求索"（C·W·No.17·1）等，可能即是向居民课税的反映。

2. 建立邮行网

在楼兰汉文简牍中，公私函件很多，其中有的明确记载传递方式。如简牍 Ma·No.246 记："泰始二年八月十日丙辰言／蒲书一封仓曹史张事／营以行"；Ma·No.247 记："泰始三年二月廿八日辛未言／书一封水曹督田掾鲍湘张雕言事／使君营以邮行"；Ma·No.248 记："泰始□年□月十日丙辰言／书一封□曹史梁□言事／营以邮行"。所谓"营"系指西域长史营而言，"邮行"则指传递方式。简牍 Ma·No.215 记："功曹张龟主簿梁鸾／出大麦五斗给行书民桃将饮官／驼他一匹日五升起十二月十二日尽廿二日"。文中的"行书民"为传递邮书之人，驼是行书民使用的传递工具。在行书民之上，主管官员是"行书"，如简牍 C·W·No.107 记："出长史白书一封诣敦煌府……泰始六年……马厉付行书……"前述 Ma·No.246—248 号简牍出于楼兰故城东北的 LE 遗址，此外在 LB 和 LM 等遗址也出有信件（Cha·No.937，Ma·No.261 等）。可见当时在楼兰地区以楼兰城为中心，与各屯田点和居民点间建有邮行网，并以此为纽带形成了一个紧密联系的整体。这个独立的邮行网的存在，使之有别于鄯善统治的地区，从而成为西域长史机构对楼兰地区进行实际统治的又一历史见证。

3. 司法刑狱

魏晋前凉时期，楼兰地区的社会是相对稳定的。但是，作为一个社会特别是楼兰地区，人员来自各方，成分复杂，加之民族杂处，生活艰苦，所以一些不法行为也时有发生。如楼兰汉文简牍中便记有某人"于道逃亡"（Cha·No.815），"泰始四年六月发讫部兵名至／高昌留屯逃亡……"（C·P·No.114），"假督王佩部失亡"（Ma·No.231），"铠曹谨条所领器杖及亡失簿"（Cha·No.758），"刘得秋失大戟一枚盾一枚皮丰兜鍪一枚"、"胡文得失皮铠一领皮兜鍪一枚角弓一张箭川枚木桐一枚"（C·W·No.104），此外还有"贼"（Cha·No.768）、"盗贼"（C·P·No.35）、"寇害"（Ma·No.259），以及一些过失罪（Cha·No. 763、764）等。

有犯罪行为，就要绳之以法。因此，在西域长史机构中设有主管司法的辞曹。在简牍中亦可见到断狱之辞，如"十月卅日受兵胡秋儿辞将敕以口书重上持刀盾营坏不及取亡失审辞口"（Cha·No. 763），"将张忠坐不与兵鲁平世相随令世堕水物故行问旨请行五十"（Cha·No. 764）。在楼兰城还有"牢狱"、"刑狱"（C·P·No. 17·1），"大刑狱"（C·P·No. 18·3）；以及"因鈐"（Cha·No. 776、777）和"前城旦妻"（Ma·No. 235）[①]等。掌握司法、设牢狱，是政权机构的重要职能之一，也是一个政权能否进行有效统治的标志之一。西域长史机构握有楼兰地区的司法权，正说明了它完完全全地统治着楼兰地区。

4. 军队维持社会治安

楼兰西域长史的军队，有屯田和戍守两大任务。其中戍守军队平时主要是负责地方治安，以确保楼兰地区安宁稳定。简牍 Cha·No. 768 记："……言口口口口史口还告追贼于口间……/口获贼马悉还所掠记到令所部咸使闻知敛……"由此可见，一般案件由司法机构审理，但是对付一些匪徒则非动用军队不可。显然军队是保障楼兰地区社会安定的柱石。

总之，西域长史机构对楼兰城和楼兰地区的居民实行户籍控制，设刑狱、军队维持社会治安，并在各地之间建立邮行网，以及部分土著居民在长史机构中任职，在长史军队中服役等，都表明了长史机构的的确确对该地区进行着实实在在的有效统治。

（四）楼兰城的商业和手工业

1. 商业

楼兰城地处东西交通要冲，是各地商人汇聚之所；同时当地的屯田者和居民们也要互相交换必需品，因此商业是楼兰城的重要经济部门。据楼兰汉文简牍记载，参加交换的双方各称"售者"（C·W·No. 40）和"买者"（C·W·No. 18·1）。商业活动的形式有"售"（C·P·No. 6·2）、"转售"

[①] 《史记·秦始皇本纪》，《集解》引如淳曰："城旦，四岁刑。"

（C·W·No. 24）、"转运"（Cha·No. 854）、"贷"（Cha·No. 766、823）、"寄受"（Cha·No. 851）、"寄藏"（Cha·No. 812）。此外，简牍 Cha·No. 914 记"张幼业于□ / 贾敦煌钱二万 / 业约得"，似举债券之属。主要商品有谷（C·W·No. 102，C·P·No. 14·2；Ma·No. 188）、麴（Cha·No. 749）、䴹（Cha·No. 766）、米（Ma·No. 237）、瓜菜（Ma·No. 228）、酱（C·P·No. 23·2）；丝（Cha·No. 770）、"回文璋"（Cha·No. 805），蛇床子、绫、絮（C·P·No. 13·2），彩（C·P·No. 14·2，C·W·No. 46、102、103，Ma·No. 228，Cha·No. 804），白绢、黄绢、练（Cha·No. 903）、布（Cha·No. 903；Ma·No. 196、198）、毡布（C·W·No. 103）、麻（Cha·No. 820）、旃（Cha·No. 804），素巾（Ma 西·No. 197）、履（Ma 西·No. 198）、蒲（Ma 西·No. 237）；胡牛（C 西·P 西·No. 14·2）、马（C 西·P 西·No. 19 西·6）、驴（西·图·史·图版〔8〕）以及一些日用杂品。此外，还有人口买卖，如"卖之敦煌域外奴"（C·P·No. 27·2），"……赎胡女…… / 律令"[①]等。其中以各种丝绸和布匹的贸易额最大，如"受回文璋廿七匹"（Cha·No. 805）、"六十匹"（Ma 西·No. 196）、"卖四匹 / 卖五匹 / 卖十匹 / 卖六匹 / 卖十五匹 / 卖十匹 / 卖六匹……"（Ma·No. 239）、"□入三百一十九匹今为住人买彩四千三百廿六匹"（C·W·No. 46），"……布八十四匹"（西·图·史·图版〔1〕），"取合得二百六十三束 束絜二围五……"（Cha·No. 820）。各种丝绸布匹贸易额如此巨大，绝不仅仅是为满足个人需要。"住人"可能是西域其他地方外来的商人，为"住人"买彩者可能是中间商人，这些丝织品显然是为外运西域各地的。因此，楼兰城应是西域的丝绸贸易中心和转运中心。楼兰汉文简牍中的"转运"、"转售"大概即是这种情况的反映。

楼兰城的商品交换，以货易货为主，并多用粮食和丝绸作价。如用粮食买赤囊（Cha·No. 832），用粮食买布、买履（Ma·No. 198），用彩（綵）贾旃（Cha·No. 804），用彩买瓜菜（Ma·No. 228），用彩买谷食胡牛（C·P·No. 14·2），用彩籴谷（C·W·No. 102），用丝织品买衣物（C·P·No. 13·2）等。在这些互换的商品中，有的明显可看出比价。如简牍 Cha·No. 804 记"兵

[①] 参见《楼兰新发现木简纸文书考释》，《楼兰新发现木简纸文书简牍》《文物》1988 年第 7 期第 47 页。

胡腾宁市青旆一领广四尺六寸"（正面），"长丈一尺故黄旆褶一领买彩三匹"（反面）；以彩三匹易旆二领。简牍 Cha·No. 832 记 "将周弄部兵买赤囊一枚受五斛五斗"，Ma·No. 198 记 "买履二斗"。此外，有时也用货币。如简牍 Ma·No. 237 记 "米三斗三百一十五／米三斗三百卌五／米三斗三百六十三，／……"，"米一斛三斗千五百七十"，"麦五斗三百"，"买蒲二百三"等。这件简牍所记，麦一斗合钱六十，米一斗自钱一百零五到一百四十三共分六个等级（简文未全引），看来当时的交换可能是随行就市，按质论价的。在诸商品中以衣物和日用品最贵，丝绸布匹次之，粮食相对便宜些。

楼兰城的商业，规模较大，种类较多。城内可能有"市"，"市贾使"（Cha·No. 913；C·P·No. 21）似为市的监督管理人员。商人可区分为谷物商人、丝绸布匹商人、服装衣物商人、日用杂货商人、牲畜商人、蔬菜商人、中间商人、高利贷（贷实物和钱币）商人。从地域上看，还有来自西域其他地区、敦煌等内地的商人。商品来源，丝绸来自内地，谷物、胡牛、毡布是当地产品，各种衣物（如青旆等）和日用杂货也大都是当地产品。商业活动中的顾客，以长史机构和军队中的官吏、工作人员和士兵为主。购买的数量有时很多，如"吏市䅽甘斛"（Cha·No. 749），吏宋政用廿匹敦煌短彩籴谷（C·W·No. 102）。此外，一般居民也参与了商业活动。外地商人有的专程到楼兰采购货物，在这个意义上他们亦属顾客之列。从民族上看，商业活动以汉族为主，当地民族有的也被卷进商品交换活动之中。总的来说，楼兰城的商业几乎完全被汉族所控制。

2. 手工业

楼兰城距内地及西域其他绿洲都很远，因此它必须有自己的制造必需品的手工业。从楼兰汉文简牍来看，手工业工人称为工，如"模一具工邓"（Cha·No. 829）、"给工王"（Cha·No. 841）、"工当簿枚"（Ma·No. 224）、"（百）工光被四……"（C·W·No. 43），又称为匠（张凤：《汉晋西陲木简汇编》，第58页）。手工业的种类大致有以下几种：（1）农具和手工业工具制造业，如犁（Cha·No. 755）、钮（Cha·No. 779、891）、锯（Cha·No. 780、781；Ma·No. 200）、大钻（Cha·No. 787）、斧（Cha·No. 791）、模（Cha·No. 829）等。这些器具至重，不宜长途运输，其中除犁有的可能是从内地运来者外，余者应在当地制造。楼兰屯田规模较大，所以农具制造业是当地的重要手工业部门。(2) 兵器制造业：兵器制造要求较高，技术难度大，如弩之类兵器主要靠内地供给。但是，一些小件兵器及镞之类的消耗品，兵器的修理等当地工匠是可以胜任的。(3) 冶铁业：《汉书·西域传》记载，婼羌有铁，自作兵；鄯善"能作兵"。楼兰汉文简牍记有胡盃三百九十枚 (Cha·No. 779)、胡铁小锯钋十六枚 (Cha·No. 780)、胡铁小锯廿八枚 (Cha·No. 781)、胡铁大锯 (Ma·No. 200) 等，所谓胡铁即指当地民族冶炼的铁，在 LK 古城附近还发现有冶炼铜或铁的余渣。由此可见，说楼兰城有冶铁业，有农具和手工工具制造业和兵器制造业，是完全有根据的。(4) 制革手工业：牧业是当地主要的经济部门之一，制革是土著民族的传统手艺。在楼兰汉文简牍中可以看到诸如"入客曹犉皮二枚"(Ma·No. 200)，"……承前新入马皮合十二（枚）"(Ma·No. 225)、"出驼他蓟一具给工王柔治"(Cha·No. 841) 等记载；又可看到有关皮兜鍪、皮铠 (C·W·No. 104)、鼓 (C·W·No. 106) 等资料。简牍 Cha·No. 794 记："韦四枚半连治铠二领兜鍪"，当即指制造皮铠、皮兜鍪而言。此外，楼兰故城附近的墓葬中，也出有皮革制品。(5) 纺织业：楼兰地区畜牧业较发达，毛纺原料充足，是当地传统的手工业部门。如简牍 C·W·No. 103 记"毡布十二匹"，楼兰地区墓葬中也出土大量各类毛织品。楼兰汉文简牍还有"织府使卒"（《文物》1988 年第 7 期，第 47 页），可见纺织业是一个重要的手工业部门。(6) 服装业：楼兰汉文简牍有不少地方记载买卖衣物，如"兵胡腾宁市旃　领"、"黄旃一领"(Cha·No. 804) 等。此外，还有谷物加工、日用杂品制造、建筑、木器制造业等。

楼兰城手工业的性质，结合"织府使卒"判断似以官府手工业为主。但是，在毛织、服装、杂品制造等部门可能是以私人手工业为主。手工业工人民族构成，应以汉族为主；同时在冶铁、制革、毛纺、服装、杂品业，甚至在兵器制造业中（如皮铠等），也有当地民族的工匠。但是总的来说，楼兰城重要的手工业部门，几乎都被长史机构所控制。

（五）结束语

魏晋楼兰城的社会状况略如前述，其他有关情况则散见于本章各节之中。根据上述分析可以看出，位于鄯善境内的楼兰城，鄯善特点属于次要地位。这是魏晋前凉长期在楼兰城设西域长史，对楼兰城实行全面统治的必然结果。可以说楼兰城的社会生活，以及在政治、经济、文化等各个方面，无不深深地打上了汉族影响的烙印。

第三章　楼兰故城的时代和性质

　　在楼兰史和鄯善史中，国都的方位一直是学者们潜心求证、热烈探讨、长期争论的重要课题。其探讨和争论的焦点，主要是集中在楼兰故城的性质问题上。而对楼兰故城性质的不同看法，又直接导致了人们对楼兰史和鄯善史产生了完全不同的认识。所以，楼兰故城的性质乃是楼兰史和鄯善史中的核心问题之一。近百年来，各种国都说对楼兰故城的性质给予了不同的解释。过时陈说姑且不论，现在最流行的大致有两说：一种意见认为，楼兰故城即是扜泥城，是楼兰国也是更名鄯善国后的都城。对楼兰故城是否为魏晋前凉时期西域长史治所，有的未明确，有的则说西域长史治所和鄯善国都同在楼兰城。按照此说，必然得出楼兰城在汉通西域前就已经存在，楼兰地区是楼兰国和鄯善国的中心区，楼兰史是楼兰国和鄯善国史之主体的结论。另一种意见认为，楼兰故城是楼兰国都，元凤四年更名鄯善后国都便迁到了今若羌附近的扜泥城；魏晋前凉时期，楼兰城是西域长史治所。此说与前说的主要区别，是以元凤四年为界分割了楼兰城与楼兰国和鄯善国的关系。但是，他们并未说明元凤四年之后至东汉时期，以及魏晋前凉设西域长史时期楼兰城和楼兰地区与鄯善国的关系。我们的看法与上述意见截然不同，认为楼兰故城出现于两汉之际，魏晋前凉时期楼兰城是西域长史治所，楼兰城从未做过楼兰国或鄯善国的都城。楼兰城和楼兰地区虽然在鄯善领土之内，但是自元凤四年到前凉末的绝大部分的时间内，却一直在内地各王朝直接统治之下，并成为汉魏晋前凉时期经营西域的中心和大本营，在行政隶属关系上与鄯善无涉，其历史在汉通西域以后基本上是以汉文化为特征独立于鄯善而自行发展、自成体系的。下面拟就此对楼兰故城的时代和性质问题，展开多层面的剖析和论述。

一、楼兰故城的形制和时代

（一）楼兰故城的形制[①]

自1900年斯文·赫定发现楼兰故城之日起，楼兰故城就以自身的历史魅力和内在的地理学奥秘著称于世。因此，长期以来楼兰故城一直吸引着国内外的学者们进行种种热烈的讨论。但是，在这种讨论中，却很少有人注意楼兰故城的形制问题。其实楼兰故城的形制与楼兰故城史、楼兰故城的性质以及地理学方面的一些问题是有一定内在联系的。所以我们在探讨楼兰故城的性质时，不可不注意楼兰故城的形制。

楼兰故城，位于今罗布泊西北附近，东距罗布泊岸约28公里，北距孔雀河干河床约16公里，地理坐标是东经89°55′22″，北纬40°29′55″。现在故城及其周围大都是雅丹地貌，其间隐伏着四条主要干河道，故城遗址即坐落在南数第三、四条干河道的中部。这两条干河道在故城西约6公里处分流，在故城之东约16公里处合流注入罗布泊。此外，还有一条与上述两条干河道相接的大水渠，略呈西北东南走向斜穿故城遗址[②]。

楼兰故城平面略呈方形，城墙按复原线计算，东城墙长约333.5米，南城墙长约329米，西和北城墙长约327米，面积约为108240平方米。南、北城墙顺东北风势，保存较多。南城墙近西南角处，残长约4.5米，残宽约6米，残高约2.3米。中部西边一段，残长约9.5米，残宽约5米，残高约3米。东边一段长约60.5米，残宽约8米，残高约3.5米—4米。东西两段相距约13米，中间缺口似为城门遗迹。北城墙中部西边一段，残长约11米，残宽约5.5米，残高约3.5米—4米。东边一段残长约35米，残宽约8.5米，残高约3.2米。两段之间缺口宽约22米，并与南城墙中间缺口相对，或为城门遗迹。东、西城墙因受东北风和西南风的强烈风蚀，保存很差。东城墙中

[①] 见侯灿：《论楼兰城的发展及其衰废》图2，楼兰故城位置、故城河道水渠图，《中国社会科学》1984年第2期。

[②] 关于斜穿楼兰故城的大水渠，笔者在该文写成之后曾到楼兰故城进行考古调查，并将该水渠作为重点考查项目之一。其结论是该水渠为一条冲沟，不是与楼兰城共存的水渠。对此，拟另文论述，本篇为保原文结构，故未更正。

部偏南一段，残长约 20 米，残宽约 5 米，残高 3.3 米。近城东南角一段，残长约 1.5 米，残宽约 2.5 米，残高约 3 米。西城墙中部偏南一段，残长约 13 米，残宽约 5 米，残高约 1 米。中部之北在城墙复原线西约 16.5 米处，有一残土墩，南、北残长约 7.5 米，残宽约 5.5 米，残高约 6 米。在该土墩之东北约 4 米，另一残土墩南北残长约 6 米，残宽约 5 米，残高约 2.4 米[1]。这两个残土墩，可能是瓮城遗迹。故城墙系用黏土与红柳枝或芦苇间筑，红柳枝层厚约 20 厘米—30 厘米，黏土层则厚薄不一。南城墙黏土层厚约 45 厘米—70 厘米，北城墙黏土层厚约 80 厘米—120 厘米。东城墙黏土层厚约 70 厘米—95 厘米，内掺有陶片和垃圾物。西城墙黏土层厚约 15 厘米—70 厘米，墙外西面土墩黏土层厚约 60 厘米—100 厘米，东面土墩黏土层厚约 12 厘米—40 厘米。

故城内的建筑遗迹，以斜穿城内的水渠为界，可大致分成东西两部分。东部从北向南，主要残存四座建筑遗迹。（1）佛塔 X（图 40、41），位于故城东部中间偏北，立于一风蚀小台地上。塔残高约 10.4 米，塔基方形，三层、夯筑，内掺有陶片，外缘似用土坯包边。塔身八角形，高约 2.1 米。塔顶圆形，径约 6.3 米，残高约 2.1 米。塔身和塔顶土坯砌筑，每层土坯之间加 10 厘米—20 厘米厚的红柳枝。塔身有柽木，个别部位外缘残留有雕刻木饰。在塔南侧、塔基与塔身之间，有供奉攀登用的土坯阶梯，宽约 0.3 米。塔破坏严重，西南部保存略好。塔外皮红色、塔顶有废弃后生篝火的痕迹，似毁于火灾。佛塔附近发现有木雕坐佛像，饰有莲花的铜长柄香炉等[2]。（2）大房址 I，位于佛塔南偏东约 60 米的台地上。台地顶部堆积较高，四周陡直，附近地面风蚀严重，南部最低处深达 5.4 米。在台地上散布许多木框架构件，以东和南部最集中。木框是野白杨木，木柱方形，边长约 0.3 米，有的木柱还立于柱槽中。在木柱之间，残存与柱连接的、水平捆扎的芦苇墙，外面涂泥。墙的方向东东北与风向相同。在表层堆积之下，残存三室。室 i

---

[1] 参见新疆楼兰考古队：《楼兰故城址调查与试掘简报》，《文物》1988 年第 7 期，第 2 页图二。
[2] 楼兰故城所出遗物，均见前引斯坦因《西域考古图记》第一卷第十一章楼兰遗址，斯坦因《亚洲腹地考古图记》第一卷第七章古楼兰遗址第二节。

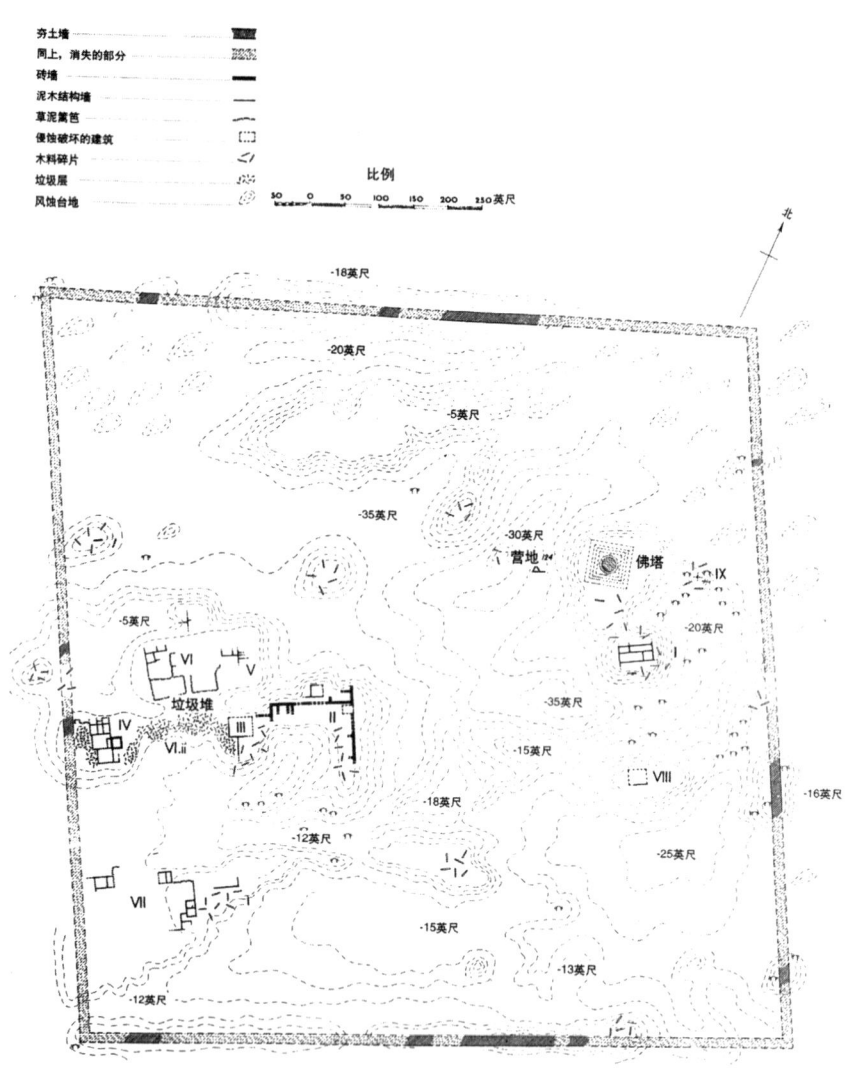

图 40　楼兰故城平面图
（采自斯坦因《西域考古图记》第三卷）

最大，位于南部西边，长约 9.3 米，宽约 3.9 米。南墙中部开门，门外东侧有一南北长方形的平台。室 iii 在室 i 之东，两室相通，方形，南壁中间开门。室 ii 在室 i、iii 之北，室内西部有隔断，形成相通的两个小室。该组建筑遗迹，除西部外其余三面均见残断痕迹，原建筑规模似较大。发现的遗物，主要有汉文和少量佉卢文简牍、五铢钱、丝织品、羊毛毡、漆器和木制品，以及筷子等日常用具。(3) 房址 IX（图 40），位于佛塔之东约 30 余米的台地上。地表散布木框架构件，以及用红柳枝等编织涂泥的残墙。墙壁保存较好，可看出仕立柱之间，对角线编红柳、水平捆芦苇、竖直立红柳三种方法并用，外面涂泥，厚约 15 厘米—20 厘米。表层堆积之下，残存四个小室，发现一枚佉卢文简牍。并有大、小麦等粮食堆积。(4) 房址 VIII（图 40），位丁大房址 I 之南约 70 余米，残毁严重，不辨形制。在该房址附近，发现有印章、铜铁箭镞和珠饰等。房址之北发现五铢钱、小型金属器、石器和残玻璃器等。

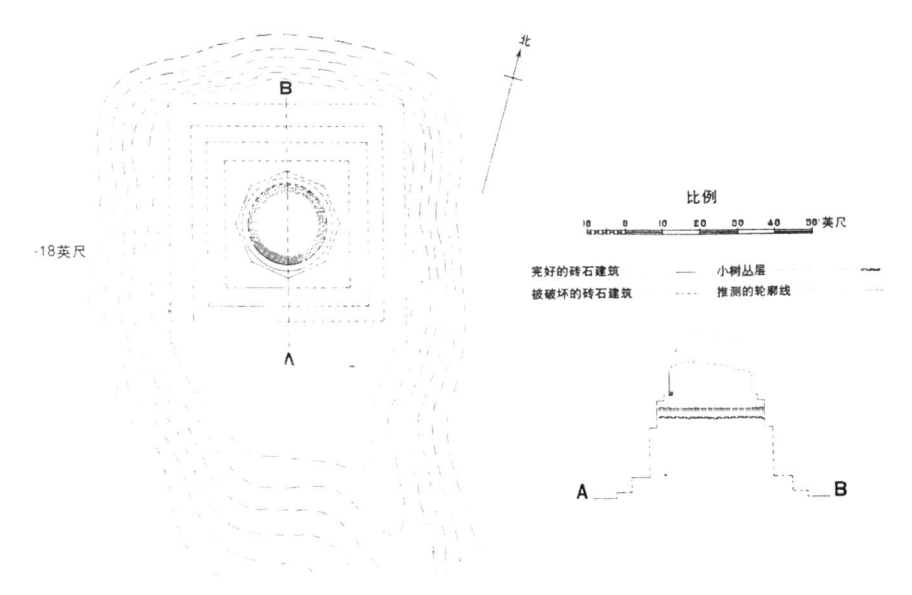

图 41　楼兰遗址 L.A 建筑群的佛塔平面图与剖面图
（采自斯坦因《西域考古图记》第三卷）

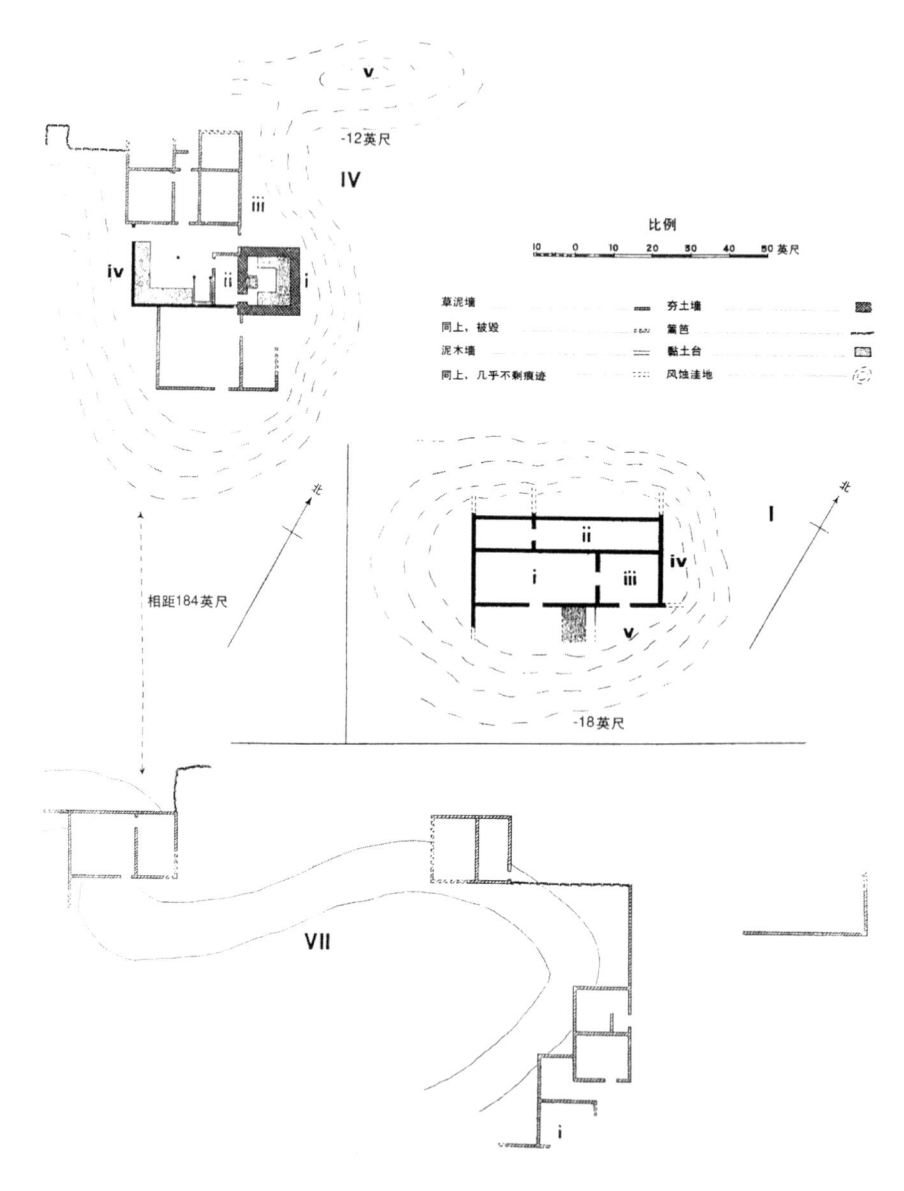

图 42　楼兰遗址 L.A.I、IV 与 VII 房址平面图
（采自斯坦因《西域考古图记》第三卷）

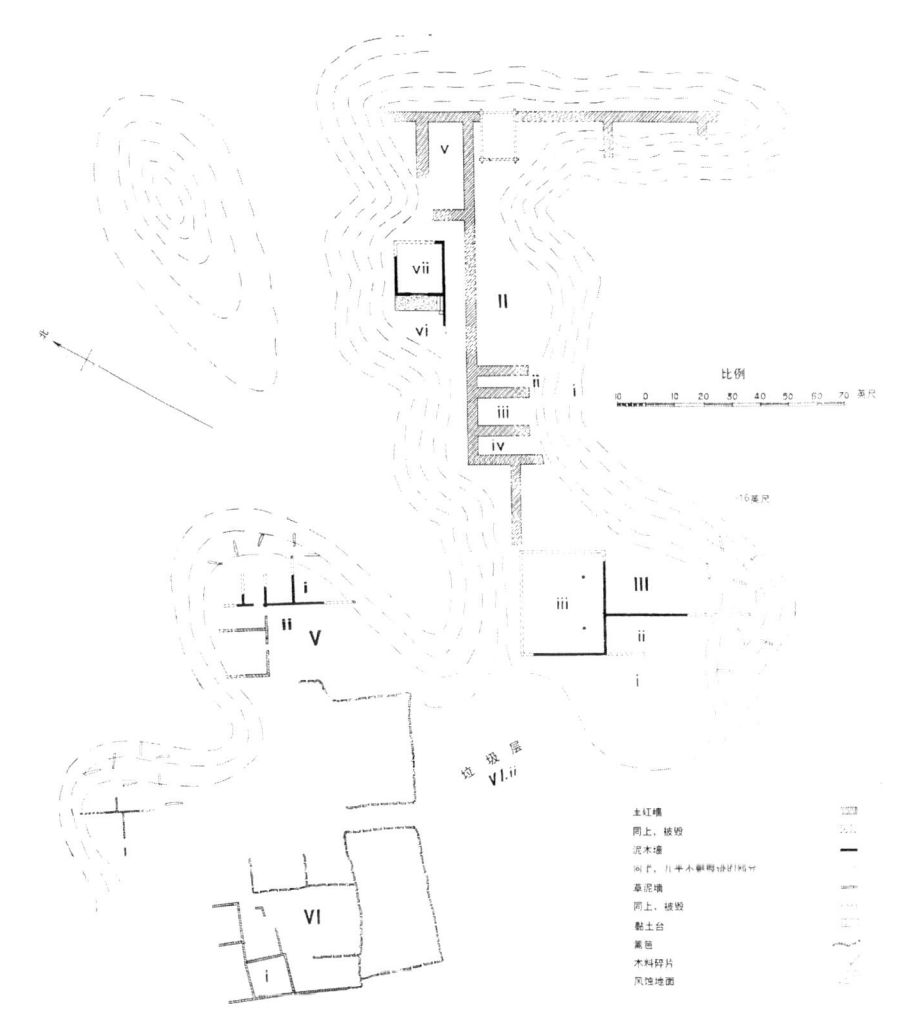

图 43　楼兰遗址 L.A.II、III、V 与 VI 房址平面图
（采自斯坦因《西域考古图记》第三卷）

城内渠道之西，建筑遗迹比东部密集。其中以大致在故城中部略偏西南，东临渠道的遗迹 II 和 III 规模最大（图 40、43）。遗迹地表风蚀严重，有的地方深达 3 米以上。这两个遗迹同在一个较大的院内，院落残存部分的总平面略呈不规则的长方形，坐北朝南，东西宽约 57 米，南北残宽约 30 余米。院落内沿东墙有一排房址，残毁。遗迹 II 沿北墙，是院内的主体建筑，残存六个房间。沿院落北墙西边的 ii、iii、iv 号三间土坯房址保存较好，ii 宽约 1.2

米，iii 宽约 2.8 米，iv 宽约 1.2 米。院落北墙之北，在北墙与东墙相交处是房址 V，面积约 9 米 ×3.6 米。房内靠北墙有一小平台，高 0.6 米，墙内有一个小凹坑。房址 V 之西是房址 vii，墙壁红柳编织涂泥，有火烧痕迹。房址西墙有窗，宽约 1.8 米。窗下有平台，高约 0.6 米，宽约 1.5 米，南端有三级阶梯。遗迹Ⅲ在院内之西，以编号 iii 房址最大，面积 10.5 米 ×11.4 米，两侧红柳枝涂泥残墙犹存。立柱下有木雕圆形柱础，有的立柱尚与梁相接，高约 3.9 米。遗迹Ⅱ、Ⅲ的遗物，主要是大量的汉文简牍、少量佉卢文简牍，以及残笔、漆制品、陶器、金属制品和一些日常用具等。遗迹Ⅳ在遗迹Ⅲ之西，西临西城墙。遗迹残存部分，南北长约 20 余米，东西宽约 15 米，是由许多房间组成的一组建筑（图 40、42）。编号 iv 是中间大厅，面积 8.5 米 ×6.3 米，西墙北端开门，沿西和南墙有低土台。厅中间有立柱，东北有门与西门相对。编号 ii 在中厅东南，南北长方形与厅相通，木门框犹存。编号 i 在 ii 之东，平面略呈方形，面积 4 米 ×3.7 米。夯土墙，厚近 1 米，沿南、北和东墙有低土台。西墙南端有门通 ii 室，门北侧西墙南端处有火炉遗迹。此外，在中厅及 i 室之南还残存两个房间。西边一间略呈方形，面积 6.6 米 ×6.6 米，北似与中厅相通，南壁东端有门，东壁北有门通东边的房间。东边房间南北长方形，东墙残。在中厅北残存四个房间，平面东西长方形，中间通中厅，过道两侧各有两个房间。遗迹Ⅳ的建筑方法与大房址Ⅱ相同。主要遗物有汉文和佉卢文简牍，以及羊毛织物、棉织品和一些日用品等。遗迹Ⅴ约在遗迹Ⅲ之北 18 米左右，残存红柳枝断壁和木构件，略见几个残室（见图 40、43）。遗物有汉文和少量佉卢文简牍，木印和钻木取火器（？）等。在该遗迹西南有矩形大围栏及几个小围栏，大围栏宽约 37 米，似养牲畜之所。遗迹Ⅵ在围栏之西，是由许多小室构成的一组建筑（见图 40、43）。房址残毁严重，情况与遗迹Ⅴ相近，仅发现少量佉卢文简牍等。大垃圾堆Ⅵ.ii（见图 40、43），在遗迹Ⅴ和Ⅵ之南，东西分别与遗迹Ⅲ和Ⅳ相邻。垃圾堆积面积约百平方米，堆积厚约 3.6 米—4.5 米，南高北低。上面堆草和牲畜粪便，其下清理出大量汉文简牍，少量佉卢文简牍，以及陶、青铜、木器和漆制品，丝毛织物，日常用具等。遗迹Ⅶ在遗迹Ⅳ之南，是一座较大的宅院（见图 40、42），建筑方法同大房址 I。在Ⅶ之南，还有些小宅院。此外，佛塔 X 之北和西南有土坯建筑残迹，遗迹Ⅱ和Ⅲ之南似有堡垒残迹，故城内其他位置还广为散布一些木建筑构件。可见故城废弃前，城内建筑较为密集。

（二）楼兰故城的时代

1. 楼兰城出现于两汉之际

楼兰城的知名度很高，在人们的印象中楼兰城与楼兰国是紧密相连的，好像楼兰城在汉通西域之前就已经存在了。一些研究者正是按照这个想法来阐述有关问题的，其实这是一个很大的误会。楼兰城在西汉时期尚未出现，它的崛起是在两汉之际。

在汉通西域时，罗布泊一带乃是楼兰国的东北边境地区。本书绪论中已经指出，此时孔雀河下游北岸的土著文化，大致还处在新石器时代末期。处于这个社会发展阶段，其原始居民聚落是不可能发展成为城镇的。至于楼兰故城一带，迄今尚未发现较大规模的史前墓地，也未见居住遗址。据此，本书绪论中明确指出，楼兰地区史前文化发达地域在今罗布泊以西的孔雀河下游一带，不在罗布泊附近。因此，这里此时根本不可能出现城镇。也就是说，西汉通西域时，楼兰国的腹地虽然已有城郭，但是其东北边境罗布泊地区则尚不具备产生城镇的条件。因此，《史记》和《汉书》只记楼兰国，不提楼兰城，到元凤四年更名楼兰国为鄯善国后，《史记》和《汉书》楼兰一称消失是很有道理的。

其次，从与汉族遗物的共存关系来看，孔雀河下游北岸一带西汉遗物较多，楼兰故城附近除少量五铢钱外则很难见到其他西汉遗物。进入东汉以后，情况发生了重要的变化。从土垠向西至古墓沟一带的孔雀河北岸地区，很少发现东汉及其以后的汉族遗物（仅结论中所述东部墓L3和34号墓等个别的墓发现东汉以后遗物）。相反在楼兰故城一带，东汉及其以后的汉族遗物却逐渐增多[①]。上述现象反映出，在两汉之际通西域的大道，可能已由孔雀河北岸移到楼兰故城一带。由于古代的西域交通多沿河而行，所以上述变化

---

① 罗布泊一带发现的遗物，参见［瑞典］贝格曼著，王安洪译《新疆考古记》，新疆人民出版社1997年版；前引斯坦因：《西域考古图记》第一卷第十章"穿越罗布泊"；黄文弼：《罗布淖尔考古记》，中国西北科学考察队丛刊之一，1948年。

亦表明在两汉之间,这段孔雀河道似改道南移至楼兰故城附近。据近年考古调查,楼兰故城位于南北两条干河道的中间。这两条干河道在故城西约 6 公里处从孔雀河主河道分流,在故城之东约 16 公里处又合流注入罗布泊(图 25)。据此似可认为,大约在两汉之际某个时期该地段的孔雀河已从北向南改道至楼兰城附近,此后交通线也随之南移到楼兰城一线。在这种情况下,居卢仓(土垠遗迹)及原孔雀河北的交通线便逐渐衰落,通过楼兰城的交通线渐渐兴起,楼兰城因此逐渐取代了土垠的地位并迅速发展起来。关于土垠遗址是居卢仓故址,居卢仓是西汉楼兰道上唯一的官方机构和交通枢纽,前已详细论述。由于楼兰城与居卢仓近在咫尺,在西汉史料中只提居卢仓,未提楼兰城;西汉时西域许多国王途经"楼兰道"往长安朝拜,也未提过楼兰城。仅此亦可雄辩地证明当时楼兰城尚未出现。

此外,从楼兰故城来看,可指出三点:①楼兰故城城墙有的部位杂有陶片,说明楼兰城是在原居民聚落基础上发展起来的。城墙的构筑方法与敦煌一带汉长城基本相同,反映出楼兰城墙的出现或在两汉之际。但是,由于城墙各部位黏土层厚薄不一,差距较大,并有补筑情况,所以城墙不是同时一次筑成。特别是西城墙出现瓮城,其黏土层与西城墙的黏土层不同,瓮城似出现较晚,很可能最后完成于魏晋时期。②故城内各建筑遗迹的时代也不一致。斯坦因编号Ⅰ、Ⅳ、Ⅶ、Ⅷ、Ⅸ号房址(图42),建筑风格与尼雅相近。其中Ⅳ号房址木构件,经 ^{14}C 测定树轮校正的年代为距今 1865 年 ± 80 年(至 1950 年),约相当于西汉末至东汉前期[①]。斯坦因编号Ⅱ、Ⅲ一组建筑(图43)是土坯建筑与当地土著建筑的混合形式,具有明显的改建性质。以所出汉文和佉卢文简牍判断,其时代属魏晋时期。斯坦因编号佛塔Ⅹ(图41),形制与尼雅佛塔大同小异;佛像又与米兰佛寺所见相近(城外佛塔还有与米兰相同的有翼天使壁画),时代亦属魏晋时期。③故城内的遗物,除少数西汉钱币等物品外,也有部分东汉遗物,绝大多数具有时代特征的遗物都是魏晋时期的,故城外附近地区的烽火台和墓葬亦属东汉魏晋时期,佛塔则是魏晋时期的遗存。可以说楼兰故城现存的遗迹和遗物,基本上是属于东

---

① 侯灿:《楼兰遗迹考察简报》,《历史地理》创刊号,1981 年。

汉和魏晋（包括前凉）两个时期。以此结合孔雀河下游北岸与楼兰故城一带汉族遗物的时代差异，楼兰以城名出现在历史舞台始见于《后汉书》，到《魏略》时才明确记载西域中道过楼兰城来看，孔雀河改道至楼兰故城附近似发生在西汉末年，楼兰城的出现大致在两汉之际，其政治地位和交通枢纽地位则确立于东汉时期。

2. 楼兰城发展于魏晋，废弃于前凉之末

前已指出，楼兰故城的形制完成于魏晋时期，城内的主要遗迹和遗物亦与魏晋时期相对应。根据本书有关章节的研究，故城内所出大量的汉文简牍文书的残存纪年在曹魏嘉平四年（252年）至前凉建兴十八年（330年），通过分析研究，其年代上限可至曹魏黄初二、三年（221、222年），下限可到永和年间以后的太元元年（376年）。利用这些汉文简牍文书，可大体复原出魏晋楼兰西域长史机构较完整的职官系统、魏晋楼兰屯田概况和楼兰城的社会实态，从而再现楼兰城魏晋时期发展的概貌。魏晋之后，前凉时期楼兰城盛极而衰，到前凉之末楼兰城则逐渐走向荒废。

二、从鄯善官方佉卢文简牍看鄯善与楼兰城的关系

尼雅佉卢文简牍、楼兰佉卢文简牍中与楼兰城有关者，其年代是否与楼兰城存在年代相对应，为探讨鄯善与楼兰城关系的关键。其中特别是楼兰故城所出佉卢文简牍的年代和内涵，与探讨楼兰故城的性质及其与鄯善国的关系至为密切，故下面拟对此略作探讨。

（一）尼雅和楼兰佉卢文简牍的年代

楼兰故城及其附近（LB、LM、LF遗址）所出佉卢文简牍，拉普逊等人已刊布者约48件（666—707，752—757号简牍）[1]。各遗迹出土情况大致如下：

LA.I：出7件，其中3件写在纸上，1件没有书写痕迹。拉普逊等人已

---

[1] 见书后参考书目：《佉卢文题铭》。

刊布 5 件，即 666、667、668（字残缺甚）、669、670（仅存几个字）号简牍。

LA.Ⅱ：出 2 件，拉普逊编号为 671（字较少）、672（残缺甚）。

LA.Ⅲ：出 3 件，拉普逊编号为 673、674、754，残存字数很少。

LA.Ⅳ：出 17 件，其中有简盖 1 件。拉普逊等人刊布 12 件，即 675—686 号简牍。

LA.Ⅴ：出 5 件，拉普逊等人刊布 3 件，即 687、688、689 号简牍，字均很少。

LA.Ⅵ.i：出佉卢文简牍上盖 1 件。

LA.Ⅵ.ii：出 13 件，拉普逊编号 690、691、692（存一个字）、693（字很少）、694（纸文书）、695（纸文书）、696（行字）、698（纸）、699、700、755、756。

LA.Ⅶ：出 1 件，拉普逊未收。

LA.Ⅸ：出 1 件，拉普逊编号 701。

LB：6 件，拉普逊编号 702—707。

LE：1 件，拉普逊编号 757。

LM：2 件，拉普逊编号 752、753。

根据斯坦因的记述，楼兰故城及其附近约发现 60 件佉卢文简牍，拉普逊等人刊布了其中 48 件简牍。楼兰故城出 51 件佉卢文简牍，其中有字的 48 件，拉普逊等人仅刊布 39 件。

在上述出土佉卢文简牍的遗迹中，汉文简牍与佉卢文简牍的年代关系为：LA.Ⅰ是（曹魏·西晋汉文简牍不明）—佉卢文简牍—前凉汉文简牍。LA.Ⅱ、Ⅲ是曹魏—西晋汉文简牍—佉卢文简牍—前凉汉文简牍。LA.Ⅳ是（曹魏）—西晋汉文简牍—佉卢文简牍。LA.Ⅵ.ii 是曹魏—西晋汉文简牍—佉卢文简牍—前凉汉文简牍。LA.Ⅴ是西晋汉文简牍—佉卢文简牍，其共同的特点是，佉卢文简牍介于西晋与前凉汉文简牍之间。这个现象表明，它们之间在时间上存在着互相承接和交叉关系。

1. 尼雅佉卢文简牍的年代

尼雅佉卢文简牍的年代，是探讨楼兰故城所出佉卢文简牍年代的基础。关于尼雅佉卢文简牍的年代，诸家考证不一，但大体都在公元 3 世纪三四十年代至 4 世纪二三十年代之间。现将四种主要考证结果列表于下[①]：

鄯善五位国王在位年代诸说表

王名与在位年代	学者			
	布腊夫	榎一雄	长泽和俊	马雍
贝比耶	236—243	256—263	203—210	？247—下限不详
陀阇迦	244—246	264—266	211—213	？ 254/7
安归迦	247—282	267—302/4	241—249/51	255/8—292/5
马希利	283—310	303/5—330/2	250/2—277/9	293/6—320/3
伐色摩那	311—321	331/3—341/3	278/80—288/90	321/4—下限不详

除上所述，据笔者的考证研究[②]，尼雅佉卢文简牍所记鄯善国五位国王在位的年代大致推断如下：（1）陀阇迦王，最大纪年数 3 年，在位于公元？年—（242/3 年）—242/5 年。（2）贝比耶王，最大纪年数 8 年，在位于公元 245/6 年—252/3 年。（3）安归迦王，纪年数有 36、38、46 年三说，以 38 年为是，在位于公元 253/4 年—288/9 或 290/91 年。（4）马希利王，纪年共 30 年，在位于公元 289/90 或 291/92 年—318/9 或 320/21 年。（5）伐色摩那王，最大纪年数 11 年，下限不详，在位于公元 319/20 或 321/22 年—329/30 或 331—32 年—？本篇以此为准。

2. 楼兰佉卢文简牍的年代[③]

楼兰故城（LA）及其附近（LB、LM、LF 遗址）所出佉卢文简牍，拉普逊等人共刊布 48 件，其中近半数或严重残缺，或漫漶，或内容过于简单

---

① 鄯善五位国王在位年代诸说，参见孟凡人《楼兰鄯善简牍年代学研究》下篇第二章"尼雅佉卢文简牍的年代与鄯善王统"中的介绍，新疆人民出版社 1995 年版。参见马雍《新疆所出佉卢文的断代问题》，《文史》第七辑，1979 年。
② 参见孟凡人《楼兰鄯善简牍年代学研究》下篇第二章"尼雅佉卢文简牍的年代与鄯善王统"。
③ 尼雅遗址和楼兰故城出土的佉卢文简牍，见〔法〕波叶尔、〔英〕拉普逊、塞纳和诺布尔《佉卢文题铭》，著者和书名西文见书后主要参考书目，本篇佉卢文简牍使用该书简牍编号。

而无法判定纪年界限，故以下只能略述部分简牍的纪年界限。

A. 676、677、706号简牍三十八年十二月二日

676号简牍纪年为"三十八年十二月二日"。按：在楼兰故城和尼雅遗址的佉卢文简牍中，记载鄯善王在位达36年以上者只有安归迦王一人，故此件应为安归迦王三十八年。677号简牍记安归迦王名，缺纪年。706号简牍的御牧牟尔德耶见于574号简牍（安归迦王三十四年），cozbo（州长）迦波格耶见于437号简牍（安归迦王三十四年），所以706号简牍应属安归迦王晚期。

B. 754、277号简牍与楼兰"移民"问题

754号简牍记："兹于四月三日，纳缚地方之全体百姓，……"下面记有一系列的人名。从366号简牍记载国王敕谕cozbo索没阁迦处理纳缚县耕地事来看，纳缚县应属凯度多（精绝）管辖，而纳缚则可能是该县内的某个地区。但是，这件简牍却出于LA. III. i，简中所记的一些人名又见于楼兰故城其他佉卢文简牍。比如，楚格施罗、甘罗那、摩施迪见于701号简牍，索都格见于688号简牍。277号简牍出于尼雅遗址，简中有"楼兰"字样，所记人名有些亦见于楼兰故城的佉卢文简牍。比如，驮吉耶见于676号简牍，波格那见于684、686、688、701号简牍，苏阇陀见于666、669号简牍，鸠那见于686号简牍，黎贝耶见于700、757号简牍，鸠帕罗见于754号简牍。此外，类似者也不乏其例。当然，这些同名者不一定是同一个人。但是，上述情况却表明其中一部分同名者是有内在联系的，他们又很可能是同一个人。据此我们认为，在754、277号简牍时期，似存在着从鄯善腹地向楼兰地区移民问题。277号简牍的"楼兰"字样，或与移民问题有关。所以这些同名者，在客观上又为我们推断楼兰故城佉卢文简牍的纪年界限提供了线索。

C. 一组人名互相关联的简牍

在666、669、681、683、684、685、686、687、688、700、701、754、757号简牍中，人名存在互见现象，比如，681、684、686号简牍记乌那伽，681、684、701号简牍记吉波苏陀，684、688、700、701号简牍记布格尔伽，684、686、688、701号简牍记波格那，684、701号简牍记黎贝、帕尔苏格、摩尔布，701、754号简牍记摩施迪、甘罗耶、鸠特列，700、757

号简牍记黎贝耶、安提耶，681、700 号简牍记驮提伽，666、700 号简牍记摩尔毗格耶，688、754 号简牍记索都格，685、701 号简牍记皮尔都，687、701 号简牍记吉波沙耶，566、669 号简牍记苏阇陀等。不同简牍间人名互见，说明他们的年代必然比较相近。

为了推断上述简牍的纪年界限，有必要首先谈谈 277 号简牍的纪年界限问题。277 号简牍"伏尔周迦那之部"见于 304 号简牍，牟特罗耶见于 129、131、151、304 号简牍，苏阇陀见于 103 号简牍，驮吉耶见于 72、137、154（安归迦王二十九年），677（安归迦王三十八年）号简牍，波格那见于 72、132（安归迦王三十年）号简牍，苏耆耶见于 154、304、762（马希利王八年）号简牍。上述 103、129、131 无纪年简牍，人名与 762 号简牍互见。72 号简牍记 cozbo 林苏，此人主要活动于安归迦王晚期至马希利王中期（参见 26、100、132、147、154、169、180、215、420、425、477、576、762 号简牍间的组合关系）。简中其他人物如督军阿般那见于 103、115、131、132（安归迦王三十年）、180（马希利王十三年）号简牍。探长苏遮摩见于 103 号简牍，婆数罗见于 115 号简牍，安提耶见于 650 号简牍，埃卡罗（职官名称）苏耆陀见于 80 号简牍。其中的 80、103、115、131、650 号简牍所记人名亦与 762 号简牍互见。137 号简牍也记有督军阿般那，此外沙迦贝耶见于 103、108 号简牍，贵人施耆耶见于 72 号简牍；108 号简牍与 762 号简牍人名互见。151 号简牍记督军阿般那，曹长阿波尼耶见于 87（马希利王四年）、215（马希利王三、四、五年）号简牍。304 号简牍阿波格耶见于 313 号简牍，牟特罗耶见于 409 号简牍，苏耆耶见于 762 号简牍，313、409 号简牍与 762 号简牍人名互见。上述组合关系表明，277 号简牍的纪年界限似在安归迦王晚期至马希利王初期。其中有些人物的活动时间可能早到安归迦王二十九年，下限则延至马希利王中期。前面提到的 666、669、676、684、686、688、700、701、754、757 号简牍人名与 277 号简牍互见，所以它们的纪年界限亦大体相当。其中 701、754 号简牍同见的摩施迪格，在 436 号简牍纪年为马希利王十九年；684、688、700、701 号简牍同见的布格尔伽，在 588 号简牍纪年为马希利王二十年。根据上述情况，可知 684 号简牍记载的二年，701 号简牍记载的二十年应为马希利王二年和二十年。同理，与前面诸件简牍人名互见的 681、683、685、687 号简牍，其纪年界限显然也在安归迦王晚期至马希利王中期之间，纪年之下限当去马希利王二十年不远。

D. 678 号简牍

678 号简牍是一件土地买卖文书，卖者是居住在且末的楼兰人凯摩迦，买者是耶钵笈。查已刊布的佉卢文简牍，凯摩迦经常与 cozbo 索没阇迦同见（297、333、338、364、368 号简牍）。625 号简牍还同记 cozbo 柯莱那。耶钵笈组合关系较多，如与 cozbo 索没阇迦同见（412、473、479 号简牍），与 cozbo 伏陀同见（407 号简牍），与 cozbo 夷陀伽同见（115、468、470 号简牍），与卡拉（职官名）卢特罗耶同见（169——马希利王二十六年，112、467 号简牍）。上述 cozbo 皆任职于凯度多。据此可知，凯摩迦和耶钵笈均与凯度多的 cozbo 有较密切的关系。从一些与且末相关的简牍来看，246、296、305、362 号等简牍都记载了凯度多的 cozbo 索没阇迦或舍摩犀那处理与且末有关的事务。582 号简牍还记载了凯度多的 cozbo 索没阇迦与且末的 cozbo 苏耶迷多罗、鸠罗吉耶、布基没那共同处理案件（582 号简牍前一部分纪年为安归迦王二十年，后一部分纪年为马希利王四年）。凡此都说明当时且末与凯度多可能有某种较特殊的关系，故一些且末事务有时也归凯度多的 cozbo 处理。凯摩迦和耶钵笈及 cozbo 索没阇迦等人的关系，大概就是上述情况的反映。虽然在 678 号简牍中没有提到都伯索没阇迦等人，但是上述情况也可间接地反映出凯摩迦卖地事件不会发生在楼兰城。678 号简牍很可能是由凯摩迦或耶钵笈，或其他移民带到楼兰城去的。

cozbo 索没阇迦出现的纪年有安归迦王二十年（582 号简牍），马希利王四年（582、584 号简牍）、七年（415、573 号简牍）、十一年（568、578、637 号简牍）、十三年（569 号简牍）、二十二年（222 号简牍）。cozbo 柯莱那见于 625 号简牍，简文记他任职早于 cozbo 索没阇迦。cozbo 舍摩犀那出现的纪年有马希利王六年（378 号简牍）、十七年（593 号简牍）、十九年（436 号简牍）、二十年（577 号简牍）、二十八年（425 号简牍）。cozbo 夷陀伽出现的纪年有马希利王二十一年（236、322、576 号简牍），他与 cozbo 伏陀主要活动于马希利王时期。卡拉卢特罗耶出现的纪年有马希利王二十六年（169 号简牍），他主要活动于马希利王时期。由于凯摩迦和耶钵笈主要与

cozbo 索没阇迦组合，故 678 号简牍的纪年下限不会晚于马希利王二十二年。此外，考虑到耶钵筊见于马希利王八年（762 号简牍），在 382 号简牍与耶钵筊同见的 korara 卢特罗耶出现的纪年为马希利王十三年（180 号简牍）。在 82 号简牍与耶钵筊同见的苏耆陀出现的纪年有马希利王四年（584 号简牍）、十一年（568、570、578 号简牍）、十七年（575、593 号简牍）、二十一年（576 号简牍）；马希利王十七年以前与 cozbo 索没阇迦组合，十七年以后则与其他都伯组合。以此结合前述情况判断，似可认为 678 号简牍当在马希利王初期，其下限大概不会晚至马希利王十七年。

E. 其他简牍

690 号简牍仅觉护见于 210、601 号简牍，210 号简牍人名与 762 号简牍（马希利王八年）互见，601 号简牍人名见于 617 号简牍（伐色摩那王五年）。752 号简牍只苏耆陀见于其他简牍，出现的纪年有安归迦王二十九年（154 号简牍），马希利王八年（762 号简牍）、二十六年（169 号简牍）。此外，他还与 cozbo 索没阇迦（18 号简牍）、夷陀伽（3、115 号简牍，主要活动于安归迦王末期至马希利王末期），那摩罗兹摩（103 号简牍，大约与都伯夷陀伽同时），克罗那耶（636 号简牍，活动于马希利王晚期至伐色摩那王时期），檀阇伽（15、24 号简牍，主要活动于马希利王中晚期），林苏（109 号简牍，主要活动于安归迦王末期至马希利王中期左右），黎贝耶（100、164 号简牍，活动于马希利王中期至伐色摩那王时期），毗摩耶（35 号简牍，活动于安归迦王末期至马希利王时期）同见。675 号简牍记苏毗难民事，在拉普逊等人刊布的佉卢文简牍中，有近 20 件与苏毗问题相关。出现的纪年有马希利王四年（324 号简牍）、十一年（578 号简牍），此后一直延续至伐色摩那王时期（参见 86、88、119、126、133、212、272、419、515、541、675 号简牍等）。马希利王中晚期以后鄯善势力已经退出了楼兰地区（下文有说），所以上述 690、752 和 675 号简牍的纪年界限似在马希利王初中期。

699 号简牍是件纸文书，正面写汉文"……敦煌具书畔毗再拜……/……备悉自后日遂……"（汉文简牍编号为 Cha·No. 918）。背面写佉卢文，文义难以判读，第一句大意是：没有关于奴隶的报告……由于正面汉文与背面佉卢文的内容毫不相干，故它们之间必有时间先后的问题。正面汉文的书信程式和书法与楼兰晋代简牍相同，佉卢文书是写在晋代文书的废件上。在晋泰始六年至永嘉四年楼兰汉文简牍纪年中断了近四十年，而纸文书保存完好的时间又极为有限，所以这件佉卢文书似写于泰始六年以后的安归迦王时期。此外，667、671、689、696、697、698、702、703、704、752、753、756号简牍所记人名别无它见。从楼兰佉卢文简牍群的共存关系来看，这些简牍应在上述诸件简牍的纪年界限之内。

综上所述，通过分析我们认为这批佉卢文简牍的纪年界限，似主要集中在安归迦王晚期（二十九、三十年以后）至马希利王中期左右，并以马希利王时期居多。其纪年下限则在马希利王二十年，或在其后不久。上述纪年按前述笔者推断的五位鄯善王在位年代界限，安归迦王二十九年约在公元281/2年，三十年约在282/3年。马希利王二十年，约在公元310/11年。又前述699号汉佉双面纸文书的年代当在泰始六年以后不久，即上距公元270年不远。由此可见，楼兰故城的佉卢文简牍在公元270年以后已有少量发现，但主要集中在公元281/2年—310/11年之间，其中尤以马希利王元年至二十年（289/90—310/11年）的简牍最多。

（二）佉卢文简牍无楼兰城是国都的证据

前已指出，西汉始通西域时楼兰城尚未出现，所以西汉时根本不会发生楼兰城是楼兰国都和元凤四年楼兰更名鄯善后的迁都问题。同理，楼兰城最迟在公元376年前凉灭亡后已走向荒废，但鄯善国都扜泥城在公元442年鄯善王率国人之半奔且末之前仍然正常存在[①]，故楼兰城荒废之前也不可能是鄯善国都。下文据鄯善国官方档案佉卢文简牍和汉文简牍对此略作论述。

在拉普逊等人刊布的佉卢文简牍中，尼雅遗址占709件，楼兰故城及其附近地区仅48件[②]。汉文简牍现已刊布者楼兰地区已达600余件，尼雅晋代

---

① 《汉书·且末传》记载："真君三年（442年），鄯善王比龙避安周之乱，率国人之半奔且末。"
② 〔英〕拉普逊等：《佉卢文题铭》，见书后参考书目，本书佉卢文简牍释文汉译，参见王广智《新疆出土佉卢文残卷译文集》，中国科学院新疆分院民族研究所油印本。林梅村：《沙海古卷——中国所出佉卢文书（初集）》，文物出版社1988年版。

简牍仅52件（另有11件时代较早）[①]。据此推断，佉卢文简牍占绝对优势的尼雅尚且不是都城，那么就更无理由认为汉文简牍文书占绝对优势的楼兰故城是鄯善都城了。显而易见，由于两者所出佉卢文和汉文简牍的比例相差如此悬殊，本身就说明了尼雅和楼兰城是分别由鄯善和西域长史进行统治的。就楼兰佉卢文简牍而言，其年代仅仅是佉卢文简牍纪年中的一个小阶段（而且恰处于楼兰故城汉文简牍纪年中断期），简牍的数量和内涵根本无法与尼雅佉卢文简牍相比。因此，即使鄯善曾对楼兰城进行过短暂的统治，它也不可能成为都城。但是，现代有些学者却没有充分注意上述情况。他们根据对尼雅佉卢文简牍表示都城之词的分析，断言楼兰故城是鄯善国都。对此笔者难以苟同，故拟略申拙见。

在佉卢文简牍中，最常用"库瓦尼"（khvani）或"库哈尼"（kuhani）表示都城，其本意可译为"城"或"王城"（291、489、637、660、663号简牍等）。一些学者认为扜泥城就是kuhani的音译，此说是可取的。但是，他们据此引申，认为扜泥城（kuhani）确指楼兰城，因而楼兰城是鄯善国都则是值得商榷的[②]。就khvani或kuhani来说，楼兰佉卢文简牍中未见，它们在尼雅佉卢文简牍中是作为地名单独使用的，其地位远在其他诸城之上（参见291、663号等简牍），绝不与楼兰城和别的城名混同。如637号简牍记工子（kala）基特耶从尼雅返都城时说"在彼启程前赴都城时……"，在LB遗址发现的706号简牍明确记载"朕在楼兰……"。所以我们认为，khvani或kuhani与楼兰城之称是毫无关系的。

佉卢文简牍另一个表示都城的方法，是采用"大城之工廷（或译伟大城市之王廷）"（mahamtanagara rayadvarammi）这个词组。mahamta意为"大"，如mahamta cojhbo是大都伯，mahamta gusura是大古斯拉（官名）。nagara意为"城"（参见55、272、283、317、392号简牍），rayadvarammi意为王廷，设有王廷的大城镇当然是都城了。但是，现在有些学者却直接将mahamtanagara译为"大都"或"都城（京城）"，并认为678号简牍（LA.

---

① 楼兰汉文简牍，见本书"楼兰汉文简牍合校"。尼雅汉文简牍，见孟凡人《楼兰鄯善简牍年代学研究》，新疆人民出版社1995年版。
② 〔日〕长泽和俊：《楼兰王国》，角川新书1963年版。

iV. ii. 3）所记"兹于伟大国王［……］陛下在位之［……］年。有一楼兰人，名凯摩迦，定居在且末。该凯摩迦将（位于）伟大城市（mahamtanagara）南鄙（dac c lna sitiyammi）能种 3 米里马（籽种）之 Kurora 土地一块卖给耶钵笈……"中的 mahamtanagara 与楼兰同指一地，故楼兰城应为鄯善国都①。查佉卢文简牍，凡提到楼兰城之处均使用"kroraimna"或"korayina"一词（见 277、370、383、678、696、706 号简牍），未见使用其他名称者。而 mahamtanagara 也只有与"王廷"连用了形成"伟大城市之王廷"词组时才表示都城（见 5、155、296 号简牍等）。678 号简牍 mahamtanagara 单独使用，不与"王廷"连称，以这种方式表示都城尚未见先例。因此，mahamtanagara 不能译作"大都"或"都城"，只能如实地将其译为"大城镇"或"伟大城市"。这只是个泛称，而不是具体城市的名称。678 号简牍出于楼兰故城，该城规模较大，在鄯善境内其政治地位仅次于王都，故将其称为"大城镇"或"伟大城市"是完全可以的。在这种情况下，若说 mahamtanagara 以楼兰城的同义词出现，也是不足为奇的。但是，若仔细分析这件简牍，凯摩迦是楼兰人而定居在且末，从简牍文义来看，"伟大城市"并无确指性，也不能确定他卖的土地在楼兰城，这件简牍很可能是凯摩迦或耶钵笈或其他移民带到楼兰城去的。因此，以 678 号简牍为据来论证楼兰城是鄯善国都是没有实际意义的。总之，迄今为止，在佉卢文简牍中尚不能找出楼兰城是鄯善国都的证据。

《史记·匈奴列传》记载，匈奴冒顿单于在前元四年（前 176 年）给汉文帝的信中提到"定楼兰、乌孙及其旁二十六国，皆以为匈奴"。《汉书·西域传》"车师"条记载："武帝天汉二年（前 99 年），以匈奴降者介和王为开陵侯，将楼兰国兵始击车师。"《汉书·张骞传》记载："楼兰、姑师小国当孔道。"《汉书·鄯善传》记载："鄯善国本名楼兰，王治扞泥城"，"元凤四年（前 77 年），大将军霍光白遣平乐监傅介子往刺其王。……乃立尉屠耆为王，更名其国为鄯善。"上述史料表明，汉始通西域时楼兰一称是国名而不是城名，当然就更谈不上楼兰是国都了。元凤四年楼兰国更名鄯善国，但《汉

---

① 〔日〕长泽和俊：《楼兰王国》，角川新书 1963 年版。

书》并未言变更王治。"鄯善国本名楼兰，王治扜泥城"之语，清楚地反映出其更改国名前后王治均设在扜泥城，在此期间显然没有发生过以"楼兰"为都和迁都问题。到东汉时期，楼兰开始以城名出现。《后汉书·班勇传》记载："……宜遣西域长史将五百人屯楼兰，西当焉耆龟兹径路，南强鄯善于阗心胆，北扞匈奴，东近敦煌，如此诚便。""勇至楼兰，以鄯善归附，特加三绶。"该文楼兰与鄯善相对，两者的地望和政治概念显然是完全不同的。以此结合《后汉纪》说鄯善国都是欢泥（扜泥）城，更加证明了东汉时期楼兰城也不是鄯善国都。

（二）佉卢文简牍表明，鄯善在晋和前凉之间曾统治过楼兰城

1. 尼雅佉卢文简牍突变的启示

尼雅佉卢文简牍，在安归迦王十七年时突然发生了两个重要变化。第一个变化是国王头衔中出现"侍中"称号。在安归迦王十六年及其以前，鄯善王的标准头衔可以 579 号简牍为例，即 maharaya（大王）rayatirayasa（王中之王）mahaṃtasa（伟大的）jayaṃtasa（胜利的）dhrmiyasa（公正的）sacadhamasthidasa（奉正法的）mahanuava maharaya（大王陛下），aṃkvaga（安归迦）devaputrasa（天子）。但是，到安归迦王十七年时国王头衔中则加入一个新词"夷都伽"（jitugha，或 jituṃga），其后诸王皆沿用此称。这个称号在印度语系、伊朗语系和焉耆—龟兹语中均寻找不到根据。后经多年研究，学术界大都认为这个称号与尼雅汉文"侍中"简（N. xv. 93. a, b）关系密切，所谓"夷都伽"即是"侍中"一词的音译。第二个变化，是在尼雅 571、590、640 号佉卢文简牍封泥上盖有汉文"鄯善都尉"（有人释"鄯普郡尉"[①]）篆印。571、590 号简牍纪年为安归迦王十七年，640 号简牍缺纪年。但是，由于 640 号简牍与 571 号简牍均同记元老伐钵、卡拉迦罗蹉和税吏莱钵多伽，故亦应为安归迦王十七年。在安归迦王十七年后的重要变化，是出现了楼兰之称。在已刊布的佉卢文简牍中记有"楼兰"一称者约有 6 件，即楼兰故城和尼雅遗址各 3 件。楼兰故城的三件前已说明 678 号简牍属马希利王初期，下

---

① 马雍：《新疆所出佉卢文书的断代问题》，《文史》第七辑，1979 年。

限不会晚于马希利王十七年。706号简牍属安归迦王晚期，696号简牍在安归迦王晚期至马希利王二十年之间。尼雅的3件370号简牍记有cozbo索没阇迦，时代应在安归迦王二十年至马希利王二十二年之间。383号简牍卡拉注伽钵见于马希利王二十七年（420号简牍）、二十八年（425号简牍），卡拉罗苏见于马希利王二十七年（420号简牍），司土鸠那色那见于马希利王二十一年（322号简牍），属马希利王晚期。277号简牍前已说明其时代在安归迦王晚期至马希利王初期。此外，另一个重要变化，是在尼雅N. V.xv号房址中有52件晋代简牍与二百余件安归迦王、马希利王时期的简牍共存。晋代简牍的时代，基本上与安归迦王十六、十七年简牍相对应①。

上述四个重要变化，虽然略有先后，却几乎是同步发生的。因此，这些变化必然有着重要的背景。这就是我们下一步要探讨的课题。

2. 鄯善曾一度统治过楼兰城

结合本章前面的论述，有几个现象很值得注意。（1）楼兰汉文简牍纪年，在泰始六年（270年）至永嘉四年（310年）突然中断了近四十年。而楼兰故城佉卢文简牍的年代，则基本上弥补了这个缺环。（2）安归迦王十七年时被晋封为"侍中"、"大都尉"，授"鄯善都尉"印，这些事件与楼兰汉文简牍开始中断的年代大体相当。（3）佉卢文简牍"楼兰"一称出现和流行的时间，与楼兰佉卢文简牍的年代基本一致。关于这些现象产生的背景和原因，我们认为只能从楼兰佉卢文简牍的内容中寻找答案。

据楼兰佉卢文简牍记载，安归迦王曾到楼兰地区进行视察（706号简牍），一些高级官吏也到楼兰地区进行活动。楼兰佉卢文简牍反映出，在楼兰城和楼兰地区有鄯善王国的高级官吏元老（671、704号简牍）、奥古（682号简牍）、古斯拉（696、702号简牍）、御牧（704号简牍）。鄯善王国在楼兰地区有地方行政机构，设州置州长（671、682、683号简牍），其下有avana一级行政建置（似为州之下二级行政单位，有的研究者将它译为县），再下还有百户、十户，并设百户长和十户长（683、688、701号简牍）。在政府机构中有书吏（677号简牍）、税监（686b号简牍）等职官，以及看守

---

① 参见本章之二"楼兰佉卢文简牍的年代"。参见孟凡人：《楼兰鄯善简牍年代学研究》下篇第一章"尼雅佉卢文简牍组合与纪年构成略析"，新疆人民出版社1995年版。

人（671、701号简牍）和信差（695号简牍）之类的一般工作人员。这套行政机构为资料所限，虽然尚不能较完整地复原出来，但是已经可以窥见它与精绝（Cadóta）等州的模式是一脉相承的。在社会构成方面，可见到鄯善王国最富特征的僧团、沙门和奴隶（677、703、666、696号简牍）。作为统治权的象征，鄯善王国还在楼兰地区审理案件（676、677、680号简牍）、收税（696、703号简牍），建立鄯善王国的官方籍账（668、681、685、684、685、686、688、701号简牍），赐给官吏们庄园（706号简牍），并从鄯善王国的腹地向楼兰城和楼兰地区移民[①]。凡此都说明了在楼兰汉文简牍西晋泰始六年（270年）至前凉永嘉四年（310年）中断近四十年，其间鄯善曾统治过楼兰城和楼兰地区。前述安归迦王十七年及其以后佉卢文简牍发生的重要变化正是这种情况的反映。

3. 鄯善进出楼兰城的原因

楼兰汉文简牍纪年在泰始六年至永嘉四年间，突然中断近四十年，这究竟是怎么回事呢？我们认为这是当时特殊的历史背景所造成的。据史籍记载，泰始六年鲜卑进攻凉州，并一度占领凉州，到咸宁五年（279年）才将其镇压下去。此外，泰始八年至咸宁二年间敦煌还发生了反叛事件。众所周知，楼兰城受凉州节度，与敦煌的关系十分密切。因此，当凉州连遭战乱，敦煌不保，失去了大后方的楼兰西域长史机构便成为塞外孤儿，很难坚守。加之咸宁元年以后，鲜卑不断进犯东部天山地区，晋廷在公元290年以后又发生了长达16年之久的八王之乱，无暇西顾。在这种情况下，楼兰汉文简牍纪年中断的四十年，实际上是西域长史机构暂时撤离楼兰城的反映。在这个阶段，西域长史行政机构不见了，却出现了鄯善王国的地方行政机构。昔日汉族频繁的各种活动偃旗息鼓，踪迹难寻；楼兰地区变成了鄯善王国君臣活动的舞台。与此相应，鄯善还向楼兰地区移民，从701号简牍来看，移民以百户为单位，并有看守人监护，所以这种移民似带有一定的强制性。由于701号简牍已到马希利王二十年，说明移民活动可能不那么顺利，故进行的时间较长。楼兰城是魏晋时期西域长史的治所，楼兰地区是屯田重地，汉族

---

① 参见本章之二"楼兰故城所出佉卢文简牍的年代"。

居民（包括军队、官吏等各类人员）占的比例很大。大家知道，移民乃是一种填补居民空虚的重要措施。因此，鄯善的移民活动反映出当时楼兰地区一定是处于人口锐减的状态。以此结合前述诸点判断，在这个阶段西域长史机构及汉族人员撤离了楼兰城和楼兰地区，并发生了政权的交替的分析是可信的。但是，鄯善是如何进驻楼兰地区的呢？这个问题限于资料很难回答。从现象来看，在安归迦王十七年时，晋廷封他为"侍中"、"大都尉"，授"鄯善都尉"印。这个时间与楼兰汉文简牍中断前夕的泰始六年大体相当，选择这样的时间有可能就是为从楼兰地区撤离做准备的。换言之，即是为日后重返楼兰地区，对鄯善采取的一种怀柔政策（按晋同时封焉耆、龟兹、疏勒、于阗王，亦应是为日后重返西域做准备的）。而鄯善则正是利用了这个政策，在西域长史机构撤离了楼兰城后，便以晋"侍中"、"大都尉"的身份逐步进驻楼兰城。由于楼兰佉卢文简牍绝大部分都集中在安归迦王晚期至马希利王时期，在此之前的佉卢文简牍很少，所以鄯善最初进驻楼兰地区似未得到晋廷的允许，而是带有试探性质的。但是，到凉州平定后，太康四年（283年）鄯善王遣子元英入侍，并被封为"骑都尉"，"佩假归义侯印"。这个现象表明，西晋对鄯善进驻楼兰城可能采取了默认的态度。所以楼兰佉卢文简牍大量发现于安归迦王二十九年或三十年（即公元283年）以后，并在楼兰地区出现了鄯善王国的地方行政机构绝不是偶然的。

（四）从佉卢文简牍和汉文史籍看鄯善国都扞泥城的方位

1. 佉卢文简牍表明鄯善国都扞泥城在且末之东

尼雅佉卢文简牍出现的城名除楼兰外，主要的还有凯度多（cadota）、舍凯（saca）、且末（calmadana）、尼壤（Nina）等。据考证凯度多即尼雅遗址，原是精绝国。舍凯似安迪尔古城，原是小宛国。且末城在今且末县城附近，原是且末国。尼壤在今尼雅附近，原是戎卢国。《后汉书·西域传》记载："小宛、精绝、戎卢、且末为鄯善所并，后其国复立。"《魏略·西戎传》说，上述诸国并属鄯善（漏记戎卢国）。可见且末以西诸城是鄯善后吞并的领土，因此鄯善的都城必在且末之东。按楼兰地区在西汉始通西域后，相继成为西汉、东汉和魏晋的势力范围，故鄯善只能向西发展，这是东汉以后鄯善吞并且末等国的重要背景之一。鄯善吞并这些领土后，尼雅佉卢文简牍清楚地表明鄯善王主要活动于且末以西诸城，比如尼雅佉卢文简牍中多处记载王后和王子到尼雅活动（27、637号简牍），尼雅还有王子领地（307号简牍），有王家畜群、骆驼队、牛群、王后的牛和骆驼（40、55、134、152、159、180、182、349、350、439号简牍），以及王家（财产）土地文件（640号简牍）等。尼雅汉文简牍有"泰始五年十月戊午朔廿日丁丑敦煌太守都"（见王国维《流沙坠简》补释，第6页，简二十二；以下简称流·释或补释，下面注明文书号）；"晋守侍中大都尉奉晋大侯亲晋鄯善焉耆龟兹疏勒／于阗王写下诏书到"（流·补释第1页，简三、四）；"诏鄯善王"（N．XV．345）等。此外，佉卢文简牍也反映出且末、舍凯（saca即安迪尔遗址）、凯度多或精绝（cadota，即尼雅）、尼壤与都城之间各种公私往来很频繁（4、5、8、83、159、160、175、180、189、235、291、296、305、306、309、329、489、496、500、660、663号简牍等）。上述资料说明，在公元3、4世纪时鄯善王主要统治着都城以西的半壁江山，故在晋代鄯善王及其亲属有相当长的时间是经常在尼雅活动的，而尼雅、尼壤、舍凯、且末则是鄯善王重点控制的地区。因此，鄯善王都必距这一地区较近，其中特别是关于且末的资料很值得注意。如4号简牍记："顷据舍米迦向朕报告，彼出使于阗。彼等由且末派卫兵一名送彼至舍凯，舍凯派卫兵一名，送彼至尼壤；自尼壤至于阗一段，应由精绝派卫兵一名……"此简记鄯善王遣使于阗，沿途派兵护卫由且末起算，说明都城应在且末之东的前一站。其次，鄯善王从精绝、舍凯等地征收的实物税，除部分留在当地外，大部分运到都城（khvani或kuhani；见159、291、431、432号简牍等），同时还有一部分运至且末，如4号简牍记："命汝将骆驼十峰送至且末"，"务必立即将骆驼交莱比耶送至且末"。309号简牍记："国王陛下等……敕谕cozbo索没阇迦：在汝以前治理汝地政府之那些人（索没阇迦为精绝的cozbo），那时向来带此150米里马……谷物。自汝管辖该州以来，谷物迄今还未带来。冬天此处曾发出命令一道，（命令）谷物必须带来。汝迄今未将谷物送至且末。当汝接此楔形之命令文书，该……（谷物）……必须购买与该谷物同等价值之物交莱钵那送此（指且末）。此事不得有所隐瞒。"329号简牍记："当汝接到此命令书，五峰骆驼

（所能驮载）之酒，应交卡罗吉耶送此（指且末）。……此酒务必于四月五日运至且末……"由此可见，且末与其他几个城相比，具有较特殊的地位。鄯善将征收的实物运至且末，表明且末可能是王家储存给养的基地之一，故且末必是距都城最近的一座重要城镇。

据汉文史籍记载，鄯善、且末相接，两者相距720里。《魏书·且末传》说："真君三年（442年），鄯善王比龙避沮渠安周之乱，率国人之半奔且末。"这件事恐怕即与鄯善王曾在且末长期经营，储存大量给养，且末距鄯善都城最近有关。因此，佉卢文简牍所记鄯善王遣使于阗，派兵护卫由且末起算，以及将征收的部分实物运至且末储存，都间接地反映出鄯善都城应在且末之东不远。

2. 汉文史籍所记扜泥城的方位坐标在今若羌县城附近

《新唐书·地理志》贾耽"入四夷道里记"载："又一路自沙州寿昌县西十里至阳关故城，又西至蒲昌海南岸千里。自蒲昌海南岸西经七屯城，汉伊脩（循）城也。又西八十里，至石城镇，汉楼兰国也，亦名鄯善；在蒲昌海南三百里，康艳典为镇使以通西域者。又西二百里至新城，亦谓之弩支城，艳典所筑。又西经特勒井，渡且末河，五百里至播仙镇，故且末城也。"斯坦因发现的《沙州都督府图经》写本说："鄯善之东一百八十里有屯城，即汉之伊循"，"石城镇东去沙州一千五百八十里，去上都（长安）六千一百里，本汉楼兰国。《汉书·西域传》云：地沙卤，少田，出玉。傅介子既杀其王，汉立其地更名鄯善国，隋置鄯善镇，隋乱其城遂废。贞观中，康国大首领康艳典东来居此城，胡人随之，因成聚落，亦曰典合城；其城四面皆是沙漠，上元二年（675年）改为石城镇，隶沙州。"伯希和发现的《沙州都督府图经》本说："屯城西去石城镇一百八十里，鄯善质子尉屠耆归单弱，……汉遣司马及吏士屯田依脩（伊循）以镇之，即此城是也，胡以西有鄯善大城，遂为小鄯善，今屯城也。"后云"古屯城在屯城西北"；"鄯善城周回一千六百四十步，西去石城镇二十步，汉鄯善城，见今摧坏。""蒲昌海在石城镇东北三百二十里，其海周广四百里。"① 若将上述资料简化，可得出

---

① 斯坦因、伯希和本《沙州都督府图经》转引自冯承钧《西域南海史地考证论著汇辑》，中华书局1957年版，第27、28页。

两个等式，即七屯城＝屯城＝伊循＝小鄯善城；石城镇＝楼兰国·鄯善国（指都城而言）＝鄯善镇＝典合城＝鄯善大城（屯城伊循说不确，已见前述论证）。由此可见，楼兰国及更名鄯善国直到灭亡，鄯善都城的方位始终未变，一直设在石城镇附近。在文献中记载鄯善都城的方位，以上述史料最为清楚。故下面拟以汉里一里＝417.53米，唐里一里＝442.50米（小程），清里一里＝500米对上述里程略作换算，看看扞泥城位于现在的何处。

《新唐书·地理志》（以下简称《新志》）记阳关至蒲昌海南岸千里，《元和郡县志》卷四〇记寿昌县东至敦煌105里，西至阳关6里，是敦煌到蒲昌海南岸共1111里，约合491617.5米。《新志》记屯城至石城镇180里（80里，误），石城镇在蒲昌海南300里，所以屯城距蒲昌海南岸当为120里，约合53100米，这样敦煌至屯城的距离则为544717.5米。在蒲昌海南岸最大的居民点是今米兰，斯坦因实测米兰至敦煌为322英里。1英里约合1609米，是米兰到敦煌共534188米，较前述估算的敦煌至屯城的距离少10公里。但是，若考虑到测量和换算误差，及古今所测路线曲直之别，可认为两者是基本相同的。因此，现代学者考证米兰古城即为唐代的屯城是可信的。屯城与石城镇的距离，《沙州图经》记180里，约合79750米。今米兰西距若羌县城约74公里（公路里程），米兰古城又在米兰乡东偏南约7公里。这样屯城与石城镇的距离大体相当于今米兰古城至若羌县城一带的距离。新城即今瓦什峡古城，《新志》记石城镇至新城200里，约合88500米；《沙州图经》记"新城东去石城镇240里"，约合106200米。今若羌县城西距瓦什峡公路里程为80公里，古城又在其南约10公里，共合900000米。这个距离较《新志》所记仅多　公里半，比《沙州图经》则少16公里。若羌且末间距，近代以来路线与古代差异较大，缺乏比较资料。就汉唐资料而论，《汉书·鄯善传》记为720里，约合300621.6米；《新志》记为700里，约合309750米，两者仅差9公里，基本一致。通过上述换算，证明唐代上述资料记载的里程是较为可靠的。据此判断，所谓屯城和石城镇即应在今米兰和若羌县城附近。

除上所述，再将汉唐两代记载的有关里程略作对比，看看扞泥城的方位在什么地方。《汉书·鄯善传》记鄯善国都扞泥城与阳关间距1600里，约合667948米。《沙州图经》记石城镇（即鄯善国）东去沙州1580里，减去沙州阳关间距 111 里为 1469 里，约合 650037.5 米，比汉代里程少 18 公里，大体相近。《汉书·且末传》记载："且末国王治且末城，去长安六千八百二十里。"这个里程实际是《汉书》记载的且末扜泥城间距 720 里，加扜泥城阳关间距 1600 里，加阳关长安间距 4500 里之和。由此可见，汉代阳关西至鄯善国治扜泥城 1600 里，与且末东去鄯善国治扜泥城 720 里会合点亦在今若羌县城附近。此外，再估算一下扜泥城与车师和都护治所乌垒的里程。据《辛卯侍行记》卷六记载，从吐鲁番经鲁克沁南穿库鲁克山，过生格尔和营盘达孔雀河边共 870 里；渡孔雀河西南经都纳里至若羌县为 670 里；加上吐鲁番与交河城间距 20 里，交河古城至若羌县城共 1560 里，约合 780000 米。《汉书·鄯善传》记鄯善王治扜泥城西北（应为东北）至车师 1890 里，约合 79330.7 米，两者仅差一公里左右（车师王治在交河城）。《汉书·鄯善传》记扜泥城与乌垒间距为 1785 里，约合 745291.05 米。据《新疆图志·道路志三》记载，今若羌县北距都纳里 590 里，都纳里至库尔勒 618 里，共 1208 里，约合 604000 米。汉代乌垒方位无确考，《新疆图志》卷十五说："今自哈勒噶阿璊至库陇勒（库尔勒）为尉犁国地，则自库陇勒西至策特尔三百里为乌垒之地无疑。"今姑且以此为准，是若羌至库尔勒 604000 米加上库尔勒至策特尔 150000 米，共为 754000 米。这个里程与《汉书》所记扜泥城乌垒间距仅差 8 公里左右。总之，汉唐史籍记载扜泥城的四至里程，若以今若羌县城为准换算验证，均大体相合。相反若以楼兰故城为准进行换算则情况大不一样。韩儒林先生曾作过这种尝试，其换算结果是楼兰故城去阳关 1276.5 里（按这个里程与《汉书》记玉门关至蒲昌海 1300 里相近），去扜泥城为 323.5 里，去都护治所乌垒为 1461.5 里；[①] 与史籍所载扜泥城的四至里程均不相符。

综上所述，从汉至唐代史籍记载的具体情况及扜泥城的四至里程来看，均反映出楼兰城不是鄯善国都。无论楼兰国还是更名鄯善国后，其国都一直设在扜泥城。汉文史籍所记扜泥城的方位坐标皆指向今若羌县城附近，这个结果与佉卢文简牍反映出鄯善国都在且末之东附近是吻合的[②]。

[①] 韩儒林：《穹庐集》，上海人民出版社 1982 年版。
[②] 参见孟凡人：《论鄯善国都的方位》，收在《亚洲文明》第二辑，安徽教育出版社 1992 年版。该文论证了鄯善国都在今若羌县城南偏西约六公里的且尔乞都支古城。

（五）楼兰城一带是魏晋前凉的直辖区

魏晋前凉时期，鄯善是在凉州和敦煌郡及西域长史营直接控制下的属国。这个阶段，除西晋泰始六年至前凉永嘉四年间西域长史机构暂时撤离之时，鄯善曾对楼兰城一带进行过统治外，楼兰地区一直受西域长史机构的直接统治，并成为凉州和敦煌郡的直辖区，到前凉时期更变成沙州的组成部分。总的来看，可以说自汉通西域之后，楼兰地区这个独立地理单元在行政隶属关系上就已经与鄯善完全脱钩（西汉时期，伊循城名义上属鄯善，实际上被伊循都尉控制），魏晋前凉时期则形成由中央政府派出机构西域长史营直接进行统治的、完整的独立行政区。因此，仅从这个方面来看，楼兰城也根本不可能成为鄯善的都城。

1. 楼兰西域长史机构隶属于凉州和敦煌郡

楼兰故城位于新疆东部罗布泊附近，敦煌在河西走廊西端疏勒河流域。两者通过阿奇克谷地携手相连，同处东西交通要冲之地，故自汉通西域以来它们的关系一直比较密切，特别是魏晋前凉时期，由于在楼兰城设置西域长史机构，楼兰城与敦煌郡的关系又发展到一个新的阶段。对此史籍虽无明载，但是在楼兰汉文简牍中却有直接或间接的反映。关于楼兰城与敦煌郡的关系，过去未被重视，涉及者甚少。殊不知在学术界长期热烈争论的楼兰故城的性质和鄯善国都的方位，却与此密切相关。

（1）简牍所记"郡"确指敦煌郡

近年来有的学者认为，楼兰汉文简牍中记载的"郡"是本郡而非外郡，并断定曹魏末年至晋泰始六年，或其后不久曾在楼兰设鄯善郡①。其实若仔细分析一下楼兰汉文简牍，就会发现简牍中记载的"郡"与楼兰不是同指一个地方。如简牍 C·P·No. 13·1 记："三月廿三日郡内具／大人坐前前者／后信希白问疏／西有人到虽不获吉／以用欢喜欢喜即日郡／"（正面）；"白／泰文／主簿马君／"（背面）。主簿马君即是马厉，有时又称"泰文"，他主要活动于泰始五、六年，是西域长史机构中的重要官吏。简牍 C·P·No. 66·1 正面记："在郡便钱市彩"等事，背面记"白／讳泰文／马评君／"。

---

① 前引马雍：《新疆所出佉卢文书的断代问题》。

上述二件都是从郡发至楼兰城，寄给主簿马君的信件，简牍 Cha·No. 928 是一位叫"枢"的官员写给郡的公函，背面是出床廪给士兵的文簿，每笔账后均写"行书入郡"。简中的"枢"和士兵梁秋在其他简中与梁鸾同记，梁鸾是西域长史机构中的重要官吏，主要活动于泰始四年至六年。简牍 C·P·No. 17·1 是封书信草稿，正面记"表郡"，背面又记有"今营求索亦落度糊口"，"营"与郡相对。简牍 Cha·No. 755 记："□因主簿奉谨遣大候究犁与牛诣营下受试"；Ma·No. 246—248 一组书信分别记有"营以行"，"使君营以邮行"，"营以邮行"。王国维根据这些资料早已指出所谓"营"即指西域长史营而言。上述情况表明，简牍中所记之"郡"，其地绝不在楼兰，故不能得出晋在楼兰设郡的结论来。

那么"郡"何所指呢？我们认为是确指敦煌郡，如简牍 C·P·No. 17·1 记"表郡"，同组简牍 C·P·No. 17·2 则记为"白敦煌"。C·W·No. 107 将"郡"称为"府"，如"敦煌府"、"酒泉府"等，故当时又将郡太守称为"府君"，并引出"府掾"、"府内"等称，如 C·P·No. 27·1b 记："府君 归敦煌"。Cha·No. 930、931、932、937 是一组王彦时书信，简中所记"郡"确指敦煌郡，王彦时是敦煌郡的督邮且长住楼兰城，徐府君是敦煌太守到楼兰和西域视察。C·P·No. 4 将发信地点写为"敦煌"，同时又称"府内"；Ma·No. 228 记"府掾"在楼兰食诸部瓜菜事。上述情况结合下文所述楼兰故城和敦煌郡的关系来看，可知楼兰城由于直接受敦煌郡统辖，所以在行文中往往将敦煌郡简称为"郡"。正如现在"某部"、"某省"直接下属机关，行文时往往仅简称"部"、"省"，而不称"某部"、"某省"一样，此乃古今通例也。

（2）西域长史机构受敦煌郡管辖

在楼兰汉文简牍中，敦煌与楼兰间公私往来函件较多，其中有些可明确看出敦煌郡与楼兰间的统辖关系，如简牍 C·P·No. 17·1 正面记："……袁羌书…… / ……顺无他……种大小麦稀…… / ……访并有当顺兵孟……等以相证正…… / 还未可期游今无入身……麦…… / 如限为负既为牢狱天盛…… / 怵惕之虑刑狱重…… / 如前所白偿本…… / 须大课以为…… / 表郡"；背面记："虽不来…… / 甚劳愁…… / 万福如已…… / 怪愁无间常……/之弘也今营求索……/亦落度糊口恒有不足……/某患口腹使有愁……希告籴……/麦调□想相见将□……诣左右面白……/……所顾虑诸事……不能复谐也/……念慰……珍左□德□……/。"其大意是向敦煌郡陈述情况和困难,请求"告籴"。简牍 C·W·No. la·1b 记:"泰始五年七月廿六日从掾位张钧言敦煌太守","未欲讫官谷至重不可远离当须治大麦讫乃得";此简系直接向敦煌太守言事。简牍 C·W·No. 107 记:"出长史白书一封诣敦煌府蒲书十六封具/十二封诣敦煌府二诣酒泉府二诣王怀阙颀/泰始六年三月十五日□楼兰从掾位/马厉付行书□□孙得成/。"简牍 Cha·No. 928 记:"□□诏书下州摄郡推官□□□所上不□量□□/写郡答书草并遣兵上尚书草呈当及贾胡还府君/敕与司马为伴辄住留司马及还其余清静后有异复/白枢死罪死罪/枢死罪□□□□□卜万福。"背面记:"出庆廿八斛六……/出床三斛七斗禀……兵胡虎等……/出床五十斛四斗禀兵贾秋伍何钱虎等廿八人人日食六升/……/行书人郡/……"上面两件简牍表明,敦煌郡与楼兰城有上下级关系,特别是 Cha·No. 928 将出床廪给士兵文簿上报敦煌郡,说明敦煌郡要掌握楼兰西域长史机构的账目和给养情况,可见敦煌郡管得比较具体。简牍 C·W·No. 102 记:"出敦煌短绫彩廿匹/给史宋政籴谷/泰始五年十一月……";Cha·No. 912 记:"永嘉六年二月十五日……/辞曹上奏去四年奉……/发玉门关(州)内直……/……得……","奉"当即为"俸";"奉前郡来时各有私饷……"[1] 这几件简牍反映出,西域长史机构的官吏俸给可能有一部分来自敦煌郡。西域长史机构向敦煌郡上报工作,部分俸给来自敦煌郡,敦煌太守到楼兰视察监督工作;敦煌郡督邮长住楼兰城(Cha·No. 894、930 等),"府掾"(Ma·No. 228)和"敦煌兵"[西·图·史图版(1)]在楼兰城活动等,都说明了楼兰西域长史机构是受敦煌郡管辖的。

(3)敦煌郡与西域事务有传统关系

自西汉通西域以后,边陲重镇敦煌就与西域事务结下了不解之缘。到东汉时期,敦煌郡更在西域具体事务中发挥了重要作用。以《后汉书·班勇

---

[1] 前引侯灿《楼兰新发现木简纸文书考释》,《文物》1988 年第 7 期,第 45 页。

传》提到的事件为例：第一，"昔永平之末，始通西域，初遣中郎将居敦煌，后置副校（尉）于车师……"。据《后汉书·郑众传》记载，郑众在永平八年（65年）使匈奴后，"乃复召众为军司马，使与虎贲中郎将马廖击车师。至敦煌拜为中郎将，使护西域。会匈奴胁车师围戊己校尉，众发兵救之。"匈奴胁车师围戊己校尉事发生在永平十八年（75年），建初元年（76年）戊己校尉耿恭还玉门，中郎将郑众为恭以下洗沐，易衣冠。第二，"元初六年（119年），敦煌太守曹宗遣长史索班千余人屯伊吾"。第三，班勇说："旧敦煌郡有营兵三百人，今宜复之，复置护西域副校尉，居于敦煌，如永元故事。""于是从勇议，复敦煌郡营兵三百人，置西域副校尉居敦煌。"第四，永建二年（127年），"勇上请攻（焉耆王）元孟，于是遣敦煌太守张朗将河西四郡兵三千人配勇。因发诸国兵四万余人，分骑为两道击之。勇从南道，朗从北道，约期俱至焉耆"。此外，《后汉书·西域传》记载，永兴元年（153年）"敦煌太守宋亮上立（车师）后部王军就质子卑君为后部王"，永建"四年（129年）春，北匈奴呼衍王率兵侵后部，……乃令敦煌太守发诸国兵及玉门关候，伊吾司马合六千三百骑救之"。《汉敦煌太守裴岑破北匈奴记功碑》说："惟汉永和二年（137年）八月，敦煌太守云中裴岑将郡兵三千人，诛呼衍王等……"曹魏时期，魏黄初元年始置凉州刺史，以尹奉为敦煌太守。黄初三年，鄯善、龟兹、于阗各遣使贡献，西域遂通，置戊己校尉，以行敦煌长史张恭为之。《三国志·仓慈传》记载，敦煌太守仓慈死后，"西域诸胡闻慈死，悉共聚于戊己校尉及长吏（史）治下发哀；或有以刀画面，以明血诚；又为立祠遥共祠之"。

综上所述，东汉曹魏时期敦煌郡与西域的关系，可归纳成如下几条：第一，敦煌郡是控制西域的前哨基地、大本营，肩负着护西域之重任。第二，敦煌郡在特定的条件下，有权派其属吏到西域一些地方进行统治。第三，敦煌郡对西域握有一定的征伐之权。第四，在特定的条件下，敦煌郡有权废立西域一些小国的国王。第五，敦煌郡在一定程度上，控制着戊己校尉和西域长史机构。到了晋代除前已说明者外，从尼雅汉简来看敦煌太守有权发放往返西域的过所；敦煌太守的一些政令有时可达于西域诸国。上述诸点表明，东汉以后敦煌郡实际上管辖西域长史，并统领西域事务。这是敦煌郡所处的战略地位和当时历史情况造成的结果，同时也是敦煌郡与西域传统关系不断发展的必然结果。

（4）凉州统领西域长史机构

《晋书·地理志》"雍州"条记载："及武帝置十三州，其地（指雍州）西偏为凉州"，"后汉光武都洛阳，关中复置雍州。后罢，……献帝时又置雍州，自三辅距西域皆属焉。魏文帝即位，分河西为凉州，分陇右为秦州……"同书"凉州"条记载："汉改周之雍州为凉州，盖以地处西方，常寒凉也。地势西北邪出，在南山间，南隔西羌，西通西域，于时号为断匈奴右臂。献帝时，凉州数有乱，河西五郡去州隔远，于是乃别以为雍州。末又依古典定九州，乃合关右以为雍州。魏时复分以为凉州，刺史领戊己校尉，护西域，如汉故事，全晋个改。统郡八、县四十六、户三万七百。"据上所述，两汉时期东自关右西到河西五郡直达西域界，先设凉州后设雍州，并都肩负护西域之重任。如建宁三年（170年），凉州刺史派戊己司马、西域长史率焉耆、龟兹、车师兵征讨疏勒即是一例。此外，《水经注》记载："敦煌索劢，字彦义，有才略。刺史毛奕，表行贰师将军，将酒泉、敦煌兵千人至楼兰屯田……"前已说明索劢屯田是东汉时期的事，他将酒泉敦煌兵，是毛奕应为凉州刺史。魏文帝即位后，在河西地区设凉州，明确规定刺史领戊己校尉，护西域；至晋不改，对此楼兰汉文简牍和尼雅汉文简牍也略有反映。如简牍 Cha·No. 928 中提到"诏书下州摄郡"，另一件记"州郡书当得文书"。[①] 尼雅汉文简牍有"州下郡推辟"（NV. Nxv. 145），"武威西平西郡张掖酒泉敦煌"（NV. Nxv. 188），皆为晋初凉州郡名，属凉州刺史文书。楼兰出土的 Ma·No. 213 记："都督／泰始二年以来□／曹节度所下杂文／书本事"，纸背记"限本事"。这件简牍所记，与曹魏至前凉时期凉州刺史一般带"持节"和"都督"的称号是完全吻合的。同时也表明了，凉州刺史亦应领西域长史。

2. 前凉永和元年后楼兰地区成为沙州的组成部分

如上所述，在行政关系上从东汉至魏晋时期，凉州护西域，领西域长史。但是，无论在文献中，还是在直接反映实际问题的简牍资料中，凉州与

---

① 参见侯灿《楼兰新发现木简纸文书考释》，《文物》1988年第7期，第44页。

楼兰西域长史关系的资料都很少。相反,敦煌郡与楼兰西域长史关系的资料却较多。这个现象似乎表明,在东汉魏晋时期虽然西域长史在行政隶属关系上由凉州刺史节度,但是因凉州州治相对来说距楼兰较远,鞭长莫及。故距楼兰最近的敦煌郡,有可能被授权代凉州具体管理楼兰西域长史事务。换言之,即楼兰西域长史机构在名义上隶属凉州,而实际上则受敦煌郡直接管辖。正因为如此,到前凉时期情况才为之一变。《资治通鉴》卷九七"永和元年"条(345年)记载:前凉"分敦煌等三郡及西域都护三营为沙州"。《魏书·张骏传》则说,以敦煌、晋昌、高昌、西域都护、戊己校尉、玉门大护军三郡三营为沙州;所谓西域都护,即设在楼兰城。据此可知,自汉以来凉州辖地逐渐缩小,并越来越靠西,与西域事务越来越密切。到前凉后期,索性将距西域最近的两个郡,与西域的两个派出机构合起来成立沙州。此时由于沙州与敦煌郡的治所同在敦煌,故楼兰西域长史(西域都护)的隶属关系,在名义上和实际上都与敦煌密不可分了。这是敦煌与楼兰西域长史机构,早已存在的密切关系不断发展的必然结果。前凉此举只不过是在当时的具体情况下,使其名正言顺而已。

楼兰西域长史机构由凉州节度,受敦煌郡具体管辖。到前凉后期,又将其划归沙州,成为内地行政组织结构的有机组成的一部分。凡此都说明了楼兰城不可能是鄯善国都,同时也说明楼兰城和西域长史所管辖的楼兰地区乃是西域长史直接统治区,在行政隶属关系上与鄯善无涉。

3. 凉州、敦煌郡和西域长史营对鄯善实行有效控制

尼雅遗址 N. V. xv 号房址发现 52 件晋代汉文简牍中[①],明确地反映出西晋时凉州和敦煌等郡以及西域长史营对鄯善实行有效的控制。这些简牍归纳起来,大致有以下三个方面内容:

(1) 鄯善王受晋封并受晋廷诏书

如 N. xv. 93a, b "晋守侍中大都尉奉晋大侯亲晋鄯善焉耆龟兹疏勒";N. xv. 73 "于阗王写下诏书到"。N. xv. 93a, b、N. xv 73 文义连属,实为同一件简牍。N. xv. 345 "诏鄯善王"。此外还有下文将要引用的 N. xv. 75、348 号简牍。

---

① 参见孟凡人:《楼兰鄯善简牍年代学研究》,第 260—272、375—379 页。

（2）西晋行书于鄯善并在其境内罗捕罪犯

凉州及其属郡行书于鄯善，如 N. xv. 326 "泰始五年十月戊年朔廿日丁丑敦煌太守都"，N. xv. 188 "武威西平西郡张掖酒泉敦"，N. xv. 116 "张掖酒泉会十……"王国维说：上述三简中所见郡名凡六，皆晋初凉州刺史所部之郡，前一简殆敦煌太守文书，后二简则凉州刺史文书。[①]

西晋在鄯善境内罗捕罪犯，如 N. xv. 328 及 75 "西域长史营写鸿胪书到如书罗捕言会十一月一日如诏书律令"，N. xv. 348 "写下诏书到罗捕言会三月卅日如诏书"，N. xv. 010 "推辟摄录"，N. xv. 101a "已别下所在郡县牧若辟"。所谓"如书罗捕言者，盖逮捕罪人之书，如书罗捕谓承诏书捕之也"；"如诏书律令者，盖所捕之人在律令为罪人，义为诏书所逮捕故令受书之人遵诏书及律令行事也"；"推辟谓验治也"，"摄录二者皆谓收系也"；"所在郡县牧，盖亦边州逮捕罪人之书行于西域者，故于郡县之外兼云牧欤"。[②] 此外，还有 N. xv. 37、125、145、176、189、314、315、362 号等简牍，皆"边州逮捕罪人之书行于西域者"[③]。

（3）西晋发放通行于鄯善的过所

属过所类简牍较多，如 N. xv. 109 "去三月一日骑马诣元城收责期行当还不克期日私行无过"，N. xv. 353 "违会不还或安别牧私行乘买无过所启信前各私从吏周（？）"，N. xv. 203 "……右　人属典客寄口纤钱佛屠中白赍敦煌太守往远过"，N. xv. 82 "过所行治生"。上述四简皆记稽查行旅之事，其二简言"过所"，二简言"过"。据《太平御览》五九八"过所门"，引《晋令》说："诸渡关及乘船筏上下经津者，皆有过，写一通付关史。"是"过所"亦可简言为"过"，王国维说："自赍敦煌太守往远过所，则通行西域过所亦敦煌太守所给也。""渡关津而无过所者，在魏晋律令皆有罪也"。[④]

此外，N. xv. 53 记"月氏国胡支柱年卌九中人黑色"，N. xv. 337 "……丑年十四短小同著布袴褶"，N. xv. 192 及 N. xv. 02 "异年五十六一名奴中人髭

[①] 王国维：《流沙坠简》，1914 年日本京都东山学社印本，1934 年校正重印本。
[②] 王国维：《流沙坠简》，1914 年日本京都东山学社印本，1934 年校正重印本。
[③] 王国维：《流沙坠简》，1914 年日本京都东山学社印本，1934 年校正重印本。
[④] 王国维：《流沙坠简》，1914 年日本京都东山学社印本，1934 年校正重印本。

须仓白色著布袴褶緺履"，N. xv. 61 "□男生年廿五车牛二乘黄□牛二头"等，这些简牍"记人名、年、物色外，兼及衣服车马，疑即前简所谓过所"①。

综上所述，可指出以下四点：第一，西晋时期晋廷、凉州及其属郡不但在鄯善境内行书追捕罪犯，而且还发放通行过所。罗捕罪犯是行使司法权，发放用汉文书写的通行过所则表明西晋在一定程度上控制了鄯善的重要关津要道，凡此均属一个国家的主权范畴。所以，当时鄯善实际上已是西晋的属国。第二，晋廷除大事直接向鄯善下诏书外，一般的具体事务则委派下属机构管理。从尼雅发现的凉州及其属郡文书来看，鄯善应是受凉州节度并被敦煌郡统辖。第三，西晋楼兰西域长史机构，又称西域长史营。前引 N. xv. 75 号西域长史营简牍，王国维解释说："《续汉书·百官志》大鸿胪，卿一人，掌诸侯及四方归义蛮夷，魏晋仍之。故诏书之赐诸属国者，当先下大鸿胪，由大鸿胪下西域长史，而西域长史营写之以下诸国。故曰西域长史营写鸿胪书也。"② 这种诏书下达之层次关系表明，当时鄯善应受西域长史营具体管辖，也就是说，西晋楼兰西域长史营与鄯善是控制与被控制的关系。第四，N. xv. 101a "已别下所在郡县牧送辟"，前已指出该简牍表明边州郡县与鄯善是有区别的。根据以上四点，我们认为西晋泰始年间（尼雅晋简在泰始五年左右）鄯善是西晋的属国。上述情况表明，鄯善的属国地位，根本不可能将其都城设在宗主国管理西域控制鄯善的西域长史治所楼兰城。同时亦证明，西域长史治所楼兰城一带虽然在鄯善境内，然而却是独立于鄯善之外的宗主国的直辖行政区。

（六）楼兰故城的性质是西域长史治所

1. 楼兰故城内主要建筑遗迹的性质是长史治所标志性建筑

在楼兰故城内，遗迹Ⅱ是唯一的土坯建筑，具有内地建筑的特点。遗迹Ⅲ是当地土著建筑形式，与遗迹Ⅱ同在一个院内，这里出土大量与西域长史机构有关的汉文简牍（佉卢文简牍仅有几件），著名的西域长史李柏文书即出于此（后文有说），故一般将其称为长史衙署遗址。在其北不远的遗迹Ⅴ、

---

① 王国维：《流沙坠简》，1914年日本京都东山学社印本，1934年校正重印本。
② 王国维：《流沙坠简》，1914年日本京都东山学社印本，1934年校正重印本。

Ⅵ.i 则是衙署遗址的附属建筑。遗迹Ⅳ在衙署遗迹之西，完全是当地土著建筑形式，规模较大。所出汉文简牍集中在晋泰始年间，内容绝大部分与仓曹有关（如 Ma·No. 186—199），故它应是长史衙署的组成部分之一。此外，遗迹Ⅳ又是故城内出土佉卢文简牍最集中、数量最多的地方。佉卢文简牍的年代集中在安归迦王后期，楼兰城内两件安归迦王简牍即出于此。佉卢文简牍的内容主要是审讯案件（676号简牍）、处理换地、买卖土地（677、678号简牍）等，所以遗迹Ⅳ又可能是鄯善安归迦王十七年以后，统治楼兰城时的衙署所在地。遗迹 Ⅷi. ii 是大垃圾堆，界于遗迹 Ⅲ. i、v、Ⅵ. i 和Ⅳ之间，是城内出土汉文简牍最多的地方，同时还有少量佉卢文简牍。从简牍出土情况和内容判断，垃圾堆中的汉文简牍主要来自遗迹Ⅱ和Ⅲ，佉卢文简牍主要来自遗迹Ⅳ。遗迹Ⅶ是一处大住宅遗迹，附近还散布一些小住宅，都是当地土著建筑形式。遗物有的完全是当地土著居民的用品，但有些小住宅则出土了漆器、五铢钱、木梳等汉族用品。因此，这一带可能是当地土著与汉族的杂居区。由于地靠衙署，位置重要，所以大住宅可能是当地土著上层人物的宅邸，余者或与长史机构有一定关系。在遗迹Ⅱ、Ⅲ和Ⅶ之南的堡垒痕迹，似为军事驻地。

楼兰故城渠道之东，遗迹Ⅰ是一组房屋建筑，完全是当地土著建筑形式，规模宏伟。因此一些认为楼兰故城是鄯善国都的学者，将它称为鄯善王宫。这个遗址从遗物来看，既出有当地土著居民的小型用具和用品，也有相当多的各类丝织品，以及筷子、漆器、铜镜、五铢钱等汉族用品。所出简牍中，汉文简牍近20件，佉卢文简牍只有5件。其中汉文简牍内容都很重要，如"建兴十八年三月十七日禀"（Cha·No. 886—LA. 1. iii. 1），"大将车右长史关"（Cha·No. 887—LA. 1. i. 1），"水曹请绳十入"（Cha·No. 888—LA. 1. ii），在私人信件中，提到"奉使"，"慰知尊兄"（Cha·No. 894—LA. 1. v. 1），"使君麾下"（Cha·No. 895—LA. 1. v. 1）。王督邮一组书信中记有"徐府君"、"唐长史"、焉耆和龟兹问题（Cha·No. 930—932，934—938—LA. 1. 1v. 2. 3），"诸将为乱曹／露布到降诛"（Cha·No. 935—LA. 1. 1v. 2），以及中医药方（Cha·No. 933—LA. 1. 1v. 2）等，这些简牍人都属前凉时期。大房址Ⅰ隔渠道与衙署遗址斜对，两者所出汉文简牍的时代和性质相关。但是，大房址

Ⅰ发现的汉文简牍的规格普遍较高。因此，大房址Ⅰ可能是前凉西域长史官邸，同时或充作高级客馆之用。而所出5件佉卢文简牍（666—670号简牍）数量和内容的重要性都远不如遗迹Ⅳ发现的佉卢文简牍。楼兰佉卢文简牍记有鄯善王名和地方官名称的简牍，也不发现于此。所以大房址Ⅰ在鄯善统治时期既不是衙署，更不是鄯善王宫（前已考证都城不在楼兰）。从发现于大房址Ⅰ之ii室的666号佉卢文简牍来看，该简牍记有吉查依查迦莱向苏阇陀问候并报告奴隶之事。吉查依查是鄯善中央政府高级官吏，故文中所提苏阇陀必身居高位。这件简牍表明，当时大房址Ⅰ居住之人，乃是鄯善中央政府的高官。所以似可认为，在鄯善统治楼兰城时期，大房址Ⅰ或作为接待鄯善中央政府要员的客馆之用。遗迹Ⅸ发现粮食堆积，所出佉卢文简牍中还残存有"看守"字样，故有人认为是粮仓。此外，由于它距佛塔较近，又有人认为是僧房。除上所述，在佛塔Ⅹ及遗迹Ⅰ、Ⅷ和Ⅸ之北、南和西面，还散布着木建筑构件。这一带可能是建筑比较简陋的土著居民区，故遗迹不易保存下来。

总之，楼兰故城内渠道之西遗迹Ⅱ、Ⅲ、Ⅴ、Ⅵ.i和Ⅳ为衙署区。由于衙署区发现大量与西域长史机构有关的简牍，故衙署区就成为判断楼兰故城是西域长史治所的标志性建筑。其次，在此之南似为军事驻地，以及汉族与当地地位较高土著居民的杂居区。渠道之东，以佛塔Ⅹ和高级官吏宅邸、客馆Ⅰ等为中心，其他大片空地原似为一般土著居民区。上述情况表明，在魏晋前凉时期楼兰城内规格较高的建筑，几乎均被长史机构或汉族占据，当地土著所居相比之下则处于从属地位，从而亦成为判断楼兰故城是长史治所的证据之一。以此结合前述汉文简牍所反映的楼兰城的社会生活状况，清楚可见楼兰城具有浓厚的汉族色彩，它完全在西域长史机构的统治之下。

2.楼兰汉文简牍的内涵是长史治所的铁证

综上所述，前面已从楼兰故城的形制和时代，楼兰故城内主要遗迹的性质，楼兰、尼雅佉卢文简牍的纪年界限及其所反映的鄯善与楼兰城的关系；佉卢文简牍、楼兰汉文简牍和汉文史籍均无楼兰城是楼兰国和鄯善国都的证据；佉卢文简牍证明鄯善国都扜泥城在且末之东不远，汉文史籍所记鄯善国都扜泥城的方位坐标在今若羌县城附近；楼兰汉文简牍的纪年界限和主要内涵；楼兰城与凉州和敦煌郡的隶属关系；晋廷和西域长史机构对鄯善实行有效的控制等几个方面，对楼兰城进行了全方位的分析。据此可以清楚地看出，楼兰故城出现于两汉之际，它从未作过楼兰和鄯善国的都城，其中除公元271—310年间西域长史机构撤离期间，鄯善国曾对楼兰城进行过短暂的统治之外，楼兰城是不存在鄯善行政机构的，因此更不可能是鄯善的国都。

  本章根据楼兰汉文简牍的主要内涵，基本复原出魏晋楼兰西域长史机构的职官系统，魏晋楼兰屯田概况和魏晋楼兰城的社会实态。上述三个方面，以西域长史机构职官系统为纲，三位一体，相辅相成，同时并与城内占据中心位置的衙署建筑群及其他相关的主要建筑遗迹融为一体，共同构成了楼兰故城是西域长史治所的铁证，其中尤以复原楼兰西域长史机构职官系统最为重要和关键。众所周知，古今中外任何一个城市中的最高行政机构的职官系统和职能，职官系统的级别和性质，都是所在城市的地位与性质的决定因素和主要标志。从楼兰西域长史机构职官系统并结合本章前面所述内容来看，这套职官系统的组织形式比郡，职能完备，具有独占性和排他性，绝不允许有第二个权力机构与之并存，从根本上排除了楼兰城是鄯善国都的可能性。这套职官系统是中央政府派出机构，在具体行政关系上受凉州节度，由敦煌郡管辖，到公元345年时又成为前凉沙州的三郡三营之一，使魏晋时期楼兰西域长史机构比郡的独立行政区更进一步制度化。这套行政机构控制着楼兰城的商业和手工业，进行大规模的屯田，几乎掌握了楼兰城所有的经济命脉。这套行政机构对楼兰城和楼兰地区的居民（包括当地土著民族）实行户籍控制，设司法刑狱，建立邮行网，社会生活具有鲜明的汉族色彩。这套行政机构拥有该地区唯一的大量军队，并以军队为柱石，进行屯田和维持社会治安。凡此，都充分地展现了楼兰西域长史机构的地位、性质和主要职能，以及楼兰城是西域长史治所的具体内涵。所以楼兰故城的性质，只能是西域长史治所。

第四章　前凉楼兰史的探寻

在楼兰汉文简牍文书中，出现的前凉纪年仅有永嘉四年（310年）、永嘉六年（312年）和建兴十八年（330年）。此外，明确知道属于前凉时期的简牍文书，只有李柏一组文书。除上所述，还有哪些简牍文书属于前凉时期，则不甚了了。因此，前凉时期的楼兰史长期处于不明的状态，故须探寻。但是，若探寻前凉时期的楼兰史，首先就要深入爬梳楼兰简牍文书资料，仔细判别哪些简牍文书属于前凉时期，以及其简牍文书组合状况和大致的年代，初步建立前凉楼兰史的编年框架。只有这样，才能大致勾画出前凉楼兰史的轮廓。

一、前凉李柏文书的年代和出土地点

前凉李柏文书是楼兰故城出土的举世闻名的唯一长篇完整的文书，其出土以来百年间李柏文书的年代众说纷纭。李柏文书的出土地点，发现者确认出于楼兰故城，几十年后日本学者森鹿三却将水搅浑，指鹿为马，硬说文书出于LK古城，于是引起李柏文书出土地点之争。这个争论不仅在日本，中国一些人也跟风炒作，并臆想出许多场景加以附会，一时间李柏文书出于LK古城说甚嚣尘上，充斥学界。鉴于李柏文书对楼兰史·西域史的重要性，又是决定楼兰故城与LK古城的时代和性质的关键因素之一，所以现在必须对李柏文书进行再研究，力求确解，以正视听。

（一）李柏文书及其年代诸成说略析

1. 什么是李柏文书

所谓李柏文书，系指 1909 年 3—4 月间日本大谷探险队的橘瑞超，在楼兰地区发现的前凉西域长史李柏写给焉耆王龙熙的两封书信草稿，以及内容和笔迹与之相关联的表文等一组文书。这些文书均墨书于麻纸上，两封书信草稿分别长 23 厘米（约相当于晋代一尺），宽 27 厘米；长 23 厘米，宽 39 厘米，余者均为残片。李柏文书在日本《西域文化资料》中被编为 8001 至 8039 号。1915 年日本国华社出版的《西域考古图谱》史料图版（2）—（8）（简称西·图·史·图版号）刊布了李柏一组文书的全部资料。1962 年日本法藏馆出版的《西域文化研究》第五卷卷头图版第 13 至 19 刊布了李柏两封书信草稿及 39 件残片，内容不及《西域考古图谱》全面。大家知道，李柏文书具有重要史料和学术价值，故自发现以来就备受中外学者重视，在国际学术界久负盛誉。虽然如此，但李柏文书的研究来说却不尽如人意，现在至少还有文书的年代和出土地点两个核心问题悬而未决。这种情况直接或间接地影响了前凉时期西域史、楼兰故城史和楼兰考古学一些问题的研究进程。所以李柏文书的年代和出土地点，便成为该领域内亟待解决的重要课题之一。有鉴于此，本篇首先谈谈李柏文书的年代问题。为叙述方便，现将李柏两封书信草稿辑录如下：

1. 西·图·史·图版（2）

五月七日海头西域长史［关内］

侯李柏顿首顿首别□□□

恒不去心今奉台使来西月

二日到此（海头）未知王消息想国中

平安王使回复罗从北虏

中与严参事往想是到也

今遣使符大往相闻通

知消息书不悉意李柏顿

首

2. 西·图·史·图版（3）

五月七日西域长史关内侯

柏顿首顿首阔久不知问常

怀思想不知亲相念

便见忘也诏家见遣

来慰劳诸国此月二日来到

海头未知王问邑邑天热

想王国大小平安王使

□遂俱共发从北房中与

严参事往不知到未今

遣使符太往通消息

书不尽意李柏顿

首顿首

2. 李柏文书年代诸成说略析

关于李柏文书的年代，迄今大致主要有三种意见：一是以王国维为代表，认为李柏文书写于永和元年张骏称王之后。① 日本西川宁认为写在346年②，与王说相近。二是日本羽田亨认为写在328—330年之间。③ 三是日本松田寿男认为写在328年。④ 三说之中以王说影响最大，故拟略作分析。

王国维的论断，没有着重分析李柏文书及与其有关的史实，主要是依据文书中"尚书"、"诏家"、"台使"、"臣"等用语，便断定文书写于345年张骏称王之后。因此，该说明显地存在着文书的年代与史实间的矛盾。为调和这种矛盾，王国维又提出李柏"或以平赵贞与征焉耆之功再任矣"⑤，即李柏在骏称王前后两任西域长史说。前已说明张骏在323—327年已被刘曜封为凉王；335年骏又自称王，而345年则是其各项制度总其大成的一年。因此，王国维以345年作为骏称王之始，来论证李柏文书的年代是不合适的。试想若李柏文

---

① 王国维：《观堂集林》第三册，中华书局1984年版，第872—876页。
② 〔日〕西川宁：《李柏书稿年代考》，东京教育大学教育学部纪要八号，1967年。
③ 〔日〕羽田亨：《羽田博士史学论文集》（上卷），同朋舍1975年版。
④ 〔日〕松田寿男：《古代天山的历史地理学研究》，早稻田大学出版部，1970年，第133页。
⑤ 前引王国维《观堂集林》第三册，第872—876页。

书写于345年之后,是时高昌早已成为前凉的属郡。在这种情况下,李柏同组残文书何必再提"逆贼赵";焉耆王使和严参事何必绕道北房,而不走较近的经海头之路呢?李柏又为什么要急于与战败的焉耆通消息,进行慰劳,做出这种于情不合、于理不通的蠢事来?事实上,两封书信草稿是写于李柏击赵贞前夕,无论从行文还是从内容上看,都反映不出来此信写于伐焉耆之后。至于李柏两任长史说,亦难以成立。首先,李柏战败受处分后,文献中没有李柏复官爵的记载,文书本身对此也毫无反映。其次,从史实来看,平赵贞与设高昌郡大致同时,设高昌郡在咸和二年,按保守意见也不会晚于咸和五年。上距李柏"以减死论"较近,难以再任。而征焉耆在345年,李柏击赵贞又在设高昌郡之前,两者相距18年或16年,时间差过大。李柏即使以平赵贞之功再任,任期也不会如此之长。关于征焉耆,史籍明载345年征焉耆者是西胡校尉杨宣及其部将张植,并没有李柏。张植后升任西域都尉[①],不久前凉又改设西域都护,345年之后西域长史之称或废。上述情况表明,李柏是不可能有再任机会的。因此,王国维的推论没有解决,也解决不了李柏文书何以自称"西域长史关内侯",以及有关史实与其结论之间的矛盾。

综上所述,我们认为李柏文书写于345年以后第二次任西域长史之时是缺乏根据的,值得商榷的。至于羽田和松田之说,虽然与本篇的论证有出入,但由于他们主要是立足于对有关史实进行具体分析的基础上,故比较接近实际情况。

(二)从与李柏义书相关的历史事件看李柏文书的年代

1. 李柏文书写于击叛将赵贞之前

在李柏一组文书中,赵贞其人占有较重要的地位,如"西·图·史·图版(5)"残文书"逆贼赵"与"尚书/臣柏言焉耆王龙……","达海头/□命慰劳"同记。图版(6)残文书记有"……即以(?)贞□逆",图版(8)残文书记有"……赵……自为逆"等。据《晋书·张骏传》记载:"西

[①] 《资治通鉴》卷九十七"永和元年"条;《晋书·张骏传》;《晋书·地理志》"凉州"条。《十六国春秋·前凉录》记载:"张植为西域校尉,以功拜西域都尉。"

域长史李柏请击叛将赵贞，为贞所败。"可见李柏文书中提到的"逆贼赵"应指当时盘踞在高昌，对抗张骏的戊己校尉赵贞，如前所述，在图版（5）残文书中谈到了"逆贼赵"，焉耆王龙（熙）和"达海头／□命慰劳"三件事。其中"逆贼赵"是核心问题，它既与焉耆王龙（熙）有关，也与李柏"慰劳"的使命密不可分。在李柏致焉耆王龙（熙）的两封书信草稿中，虽然没有直接提到"逆贼赵"，但是其余两件事却是明确无误的。因此，李柏之所以给焉耆王龙（熙）写信，并对其进行慰劳，显然都是为了击叛将赵贞。可以说在这两封书信草稿中，击叛将赵贞乃是以潜台词的形式表现出来的。故李柏文书的年代与击赵贞的时间必有内在的联系。通过对李柏文书文义的分析，可明确看出李柏文书应写于他击赵贞之前。理由如下：

第一，《晋书·张骏传》记载，李柏击赵贞战败后"以减死论"，按惯例应丢官夺爵。但是，李柏文书却自称"西域长史关内侯"，既未丢官又未夺爵[①]。所以李柏文书显然是写在他击赵贞战败受处分之前。第二，李柏文书说，他到西域的重要任务之一是"慰劳诸国"。前已说明焉耆王龙熙、"逆贼赵"、"命慰劳"三者同记。反映出慰劳的对象主要是焉耆王龙熙，慰劳的原因则与"逆贼赵"有关。换言之，即李柏正是因为击赵贞事有求于焉耆王，才对其进行慰劳。所以此事应发生在击赵贞之前。第三，李柏文书说："今奉台使来西月二日到海头"，"阔久不知问常怀思想"，两者结合可知李柏此次不是初任西域长史，而是从凉州返回任所。按理推断，很可能李柏因击赵贞事回凉州述职商量对策，并遇到焉耆王使，所以才有"阔久不知问常怀思想不知亲相念便见忘也"之语。第四，所谓"北虏"，王国维说："北虏者，匈奴遗种，后汉以来，常在伊吾车师间。晋时此地已为鲜卑所据，谓之北虏者，用汉时语也。"[②] 由此可见，当时高昌正被夹在北虏与焉耆之间，所以击赵贞可能涉及北虏和焉耆问题。"王使回复罗从北虏中与严参事往"即应是这种情况的反映。第五，严参事不是西域长史属吏，而是凉州的官员。他与焉耆王使既没有和李柏同行，也没有走经海头至焉耆的近路，而是有意绕道

[①] 王国维：《观堂集林》第三册，第 876 页：李柏"盖前此以减死论，自当去官"，中华书局 1984 年版。

[②] 王国维：《观堂集林》第三册，第 873—874 页。

北房。说明他们此行显然是另有目的。根据前述分析，这个目的可能是与北房商量击赵贞一事有关。第六，李柏五月二日到海头，这时他猜测严参事等绕道北房去焉耆"想是到也"。据此判断，严参事等应是先于李柏从凉州出发的。李柏文书记"……王使□遂俱共发从北房中……"，"西·图·史·图版（5）"残文书记"尚书／臣柏言焉耆王龙……／月十五日共发"。两者对照，这个时间可能是四月十五日，它或是严参事等从凉州出发的日期。以此为准推算，李柏文书"想是到也"是有道理的。但是，李柏并无把握，所以又急于遣使慰劳通消息。"西·图·史·图版（4）"残文书记"使君教（？）命王可（？）／□赵□□前（？）自为逆／□杀（？）之首欲击／□□事急□故……"以此结合前引"逆贼赵"的资料，可知李柏给焉耆王写信的确是与击赵贞有关，而且形势也很紧迫，故李柏急于得到从北房和焉耆两方面来的消息。上述诸点清楚地表明，两封书信草稿乃是为准备击赵贞，而联络北房和焉耆所采取的外交活动的反映。

总之，根据上述六点，我们完全有理由认为李柏文书是写于他击赵贞前夕。而这一点对探讨李柏文书的年代恰恰是十分重要的。

2. 高昌郡设立的时间与张骏称王的年代

赵贞是戊己校尉，所以击赵贞事件必在设高昌郡之前。《晋书·张骏传》记载："初，戊己校尉赵贞不附于骏，至是，骏击擒之，以其地为高昌郡。"在该事件之前，《张骏传》记咸和初"骏遂失河南之地"，此事件后又记"及石勒杀刘曜，骏因长安乱，复收河南地"。据《资治通鉴》卷九四记载，骏失河南地在咸和二年（327年）十月，石勒擒刘曜在咸和三年（328年）十二月，不久即杀之；关中大乱在咸和四年（329年）正月，复收河南地在咸和五年（330年）三月与六月之间。因此，张骏击擒赵贞设高昌郡，在咸和二年十月之后至三年十二月间或其后不久均有可能。据唐代徐坚《初学记》卷八引顾野王《舆地志》说："晋咸和二年，置高昌郡，立田地县。"这个史料与《张骏传》记咸和初失河南地之后（咸和二年十月），紧接着就写"至是，骏击擒之，以其地为高昌郡"的时间处理是吻合的。换言之，即失河南地与击擒赵贞设高昌郡，在时间上是基本衔接的。因此，据《初学记》和《张骏传》所记，有理由认为张骏击擒赵贞设高昌郡在咸和二年秋至年底之间①。

其次，由于李柏文书中有"台使"、"诏家"、"尚书"、"臣"等用语，故李柏文书的年代又应与张骏称王的时间密切相关。关于张骏称王的年代，现在多依《资治通鉴》卷九七的记载将它定在345年。其实张骏称王的问题很复杂，演变过程较长，大体可分为被封为王和自称王两个阶段。大家知道，前凉之世正是诸强割据时期，称王称帝者不乏其人。就前凉而论，其称王之前虽然以拥戴晋室自居，但骨子里却一直在谋求建立霸业。如《晋书·张轨传》记载："轨以时方多难，阴图据河西，筮之，遇泰之观，乃投筴喜曰：'霸者兆也。'于是求为凉州。"张轨到凉州后，大城姑臧并将其称为卧龙城。张寔时期，他在319年派兵迎象征王师的司马保，"声言翼卫，实御之也"②，以后"寔以天子蒙尘，冲让不拜"，"寔自持险远，颇自骄恣"③。张茂时期，太宁元年（323年）赵刘曜攻凉州，"茂寻遣使称藩"，"曜拜茂侍中，……凉州牧，封凉王，加九锡"④。轨、寔、茂亡后，"张祚僭号"，追尊庙号。⑤ 张骏时期，"刘曜又使人拜骏凉州牧，凉王"⑥。咸和二年"张骏闻赵兵为后赵所败，乃去赵官爵，复称晋大将军，凉州牧"⑦。由此可见，在公元323—327年间，张茂和张骏实际上已接受了前赵所封凉王称号，从而他们以自己的行动完全揭去了忠于晋室的虚伪面纱。此后，张骏在一段时间内虽未自称王，"然境内皆称之为王"⑧。事实上，张骏仍以王者自居。

据《资治通鉴》卷九五"咸康元年（335年）冬十二月"条记载，杨宣伐龟兹、鄯善之后，西域诸国"皆诣姑臧朝贡。骏于姑臧南作五殿，官属皆称臣"，"远近称之为贤君"。《晋书·张骏传》在记载鄯善等国遣使贡方物后

---

① 关于高昌郡设立的时间，现在多认为在咸和二年。此外，羽田亨《羽田博士史学论文集》上卷（同朋舍1975年版），松田寿男《古代天山历史地理学研究》第113页，早稻田大学出版部1970年版，认为在咸和三年或四年。
② （清）汤球辑《十六国春秋辑补·前凉》，丛书集成初编·史地类。
③ 《晋书·张寔传》。
④ 《资治通鉴》卷九十二"太宁元年"条。
⑤ 《十六国春秋·前凉录》，四部备要·史部·45，中华书局印行。
⑥ 《晋书·张骏传》，《资治通鉴》卷九十三"太宁三年"条。
⑦ 《资治通鉴》卷九十三"咸和二年"条。
⑧ 《晋书·张骏传》；《资治通鉴》卷九十三"太宁三年"条。

说："得玉玺于河，其文曰：'执万国，建无极'"，"时骏尽有陇西之地，士马强盛，虽称臣于晋，而不行中兴正朔。舞六佾，建豹尾，所置官僚府寺拟于王者，而微异其名。又分州西界三郡置沙州，东界六郡置河州。二府官僚莫不称臣。又于姑臧城南筑城，起谦光殿，……殿之四面各起一殿，东曰宜阳青殿……；南曰朱阳赤殿……；西曰政刑白殿，……；北曰玄武黑殿；……其旁皆有直省内官寺署，一同方色"，这些事件据前引《资治通鉴》的记载，亦应在咸康元年。此后，咸康五年（339年）"张骏立辟雍、明堂以行礼。十一月，以世子重华行凉州事"①。永和元年（345年）"十二月，张骏伐焉耆，降之。是岁，骏分武威等十一郡为凉州，以世子重华为刺史；分兴晋等八郡为河州，以宁戎校尉张瓘为刺史；分敦煌等三郡及西域都护三营为沙州，以西胡校尉杨宣为刺史。骏自称大都督、大将军、假凉王，督摄三州；始置祭酒、郎中、大夫、舍人、谒者等官，官号皆仿天朝，而微异其名；车服旌旗拟于王者"②。

综上所述，自327年骏去赵封凉王之号后，虽未马上自称王，但实际仍以王者自居。到335年情况又为之一变，此时张骏从建筑到建置和行政区划，以及称谓已经完全拟于王者。因此，"永和元年"条所记诸项，其实在335—339年间就已陆续出现了。故"永和元年"条记载的内容明显具有总结和综述，以及进一步完善行政区划和职官建置的性质，所以张骏自称凉王应始于335年③，而345年则是他的各项制度总其大成的一年。

3. 李柏文书的年代

根据前述诸点分析，似可作出如下推断：（1）《晋书·张骏传》记载："初，戊己校尉赵贞不附于骏"，其中的"初"字表明赵贞不附于骏应在骏立的最初几年之内。按刘曜于太宁元年（323年）七月攻陇上诸县，然后西上攻凉州，茂于是遣使称藩被封为凉王；次年（324年）五月茂亡骏立。赵贞原似为晋之戊己校尉，他可能即因茂、骏称臣于刘曜才与之对抗。对抗开始

---

① 《资治通鉴》卷九十六"咸康五年"条。
② 《资治通鉴》卷九十七"永和元年"条。
③ 前引王国维《观堂集林》第三册第875页说：骏称王"伪本十六国春秋，系此事于咸康元年（335年）"，"伪本春秋，其于系年舛误颇甚，殊不足据"。但据本文分析，就张骏称王于公元335年一事却是可信的。

的时间，显然应在 323 年秋冬茂始封王至 324 年五月骏立之时[①]。而这个阶段正是茂病、亡和王位交替时期，尚顾不上征伐赵贞。但是，骨鲠在喉，事不宜迟。待完成王位交替，局势稳定后必征伐在即。所以 325 年五月七日则应是李柏文书年代的上限。（2）据前述张骏击擒赵贞设高昌郡，在 327 年十月失河南地以后至年底之间。因此，李柏文书年代的下限不得晚于此时。（3）李柏击赵贞在设高昌郡之前，李柏文书又写于击赵贞之前，所以李柏文书的年代以 325、326 年的可能性最大。（4）焉耆王遣使凉州，可能与张骏即王位有关。如是，遣使必距骏即位的时间较近。但是，考虑到两者的距离和李柏与焉耆王使相遇，以及李柏文书的日期，遣使以 325 年可能性最大。综合考虑上述四点，李柏文书似应写于 325 年五月七日。此时正是张氏被刘曜封为凉王时期，李柏文书中的"臣"等用语与前凉当时的政体情况也是吻合的。

（三）李柏文书所记书写地点"海头"的方位

李柏文书发现后的半个世纪之内，出土地点问题从未引起大的争论。但是，在李柏文书发现 50 周年之际，森鹿三先生根据橘瑞超提供的一张照片，否定了李柏文书出于楼兰故城，提出了李柏文书出于 LK 古城说。[②] 于是在学术界挑起了关于李柏文书出土地点之争。这个争论表面上是地点问题，但实际上这场争论关系到前凉楼兰史中的一些重要历史事件，关系到楼兰地区自然环境的变化，楼兰城废弃的时间和 LK 古城的时代、性质等一系列问题。所以我们探讨前凉楼兰史，必须对李柏文书出土地点问题表明态度。笔者力主李柏文书出于楼兰故城，下面即以此为中心展开论述。

1.LK 古城不是海头遗址

LK 古城本来与李柏文书毫无关系，与海头一称更不沾边。但是，自森鹿三先生提出李柏文书出于 LK 古城，并将其定为海头遗址以来，唱和者日多。LK 古城海头说，森鹿三最初只是以李柏文书出于 LK 古城为前提推导出来的，此后一些中国研究者积极唱和，并对其进行了论证。他们提出《水

---

① 《资治通鉴》卷九十三"太宁元年"条、"太宁二年"条。
② 森鹿三：《李柏文书の出土地》，《东洋学术研究·居延汉简篇》，同朋舍 1975 年版。

经注》记载的蒲昌海与牢兰海是同时存在的两个积水、积盐中心，牢兰海即是今米兰以北的喀拉和顺湖。楼兰故城附近的河道，晋泰始年间已渐渐"水源枯竭"，前凉时期河流改道南流，遂导致楼兰城废弃，LK 古城则取而代之成为西域长史治所。由于 LK 古城在牢兰海即喀拉和顺湖的北端，从位置上看是名副其实的海头，故李柏文书应出于 LK 古城①。有鉴于此，现在若谈论 LK 古城是否为海头，是否为文书出土地时，上述论点是不能回避的。

（1）蒲昌海与牢兰海同指今罗布泊

《水经注》卷一记载，泑泽"即《经》所谓蒲昌海也。水积鄯善之东北，龙城之西南"。"……蒲昌海亦有盐泽之称也"。龙城即是今罗布泊北岸一带的雅丹群（包括龙城雅丹群和白龙堆雅丹群），可见蒲昌海系指今罗布泊，而泑泽和盐泽乃是蒲昌海的异称。至于牢兰海及其与蒲昌海的关系，《水经注》卷二记载："其一源出于阗国南山，北流，与葱岭所出河合，东注蒲昌海。"接着《水经注》说明"北流与葱岭所出河合"后称为南河，"南河又东，径于阗国北，释氏《西域记》曰：河水东流三千里，至于阗，屈东北流者也。""南河又东径且末国北，又东，右会阿耨达大水。释氏《西域记》曰：阿耨达山西北有大水，北流注牢兰海也。""且末河东北流，径且末北，又流而左会南河，会流东逝，……其水东注泽，……彼俗谓是泽为牢兰海也。""释氏《西域记》曰：南河，自于阗东迤北三千里，至鄯善，入牢兰海者也。北河自岐沙东分，南河，即释氏《西域记》所谓二支北流，迳屈茨（龟兹）、乌夷（焉耆）、禅善（鄯善），入牢兰海者也。"北"河又东，注于泑泽，即《经》所谓蒲昌海也"。综上所述，若将前面引文简化，可得出两个等式，即南河注蒲昌海＝注牢兰海＝注（盐、泑）泽；北河入牢兰海＝入泑泽和盐泽＝入蒲昌海。显而易见，《水经注》记载的蒲昌海、牢兰海、泑泽和盐泽乃是同指一个积水中心，其位置大致相当于现在的罗布泊（古今罗布泊水面大小有别）。唯可注意者，《水经注》中释氏《西域记》主要使用牢兰海，而郦道元的注，则主要使用蒲昌海以及泑泽和盐泽之称②。若不注意此点，往往会造成将蒲昌海和牢兰海看成两

---

① 见侯灿、晁国金：《李柏文书出于 LK 析疑》，《考古与文物》1985 年第 3 期；侯灿：《李柏文书出于 LK 说》，《新疆社会科学》1984 年第 3 期。
② 参见榎一雄：《论法显通过的鄯善国》，《东方学》第三十四辑，1967 年。

个积水中心的错觉。

除上所述，汉代史料也可作为佐证。如《史记·大宛列传》记载，于阗"其东，水东流注盐泽"。《汉书·西域传》序记载："其河有两源，一出葱岭山，一出于阗，于阗南山下，其河北流与葱岭河合，东注蒲昌海。蒲昌海，一名盐泽也。"可见《水经注》南河所入之牢兰海即是盐泽和蒲昌海。其次，《史记正义》引《括地志》说："蒲昌海一名泑泽，一名盐泽，亦名辅日海，亦名牢兰海，亦名临海，在沙州西南。"据此可知，罗布泊在唐代以前异名很多。而蒲昌海和牢兰海就是《水经注》对今日罗布泊所使用的主要异名。由于它们同指现在的罗布泊，故不能将蒲昌海与牢兰海看成是两个不同的积水、积盐中心（按喀拉和顺是淡水湖，不能称为积盐中心）。

（2）唐代以前喀拉和顺不在 LK 古城附近

一些主张 LK 古城海头说的研究者认为，《水经注》记载的"南河即车尔臣河，入牢兰海"，牢兰海就是在今米兰以北的喀拉和顺地区的湖泊。前已辨明牢兰海与蒲昌海是同指一个积水中心，它与喀拉和顺地区的湖泊没有关系，所以南河注入的牢兰海当然也不可能是喀拉和顺湖了。据近现代的实地踏查，前已指出，LK 古城南有一条东西向干河道，向东注入罗布泊。这条干河道《水经注》称注宾河，即车尔臣河（且末河）左会南河后入蒲昌海之故道。斯文·赫定在当地调查后认为，古车尔臣河故道约在喀拉和顺西端以北 40 公里左右，不入喀拉和顺。① 由此可见，实地调查的结果与《水经注》的记载是一致的。它再次证明了牢兰海与蒲昌海是同一个积水中心，古车尔臣河（南河）经 LK 古城南向东流入罗布泊，而不是向南注入喀拉和顺湖。

关于喀拉和顺成为主要积水中心的时间，目前看法不一，多数人主张在隋唐之际②。即使主张牢兰海喀拉和顺说的同志，有的后来也改变了观点。他们说："库姆河什么时候改道，目前尚未解决。但到隋唐时塔里木河终点湖已在唐时屯城（今米兰）东北地区，我们称它为屯城罗布泊。""应即后来的喀拉库顺库尔地区。"并进一步说，到晚唐五代之际屯城罗布泊迁到了英

---

① 参见榎一雄：《论法显通过的鄯善国》。
② 参见中国科学院《中国自然地理》编辑委员会：《中国自然地理——历史自然地理》，科学出版社 1982 年版。

苏——阿拉干罗布泊，屯城罗布泊开始干涸。以后喀拉和顺大量积水，则是在 18 世纪后期至 1921 年间[1]，从而对前说做了自我否定。

（3）LK 古城不是海头遗址

据上所述，牢兰海与蒲昌海是同指一个积水中心，其位置相当于现在的罗布泊。南河东入牢兰海即入今罗布泊，不入喀拉和顺。喀拉和顺湖在魏晋前凉时期尚未出现，该湖在这个地区成为主要积水中心的时间约在隋唐之际。因此，那种以牢兰海等同喀拉和顺湖，并说前凉时期 LK 古城即位于喀拉和顺湖北端附近是不能成立的。据此而将 LK 古城定为海头遗址，也是不能成立的。特别是有的研究者以 1900 年斯文·赫定所测喀拉和顺丰水年时的水域范围，来论证前凉时 LK 古城在喀拉和顺湖北端附近，断定 LK 古城是名副其实的海头，这种做法恐怕更是欠妥的。

此外，据前面对 LK 古城的分析（见本书所收《伊循屯田与伊循城的方位》），已知 LK 古城年代的下限止于曹魏以前。城址的规模、城内的遗迹和遗物，无一可与长史治所挂钩；迄今尚未发现任何文字资料。因此，LK 古城完全没有应与李柏文书共存的条件。其次，下文还论证了楼兰城长史治所的地位从未变更过，不存在长史治所迁至 LK 古城的问题。所以，LK 古城不可能是海头遗址。

2. 楼兰城别称"海头"

（1）长史治所始终设在楼兰城

"水源枯竭"，河流改道，楼兰汉文简牍纪年下限在公元 330 年，是长史治所从楼兰故城迁到 LK 古城论者的三个主要论据。关于"水源枯竭"问题，本书第二章已经说明魏晋时期楼兰城附近水源是充足的，不存在"水源枯竭"的现象。楼兰故城的水源主要来自孔雀河，这条河又称库鲁克河、库姆河、沙河等等。在历史上孔雀河经常改道，所以楼兰故城南北存在着多条东西流向的古河道。据斯坦因调查，绕楼兰故城的古河道皆东流而尽，入于蒲昌海[2]。同时斯坦因还指出，故城之北的古河道很少，河道也不宽[3]。在这些

---

[1] 奚国金：《罗布泊迁移过程中一个关键湖群的发现及其相关问题》，《历史地理》1987 年第五辑。
[2] 前引斯坦因：《亚洲腹地考古图记》第十一章第十节。
[3] 前引斯坦因：《亚洲腹地考古图记》第十一章第九节。

古河道中，最值得注意的是与故城水渠相连的，位于故城南北的两条古河道（见前述）。河道与故城内主要水源即水渠连接①，说明河道是与故城活动时期共存的。换言之，即这两条河道是楼兰城废弃之前就已经存在的。这种态势与《水经注》所记河水"又东径楼兰城南而东注"蒲昌海完全相符。因此，《水经注》记载的楼兰故城附近的河道情况，不像有些人认为的那样是北魏时期的"暂时回春"②，而是楼兰城活动时期至《水经注》成书期间真实情况的反映。在这个阶段，楼兰城附近不存在河流改道问题。故以前凉时期河流改道为前提，推论楼兰城被放弃，并将西域长史治所迁到LK古城是缺乏根据的，不能成立的。

其次，再谈谈楼兰故城出土汉文简牍的年代与楼兰城废弃的关系问题。楼兰汉文纪年简牍的年代下限在330年，所以有人认为此后不久楼兰城即被放弃。我们认为楼兰汉文纪年简牍，是楼兰全部汉文简牍中残存简牍部分的残存纪年。因此，330年不能代表楼兰汉文简牍年代的下限，更不能代表楼兰城年代的下限。正如前面所述，事实上在楼兰故城所出汉文简牍中，有相当一部分简牍是晚于330年的，如焉耆简牍群和王彦时一组书信的年代即在345年前后。此时正是前凉的盛期，并将楼兰地区划归沙州的三郡三营之一，地位提高。焉耆简牍群与345年杨宣伐焉耆事件有关，王彦时是敦煌郡的督邮，王彦时书信中还记有敦煌郡徐府君。上述情况表明，楼兰城这时依然是长史治所。以此结合前面对LK古城的分析，可以肯定地说前凉时期长史治所始终设在楼兰城。也就是说，不存在公元330年后不久楼兰城被放弃，长史治所迁到LK古城的问题。

（2）楼兰城别称"海头"

在古文献中，将罗布地区的水面称为海者只有蒲昌海（牢兰海，今称罗布泊）。因此，"海头"城必在蒲昌海附近。现在学术界关于"海头"城方位之争，主要集中在楼兰故城和LK古城。LK古城在楼兰故城南偏西约50公里，距蒲昌海南部端点较远，其位置与蒲昌海关系不大。前已论证LK古城

---

① 侯灿：《楼兰遗址考察简报》，《历史地理》创刊号，1981年。按本书前面的注释中已指出故城内水渠是冲沟，不是与楼兰城共存的水渠，此问题拟另文论述。

② 见前引侯灿、奚国金《李柏文书出于LK析疑》，侯灿《李柏文书出于LK说》。

不可能是海头遗址,并指出利用喀拉和顺湖来附会 LK 古城为海头遗址是不能成立的。楼兰故城,东与今罗布泊西岸北端相对(两者相距约 28 公里),离孔雀河入海口较近。楼兰故城之东有佛塔和墓地,再往东则接近罗布泊外围盐壳边缘地带。按现在罗布泊的水面已较古代大大缩小,其外围大片的盐壳则是罗布泊湖水曾经漫及的地方。因此,前凉时期楼兰城与蒲昌海的间距,肯定比现在短很多。上述情况表明,楼兰故城正处在孔雀河入蒲昌海的"海头"附近,而且是这一带唯一的最大的城址。据此完全有理由认为,从魏晋至前凉末一直作为西域长史治所,并是当年橘瑞超重点调查对象的楼兰故城应是"海头"故址。冯承钧在《鄯善事辑》一文中,断定海头"应是故楼兰城"是很有道理的。

此外,从简牍资料来看。李柏文书与张济—组简牍有密切关系,通过对比后文已经证明李柏文书应是楼兰故城汉文简牍的组成部分之一。因此,李柏书信发信之地必在楼兰城。也就是说,李柏书信所记发信之地"海头"是指楼兰城而言。除上所述,在具体的简牍资料中,李柏残文书 8020 中记有"月九日楼□"字样。"楼"下一字较模糊,按其字形与简牍 C·P·No. 19·7 中的"楼兰"二字很相似。另一件楼兰汉文简牍 Ma·No. 252 记"……来至海头"一语。有人认为"海头"二字是马伯乐根据李柏文书推演出来的,很值得怀疑。但是,若与李柏文书相比,"海"字与李柏文书"此"字旁的"海"字形体相近。"头"字虽不全,可是其左半边与李柏文书中"头"字左半边亦很相似。因此,对 Ma·No. 252 中的"海头"二字不能完全持否定态度。总之,上述资料和分析互证,我们认为楼兰故城就是海头故址。"海头"之名应源于与蒲昌海的位置关系,它可能是前凉时期存在的一个俗名,并成为楼兰城的别称。

(四)李柏文书出于楼兰故城

西域长史李柏文书绝不可能孤立地存在,而是应有特定的共存环境和条件。楼兰故城从魏晋至前凉末一直是西域长史治所(后文有说),并出土大量与西域长史机构相关的汉文简牍,这是李柏文书最佳的共存环境和条件。通过分析比较,可知李柏文书实际上是楼兰城汉文简牍的组成部分之一。李柏文书的年代,在楼兰城汉文纪年简牍年代下限 330 年以前;即使按照 345 年说,也在楼兰城的活动时期之内。从地名来看,LK 古城不是"海头"遗址,楼兰故城才是"海头"故址。这些情况都说明了李柏文书是出于楼兰故城。凡此前面均已论证,其具体情况不再赘述。下面仅从橘瑞超的调查情况入手,再谈谈李柏文书出于楼兰故城问题。

李柏文书的发现者是橘瑞超。1909 年 3 月初,橘瑞超从库尔勒南下若羌,再入罗布地区调查楼兰故城等遗址,发现了李柏文书。调查结束后又返若羌,继续西行。同年 11 月橘瑞超与大谷光瑞在印度斯利那加会合,次年与大谷同去英国。在英国橘瑞超会见了对楼兰故城进行过详细调查的斯坦因,并与斯坦因共同确认了李柏文书出于楼兰故城。1910 年 12 月 2 日,橘瑞超从吐鲁番越库鲁克山,再次到楼兰故城调查,1911 年 1 月 5 日南下至阿不旦。事后橘瑞超在《中亚探险》一文中说,他到罗布地区进行调查的目标,是斯文·赫定和斯坦因曾发掘过的楼兰故城。因此,他两次的调查重点都在楼兰故城。在文中他还明确指出,报纸公布的那件最珍贵的文书(指李柏文书),就发现在赫定和斯坦因发掘过的楼兰故城[1]。由此可见,从橘瑞超的调查情况和他事后的记述来看,李柏文书发现于楼兰故城是明确无误的。斯坦因在《西域考古图记》一书中也说:1910 年秋天,橘瑞超曾告诉我们,李柏文书发现于 LA. II. iv 室墙壁离地面稍高处的裂缝中。1914 年 2 月,斯坦因再次到楼兰故城时曾检查了此室。他说:发现墙裂缝处有两个浅孔穴,橘瑞超似在两砖小孔穴之间发现李柏文书[2]。可见在 1910 年时,橘瑞超与斯坦因谈得已经相当具体和深入,以至斯坦因再次到楼兰故城时还进行了认真的复查,并的确发现了墙壁裂缝孔穴,说明橘瑞超告诉斯坦因的情况是可信的。

如上所述,李柏文书发现于楼兰故城本来是很清楚的事。但是,在李柏文书发现五十周年之际,橘瑞超向森鹿三先生提供了一张李柏文书出土地点照片,森鹿三先生据此认为李柏文书出于 LK 古城[3],于是引起了关于李柏文

---

[1] 《中亚探险》一文收在《新西域记》下册,有光社 1937 年版。
[2] 前引斯坦因:《西域考古图记》第十一章第二节。按,笔者调查楼兰故城时,在 LA. II. iv 室查看了斯坦因所说的小孔穴。
[3] 森鹿三《李柏文书的出土地》收在《东洋学研究》一书,同朋舍 1975 年版。

书出土地点之争。我们认为森鹿三先生的意见是难以成立的。第一，橘瑞超与斯坦因会见后，接着便于 1910 年末至 1911 年初，再次到楼兰等遗址进行调查。如果说橘瑞超向斯坦因介绍的情况有误，那么他对当时已在国际学术界引起较大反响的李柏文书出土地点问题，绝不会无动于衷。他对自身的工作，肯定会比斯坦因更注意复查，而且在现场完全具备复查和更正的条件。但是，在长达五十年的时间里，橘瑞超却一直坚持原说，从未作过更正[①]。第二，橘瑞超告诉斯坦因，李柏文书发现在 LA. II. iv 室砖墙裂缝中。在此有必要重新回顾一下 LK 古城，前已介绍 LK 古城内建筑只有编号Ⅰ，没有编号Ⅱ（Ⅱ为城门）。在编号Ⅰ房址内，诸室具有起居或作坊性质，没有可与李柏文书共存的遗物。房址Ⅰ所有墙壁都是红柳编织涂泥，与在砖墙缝中发现李柏文书的情况完全不合。因此，橘瑞超告诉斯坦因的情况，显然不是将 LK 古城误说成 LA 古城。第三，森鹿三先生仅将橘瑞超提供的城墙照片，与斯坦因著作中 LK 古城照片进行对比，认为两者相同，于是便断定李柏文书出于 LK 古城。但是，他在文章中并未论证 LK 古城遗迹和遗物与李柏文书有什么关系，没有论证 LK 古城的时代和性质，没有提出 LK 古城是海头遗址的证据。可以说森鹿三先生除对比照片外，根本没有提出任何有实际内容的论据。因此，森鹿二先生的意见是令人难以接受的。第四，橘瑞超长期坚持原说，但是他在文书出土五十周年时，却突然拿出一张李柏文书出土地点的照片。大家知道，橘瑞超在罗布地区的调查日记和有关资料绝大部分毁于火灾（见《新西域记》），这张照片是否为李柏文书出土地点已无文字证据可查，他本人对照片也未作任何具体说明。从这张照片来看，我们不怀疑橘瑞超曾到过 LK 古城。但是，现有资料都说明他的工作重点在楼兰故城，从未见过他在 LK 古城具体工作情况的资料。因此，在日本榎一雄等著名学者早已对橘瑞超的记忆和所提供照片的可靠性提出了怀疑[②]。在这种情况下，由于橘瑞超提供的照片不是李柏文书具体出土情况的现场照片，所以充其量最多

[①] 在橘瑞超返国前，先期回日本的野村说李柏文书发现于塔里木河支流，孔雀河。1911 年羽田亨《大谷伯爵所藏新疆史料概说》记载：野村说李柏文书发现于孔雀河下游的一个废墟中。《东洋学报》，一卷二号。以后《西域考古图谱》和《新西域记》的记载相同。所谓孔雀河下游废墟，即应是楼兰故城。

[②] 见前引榎一雄《论法显通过的鄯善国》。

也只能算作一件旁证资料，此外，片山章雄在《李柏文书出土地》一文①，收集了不少橘瑞超在罗布地区调查前后的电文、演讲和信件等重要资料。现摘要指出以下三点：第一，大谷光瑞在斯文·赫定劝说下，1908年12月电示橘瑞超重点调查赫定发现的北纬41°，东经90°大沙漠中的古城（片山刊布了电文和当时的有关报道）。按这座古城，实际上就是指楼兰故城而言。由此可见，橘氏到罗布地区调查之前，其调查的主要目标和目的地便早已十分明确了。第二，橘氏发现李柏文书后，在1911—1912年的演讲和文章中均明确地说李柏文书出于赫定发现的有古塔的荒城里，该城赫定称为楼兰（片山刊布了有关的原始资料）。橘氏发表的文章中，有的还同时登出了有古塔形象的楼兰故城的照片。第三，橘氏说他在赫定发现的城（指楼兰故城）南约两日行程，又发现了两个规模不大的新城，在此试掘除古钱外未得其他遗物。片山指出的新城之一即是LK古城，可见当时橘氏将楼兰故城与后来称为LK的古城分得非常清楚。上述三点再次雄辩地证明了，李柏文书出于楼兰故城是明确无误的。以此结合前述诸点，我们认为森鹿三先生的意见是不可信的。李柏文书出于楼兰故城的理由是充足的，符合实际情况的，而出LK古城之说则是缺乏根据的，不可能的。这就是李柏文书出土地点的结论。

二、李柏文书之外其他前凉文书组合与年代

（一）张济及与其相关简牍的年代

在楼兰汉文简牍文书中，记"超济"或"张超济"者有C·P·No. 3·1、31·1a、31·6号简牍。记"济逞"或"张济逞"者有C·P·No. 2、7、22·13、33·1号简牍。记"济"者有C·P·No. 25·1、35号简牍。上述简牍有许多共同的特点，比如：（1）均是纸文书，有的写在习字纸上，随便书写，字迹潦草或任意涂抹。有的写在淡墨习字纸上，形成深浅两层字迹。（2）书

---

① 《李柏文书之出土地》收在《中国古代的法和社会——粟原益男先生古稀纪念论集》，汲古书院1988年版。

体基本相同。张超济书信是楷书，张济逞和"济"的书信分楷书和草书两种。在楷书中张济逞书信（C·P·No. 2、7）与张超济书信（C·P·No. 3·1、31·1a）中的"济"字、"白"字几乎完全相同。"济"之书信（C·P·No. 35）中的"济"字，亦与前者相同。(3) 字句重叠和倒书的手法一致。张超济书信（C·P·No. 31·1a）倒数第三行连用两个"更"字。与前者同组，字体相同的 C·P·No. 31·4 的背面，字句重叠，使用倒书（"不不"、"复复"、"多多"、"言言"字句重叠，"快"字倒书）。张济逞书信 C·P·No. 33·1 倒数第二行连写六个"发"字，倒数第一行连写"不复不复"；C·P·No. 7 背面连写"奈何"。有一件 C·P·No. 32·2 号简牍，使用许多叠字和倒书。文中所记"远迄"、"未久"、"何"、"岂"等字是楷书，书体与前述张超济、张济逞书信的楷书书体相同。文中所记"飡食"，是张济逞书信中常见用语。它和文中书写的"悉"字，"还还还未还久"等草书则与张济逞寄信的草书相近。这样，C·P·No. 32·2 号简牍就将张超济和张济逞的书信有机地结合在一起了。此外，"济"书信 C·P·No. 35 背面记"马瘦不可乘不不不可"、"举盗盗贼"、"邑邑"、"怀怀"等，亦用叠字。(4) 事件相连。张超济书信 C·P·No. 3·1 记："超济白超等在远弟妹及 / 儿女在家不能自偕乃有衣食 / 之乏今启家诣南州……"张济逞书信 C·P·No. 33·1 记："南州告悉如常"、"大人餐食如常"、"南昌兄弟大小平安"等。前者"启家诣南州"，后者报平安。事件的前因后果，紧密相连。基于上述四点，完全有理由认为张超济、张济逞实为一人，"济"则是他的简称①。而张超济、张济逞和"济"的书信，也是出于一人之手。

关于张济一组简牍的年代，可据简牍内容略作一些分析，如简牍 C·P·No. 31·1a 记："张超济…… / 顿首…… / 超济 戊□□长 / 息云何悉 更更念…… / 王弥刘□等 灭尽…… / 极想此辈……"《晋书·王弥传》说："王弥东莱人也，家世二千石"，永嘉元年（307 年）降刘渊，"汉拜弥镇东大将军"，"封东莱公"。永嘉五年（311 年）冬十月，石勒杀弥并其众。②"刘□

---

① 参见小山满：《张济文书之考察》，《东洋学术研究》1972 年第 11 卷第 1 期。
② 《资治通鉴》卷八十六"永嘉元年"条，卷八十七"永嘉五年"条。

等"应指汉之刘渊、刘聪、刘粲和前赵刘曜。刘渊永嘉四年（310年）七月病死；刘聪即位，大兴元年（318年）秋聪病死，刘粲即位，不久被靳准所杀[1]。汉相国刘曜为刘渊族子，起兵讨靳准，大兴元年冬十一月刘曜即皇帝位，史称前赵[2]。咸和二年（327年）十二月刘曜被石勒擒获，329年杀之[3]。按王弥降刘渊后，他们曾多次进犯洛阳及其他州县，当时凉州张氏完全站在晋廷一边与之对立[4]。到刘曜时前赵对前凉更构成了严重的威胁，323年张茂被迫臣于刘曜[5]。鉴于上述背景，王弥死至刘曜败亡，对前凉乃是一大快事。所以文书"王弥刘□等灭尽"应指此而言，张济这件文书似写于329年刘曜死后不久。另一件张济书信C·P·No.3·1记："超济白超等在远弟妹及／儿女在家不能自偕乃有衣食／之乏今启家诣南州……"张超济"启家诣南州"，说明他原不是凉州人士。《晋书·张轨传》记载，自王弥等寇洛阳后，"中州避难来者日月相继，分武威置武兴郡，以居之"，超济一家或在此背景下来到凉州。但是，到张茂、张骏交替之际的323—324年，凉州大饥，"谷价踊贵"[6]。超济家属"有衣食之乏"，"启家诣南州"，可能就发生在这个时期。

根据上述分析，张济在楼兰地区活动的时间，上限似距323—324年之前不远，下限则在329年后不久。此外，据前述书体、内容、叠字、重句、倒书等原则，在楼兰汉文简牍中有一些简牍与张超济、张济逯书信楷书部分相同。如简牍C·P·No.3·2（书体相同），C·P·No.20·2（书体相同），C·P·No.21·1·2（书体相同），C·P·No.31·1b、1c、2、3、4、5、7（书体相同，内容相近），C·P·No.2、7、8·1·2·3（书体相同，用词相近），C·P·No.9·1a·1b·1c·2（书体相同，用词相近），C·P·No.22·1·2·3·4（书体相同），C·P·No.30·2（书体相同，叠字倒书），C·P·No.32·2（书体相同，内容相近，用叠字倒书）。草书部分难以比较，大体来看，C·P·No.24·2·3，C·P·No.31·8，C·P·No.

---

[1] 《资治通鉴》卷八十七"永嘉四年"条，卷九十"大兴元年"条。
[2] 《资治通鉴》卷九十"大兴元年"条。
[3] 《资治通鉴》卷九十四"咸和二年"条。
[4] 《资治通鉴》卷八十六"永嘉二年"条，卷八十七"永嘉三年"条、"永嘉四年"条、"永嘉五年"条；《晋书·张轨传》。
[5] 《资治通鉴》卷九十二"太宁元年"条；卷九十三"太宁二年"条；《晋书·张茂传》；《晋书·张骏传》。
[6] 《晋书·张骏传》；《资治通鉴》卷九十三"太宁二年十二月"条称此年为"饥年"。

33·2的书体与张济逞书信草书部分相近。上述与张超济、张济逞书信相同或相近的简牍，按大编号计算有13件。大小编号统算为30件，加上前面提到的9件共39件。

（二）李柏文书与张济简牍文书的关系

在李柏的一组文书中，李柏的两封书信草稿与共出的同组残文书是有内在联系的。若将这组文书纳入楼兰汉文简牍中去考察，就会发现李柏一组文书中有些残件乃是属张济一组简牍的范畴。比如，李柏一组残文书"西·图·史·图版（8）"记："已呼烧奴问馳意犹惟／难便为断作庚张半其土云／欲尔便当早了于意何／如故示王其意意□已主意。"这件文书背面布满深浅两层习字，正面文书写在浅墨习字纸上。此件与张济简牍相比，除前述而外还有许多共同之处。如："烧奴"在C·P·No.25·1、33·1张济主体书信中是个重要人物，该件文书不但有"烧奴"其人，而且字体也与上述两件相同。此外，这件文书的"其"字与C·P·No.2中的"其"字；"何"字与C·P·No.7、8·1中的"何"字；"为"字与C·P·No.7中的"为"字；"惟"字与C·P·No.8·1中的"惟"字；"问"字与C·P·No.35中的"问"字，均极相似（以上均属张济简牍）。同时这件文书最后一行"其"、"意"、"己"字倒书，"意意"叠了，通过上述比较，有理由认为此件文书当属张济简牍范畴，又"西·图·史·图版（8）"右下一件李柏残文书中的"何奈"两字，与张济简牍C·P·No.9·1b的"何"、"奈"字，与C·P·No.31·1a的"何"字极相似。"西·图·史·图版（8）"中下一件李柏残文书的"问言"二字，与张济简牍C·P·No.35的"问"、"言"字，与C·P·No.22·13的"言"字相似，同时该件还有倒书现象。此外，李柏文书8032（见《西域文化研究》第五卷卷头图版，下同）第一行似"世龙"二字（龙字残）。如是，又与张济简牍C·P·No.27·1b、33·1中的"世龙"重名。李柏残文书8034"但有悲至"，与张济简牍用语风格相近。李柏两封书信草稿中的一些用语，如"顿首"、"大小平安"、"邑邑"、"消息"等，在张济简牍C·P·No.3·2（背面）、C·P·No.33·1、C·P·No.35（背面）、C·P·No.25·3中可分别见到，字迹亦较相近。据藤枝晃先生研究，李柏两封书信草稿不是出于一人之手，他并以两封书信为准，将同出的 39 件残文书按字迹分成两组[①]。以此结合前面的分析来看，张济或与李柏书信草稿的书写有一定关系。

根据前述分析，李柏与张济在楼兰城活动的时间有一段是并行的。因此，李柏文书与张济简牍共存，并有很密切的关系是毫不奇怪的。

（三）"焉耆简牍"与王彦时书信的年代

在楼兰汉文简牍中，有一组与焉耆有关的简牍。如 Cha·No. 934："僧导香等人……/ 自念皆有老亲……/ 琴见迫胁不敢作……/ 侧依焉耆王臧对王……/ 谏止怒欲相杀复对王……/ 龟兹重奴大□如是其□……" Cha·No. 938A："……焉耆王……/ 反覆复无……/ ……为将吏所图……/ ……鼻东西不复……/ ……吏可以决疑鄙……/ ……将吏相迎国……/ 乃尔苦相达……/ ……忧也……" Cha·No. 935："诸将为乱曹……/ 露布到降诛……/ 复别表虽……/ 首顿首"；背面记："……近……/ 指具知款情……/ 相为摄受……/ 加用意东方道……"王国维认为 Cha·No. 934 是记汉族人有在焉耆者，"遗书西域长史所属自述近事也。此当是龙会时事，至龙熙之世，为张骏将杨宣所伐，臣服于骏，或不致有欲杀晋人事欤"。关于 Cha·No. 938，王国维说：该件与 Cha·No. 934 "书法正同，殆出一人手。书中云焉耆王□，又云为将吏所图。考《晋书·焉耆传》言，国王会持勇轻率，尝出宿于外，为龟兹国人罗云所杀。此书所谓为将吏所图或即指此耶"[②]。我们认为王国维的意见是值得商榷的。据《晋书·焉耆传》记载："武帝太康中，其王龙安遣子入侍。安夫人狯胡之女，妊身十二月，剖胁生子，曰会，立之为世子。会少而勇杰，安病笃，谓会曰：'我尝为龟兹王白山所辱，不忘于心。汝能雪之，乃吾子也。'及会立，袭灭白山，遂据其国，遣子熙归本国为王。会有胆气筹略，遂霸西胡，葱岭以东莫不率服。然持勇轻率，尝出宿于外，为龟兹国人罗云所杀。"龙安遣子入侍，《晋书》卷三系于太康六年（285 年）。按一般情况推断，龙会入侍时年龄怎么也不会小于 18—20 岁。龙会袭灭龟兹

---

① 〔日〕藤枝晃：《楼兰文书札记》，《东方学报》第四十一册，1970 年。
② 王国维：《流沙坠简》简牍遗文考释，四十三、四十九。

后，史书说他有"胆气"，"持勇轻率，尝出宿于外"，以此结合"会少而勇杰"来看，这绝不是老年人的形象。但是，考虑到会"遣子熙归本国为王"这个情况，当时会应在壮年，充其量也不过50岁左右。前已说明楼兰汉文简牍在270—310年间中断，此时鄯善势力进驻楼兰。而龙会在位的时间正处于这个阶段之中，故上述简牍属于这个时期是不可能的。若龙会在位的时间延续到310年以后几年，前述李柏文书的情况又可证明这时前凉与焉耆的关系是较好的。甚至到335年前凉伐龟兹后，龙熙还遣子入侍。所以上述简牍不可能属龙会时期，而应在335年以后。345年杨宣伐焉耆，说明335—345年间前凉与焉耆的关系已逐步恶化。但是，侍子未归，焉耆又难以反目，故这组简牍很可能出于340年前后。从文书内容来看，Cha·No. 934、935、938都是残文书，字句不连属，文义欠明，但三件文书内容相关这一点是比较清楚的。斯坦因将Cha·No. 934、935编为LA. I. iv. 2号，Cha·No. 938编为LA. I. iv. 3号，以此结合前面王国维的分析可知它们是同组文书。其中Cha·No. 934所记可能是僧导香等人似被焉耆王胁迫做对前凉不利的事，导香等人不敢做，焉耆王盛怒欲杀之，反映出当时焉耆与前凉的关系已经很紧张了。Cha·No. 938记焉耆王与将吏可能对某件重要事情态度不同，焉耆王似不甚坚决，将吏则较坚决（"为将吏所图"不能解释为杀焉耆王）。"东西不复"、"苦相达"、"忧也"表明焉耆王与将吏所关注之事与前凉有关，而且当时焉耆与楼兰地区的东西交通已不畅通，故写信人才言"苦相达"，"忧也"。Cha·No. 935是长史机构对来自焉耆信件的复信，"诸将为乱"或即指"为将吏所图"及"胁迫"之事；"露布到降诛"可能是指杨宣即将伐焉耆。Cha·No. 935背面残文，大意似说上面报告的情况已经知道了，"加用意东方道"应是指要留意焉耆东通楼兰地区道路的情况，这一点与Cha·No. 938A反映的情况是一致的，其目的可能是为征伐焉耆做准备。另一件简牍Cha·No. 765记："去蔚黎城可卌余里焉耆军在苇桥未□云苇桥去蔚"（蔚黎＝尉犁，此件据新拍照的图版重译）①。这件简牍所记与杨宣伐焉耆的进兵路线是一致的②，它可能是记录了在焉耆的汉人"加用意东方道"送来的军事情

---

① 见本书"楼兰汉文简牍合校"。
② 杨宣伐焉耆进兵路线见《晋书·焉耆国传》。杨宣进兵路线与Cha·No. 765所记内容的关系，见孟凡人《尉犁城、焉耆都城及焉耆镇城的方位》，《中国边疆史地研究》1991年第1期。

报。总之，上述简牍的内容明显与杨宣伐焉耆事件有关，简牍所记事件或即成为杨宣伐焉耆的导因之一，所以这组简牍的年代应在345年杨宣伐焉耆之前不久。

Cha·No. 930、931、932、937 是一组王彦时书信，信中称王督邮彦时，或督邮王掾彦时，或王卒史彦时。其中 Cha·No. 930 记："□月四日具书焉耆玄顿首言／王督邮彦时司马君彦祖侍者各……／□人自随无他甚休阔别逾异念想无……／□□时买卖略讫健丈夫所在无施……／□顷来旋庭想言会间有人从郡……／□徐府君繻在小城中唐长史在……／□伯进为东部督邮修正云当……／□□□□□□如是彦祖……"按府君是当时对郡守的通称，长史为郡守佐官，督邮是郡守属吏。Cha·No. 937 记"五月七日具书敦……／督邮王掾……"以此证之，Cha·No. 930 记"间有人从郡"即指敦煌郡而言，徐府君则为敦煌郡守。前已说明敦煌郡与楼兰城的关系一直非常密切，魏晋前凉时期敦煌郡实际上是管辖西域长史，并统领西域事务。因此，Cha·No. 930 所记显然是敦煌徐府君带着佐官和主要属吏到西域视察，而王督邮则有坐镇楼兰城起沟通与敦煌的联系之作用。王彦时一组书信均出于 LA.I，这里只出一件建兴十八年（330年）纪年简牍，前述一组焉耆文书也出于此，所以该组简牍应属前凉时期。焉耆在李柏之时是独立的，335年杨宣伐龟兹后焉耆虽然遣子入侍，但仍不失独立性格。只是到345年杨宣伐焉耆后，焉耆才成为前凉属国，所以徐府君到焉耆活动也只有在345年以后才有可能。又345年伐焉耆后，张骏"分敦煌等三郡及西域都护三营为沙州"，此后已不见西域长史之称，所以唐长史不是西域长史而是徐府君的佐官，这个变化与前述情况结合，似可认为王彦时一组书信的年代应在345年之后。

三、前凉楼兰史编年

（一）前凉继晋之后重进楼兰城与前凉楼兰史年代的上下限

前已指出楼兰汉文简牍在晋泰始六年（270年）至前凉永嘉四年（310年）间突然中断了四十年，其间西晋西域长史机构撤离了楼兰城。而楼兰故城出土的佉卢文简牍的年代范围，则恰好可弥补这四十年的缺环，同时佉卢文简牍的内涵又反映出这时鄯善曾一度统治过楼兰城。

鄯善在楼兰地区的统治，到前凉时期情况又为之一变。据史籍记载，永宁元年（301年）张轨任凉州刺史，一举讨平凉州之乱。公元305年他再次粉碎鲜卑的大举进犯，"遂威著西州，化行河右"，并得到晋廷"自陇以西，征伐断割悉以相委"的许诺（《晋书·张轨传》）。前凉一向以拥戴晋室自居，但实际上骨子里却阴图霸业，锐意发展。当时前凉之东有多股强大的割据势力，阻碍了他们向内地发展之路。只有西边的与之地域相接的西域比较空虚，可以成为创建霸业的大后方，使褊狭的凉州政权获得可贵的回旋之地，所以当前凉得到晋廷的许诺，待凉州稳定强大之后便以晋廷代表的身份出现在"自陇以西"的舞台上，且向西域挺进了。（后文有说）因此，楼兰故城所出永嘉四年（310年）等纪年简牍，以及与前凉西域长史有关的一系列简牍，即表明前凉强盛后再次在楼兰城设置了西域长史机构，重新确立了在楼兰地区的统治。而楼兰佉卢文简牍年代的下限，基本上与前凉简牍年代的上限交叉相接，又说明鄯善此时已经逐步退出了楼兰城和楼兰地区。在这以后，鄯善的官方机构和官方活动在楼兰的舞台上消失了。从咸康六年（335年）前凉派杨宣伐鄯善的事件来看，鄯善退出楼兰城和楼兰地区可能是被迫的。故两者反目成仇，所以待前凉在楼兰地区和西域站稳脚跟后，才有征伐之举。据上所述，似可将前凉楼兰史的年代上限定在310年。

关于前凉楼兰史的年代下限，许多研究者都认为在楼兰汉文纪年简牍最晚的建兴十八年即公元330年后不久。其实不然，据《魏书·张骏传》和《十六国春秋·前凉录》记载，张骏时分敦煌、晋昌、高昌三郡，及西域都护、戊己校尉、玉门大护军三营为沙州，以西胡校尉杨宣为刺史。按西域长史机构也称为西域长史营（如 Cha·No.755 "……□因主簿奉谨遣大候究犁与牛诣营下受试"，Ma·No.247 "使君营以邮行"，Ma·No.248 "营以邮行"等），又自李柏文书之后，文献和楼兰汉文简牍中已不见西域长史之称。公元345年伐焉耆的杨宣称西胡校尉，其部将"张植为西域校尉，以功拜西域都尉"[①]。

---

① 《十六国春秋·前凉录》，四部备要史部045，中华书局印行。

以此结合公元382年车师和鄯善乞前秦置都护来看，在杨宣伐焉耆后前凉或已将西域长史更名为西域都护。上述前凉分"三郡三营"为沙州事，《资治通鉴》卷九十七系于永和元年（345年）。这一年乃是战胜焉耆和张骏称王以来，各项制度总其大成的一年，前凉的势力处于鼎盛时期。前凉盛世放弃楼兰城，是绝对不可能的。事实上楼兰汉文简牍中的一组焉耆简牍约在公元345年前不久，而王彦时一组书信又在公元345年以后一段时间，雄辩地证明了此时前凉的势力仍然留在楼兰城。

在楼兰汉文简牍中，对公元345年以后的纪年没有明确的反映。但是，从旁证资料来看，在前凉的高昌郡（今吐鲁番地区）发现有前凉"建兴四十八年（360年）"木简，"升平八年（364年）"墓碑，"升平十一年（367年）"卖驼契，"升平十四年（370年）"残契等（见第四章注释）。它清楚地表明，这个时期前凉与西域的关系并未中断，所以是时西域都护亦应存在，然而到前凉之末情况则发生了重要的变化。据史籍记载，公元376年前秦灭前凉，并将凉州豪右7000余户徙关中①，使河西严重衰落下去。此举似乎表明当时前秦尚不打算向西方发展，所以设在楼兰城的西域都护最晚至此时亦应撤销。前面曾提到公元382年车师和鄯善乞前秦置西域都护，这件事从侧面也反映出至迟到前凉灭亡时止，西域都护已不复存在了。黄文弼先生在《罗布淖尔考古记》一书中说，天锡朝时有西域校尉张顾，"西域乃继续设长史或都尉，似可确信。若然，是楼兰故地之放弃，当在前凉之末，即纪元后376年也"。我们认为以此作为楼兰西域长史或西域都护和前凉楼兰史的年代下限是可取的。

（二）前凉楼兰史编年

本书第三章已将魏晋楼兰史汉文简牍年代构成分为四期，其后泰始七年（271年）至永嘉三年（309年），可顺编第五期。在此期间楼兰汉文简牍纪年中断近40年，但同时将论证的楼兰佉卢文简牍的年代却集中于这个阶段，并基本可补上汉文简牍的纪年缺环。对于这个现象，笔者在本书楼兰故城的

---

① 《资治通鉴》卷一百四"太元元年"条。

性质是西域长史治所中进行了较详细的论述，指出在此期间西晋退出楼兰地区，而鄯善则进驻楼兰地区进行统治。该期之后前凉楼兰汉文简牍年代分期可顺编为第六至第八期。即：

第六期

永嘉四年（310年）至建兴十八年（330年）。在这个阶段鄯善被迫退出楼兰，前凉又在楼兰重置西域长史机构。此期虽然只发现永嘉四年、六年、建兴十八年三种年号，但是前述李柏文书可推定在公元325年；张超济在楼兰活动的时间，上限约在公元310—323/324年间，下限约在公元330年。

第七期

建兴十八年以后至永和（345—356年）年间。此期简牍笔者已论证以焉耆简牍群和一组王彦时书信为主，前者的年代可推断在公元345年前不久，后者的年代约在公元345年以后一段时间。这个阶段实际上属前凉统治楼兰地区的盛期。

第八期

永和年间以后至太元元年（376年）。这个阶段是楼兰西域长史机构的衰落期，至太元元年或其前不久西域长史机构撤出楼兰地区，从此楼兰城则逐渐荒废（详见第四章）。在楼兰汉文简牍中，目前尚无法判定有属于该期者。

上述永嘉二年之后的永嘉四年（310年）至永和年间之后的太元元年（376年）的四期，就是目前可知的前凉楼兰史编年的概况。

四、前凉楼兰史的特点与楼兰史的终结

（一）前凉楼兰史的特点

李柏是魏晋前凉诸西域长史中，唯一见于史籍记载的人。李柏文书又是前凉简牍中资料最集中、内涵最丰富、文义较清楚的一组简牍。李柏文书的发现，给我们了解混沌不清的前凉楼兰史带来了一线光明和希望。通过对李柏文书的年代和出土地点的分析，可与其他前凉简牍，以及史籍所记的一些重要历史事件发生横向和纵向的联系，大致勾画出前凉楼兰史编年的轮廓。

这样李柏文书在客观上，便对前凉楼兰史起到了一定的串通作用，使我们有可能对前凉楼兰史的概况和特点，形成初步的认识。通过对已知前凉楼兰简牍文书，特别是对李柏文书及其相关文书的分析，可看出前凉楼兰史较魏晋楼兰史有较突出的一些特点，比如：

1. 简牍文书特点前凉不同于魏晋。其一，残存的前凉楼兰简牍文书数量远少于魏晋，且很零散，年代不连贯、缺环多，晚期断层，极不完整，无法反映前凉楼兰史的实态，无法复原最基本的前凉楼兰史。其二，在楼兰简牍文书构成上，魏晋以简牍为主体，纸文书少见。前凉以纸文书为主，简牍所占比例较少，正处于中国古代简牍和纸文书交替阶段，此点在中国简牍文书中占有重要地位。其三在简牍文书内涵上，魏晋简牍简短，简牍文义完整者乏见，简牍主要记载在楼兰城的一些具体事情，反映的是魏晋楼兰城的实态。前凉的纸文书有个别较长的完整文书（如李柏文书），记载以在楼兰城发生的事件或与前凉楼兰史有关的内容为主，文字较长，并多件残文书可形成组合（前述张济文书、焉耆文书、王彦时文书等），所记内容有的可与史籍对应或发生某些关联。据此可复原部分与前凉楼兰史有关的内容。

2. 据简牍文书资料并结合史籍研究分析，可知前凉统治楼兰地区的时间远长于魏晋时期，长达60余年（310—376年），仅次于西汉统治楼兰地区的时间。

3. 据简牍文书资料并结合史籍分析，继西晋中断对楼兰城的统治，鄯善统治楼兰城后，前凉再度进驻楼兰城和统治西域是以武力征伐为主要手段，如对鄯善、龟兹、焉耆和对高昌戊己校尉的征伐等，凡此均成为前凉楼兰史的重要内容，但文献记载却均语焉不详。

4. 本书有关部分已论述，李柏击戊己校尉赵贞，设高昌郡在咸和二年（327年），永和元年（345年）又将高昌郡和楼兰城西域长史（西域都护）划归沙州（首府在敦煌），在行政建置上与内地行政机构合为一体。其次，楼兰西域长史机构又称西域长史营，前凉永和元年（345年）伐焉耆的杨宣称西胡校尉，随杨宣伐焉耆的"张植为西域校尉，以功拜西域都尉"，永和元年又将西域长史更名西域都护。可见前凉时期西域长史地位较高，最后改称西域都护，以比西汉在西域最高长官西域都护。此外，前凉李柏文书、张济文书、焉耆文书、王彦时文书等又将当时的楼兰史和前凉史交织在一起。上述情况表明，前凉时期已将高昌、楼兰城与前凉政权的行政建置、职官体系和历史合为一体。前凉将楼兰和高昌地区行政建置本土化，这是古代西域与祖国内地领土二位一体，不可分割的重要步骤和不可或缺的重要发展阶段。

5. 关于魏晋前凉时期的楼兰史，现在多认为盛期在西晋。实际上，这种传统认识很可能是为资料所限而产生的一种错觉。据前述分析，前凉楼兰史无论在延续的时间，控制的地域，统治的强化程度，还是在建置和楼兰城的地位等方面，都比魏晋时期有较大的发展。因此，盛期或应在前凉时期。从历史背景来看，前凉是一个偏居一隅，政治上锐意发展，并且有一定实力的地方政权。当时在前凉之东，存在着较强大的割据势力，前凉非但不能向东发展，而且还承受着东边割据势力的巨大压力。在这种情况下，前凉为了生存，为了与东边的割据势力抗衡，为了有朝一日趁机崛起，就不能固守弹丸之地，而必须扩大地盘，壮大实力。所以前凉便选中了与之毗邻的西域东部地区，作为扩张的目标。这里有两汉以来长期经营，并为前凉所控制的楼兰和高昌作为基地，西域诸国弱小不堪一击，容易成功。从前凉设高昌郡，将其与楼兰划归沙州来看，前凉显然是将二者当作了与东边诸割据势力进行斗争的后方基地。而前凉对龟兹、焉耆和鄯善等国的征伐，其目的除扩充势力之外，恐怕还有为高昌和楼兰城创造较好的外围环境，使这两个后方基地更加稳固的意思。总之，由于前凉将经营楼兰和西域东部地区，与自身的利害和发展紧密地联系在一起，故用力较大，成效也较魏晋时期显著。当然，对于情况还不太清楚的前凉楼兰史来说，上述分析也只是一种推测而已。至于它是否符合实际情况，还有待于将来进一步研究工作的验证。

（二）前凉末放弃楼兰城

论述"前凉末放弃楼兰城"问题，有必要重提前面已谈到的某些问题。《魏书·张骏传》和《十六国春秋·前凉录》记载，张骏时分敦煌、晋昌、高昌三郡，及西域都护、戊己校尉、玉门大护军三营为沙州，以西胡校尉杨宣为刺史。《资治通鉴》卷九七将上述事件系于永和元年（345年），这一年也是战胜焉耆和张骏称王以来，各项制度总其大成的一年，前凉的势力处于鼎盛时期。因此，前凉盛世放弃楼兰城，是绝对不可能的。这个情况再次证明了，公元330年以后不久楼兰城被放弃的说法是站不住脚的。此外，以西域都护为三营之一，不称西域长史，这是一个很重要的变化。自李柏文书之后，文献中已不见西域长史之称。楼兰汉文简牍中，长史一称亦无可确定为345年前后者。公元345年伐焉耆的杨宣称西胡校尉，《十六国春秋·前凉录》说随杨宣伐焉耆的"张植为西域校尉，以功拜西域都尉"。从382年车师和鄯善乞前秦置都护，383年以车师前部王为西域都护来看，张骏在345年重新宣布行政区划时，或已将西域长史正式更名为西域都护（仅以此点证之，西域长史李柏文书也不应在345年以后）。据此并结合345年前后的焉耆简牍群和王彦时书信判断，在345年以后前凉的势力显然仍留在楼兰城。那么，在楼兰城为什么没有发现明确属于这个时期的纪年简牍呢？我们认为楼兰简牍都是发现于楼兰故城各个废墟中的残存部分。从考古学角度来看，堆积是早期的在下、晚期的在上。楼兰城一带气候恶劣，常有暴风，故处于最上层的晚期简牍很容易毁坏散失，估计主要原因恐怕就在于此。

如所周知，任何一个政权所占据的地区，如果没有特殊情况是不会主动撤走的，前凉当然亦概莫能外。从旁证材料来看，前凉在今吐鲁番设高昌郡，这里发现有前凉"建兴四十八年（360年）"木简①、"升平八年（364年）"墓牌，"升平十一年（367年）"卖驼契、"升平十四年（370年）"残契等②。它清楚地表明，这个时期前凉与西域的关系并未中断，所以是时西域都护亦应存在。但是，到前凉之末情况则发生了重要的变化。公元376年前秦灭前凉，并将凉州豪右七千余户徙关中③，使河西严重衰落下去。此举似乎表明当时前秦尚不打算向西方发展，所以设在楼兰城的西域都护亦应随之撤销。前面曾提到382年车师和鄯善乞前秦置西域都护，此事从侧面也反映出至迟到前凉灭亡时止，西域都护已不复存在了。黄文弼先生在《罗布淖尔

---

① 建兴四十八年木简，日本大谷探险队获取，见王国维《流沙坠简》释六二。
② 转引侯灿：《西晋至北朝前期高昌地区奉介年号探讨》，升平十一年王念卖驼契，出于65TAM39：20；升平十四年残契，出于65TAM39：21。收在侯灿：《高昌楼兰研究论丛》，新疆人民出版社1990年版。升平八年墓牌，见冈崎敬：《东西交流的考古学》，平心社1975年版。
③ 《资治通鉴》卷一百四"太元元年"条。

考古记》一书中说，天锡朝时有西域校尉张顾，"西域乃继续设长史或都尉，似可确信。若然，是楼兰故地之放弃，当在前凉之末，即纪元后 376 年也"。我们认为黄文弼先生这个意见是可取的。

（三）楼兰城的废弃

楼兰城的兴衰和废弃，都是当时政治、交通、经济和水源等自然社会条件诸因素综合作用的结果。其中特别是政治和水源两个因素，在不同时期都曾起过决定性的作用。比如，楼兰城的兴起，首先是河流改道至楼兰城附近，而后才是交通、政治和经济的因素促使其迅速地发展起来。在楼兰城的发展期即魏晋时期，起决定作用的主要是政治因素，其次才是交通、经济和水源等方面的因素。前凉之末放弃楼兰城，主要是出于政治原因，由此又引起了一系列的连锁反应。如当前凉之末放弃楼兰城之时，鄯善由于内部和苏毗人侵扰等原因[①]，也正处于衰落时期。所以鄯善无力振兴楼兰城，故导致楼兰城在政治上彻底失去了作用。前凉放弃楼兰城后，内地与西域的正式交通关系也基本随之断绝，楼兰城失去了交通枢纽的作用。前凉放弃楼兰城和其交通枢纽地位的丧失，又使以丝绸贸易、供应长史或都护官僚机构，以及屯田人员所需为主的商业陷于停顿，楼兰城失去了赖以繁荣的基础。随着前凉放弃楼兰城，大批从事屯田的农业劳动力化为乌有，农业生产成了问题，从而又动摇了楼兰城的生存基础。由于没有足够的劳动力，也无政权机构出面组织大兴水利，疏导河道，进行屯田、平整被风沙侵蚀切创的耕地，完全丧失了与当地极为恶劣的自然因素作顽强斗争的手段。致使风沙逐年内侵，雅丹地貌日渐发育，耕地和植被面积步步缩小。河水和渠道任风沙淤塞，蒸发渗漏，生态平衡遭到严重破坏。如此年复一年地不断恶性循环，便使楼兰一带逐渐成为不适于人类生活的地区，失去了人类聚居生活的条件。由此可见，楼兰城一旦在政治、经济和商业失去作用，也就失去了存在的价值。楼兰城一旦没有集团的力量与恶劣的自然环境作顽强的斗争，人类也就逐渐失

[①] 苏毗人侵扰鄯善，参见孟凡人：《楼兰鄯善简牍年代学研究》，新疆人民出版社 1995 年版，第 433、444 页。

去了赖以聚居生存的条件。在这种情况下，楼兰城的前途只能逐步走向废弃。成书于公元5世纪末6世纪初的《水经注》，已将楼兰称为故城。以此结合前述分析，似可认为楼兰城的最后废弃，或在公元5世纪左右。

但是，所谓废弃并不等于完全无人在此活动，很有可能尚有少部分土著居民仍在这一带游牧。楼兰城内佛塔上有升篝火痕迹，意味着佛塔很可能是毁于火灾，这类事大概即应发生在楼兰城废弃以后。而经过楼兰一带的交通线，直到入唐以后仍可通行，唐末之后才彻底断绝。

（四）楼兰史的终结

罗布泊及各有关水系，哺育了楼兰地区的文明。而两汉魏晋前凉时期的不断经营，则又是这个时期楼兰地区历史发展的主要动因。楼兰城是楼兰地区的中心，是魏晋前凉时期在楼兰地区的大本营。因此，楼兰城的存在和兴衰与楼兰地区的历史息息相关。所以当楼兰城被放弃，楼兰地区的历史就走向衰落。当楼兰城彻底废弃，变为荒无人烟之地，楼兰史也就终结了。

楼兰史，迄今仍然是一个不十分清楚的领域。本书依据有限的资料，充其量也只能算是勾画了楼兰史的部分轮廓而已。至于所谈到的诸方面问题，也是探讨性的，其间不足和谬误之处更是在所难免。楼兰史在人类历史的长河中，仅仅是短暂的一瞬。在丰富多彩的西域史中，也仅仅是一个历史阶段的小小的分支。但是，楼兰史的重要性、复杂性、神秘性，影响的广泛性以及内涵的丰富和对人们的吸引力，却是独树一帜的。楼兰史虽然随着楼兰城的彻底废弃而告终，但是它在西域史中的地位则是永存的。我们相信，今后随着考古和科学考察的不断发展，大量新资料的不断发现，诸学科不断地密切配合，在学者们不断的努力之下，楼兰史必将会以其本来面目，较完整地展现在人们的面前。愿我们大家共同奋斗，早日迎接这一天到来。

下编

楼兰汉文简牍合校

凡　例

一、本书所收简牍，均按原著录者的体系，简牍则统一编序号，其后注明原书简牍编号（无地点者，编号加括弧），以及木简和纸文书的类别和图版号。原书无简牍图版而有可参考的图版者，注明参考图版出处和图版号。

二、简牍录文对照简牍图版重新校释，凡无图版或图版漫漶或难以辨识者，依原著录者的释文。凡诸家释文或释文中的某字与本书相同者，则不再注释。

三、校释录文横排，使用现代通用简体字，个别特殊的字照录。录文依照原简牍的书写格式，重要符号照录。写于简牍行外的补字，录文将其纳入行内，不能确定位置的按原样录于夹行。录文须移行的，另起新行前面顶格。

四、简牍缺字，用□表示，缺字较多，无法判断字数的用"……"表示。简牍残缺，依不同部位分别注明〔上残〕、〔中残〕、〔下残〕，并空出残缺的部位。

五、简牍字迹模糊漫漶，无法辨识和不能确认的字作为缺字，亦用□表示。简牍字迹不全，或潦草或异体、俗体和别体字，凡可知为某字者，字外加□（如济等）。简牍中较重要的不识残字，残存部分照描，残损部分用□或□表示（如都，冒等）。有疑问的字，字旁加？号。

六、校释录文的注释，引用的书名使用缩写名称。如本书主要引用的孔好古、沙畹、马伯乐、黄文弼的著作，分别缩写为"孔释"、"沙释"、"马释"、"黄释"。王国维《流沙坠简》缩写为"王·流"，后面注明类别和简牍编号。张凤《汉晋西陲木简汇编》缩写为"张释"或其后加原书图版和简牍编号。日本《汉简》（东京堂出版，1977年），在《汉简》书名后加卷和页数。余者使用较少的著作，将在录文校释的注释有关部分做交代。

第一章 楼兰汉文简牍的发现、刊布与研究

一、概说

1901年发现了楼兰汉文简牍，从此揭开了中国近代简牍学的序幕，迄今已达百余年。其中土垠汉简，是新疆迄今所知唯一的两汉木简。楼兰故城及其附近出土的简牍，都是魏晋前凉时期楼兰西域长史机构的官方原始档案资料，内涵极为丰富，生动而具体地再现了是时当地社会的种种实态，其学术价值之高，令人叹为观止。从简牍学来看，楼兰汉文简牍证明，今新疆也是我国简牍的主要流行地区之一，从而弥补了中国简牍地理学上的空白。楼兰故城出土的汉文简牍是我国目前唯一专记魏晋前凉西域事务的简牍，并弥补了内地曹魏、两晋和前凉简牍的缺环（内地出土这个阶段的简牍很少），在构建中国简牍学完整序列的体系中，占有重要地位。其次，楼兰汉文简牍中魏晋前凉木简与纸文书共存，此现象在内地极为罕见。因而楼兰汉文简牍就成为研究中国木简与纸文书交替问题，木简使用年代的下限，正式使用纸文书的年代上限等问题的重要依据之一。魏晋时期鄯善国使用佉卢文木牍，尼雅遗址佉卢文木牍与西晋木简共存；而楼兰故城所出佉卢文木牍和个别仅见的佉卢文纸文书的年代，则恰处于西晋与前凉简牍纪年的缺环之间。上述现象是中国简牍中的孤例，并为研究佉卢文木牍的年代提供了旁证，为研究楼兰城与鄯善的关系提供了重要的资料。此外，楼兰魏晋前凉汉文简牍书法别具一格，有些学者认为王羲之书法的成就，即与河西和楼兰简牍新兴的字体有关。因此，楼兰汉文简牍也是研究中国简牍书法史和中国古代书法演变史的重要宝库之一。正因为上述情况，所以这些弥足珍贵的简牍一经发

现，很快就在国内外学术界引起了巨大的轰动，后来又被誉为中国近代史学的三大发现之一。[①] 故长期以来，楼兰汉文简牍以其盛名和深厚的文化底蕴及极高的学术价值，吸引了许多学术大家对其进行精心研究，成绩斐然。尽管如此，但是也有美中不足、不尽人意之处。这主要是由于有相当多的简牍和文书或破碎而难于拼合，或残缺或书写潦草字体变形而文义不明，或字迹漫漶而无法辨识，凡此诸种情况遂导致各家的释文大都仁智各见，互相之间多有抵牾。就此而论，可以说目前诸家的释文都有一定的局限性，谬误时有发生。因此，现在有许多学者在利用楼兰汉文简牍和文书进行研究时，博览多种释文，亲自对比考证以决定取舍乃是一个必经的过程。但是，这个过程费时费力、事倍功半，而查找与释文有关的专著和较清晰的图版又绝非易事。如所周知，与释文有关的专著不仅出版的年代久远，发行数量少，价钱昂贵，而且有不少还是国外的版本，一般很难全部见到。面对这种情况，在权威性的较精确的释文专著面世之前，求其次做些补救工作或是可行的。基于此种考虑，笔者特对照楼兰汉文简牍和文书的图版（包括部分未刊布的图版），在诸家诠释的基础上进行合校，重新考释录文。在这项工作中凡对旧释文进行修正之处及旧释文间的分歧点均注明各家之说，对需要解释的部分则略作说明，同时并注明简牍和文书图版的出处。这样在一定程度上可使之成为总结过去的研究成果，囊括诸家之言的缩影，资料比较完备便于读者参阅研究。同时《楼兰汉文简牍合校》，也是《楼兰新史》据以研究的资料基础。前者是资料篇，后者是研究篇，两者可以相互对照，故将其合并于一书出版。

二、楼兰汉文简牍的发现与刊布

（一）斯文·赫定（Sven Hedin）发现的楼兰汉文简牍

1901年3月，瑞典人斯文·赫定至楼兰故城（位于今罗布泊西北岸附

---

① 中国近代史学三大发现，一般是指楼兰·尼雅与敦煌·居延汉简，殷墟甲骨文和敦煌卷子。

近）盗掘，在 LA.II.ii（斯坦因编号，下同）房址发现魏晋和前凉时期的汉文简牍（同时发现一枚佉卢文木简，一件佉卢文纸文书）。这批简牍先委托德国学者希姆莱（Kari Himly）整理研究，此人逝世后又由德国学者孔好古（August Conrady）接手。1920 年孔好古将简牍录文、图版及其研究成果刊布在《斯文·赫定在楼兰发现的汉文写本及零星物品》（*Die Chinesischen Handschriften und Sonstigen Kleinfunde Sven Hedins in Lon-lan*，Stockholm，1920）一书中。该书刊布汉文木简 121 枚（编号 1—120，内有一个小号），纸文书 165 件（编号 1—36，内有许多小号）。本书引用时，缩写成 C·P（纸文书）·No，C·W（木简）·No，后面注明原书简牍编号。

（二）斯坦因（Aurel Stein）发现的楼兰汉文简牍

在 1906 年 12 月、1907 年 1 月和 1914 年 2 月，英籍匈牙利人斯坦因先后三次在楼兰故城进行盗掘。他将赫定发现的楼兰故城编为 LA，附近的其他遗址分别编为 LB 至 LT 等序号。1906—1907 年斯坦因在 LA.I—V、LA.Ⅵ.ii，LB、LC、LE、LF 和 LM 等遗址和墓葬中，发现很多魏晋和前凉时期的汉文简牍（同时发现少量佉卢文简牍，以及个别婆罗迷文和粟特文简牍）。这批简牍经沙畹（E. Chavannes）整理研究，1913 年刊布在《斯坦因在新疆沙漠发现的汉文文书》（*Les documents chinois découverts par Aurel stein dans les sables du turkestan Oriental*，Oxford，1913）一书中，该书收录汉文木简 173 枚（编号 721—893），纸文书 46 件（编号 894—939，木简与纸文书有录文和图版）。本书引用时，缩写成 Cha·No，后面注明原书简牍编号。斯坦因 1914 年在楼兰故城及其附近发现的汉文简牍，由马伯乐（Henri Maspéro）整理研究，1953 年刊布在《斯坦因第三次中亚考察所获汉文文书》（*Les documents Chinois de la troisiéme expédition de Sir Aurel Stein en Asie Centrale*，London，1953）一书中。该书收楼兰汉文简牍 93 件（编号 169—261，有录文和图版），其中纸文书占 1/3 以上，余者为木简。本书引用时，缩写成 Ma·No，后面注明原书简牍编号。

（三）橘瑞超发现的楼兰汉文简牍

在 1909 年 3 月、1910 年末至 1911 年初，日本大谷探险队的橘瑞超两次到楼兰地区调查，在楼兰故城发现前凉西域长史李柏文书及同出的纸文书 40 余件（1909 年），另有 4 枚木简。资料刊布在日本《西域考古图谱》（国华社，1915 年）下册，史料图版（1）—（8）中。本书引用时，缩写成西·图·史，后面注明原书图版号。

（四）新疆楼兰考古队发现的汉文简牍

1980 年，新疆楼兰考古队在楼兰故城 LA.I—III 中发现汉文木简 63 枚，纸文书 2 件（这批简牍无新内容，同出个别的佉卢文简牍），资料刊布在《楼兰新发现木简纸文书考释》[①] 一文中。此后考古工作者在楼兰地区调查时，汉文简牍又屡有零星发现。

（五）土垠汉简

在 1930 年和 1934 年，我国考古学者黄文弼教授两次到楼兰地区进行考古调查发掘。1930 年 4 月，他在罗布泊东北岸的雅丹群中发现土垠遗址和 71 枚西汉木简。资料刊布在黄文弼《罗布淖尔考古记》（中国西北科学考察团丛刊之一，北平，1948 年）一书中（有录文、木简图版和摹本，图版多数漫漶）。本书引用时，直接使用原书简牍编号。

除上所述，拟再指出以下五点：一，在土垠和尼雅遗址发现的汉简，是新疆迄今仅有的两汉木简。二，新疆所出魏晋和前凉时期的汉文木简，除吐鲁番发现一枚以泰始九年为代表的晋简和尼雅发现少量晋简外，余者几乎均集中在楼兰故城及其附近诸遗址。三，新疆出土的魏晋和前凉时期的纸文书，除吐鲁番发现少量前凉纸文书外，余者均出于楼兰地区。四，楼兰地区魏晋前凉木简和纸文书共存，两者又与佉卢文简牍共存，此现象为新疆目前所仅见。五，楼兰汉文简牍出土地点和位置，大都比较清楚。

---

① 侯灿：《楼兰新发现木简纸文书考释》，《文物》1988 年第 7 期。

三、楼兰汉文简牍研究概况

楼兰汉文简牍自 1901 年发现之后,其研究进程大体可分为三个阶段。

(一)第一阶段:1901 年至 20 世纪 30 年代初期

这个阶段以整理、研究和刊布简牍录文及部分简牍图版为主,对简牍考释下的功夫较大。先学们为此筚路蓝缕,付出了艰辛的劳动,奠定了楼兰简牍学的基础,功垂后世。其代表人物,西方主要是前述的沙畹和孔好古等人;东方的日本学者此时大多围绕橘瑞超发现的李柏文书等资料进行研究(如羽田亨等)。除上所述,该阶段最有代表性的学者,乃是我国国学泰斗王国维先生。他在《流沙坠简》(正编·补遗·考释,1914 年日本京都东山学社印本,1934 年校正重印本)一书中,按照国学传统将沙畹刊布的楼兰汉文简牍进行分类整理,重新考释录文,对有关问题详细考证,提出了许多精辟的创见,令人耳目一新,在国内外学术界产生了巨大而深远的影响,至今仍是研究楼兰汉文简牍及其诸相关问题必备的主要参考书。本书引用时,缩写成流·坠,后面注明原书类别、页数和简牍编号。所以,王国维才是真正对楼兰汉文简牍进行深入研究的第一人,是楼兰汉文简牍学名副其实的开山鼻祖。此外,这个阶段我国还有一些介绍国外刊布的楼兰汉文简牍资料的著作。如张凤《汉晋西陲木简汇编》(上海有正书局,1931 年。该书收集了沙畹等人刊布的楼兰汉文简牍,并刊布少量简牍图版,但图版不清晰,录文错误较多)、向达《斯文赫定楼兰所获缣素简牍遗文抄》(国立北平图书馆馆刊,5 卷 4 号,1931 年,该文收集了孔好古刊布的简牍资料。未附简牍图版)等。这些著作在促进国人了解楼兰汉文简牍内涵和推动其研究进程方面,也起到了较重要的作用。

该阶段另一个研究领域,是西方学者在佉卢文与汉文简牍的对比研究中,也取得了一定的成绩。比如,他们论证了汉文简牍中的"楼兰"是佉卢文简牍所记"Kroraina"(库罗来纳)的音译(斯坦因等),据此将 LA 古城命名为楼兰故城,进而确认该城就是汉文史籍记载的楼兰城。此后,我国学者又对楼兰城的定名和名称来源问题予以补充和完善。

（二）第二阶段：20世纪40年代末至70年代末

20世纪30年代初之后，国内外均处于多事之秋，接着又爆发了第二次世界大战，所以直到20世纪40年代末之前，楼兰汉文简牍研究的成果很少。只是到1948年黄文弼刊布了土垠汉简，1953年马伯乐又刊布了楼兰汉文简牍新资料后，才揭开了该阶段的序幕。虽然如此，20世纪50—60年代楼兰汉文简牍研究状况仍较平淡。进入70年代之后，楼兰汉文简牍研究渐有起色。这个阶段国外的研究以日本学者为主，他们重刊了日本大谷探险队在楼兰地区发现的汉文简牍（以东京堂1977年出版的《汉简》第11卷为代表，图版清晰，录文也有较大改进）；一些研究者开始注意到楼兰汉文简牍的不同组合，并着手进行一些区分工作（如小山满等）。此外，森鹿三在20世纪50年代末提出李柏文书出于LK古城说，于是日本学者又围绕这个问题陆续展开了较长时间的讨论。这个阶段我国关于楼兰汉文简牍研究的文章不多。

（三）第三阶段：20世纪80年代至今

这个阶段以20世纪80年代初中国考古学者短期恢复楼兰考古调查发掘为契机，使我国对楼兰地区的遗址、墓葬和简牍研究出现了新气象，论著相对较多，取得较好的成绩。本书对土垠汉简的考释与楼兰汉文简牍合校，对楼兰汉文简牍的组合（简牍与遗迹的组合，简牍所记人物的组合，以纪年简牍为纲的年代组合等）、年代和分期研究，即是这个阶段楼兰汉文简牍研究的主要成果之一。但是，应当指出，进入新世纪之后的头十年中，有关楼兰汉文简牍的研究论著则较少。

四、楼兰·尼雅简牍在中国简牍学中的地位

本书论述时也涉及尼雅遗址出土的汉文简牍和佉卢文简牍。楼兰汉文简牍与尼雅汉文简牍，属同一时代同一体系，两个遗址的佉卢文简牍亦属于同一时代同一体系，同时两个遗址的汉文与佉卢文简牍的内涵间也有某种内在的关联。所以在此将楼兰·尼雅汉文和佉卢文简牍在中国简牍学的地位一并

论述。

　　楼兰·尼雅简牍证明，今新疆也是我国简牍的主要流行地区之一，从而填补了中国简牍地理学上的空白。其中，楼兰·尼雅汉文简牍的重要性和意义可略述如下：（1）楼兰·尼雅汉文简牍是我国唯一专记魏晋前凉时期西域事务的简牍。（2）楼兰·尼雅汉文简牍弥补了内地曹魏、西晋和前凉简牍的缺环（内地所出这个阶段的简牍很少），在构建中国简牍学完整序列和体系中，具有无可替代的重要作用。（3）楼兰魏晋前凉木简与纸文书共存，此现象在内地极为罕见。（4）楼兰汉文简牍是研究中国木简与纸文书交替问题，木简使用年代的下限，正式使用纸文书的年代上限等问题的重要依据。从楼兰汉文简牍来看，曹魏时期纸文书较少，有明确纪年的最早纸文书在魏嘉平四年（252年）和咸熙二年（264年）。西晋时期楼兰纸文书逐渐增多，到前凉时期纸文书的数量已超过木简。因此，前凉时期木简的使用已近尾声。（5）楼兰魏晋前凉汉文简牍书法别具一格。有些学者认为王羲之书法的成就，即与河西和楼兰简牍新兴起的字体有关。因此，楼兰汉文简牍也是研究中国简牍书法史和中国古代书法演变史的重要宝库。

　　除上所述，尼雅·楼兰佉卢文简牍则是中国简牍学中的奇葩，特点独具。比如：（1）佉卢文简牍是中国简牍学中时代最早和唯一有完整体系、完整形态，数量大，内涵涉及社会各个方面，时代明确、五位鄯善王的纪年大体连贯，长达百年的民族文字简牍。（2）尼雅佉卢文简牍是世界上现存数量最多的佉卢文资料之一，也是世界上唯一写在简牍上的佉卢文。（3）尼雅佉卢文简牍处于佉卢文体系的晚期阶段，其书体、语法和词汇等具有明显的时代和地方特点。因此，对研究佉卢文发展演变史，佉卢文的区域类型和佉卢文断代等问题，均有重要参考价值。（4）佉卢文简牍的形制源于内地，形态多样，大多保存较好，是研究我国古代简牍形制难得的重要标本之一。（5）佉卢文简牍是东西文化与当地特点相结合并融为一体的重要物证。佉卢文源于古代印度西北部，传播到尼雅等地后被用于书写当地语言，简牍形制源于内地又不完全同于内地，简牍封泥上既有西方图案，也有汉字。所以佉卢文简牍对研究汉文化与当地文化的融合，当时域外文化与西域文化的交流与融合，以及三者合流并融合的情况，具有重要学术价值。

总之，据上所述，完全有理由认为楼兰·尼雅汉文简牍和佉卢文简牍，在中国简牍学中占有独特而重要的地位。

附注

尼雅遗址发现的汉文简牍，收录在孟凡人《尼雅遗址与于阗史研究》一书 223—238 页，商务印书馆，2017 年。

第二章　楼兰汉文简牍合校

一、《斯文·赫定在楼兰发现的汉文写本及零星物品》刊布的楼兰汉文简牍

1.（1a·b）　纸文书　原书纸文书图版 I

a

……①遂不救燕而攻魏雍丘取之以②〔下残〕

西齐军其东楚军欲还不可得也景阳乃③开〔下残〕④

师怪之以为楚与魏谋之乃引兵而去齐兵〔下残〕⑤

师乃还

b

张丑为质于燕燕王欲杀之走且出竟竟吏得丑丑

曰燕王所⑥将杀我者人有言我有宝珠也王欲

得之今我已亡之矣而燕⑦不我信今子且致我我且

言子之夺我⑧而吞之燕王必将杀子刳子之

〔上残〕⑨　夫欲得之君不可说吾要且□⑩子肠亦且寸绝竟吏恐而放⑪之

注释

a·b 为同一纸文书之两段。

①残，均是半边字，孔释在"遂"字前补"于是"。

②孔释在"以"之下残缺处补"与宋三国惧乃罢兵魏军军其"。

③《汉简》第十一卷页 11 将"乃"释"及"。

④孔释在"开"之下残缺处补"西和门昼以车骑暮以烛通使于魏齐"。

⑤孔释在"兵"之下残缺处补"已去魏失其与国无与共击楚乃夜遁楚"。
⑥孔释在"所"与"将"间补"为"字。
⑦孔释在"燕"与"不"间补"王"字。
⑧孔释在"我"与"而"间补"珠"字。
⑨孔释在残缺处补"腹及子之肠矣"。
⑩"□"处孔释"死"字。
⑪《汉简》第十一卷页11释"赦"。

2.（2） 纸文书 原书纸文书图版 II

  三月一日楼兰白书济埕

  白违旷遂久思企委积

  奉十一月书具承动静春

  日和适伏想御其宜

3.（3·1） 纸文书 原书纸文书图版 III

  超济白超等在远弟妹及

  儿女在家不能自偕乃有衣食

  之乏今启家□①南州彼典计王

  黑许取五百斛谷给足食用愿

  约敕黑使时付与伏想笃②恤垂③

  念当不须多白超济白

注释

①原文书字迹漫漶，孔释"恉"，有的学者释"诣"。
②原文书写为"芎"字。
③有的研究者释"无"。

4.（3·2） 纸文书

  正面 原书纸文书图版 III

  大人或未便入新月来又〔下残〕

背面　原书无图版

顿首□不复言问

注释

背面无图版，照录孔释文。

5.（4）　纸文书　原书纸文书图版 IV

正月廿四①日淮白别障各尔在远不数音问②

常用叹想信息知平安甚善即日此间

悉蒙祐耳但愿足下虽远由不闻㕚鸣

声为快也吾今日备东曹□复讨〔下残〕

会欲不复可堪仲衡备敦煌清〔下残〕

尔东西东□□□③不可竟适〔下残〕

还尹宜禾代处竟能尔不大对〔下残〕

尔处吾属自煌地今信此问故□〔下残〕

足下求还不久以故月廿七日囚足〔下残〕

入更平安但言无人余无他异〔下残〕

府内但与擄作书恩恩不知何所说匪

自爱有信数示不闻苏德兴白

注释

①孔释"廿日"。

②孔释"闻"。

③"东□□□"孔释"京县诸□"。

6.（5·1）　纸文书　原书纸文书图版 V

伏想尊体康休甚甚善善近沙麻自问禾索

别户尊者不听乃当须下赀讫及露车一乘与

沙麻巨？写平议与李叔平使寄约当使无他今得

故月廿七日书车皆当自著赀？为当取还何如赵军许

麦这得廿斛即与赵督赵督复便儿客来贷? 告? 取小麦十八
斛去尔为皆毕? 了及当□□□麻①〔中残〕　田种各自有
顷亩不得□今脱秋石田赵②?〔中残〕　□牛秋□□③
欲上著赀当取更寄之夺县〔中残〕　欲在府□④
与今防设督邮?督⑤? 行沙麻〔中残〕　有违错当
作何计有⑥里舍张义则麦〔中残〕　当至石桥踵
□⑦未可知也子琚设不欲名当云何〔中残〕　□□□□⑧
□⑨厚? 意白不□⑩㤉儿末朱〔中残〕　事从主者
为⑪珍主者从将麻沙□为将沙麻私〔中残〕　雁画当云何

注释

① "□□□麻"孔释"京田种麻"。

② "石田赵"孔释"瓜田种"。

③ "牛秋"之下孔释"瓜不"。

④ "欲在府□"孔释"尔在府下"。

⑤ 孔释"覆"。

⑥ "有"孔释"及"。

⑦ "□"孔释"迹"。

⑧ "□□□□"孔释"葛奴故别有"。

⑨ "厚"字上孔释"疏床"。

⑩ 孔释"严"。

⑪ 此行图版字迹漫漶,照录孔释文。

7.（5·2）　纸文书

　　正面　原书纸文书图版 XXVIIb

　　〔上残〕言? 将朱游私使

　　〔上残〕羌驴以为□阿

　　〔上残〕要务又迫孡锄

　　〔上残〕还楼兰住①?

　　背面　原书无图版

（马）厉白事

注释

①孔释"推"。背面无图版，照录孔释文。

8.（6·1） 纸文书

　　正面　原书纸文书图版 VI

　　舍余生□〔中残〕　　三日到舍〔下残〕

　　左谦前相□任綵所来出皮佰阵郡〔下残〕

　　致东县卖今在郡便钱市綵适得□①〔下残〕

　　去余綵闻②所言责并官所给赏计足□③〔下残〕

　　责家不欲偿者烦致手书今长史印填④以到〔下残〕

　　致敬东今住家相待到便当共行余綵家〔下残〕

　　权不能得也□□⑤经纪责索偿使毕？□〔下残〕

　　值信〔中残〕　　仁白

　　背面　原书无图版

　　白

　　讳泰文

　　马评君

注释

①"□"处孔释"十"。

②孔释"间"。

③"□"处孔释"偿"。

④孔释"塡"。

⑤似为"綵家"二字。

背面无图版，照录孔释文。

9.（6·2）　纸文书　原书纸文书图版 VI

　　〔上残〕惶恐白前〔下残〕

　　〔上残〕□供诸事〔下残〕

〔上残〕月？小官事〔下残〕

〔上残〕四日到郡十七日到即还①〔下残〕

〔上残〕用麦五斗与？〔下残〕

〔上残〕不可售欲〔下残〕

〔上残〕寄张羌奴〔下残〕

注释

①孔释"送"。

10.（7） 纸文书

　　正面　原书纸文书图版Ⅶ

　　济逞白报

　　阴姑素无患苦何悟奄至

　　祸难远承凶讳益以感切念

　　追惟剥截不可为怀奈何

　　背面　原书无图版

　　鼠眼辈何

　　奈何奈何乎

　　前后事乎何

注释

背面无图版，照录孔释文。

11.（8·1）　纸文书　原书纸文书图版Ⅷ

　　追惟悲 剥 情 区 〔下残〕

　　何痛当奈何愍念之□〔下残〕

　　慰□〔中残〕心 懼 伤 〔下残〕

12.（8·2）　纸文书　原书纸文书图版Ⅷ

　　悼痛当□①〔下残〕

　　笃不任来顾因答忧□

□□□②揖休让顿首□

注释

①孔补"奈何"二字。

②孔释"郭"。

13.（8·3） 纸文书　原书纸文书图版 VIII

　　迷〔下残〕

　　首〔下残〕

14.（9·1a） 纸文书　原书纸文书图版 IX

　　〔上残〕□念〔下残〕

　　旦奄至斯难倍使人

15.（9·1b） 纸文书　原书纸文书图版 IX

　　〔上残〕感情不自胜 奈何〔下残〕

　　〔上残〕悲怀剥截益不可〔下残〕

　　奈何承〔下残〕

16.（9·1c） 纸文书　原书纸文书图版 IX

　　〔上残〕命在①〔下残〕

　　〔上残〕□□〔下残〕

注释

①孔释"在"字下补"何时"二字。

17.（9·2）　纸文书

　　正面　原书纸文书图版 IX

　　〔上残〕患苦奄承大〔下残〕

　　背面　原书无图版

　　连贳贷

注释

背面无图版，照录孔释文。

18.（9·3） 纸文书

　　正面　原书纸文书图版 VII

　　三月十四日仁再拜此信

　　累虽表问彻？情不

　　背面　原书纸文书图版 XXVIIb

　　白讳昌恪

　　入中张君前

19.（10） 纸文书

　　正面　原书纸文书图版 X

　　〔上残〕 □□君宜因取① 此

　　〔上残〕……欲买□②□□〔中残〕　数不还人具示□

　　〔上残〕□巨付？□□忘出也民人得麦〔中残〕负责与人麦讫

　　〔上残〕□事也阳？子？能勉？此役？不□□□③能自〔中残〕　作丁民道至郡

　　□□□□作兵支耳语使知使阳子〔中残〕　□沙□④夷更

　　□□□□豁？⑤入山豫饶作干饭当得□□⑥〔中残〕□□⑦欲得

　　便去？民？□⑧罪去耳慎前后书所□□〔中残〕□⑨甚

　　著下赀厉当著露车二乘辇车-？〔中残〕　□⑩车一乘

　　须著车也官家设复持作车牛〔中残〕　□都水可止k耳身已并著牛车矣

　　府家今当遣曹子让往贷富民麦与贫子麦？〔中残〕如此书

　　背面　原书无图版

　　无余麦也秋溉地北头四畦种稆麦南头〔中残〕　□以大治

　　种杂麦留任房麦当种忍仲田中若〔中残〕□当大麦

　　若县中管下赀著厉者移著沙麻巨写名〔中残〕□著厉

　　得去怒力相闻莫不相闻也

注释

① 孔释"前"。

② 孔释"也"。

③ "不"字下孔释"相□不"。

④ 孔释"鹆"？

⑤ "□□□骆"孔释"当伤□骆"。

⑥ 孔释"派官"。

⑦ "□□"孔释"苏雅"。

⑧ 孔释"死"。

⑨ 孔释"幸"。

⑩ 孔释"土"。

⑪ 孔释"少"。

背面无图版，照录孔释文。

20.（11） 纸文书

　　正面　原书纸文书图版 XI

　　〔上残〕□□〔中残〕　平安□

　　君客至得书音口问消恩

　　知其无为欣然及①前谷者

　　仁君客□辄以大麦一斛二②斗

　　付之□〔中残〕以为惭愧今者

　　当还〔中残〕须待嗟回调谷

　　〔上残〕未？计？当发此正

　　〔上残〕德③重往来复

　　〔上残〕□令狐兴禀

　　背面　原书纸文书图版 XII

　　〔上残〕□□当还

　　〔上残〕来曹家雄

　　〔上残〕未肯？时还今

〔上残〕 囦无欲还䌅意

在远〔中残〕 自济今欲案留

霸一生口〔中残〕 闻承死罪死罪

注释

①孔释"又"。

②孔释"一"。

③孔释"爱"。

21.（12） 纸文书

正面 原书纸文书图版 XIII

〔上残〕 奏□

〔上残〕 奉□①教旨云②

□③有良信付之

威将军征虏都尉

州骑督别统大人

□□④还奉月三日教

〔上残〕州□⑤承问惊□⑥

〔上残〕□覆何囶？为

〔上残〕□为佳□

背面 原书纸文书图版 XIV

□逼□□〔下残〕

□□□艰□〔下残〕

吾心私领凭据重

心私领亡重归□

主者□教□

　　　使囶

复诸退吏虽

而与诸贾有□者

〔上残〕□章

　　□□□〔下残〕

　　……□……〔下残〕

注释

①孔释"来"。

②《汉简》第十一卷页 47 释"之"。

③孔释"未"。

④孔释"信"。

⑤孔释"土"。

⑥孔释"怛"。

背面图版文字漫漶，照录孔释文。

22.（13·1）　纸文书　原书纸文书图版 XV

　　正面

　　三月廿三日郡内具〔下残〕

　　大人坐前前者〔下残〕

　　后信希白问疏〔下残〕

　　西有人到虽不获吉〔下残〕

　　留欢喜喜即日郡

　　背面

　　白泰文

　　主簿马君

23.（13·2）　纸文书　原书纸文书图版 XVI

　　正面

　　蛇床子二匹买□

　　囷有不得□①□□□

　　次以□②〔中残〕囷不得者

　　绫〔中残〕③　买絮若绫絮

□买之

并蛇床子

　　　马主薄念事

背面

……

□□以去十一月 五④

王故⑤〔中残〕不 济? □

高旋内□〔中残〕情? 济?

远不过来 秋□

之事⑥故不多 言

麦 一仓卒⑦不多

注释

①孔释"者"。

②孔释"买绫"。

③残缺处孔补"以"字。

④《汉简》第十一卷页 51 释"中"。

⑤孔释"比"。

⑥《汉简》第十一卷页 51 释"间"。

⑦孔释"年"。

24.（14·1） 纸文书

　　正面　原书纸文书图版 XVII

　　〔上残〕①一日孤子雅②〔下残〕

　　〔上残〕所? 加音问有违

　　〔上残〕损十一月十七日 于?

　　〔上残〕□反想即 达

　　〔上残〕 □宜自爱□

　　〔上残〕　惘惘难 任?

　　〔上残〕　 仓卒一

背面　　原书纸文书图版 XXVIIb

白泰文

从事马君

孤？子雅昂顿首

注释

① "一"前孔释补"十"字。

② "雅"下孔释补"昂"字。

25.（14·2）　纸文书　原书纸文书图版 XVII

八月十日督武诩于①〔下残〕

八月十二日督武诩于白□〔下残〕

八月十二日都佰樊阳等四人于胡□〔下残〕

从史位宋政白谨条督武诩□②

物谷食与胡牛贾绫綵匹数

〔上残〕　九月廿日

注释

① "于"下孔释补"樊"字。

② 孔释"于"字。

26.（15·1）　纸文书　原书纸文书图版 XVIII

黾子白主吏赵君即日平安愿君珍尊慎德念

数诚①？敕部②？黾子白

以兄③为累秋④间言谈也

注释

① 孔释"试"。

② 孔释"办"。

③ 孔释"免"。

④ 孔释"秘"。

27.（15·2） 纸文书　原书纸文书图版 XVIII
　　六月六日楼兰贱甥马厉再拜白

28.（15·3） 纸文书　原书纸文书图版 XVIII
　　三月十五日楼兰卑白
　　尊兄阿□前别怅怅不知所悉

29.（16·1） 纸文书　原书纸文书图版 XIX
　　　……
　　〔上残〕嘉①平四年三月司徒府癸丑书署军
　　〔上残〕　二年止月戊寅诏
　　〔上残〕　熙二年十一月癸

注释
①孔释"喜"字。该文书背面字迹漫漶。

30.（16·2） 纸文书　原书纸文书图版 XIX
　　正面
　　〔上残〕□月壬戌诏书除郎巾
　　〔上残〕……承泰始二年二月癸
　　背面
　　□春□家书

注释
背面字迹漫漶，照录孔释文。

31.（17·1） 纸文书
　　正面　原书纸文书图版 XX
　　〔上残〕　袁羌书〔下残〕
　　〔上残〕　□顺无他〔中残〕种大小麦稀□
　　□囚访并有当须兵孟〔中残〕等以相证正

还未可期游①今无入身□〔中残〕 □麦□□

如限为负既无牢狱天盛〔下残〕

怵惕之虑刑狱重〔下残〕

如前所白偿本〔下残〕

须大课以为〔下残〕

表郡□〔下残〕

背面　原书无图版

虽不来？

甚劳愁

万福如已

怪愁无间常

之弘也今营求索

亦落度糊口恒有不足

某患口腹使有愁〔中残〕　希告籴

责调□想相见将□〔中残〕　（诣）？左右面白

□所顾虑诸事〔中残〕　不能复谐也

〔上残〕□念慰〔中残〕　珍左□德□

注释

①孔释"斿"。

32.（17·2）　纸文书　原书纸文书图版XX

〔上残〕　白敦煌□〔下残〕

□仓卒不备在远〔下残〕

前来图欲还西□〔下残〕

不得还所来主①口驱？

〔上残〕　驴用□〔下残〕

注释

①孔释"生"。

33.（18·1）　纸文书　原书纸文书图版 XXI

　　　　　　　　　　二日①

〔上残〕云世□②〔下残〕

〔上残〕过俵相〔下残〕

〔上残〕□顾吾二人〔下残〕

〔上残〕余力不相及?〔下残〕

〔上残〕月十八日白疏□〔下残〕

〔上残〕为人所举为〔下残〕

〔上残〕若有买者当〔下残〕

〔上残〕任行步若当〔下残〕

〔上残〕五丑 到□□

注释

①孔释"二日"，原书图版不见此二字。

②孔释"世"。

34.（18·2）　纸文书　原书纸文书图版 XXI

　　□□医曹得秋白达？尊兄

　　　近①相见

注释

①孔释"丞"。

35.（18·3）　纸文书　原书纸文书图版 XXI

〔上残〕□□掾 马厉白①〔下残〕

〔上残〕□②辄承教今兵③?〔下残〕

〔上残〕杀?胡驼他宜□④〔下残〕

〔上残〕□大刑狱窃闻〔下残〕

〔上残〕□□〔下残〕

注释

①孔释"向"。

②孔释"右"。

③孔释"在"。

④孔释"告"。

36.（18·4） 纸文书　原书纸文书图版 XXI

正月廿八日具书〔下残〕

〔上残〕尊兄□□〔下残〕

〔上残〕悉得〔下残〕

37.（18·5） 纸文书　原书纸文书图版 XXI

〔上残〕情用□①〔下残〕

〔上残〕□□□②〔下残〕

〔上残〕相值〔下残〕

〔上残〕可置?〔下残〕

〔上残〕还□〔下残〕

〔上残〕不〔下残〕

〔上残〕□〔下残〕

注释

①孔释"喜"。

②"□□□"孔释"□好亦"。

38.（18·6） 纸文书　原书纸文书图版 XXI

白泰文〔下残〕

主簿马〔下残〕

39.（19·1） 纸文书　原书纸文书图版 XXII

〔上残〕行憘?

〔上残〕□熱想平安

〔上残〕　　　如宜

〔上残〕人湌食未

〔上残〕□怛？恻□□

〔上残〕欲须西迎兵

〔上残〕卿□

注释

图版字迹漫漶，照录孔释文。

40.（19·2）　纸文书　原书纸文书图版XXII

愧纟〔下残〕

41.（19·3）　纸文书　原书纸文书图版XXII

囷尔固不足了也

〔上残〕并及粟①

注释

①《汉简》第十一卷页59释"粟"；孔释"粟"。

42.（19·4）　纸文书　原书纸文书图版XXII

〔上残〕□□□□①对□②〔下残〕

〔上残〕□周书史张□〔下残〕

〔上残〕有物见好□③〔下残〕

〔上残〕□④□□□⑤□

注释

①"对"字前孔释"□段敷等"。

②孔释"前"。

③孔释"瘦"。

④孔释"物"。

⑤孔释"等"。

43.（19·5） 纸文书
　　正面　原书纸文书图版 XXII
　　〔上残〕　……
　　承生□本□〔下残〕
　　复对〔下残〕
　　霸悉〔下残〕
　　背面　原书无图版
　　耳亦
　　尔相□
　　相闻故□
注释
背面无图版，照录孔释文。

44.（19·6） 纸文书　原书纸文书图版 XXII
　　〔上残〕小人董奔窠二乘①
　　〔上残〕□马于营卖欲用
　　〔上残〕敕属奴客故复
注释
①"二乘"孔释"粟"；此外亦有释"禀"及"弃"者。

45.（19·7） 纸文书　原书纸文书图版 XXII
　　楼兰主国均那羡

46.（19·8） 纸文书　原书无图版
　　□三日郡内
注释
无图版，照录孔释文。

47.（20·1） 纸文书　原书纸文书图版 XXIII
　　永嘉①四年八月十九日己酉安西和戎从事军

谋史令②副溥督察移
　　　　　□□〔中残〕　　□之义人道所重
　　　〔上残〕　　□值寇乱置

注释

①孔释"喜"。

②孔释"含"。

48.（20·2）　纸文书　原书纸文书图版XXIII
　　　乢□〔下残〕
　　　吾便及共去　　相见　　信达不？□
　　　当　　今日往别明日耶故别
　　　示意　　明耶别

49.（20·3）　纸文书
　　　正面　原书纸文书图版XXIII
　　　〔上残〕疏□〔中残〕　　其请委□
　　　〔上残〕□谢〔中残〕　　□老自爱
　　　〔上残〕有书悉平安耳有表面五斗
　　　〔上残〕□人念录之
　　　背面　原书无图版
　　　付仲兴
　　　军谋毛君
　　　　讳毛成

注释

背面无图版，照录孔释文。

50.（21·1）　纸文书　原书纸文书图版XXIV
　　　想不〔下残〕

51.（21·2） 纸文书　原书纸文书图版 XXIV
〔上残〕□数有〔下残〕

52.（21·3） 纸文书　原书纸文书图版 XXIV
溥仲□〔下残〕

53.（21·4） 纸文书　原书纸文书图版 XXIV
摩蜀再拜前使〔下残〕
因知市买史□〔下残〕

54.（21·5） 纸文书　原书纸文书图版 XXIV
〔上残〕物龟慈与〔下残〕
〔上残〕当用〔下残〕

注释

图版字迹漫漶，照录孔释文。

55.（21·6） 纸文书　原书纸文书图版 XXIV
□者〔下残〕
攘物尺寸都尽无〔下残〕

注释

图版字迹漫漶，照录孔释文。

56.（21·7） 纸文书　原书纸文书图版 XXIV
□五谷伏

注释

图版字迹漫漶，照录孔释文。

57.（21·8） 纸文书　原书纸文书图版 XXIV
大人坐前

58.（21·9） 纸文书

　　正面　原书纸文书图版 XXIV

　　〔上残〕 近违不相闻

　　〔上残〕□获言而当想□

　　其怀连损来书

　　　　□

　　背面　原书无图版

　　□者闲常在□

　　□心之事□

　　　　　　□□于?

　　复□优优见责

注释

正面图版字迹漫漶，背面无图版，照录孔释文。

59.（21·10） 纸文书　原书纸文书图版 XXIV

　　领主簿

60.（21·11） 纸文书　原书纸文书图版 XXIV

　　于尉□南?□□□

　　□欲□□□募人

61.（21·12） 纸文书　原书纸文书图版 XXIV

　　死罪白募?〔下残〕

　　　　夜

62.（22·1） 纸文书　原书纸文书图版 XXV

　　□六钱四分

63.（22·2） 纸文书　原书纸文书图版XXV
　　〔上残〕　去家舍①忧
　　□解 再②〔下残〕

注释

①孔释"舍"。

②孔释"再"下补"拜"？字。

64.（22·3） 纸文书　原书纸文书图版XXV
　　〔上残〕钱四
　　〔上残〕□□□〔下残〕

65.（22·4） 纸文书　原书纸文书图版XXV
　　〔上残〕□五人得〔下残〕

66.（22·5） 纸文书　原书纸文书图版XXV
　　〔上残〕□□〔下残〕
　　〔上残〕慕惆怅〔下残〕

67.（22·6） 纸文书　原书纸文书图版XXV
　　感〔下残〕

68.（22·7） 纸文书　原书纸文书图版XXV
　　〔上残〕惭？愧□〔下残〕

69.（22·8） 纸文书　原书纸文书图版XXV
　　〔上残〕①嘉四年十月十二②〔下残〕

注释

①"嘉"前孔释补"永"字。

②"二"后孔释补"日"字。

70.（22・9） 纸文书　原书纸文书图版XXV
〔上残〕□平安☒□

71.（22・10） 纸文书　原书纸文书图版XXV
〔上残〕□始安□皇①

注释
①孔释"偟"？。

72.（22・11） 纸文书　原书纸文书图版XXV
〔上残〕□①☒二日〔下残〕
〔上残〕　　□□〔下残〕

注释
①孔释"月"。

73.（22・12） 纸文书　原书纸文书图版XXV
忠□皇①□〔下残〕

注释
①孔释"皇"。

74.（22・13） 纸文书　原书纸文书图版XXV
〔上残〕□①逞言洛□〔下残〕

注释
①孔释补"济"？字。

75.（22・14） 纸文书　原书纸文书图版XXV
〔上残〕□□日从？十八日〔下残〕

76.（22・15） 纸文书　原书纸文书图版XXV
三九廿七二八十六

二九十八□①□

注释

①孔释"六"？。

77.（22·16） 纸文书　原书纸文书图版XXV

九九八十一

78.（22·17） 纸文书　原书纸文书图版XXV

□①今汝㕚 昰□□及之耳□□

注释

①孔释"念"。

79.（22·18） 纸文书　原书纸文书图版XXV

□□欲谨

80.（23·1） 纸文书　原书纸文书图版XXVI

〔上残〕□□□偿？□廿日生一张□□□〔下残〕

81.（23·2） 纸文书　原书纸文书图版XXVI

〔上残〕酱？〔下残〕

82.（23·3） 纸文书　原书纸文书图版XXVI

〔上残〕今足上〔下残〕

〔上残〕单轻欲〔下残〕

83.（23·4） 纸文书　原书纸文书图版XXVI

其颜色也

□如劣□当垂老

84.（23·5） 纸文书　原书纸文书图版 XXVI
　　□行足得〔下残〕

85.（23·6） 纸文书　原书纸文书图版 XXVI
　　□□长□□□①

注释

① "长"字下孔释"俊若□"。

86.（23·7） 纸文书　原书纸文书图版 XXVI
　　自？夺曰热□〔下残〕

87.（23·8） 纸文书　原书纸文书图版 XXVI
　　□买盲

88.（23·9） 纸文书　原纸文书图版 XXVI
　　自此西进？□〔下残〕

89.（23·10） 纸文书　原书纸文书图版 XXVI
　　耳□□水〔下残〕

90.（23·11） 纸义书　原书纸义书图版 XXVI
　　恨不□□①

注释

① "□□"孔释"念宣"。

91.（24·1） 纸文书　原书纸文书图版 XXVII
　　五月卅日为疏告子凤近因周
　　主①将有疏不能悉□②得□武？

注释

①孔释"生"。

②孔释"一；",《汉简》第十一卷页 61 释"具"。

92.（24·2） 纸文书

　　正面　原书纸文书图版 XXVII

　　九日十一日□①□②阔□③

　　思想之怀初不去心时

　　　　　□□

　　背面

　　张

注释

24·2 正面"思想"二字左上方另有一小条残文书，字迹不清。

①②孔释"数载"。

②《汉简》第十一卷页 83 释"报"。

③孔释补"别"字。

背面无图版，照录孔释文。

93.（24·3） 纸文书　原书纸文书图版 XXVII

　　绝域之地遐①旷阔②无崖

　　羌也既不能

　　〔上残〕□复书曰白不

注释

①孔释"违"。

②《汉简》第十一卷页 83 释"险"。

94.（25·1） 纸文书　原书纸文书图版 XXVIII

　　五月二日济白近及羌常①白不

　　具烧奴至②虽不奉命□③所□④夏⑤? 暑?

日隆想早其⑥宜何⑦能初不垂音慰？

……□□□□□〔中残〕　　□□

注释

①《汉简》第十一卷页67释"帝"。

②孔释"主"。

③孔释"无"；《汉简》第十一卷页67释"具"。

④《汉简》第一卷页67释"履"。

⑤孔释"多"。

⑥孔释"至"。

⑦孔释"河"。

95.（25·2）　纸文书　原书纸文书图版XXVIII

日言

守限

　　万福？

注释

图版字迹漫漶，照录孔释文。

96.（25·3）　纸文书　原书纸文书图版XXVIII

以相□〔下残〕

以相□〔下残〕

以相□〔下残〕

　悉□①□〔下残〕

以相□〔下残〕

消息〔下残〕

注释

该件孔无释文。

①《汉简》第十一卷页79释"得"。

97.（25·4） 纸文书　原书纸文书图版 XXVIII

〔上残〕二日还达

〔上残〕万福不□忘暮

〔上残〕表不宣

〔上残〕□①尔涂远还②

注释

①孔释"正"。

②《汉简》第十一卷页 81 释"远"。

98.（25·5） 纸文书　原书纸文书图版 XXVIII

〔上残〕三日微冷

99.（26·1） 纸文书

正面　原书纸文书图版 XXIX

十二月〔下残〕

无违言□〔下残〕

知与①马君共

战而②碎③□归

远近同欢甚④

各当大校⑤□

近远益增勇⑥

□□

背面　原书无图版

□白近

□想自

南上□□□

想君子三

注释

①孔释"之"。

②③孔释"穴城"。
④此行孔释"走近日邮大"。
⑤《汉简》第十一卷页 81 释"较"。
⑥《汉简》第十一卷页 81 释"芳"。
背面无图版，照录孔释文。

100.（26・2） 纸文书　原书纸文书图版 XXIX
　　〔上残〕虽未清□□□
　　　楼兰白以来□□□
　　从风敕加之大美？□使？
　　如督楼楼楼楼楼□
注释
此件孔未释。

101.（27・1a） 纸文书　原书纸文书图版 XXX
　　〔上残〕□多谜？□□
　　〔上残〕□□□全□
注释
此件孔未释。

102.（27・1b） 纸文书　原书纸文书图版 XXX
　　〔上残〕府君・归敦煌・韦效谷①・麹②府君
　　〔上残〕使君 夷田吴③蜀　安邑朱逊④・世龙⑤
　　　　　　　　魏书
　　□□⑥嫁子・赵长・永⑦安・茂乔・反往⑧如
　　　　　　　　　　蜀
注释
①"韦效谷"孔释"朱？敏豪"。
②孔释"静"。
③孔释"无"。

④《汉简》第十一卷页 75 释"逊"。

⑤ "世龙" 孔释 "世家"。

⑥ "□□" 孔释 "出妻"。

⑦孔释 "承"。

⑧孔释 "经"。

103.（27·2） 纸文书　原书纸文书图版 XXX

　　〔上残〕□〔中残〕　　□□

　　〔上残〕卖之敦煌域外奴

　　〔上残〕□又云①别〔下残〕

注释

①孔释 "之"。

104.（27·3） 纸文书　原书纸文书图版 XXX

　　〔上残〕□始来①？〔下残〕

　　〔上残〕□也东西□

　　　　□□□□

注释

①孔释 "喜"。

105.（27·4） 纸文书　原书纸文书图版 XXX

　　〔上残〕值〔下残〕

　　〔上残〕白①？〔下残〕

　　〔上残〕颐首

注释

①孔释 "力"。

106.（27·5） 纸文书　原书纸文书图版 XXX

　　〔上残〕□风①二日□〔下残〕

注释
①孔释"凤"。

107.（27·6） 纸文书　原书纸文书图版XXX
　　后入南沙便于泉刀从
　　〔上残〕　□□□□

108.（27·7） 纸义书　原书纸义书图版XXX
　　□□〔中残〕　□□□王　为推社
同〔下残〕

109.（27·8） 纸文书　原书纸文书图版XXX
　　得必安大伴及还晋昌道①
　　□□□□莫妄至敦煌
注释
①"还晋昌道"孔释"悉晋间遵"。

110.（28） 纸文书　原书纸文书图版XXXI
　　〔上残〕□兰?此□□〔下残〕
注释
此件孔未释。《汉简》第Ⅰ卷页73释"□岁此成□"。

111.（28·1b） 纸文书　原书纸文书图版XXXI
　　十一日当□〔下残〕

112.（28·2） 纸文书　原书纸文书图版XXXI
　　〔上残〕□多佛图迷?〔下残〕

113.（28·3） 纸文书　原书纸文书图版XXXI
〔上残〕□沙土？

114.（28·4） 纸文书　原书纸文书图版XXXI
之□〔下残〕
〔上残〕决定①
注释
①孔释"是"。

115.（28·5） 纸文书　原书纸文书图版XXXI
悦附于□〔下残〕

116.（28·6） 纸文书　原书纸文书图版XXXI
〔上残〕之使□〔下残〕

117.（28·7） 纸文书　原书纸文书图版XXXI
附①为善
注释
①孔释"府"。

118.（28·8） 纸文书　原书纸文书图版XXXI
富乐……

119.（28·9） 纸文书　原书纸文书图版XXXI
万一〔下残〕
〔上残〕使得□〔下残〕

120.（28·10） 纸文书　原书纸文书图版XXXI
〔上残〕□明府〔下残〕

121.（28·11） 纸文书　原书纸文书图版XXXI
〔上残〕随老母临? 州

122.（28·12） 纸文书　原书纸文书图版XXXI
用可①可从之□〔下残〕
　　道路险〔下残〕

注释
①孔释"耳"。

123.（28·13） 纸文书　原书纸文书图版XXXI
〔上残〕大衰老□□〔下残〕
〔上残〕□□〔下残〕

124.（28·14） 纸文书　原书纸文书图版XXXI
嫁其□□①
尚可为②子□
　　便〔下残〕

注释
①"□□"孔释"二子"。
②《汉简》第十一卷页73释"有"。

125.（28·15） 纸文书　原书纸文书图版XXXI
〔上残〕□健均①清高□〔下残〕

注释
①《汉简》第十一卷页73释"胡"。

126.（28·16） 纸文书　原书纸文书图版XXXI
〔上残〕□□趣? 其□□

　　　　　　　　其没四
〔上残〕□〔中残〕□亡　①　〔下残〕
　　　　　　　　　　□不□
〔上残〕□□□身不能得子□〔下残〕

注释

此件孔未释。

①《汉简》第十一卷页73释"役"。

127.（29·1）　纸文书　原书纸文书图版XXXII
　　康①王□□〔下残〕
　　□凡不□②〔下残〕
　　　　去此百余里
　岸流水交③集 草木

注释

①孔释"鹿"。

②此行原件涂抹，孔未释。

③孔释"复"。

128.（29·2）　纸文书　原书纸文书图版XXXII
　　　　□□□〔下残〕
　〔上残〕□河许? 幸为①二胡偶□□□□
　〔上残〕　溺之患②? 从此以西道□

注释

①《汉简》第十一卷页71释"有"。

②孔释"堂"。

129.（29·3）　纸文书　原书纸文书图版XXXII
　　　员　　崇
　　经①舍经②□重泛③〔下残〕

注释

①孔释"复"。
②孔释"轻"。
③《汉简》第十一卷页 71 释"须"。

130.（29・4） 纸文书 原书纸文书图版 XXXII
　　〔上残〕道人但①言□□
　　〔上残〕而去不过当②
注释
①孔释"得"。
②此行原件涂抹，孔木释。

131.（29・5） 纸文书 原书纸文书图版 XXXII
　　〔上残〕　□〔下残〕
　　人甚多□□□〔下残〕
　　①为二匹？〔下残〕
注释
①此行孔未释。

132.（29・6） 纸文书 原书纸文书图版 XXXII
　　〔上残〕□此□须?
　　　　　　及奴
　　〔上残〕四十二人□□三匹
注释
该件左侧一行字迹涂抹，未释。上面第一行孔未释。

133.（29・7） 纸文书 原书纸文书图版 XXXII
　　〔上残〕深妙清①旷
　　〔上残〕囚□②

注释

①《汉简》第十一卷页 71 释"张"。

②此行孔未释。

134.（29·8） 纸文书　原书纸文书图版 XXXII

　　〔上残〕□知①处于□〔下残〕

注释

①孔释"刦"。

135.（29·9） 纸文书　原书纸文书图版 XXXII

　　〔上残〕□□□□

　　〔上残〕罕便仙？流来

136.（29·10） 纸文书　原书纸文书图版 XXXII

　　为①便与②功？

注释

①《汉简》第十一卷页 71 释"焉"。

②孔释"有"。

137.（30·1） 纸文书　原书纸文书图版 XXXIII

　　华玄欲得书与①韦效谷②

　　属③从④□□□华玄在此使厚⑤

　　待遇其门户莫使为⑥役使

注释

①孔释"有"。

②"韦效谷"孔释"成效素"。

③孔释"乐"。

④《汉简》第十一卷页 77 释"说"。

⑤孔释"序"。

⑥《汉简》第十一卷页 77 释"有"。

138.（30·2） 纸文书　原书纸文书图版 XXXIII

别别不不陇

图

别别一别陇

陇陇□陇陇

陇陇陇陇陇

　　黑　别别
　示之黑　别别

别具

示示取

注释

该件为习字，字迹不规整。现按原件字迹排列，略排列整齐录之。

139.（31·1a）　纸文书　原书纸文书图版 XXXIV

张超济〔下残〕

顿首〔中残〕　遣①

超济〔中残〕　不具意

　　　　　　成②□K

息云何乎③〔中残〕更更念□〔下残〕

王弥刘④〔中残〕等灭尽〔下残〕

极想此罤〔下残〕

注释

①②图版不清，此据孔释文。

③半个字，有的人释"悉"。

④在"刘"字下孔释补"渊"字。

140.（31·1b）　纸文书　原书纸文书图版 XXXIV

〔上残〕□取〔下残〕

〔上残〕死罤〔下残〕

141.（31·1c） 纸文书　原书纸文书图版 XXXIV

　　〔上残〕□①〔下残〕

　　〔上残〕赵□②〔下残〕

　　〔上残〕多复〔下残〕

注释

①孔释"具"。

②"赵□"孔释"遣遣"。

142.（31·2）　纸文书

　　正面　原书纸文书图版 XXXIV

　　（1）白□□□□来〔下残〕

　　（2）十月九日白书〔下残〕

　　（3）若□□□□麤□〔下残〕

　　（4）首白汹秽无□〔下残〕

　　背面　无图版

　　首□□□

　　顿首顿□

注释

（2）（4）行大字。（1）（3）行是重叠的习字。

背面无图版，照录孔释文。

143.（31·3）　纸文书　原书纸文书图版 XXXIV

　　〔上残〕白①书不〔下残〕

　　〔上残〕白②不书〔下残〕

　　〔上残〕□过〔下残〕

注释

①②孔释"百"。

144.（31·4） 纸文书

　　正面　原书纸文书图版XXXIV

　　此于事小〔下残〕

　　□邑□今□〔下残〕

　　佳足下□①〔下残〕

　　　安得□〔下残〕

　　□□□□〔下残〕

　　背面　原书无图版

　　　豕？道

　　不复多言

　　不复多言

　　快何②□□

　　则则是是

注释

①孔释"日"。正面最后二行孔未释。

②"快何"二字倒书。

背面无图版，照录孔释文。

145.（31·5）　纸文书　原书纸文书图版XXXIV

　　〔上残〕□计甚

　　〔上残〕各？甚□□

146.（31·6）　纸文书　原书纸文书图版XXXIV

　　〔上残〕①济白颐

注释

①"济"前孔释文补"超"字。

147.（31·7）　纸文书

　　正面　原书纸文书图版XXXIV

綵顿首顿首〔下残〕

　　背面　原书无图版

　　为人登□

注释

背面无图版，照录孔释文。

148.（31·8）　纸文书　原书纸文书图版XXXV

　　〔上残〕绿展怀所以为叹也

注释

孔释为"□□悚？而以为□也"。

149.（32·1）　纸文书　原书纸文书图版XXXV

　　　　□〔下残〕

　　　未□〔下残〕

　　无虚伪□〔下残〕

　　日悉故？□〔下残〕

　　困①不任匍匐事〔下残〕

　　　　胁蒲痛正问？□〔下残〕

　　〔上残〕□绳墨务②□〔下残〕

注释

①孔释"因"。

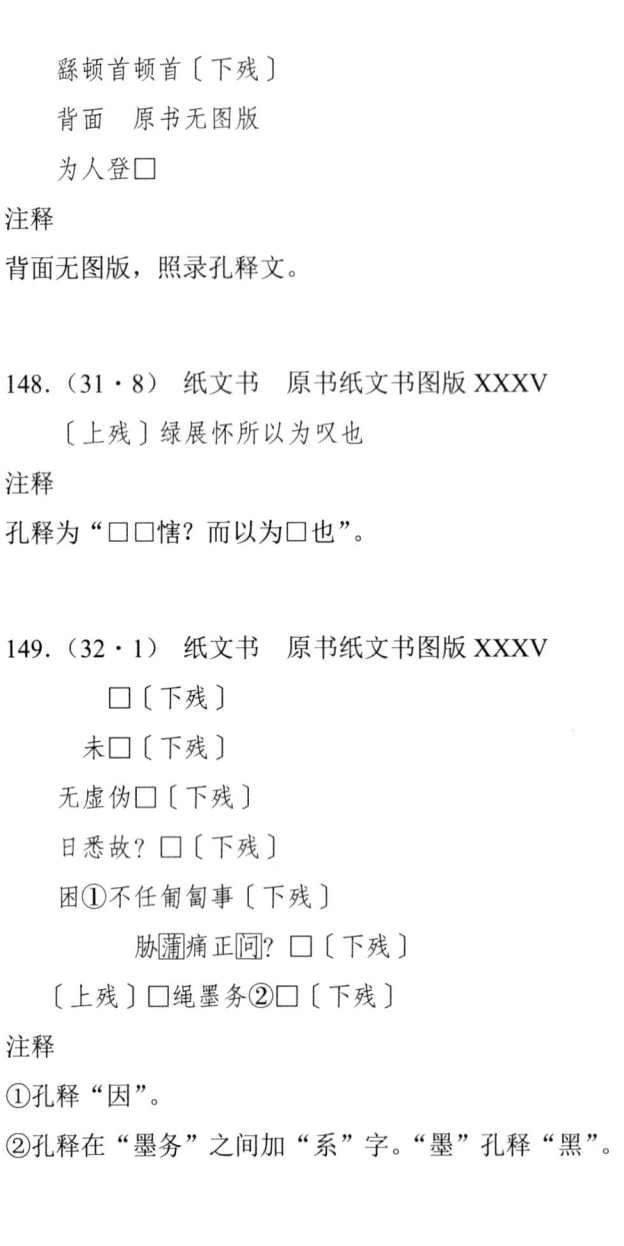

②孔释在"墨务"之间加"系"字。"墨"孔释"黑"。

150.（32·2）　纸文书　原书纸文书图版XXXV

　　〔上残〕　来？何□〔下残〕

　　〔上残〕　□　　兄①　〔下残〕

　　〔上残〕□□何②以尔也③何〔下残〕

　　④□安⑤平富⑥永〔下残〕

远还未久岂酒〔下残〕

⑦计食湌人大〔下残〕

还⑧还还未还久□〔下残〕

注释

①"兄"字倒书。

②孔释"似"。

③《汉简》第十一卷页 81 释"他"。

④此行倒书。

⑤小山满《张济文书之考察》一文释"悉"。

⑥孔释"当"。

⑦此行倒书。

⑧"还"字孔释"是"。

151.（33·1） 纸文书　原书纸文书图版XXXVI

正面

此月十四日发①郡奉②姑臧十三日告

云得世龙故月九③日书④夫人湌食如

常⑤以为欣慰烧奴曰其□南昌⑥兄

弟云⑦大小平安临来差⑧错□不

得书⑨疏此月九日发发发发发发

顷⑩来多事故不复不复悉⑪发

背面

□□□□……

张济逞拜再拜还……

　无□复未□□□□□□事？

舍人功云⑫已达主复以□南州告悉

如常也烧奴还□以此月十四日发⑬

郡奉⑭姑臧十三日郡内□□□平安

□□世龙故月九日书⑮书夫人湌食康□

酒泉归？万万福⑯ 烧奴□□ ⑰ 南昌⑱ 兄

弟平安平安⑲……　　安安□⑳

注释

①孔释"友"。该件书信凡"发"字，孔均释"友"。

②孔释"至"。

③《汉简》第十一卷页65释"七"。

④孔释"出"。

⑤孔释"当"。

⑥孔释"宫"。

⑦《汉简》第十一卷页65释"甚"。

⑧《汉简》第十一卷页65释"养"。

⑨孔释"出"。

⑩孔释"后"。

⑪孔释"表"。背面孔未全释。

⑫《汉简》第十一卷页63释"甚"。

⑬孔释"友"。

⑭孔释"至"。

⑮孔释"出"。

⑯孔释"富"。

⑰"□□"孔释"之曰"。

⑱孔释"宫"。

⑲"弟平安平安"孔释"弟□大小平安"。

⑳《汉简》第十一卷页63释"康"。

152.（33·2）　纸文书　原书纸文书图版XXXVII

乱世多故不可□及也得宜以为顿首

事事事事□①去□

乱世故不可□尔也也能成为顿□②

乱世事变不可得知也尔宜为□③

注释

此件孔未释

①②《汉简》第十一卷页 79 释"处"。

③"为□"《汉简》第十一卷页 79 释"处有"。

153.（34·1） 纸文书　原书纸文书图版 XXXVII
　　贺
　　　　　弟子宋政再拜
　　大蜡

154.（34·2） 纸文书　原书纸文书图版 XXXVII
　　蜡　　弟子新圾再拜
　　　　　贺

注释

此件据图版应为木简。

155.（35） 纸文书　原书纸文书图版 XXXVIII
　　正面
　　济言即日东西为更有问此𣏗①
　　种息耗私举——故不繁启济言
　　背面
　　举弘共住马瘦不可乘不不不可
　　　举盗盗贼②
　　不可乘比乘马瘦不可顿首③邑邑
　　举动多疑令人忧虑不可为怀怀

注释

①孔释"枡"。

②此行孔未释。

③"可顿首"下压"更有问"三字，两者重叠。在"瘦"字下，孔释"更更有问邑邑"。

156.（36） 纸文书　原书纸文书图版ⅩⅩⅩⅧ
字迹漫漶，不可释。

157.（1a）　木简　原书木简图版Ⅰ
泰始五年七月廿六日从掾位张钧言敦煌大守

158.（1b）　木简　原书木简图版Ⅰ
未欲讫官谷至重　不可远离当　须治大麦讫乃得

159.（2）　木简　原书木简图版Ⅰ
史须留？矣？□□为大涿池深大又来水少计月末左右已达楼兰
注释
原简字迹漫漶，照录孔释文。

160.（3）　木简　原书木简图版Ⅰ
要急请曹假日须后会谨表言白会月十二日

161.（4）　木简　原书木简图版Ⅰ
〔上残〕□如右事付到①后仓曹史虞
注释
①孔释"承"。

162.（5）　木简　原书木简图版Ⅰ
至镇军堤相迎营从左蔚

163.（6）　木简　原书木简图版Ⅰ
相恢稚须遣将董思
注释
（5）（6）两件原系一件，（6）在上，（5）在下；两简字迹漫漶，照录孔释文。

164.（7） 木简　原书木简图版Ⅰ

〔上残〕书　　□　　并①领主簿赵 伦?〔下残〕

注释

①孔释"开"。

165.（8） 木简

正面　原书木简图版Ⅰ

〔上残〕□不屡羌傅复

背面　原书无图版

作洎六日相□

注释

背面无图版，照录孔释文。

166.（9） 木简　原书木简图版Ⅰ

当步行六日矣重使①前后流离?之

注释

①孔释"出"。

167.（10） 木简　原书木简图版Ⅰ

书不得即日前领？将？至报？①已适对受域如右消息得动静

注释

①"将至报"孔释为"均闱艇"。

168.（11） 木简　原书木简图版Ⅰ

丰堂死汪孤远不得还奉陈写□

注释

图版字迹漫漶，照录孔释文。

169.（12） 木简　原书木简图版 I
　　　当①　告部曲军②侃司马□□个已敬□③
注释
①孔释"书五"。
②"部曲军"孔释"即林军"。
③"司马"以下字迹漫漶，照录孔释文。

170.（13） 木简　原书木简图版 I
　　　恐？难？避□随？击①？首还当②
注释
①孔释"顿"。
②孔释"堂"。

171.（14） 木简　原书木简图版 I
　　　□①念　准此作□来静？台？
注释
①孔释"共"。

172.（15） 木简　原书木简图版 I
　　　水大波深必泛

173.（16） 木简　原书木简图版 II
　　　速①丰粮经月〔下残〕
注释
①孔释"之"。

174.（17） 木简　原书木简图版 II
　　　〔上残〕恶不顾好

注释

图版字迹漫漶，照录孔释文。

175.（18）　木简　原书木简图版 II

〔上残〕□敕等事〔下残〕

176.（19）　木简　原书木简图版 II

〔上残〕□重？水水任不知？循□

注释

图版字迹漫漶，照录孔释文。

177.（20）　木简　原书木简图版 II

〔上残〕□相及①逮委？先治

注释

①孔释"因"。

178.（21）　木简　原书木简图版 II

从均？留？敬供＿舯新褐囊一枚胡索一张

179.（22）　木简

正面　原书木简图版 II

李卑疏　　裘二领　　白革囊二枚黑褐囊一枚

　　　　　赤革？囊一枚　白布囊一枚胡①布三匹②

背面　原书无图版

青斿一领

弓一张箭十枚　　沃者所取

注释

①孔释"均"。

②孔释"枚"。

背面无图版，照录孔释文。

180.（23） 木简　原书木简图版 II

　　计沃芷一口少百七十八匹八尺八寸六分王芷一口偿布百六十

注释

图版字迹漫漶，照录孔释文。

181.（24） 木简　原书木简图版 II

　　□□单闻未去转售于

注释

图版字迹漫漶，照录孔释文。

182.（25） 木简　原书木简图版 II

　　〔上残〕长？从事辛酉出家①？

注释

①孔释"寓"。

183.（26） 木简　原书木简图版 II

　　请绳廿丈

注释

图版字迹漫漶，照录孔释文。

184.（27） 木简　原书木简图版 II

　　□各异意

注释

图版字迹漫漶，照录孔释文。

185.（28） 木简　原书木简图版Ⅱ
　　　□芝荫移？

186.（29） 木简　原书木简图版Ⅱ
　　　〔上残〕□□旷远文书
注释
①"□□"孔释"之里"。

187.（30） 木简　原书木简图版Ⅱ
　　　〔上残〕□报已遣

188.（31） 木简　原书木简图版Ⅱ
　　　其赵雏钱一□

189.（32） 木简　原书木简图版Ⅱ
　　　娄

190.（33） 木简　原书木简图版Ⅱ
　　　〔上残〕□谨表
注释
图版字迹漫漶，照录孔释文。

191.（34）木简　原书木简图版Ⅱ
　　　〔上残〕当道？诣楼①〔下残〕
注释
①孔释"楼"下补"兰"字。

192.（35） 木简　原书木简图版Ⅱ
　　　〔上残〕□府诸官事应〔下残〕

193.（36） 木简　原书木简图版Ⅱ
　　〔上残〕时？假？官

194.（37） 木简　原书木简图版Ⅱ
　　〔上残〕□□□〔下残〕
　　〔上残〕□□曹 相见云眇？曹①□〔下残〕
注释
①"云"字下二字孔释"赴会"。

195.（38） 木简　原书木简图版Ⅱ
　　〔上残〕□①论其？〔下残〕
注释
①孔释"论"。

196.（39） 木简　原书木简图版Ⅱ
　　〔上残〕□皆去便〔下残〕
注释
图版字迹漫漶，照录孔释文。

197.（40） 木简　原书木简图版Ⅱ
　　〔上残〕□①售者须言
注释
①孔释"州"。

198.（41） 木简　原书木简图版Ⅱ
　　〔上残〕□①余人部伍器□备守
注释
①孔释补"百"字。该件图版字迹漫漶，照录孔释文。

199.（42） 木简　原书木简图版Ⅱ
　　〔上残〕大吏一人囗〔下残〕

200.（43） 木简　原书木简图版Ⅱ
　　〔上残〕囗①工光被四②〔下残〕
注释
①"囗"处孔释补"百"字。
②"四"字下孔释补"表"字。该件图版字迹漫漶。

201.（44） 木简　原书木简图版Ⅱ
　　〔上残〕囗将城内田明囗之后便当斫地下种囗

202.（45） 木简　原书木简图版Ⅱ
　　　十二月六日掾陈秘取
注释
图版字迹漫漶，照录孔释文。

203.（46） 木简　原书木简图版Ⅱ
　　　囗入①三百一十九匹今为住人买彩四千三百廿六匹
注释
①孔释"人"，图版字迹漫漶，"入"以下照录孔释文。

204.（47） 木简　原书木简图版Ⅱ
　　〔上残〕书史卫登皆来受禀讫各

205.（48） 木简　原书木简图版Ⅱ
　　　　　　　其七十……
　　〔上残〕徐部百一人
　　　　　　　卅一人留……

206.（49） 木简　原书木简图版 III

正面

上残 十二升 麦 ‖泰始五年十一月九日仓曹掾李足监仓苏良
　　　　　　‖奏曹史淳于仁兵曹史靳仁从掾位张雅
　　　　　　‖泰始五年十一月九日仓曹掾李足监仓苏①
　　　　　　良奏曹史淳于仁兵曹史靳仁从掾位张雅

背面

鸾②录事掾李

鸾③录事掾李

□□□□④

注释

①孔释"藩"字。

②③鸾字孔释"苏子"。

④此行及前二行，孔均释"苏子录事掾李"。

207.（50）　木简　原书木简图版 III

正面

出 床①卅一斛七斗六升给稟将　　泰始二年十月十一日仓曹史申傅
　尹宜部兵胡支出鸾十二人人　　监仓史翟　　　　　　　同
　日食一斗二升起十月十一日　　阚携付书史杜②阿
　尽十一月十日

背面

录事掾阚凌

注释

①孔释"廪"。

②孔释"林"。

208.（51）　木简　原书木简图版 IV

出 黑粟三斛六斗稟督战车成辅　　‖咸熙三年二月一日监仓
　一人日食一斗二升起二月一日尽卅日

209.（52）　木简　原书木简图版 IV

〔上残〕□因 ‖ 咸熙五？
　　　　　尽廿日　付□□史□□

注释

图版字迹漫漶，照录孔释文。"咸熙五"之"五"应误。

210.（53）　木简　原书木简图版 IV

出孙歆等五人人日食一斗起二月一日尽〔下残〕

211.（54）　木简　原书木简图版 IV

〔上残〕

　　　　胡等　泰〔下残〕
月十一日尽卅日 ‖ 监仓〔下残〕

212.（55）　木简　原书木简图版 IV

〔上残〕斛给稟〔下残〕

〔上残〕三月　日尽〔下残〕

注释

图版字迹漫漶，照录孔释文。孔释于"三月"前补"起"字。

213.（56）　木简　原书木简图版 IV

〔上残〕八？升给稟掾　〔下残〕
　　　　　　　起……

注释

图版字迹漫漶，照录孔释文。

214.（57）　木简　原书木简图版 IV

〔上残〕日食一斗起十月六日□①

注释

①孔释"尽"。

215.（58）　木简　原书木简图版 IV

〔上残〕斗起正月廿一日尽廿二？日

注释

图版字迹漫漶，照录孔释文。

216.（59）　木简　原书木简图版 IV

〔上残〕五日尽廿日〔下残〕

217.（60）　木简　原书木简图版 IV

〔上残〕禀书史阎房〔下残〕

　〔上残〕尽卅日〔下残〕

注释

图版字迹漫漶，照录孔释文。

218.（61）　木简　原书木简图版 IV

〔上残〕卫芒①？

〔上残〕尽十日

注释

图版字迹漫漶，①孔释"芝"字。

219.（62）　木简　原书木简图版 IV

〔上残〕都佰一名军〔下残〕

　〔上残〕尽卅日

注释

图版字迹漫漶，照录孔释文。

220.（63） 木简　原书木简图版 IV
　　出黑粟六斛给禀书史阎□□①兵
注释
①"□□"孔释补"虏部"二字。

221.（64） 木简　原书木简图版 IV
　　出黑粟六斛禀书史王　　咸熙三年〔下残〕
　　〔上残〕□〔下残〕　同

222.（65） 木简　原书木简图版 IV
　　〔上残〕九斗禀吏邹绍吴仁‖泰始四年〔下残〕
注释
该简右侧残。

223.（66） 木简　原书木简图版 IV
　　〔上残〕卌二斛五斗禀将　　□□□〔下残〕
注释
图版字迹漫漶，照录孔释义。

224.（67） 木简　原书木简图版 IV
　　〔上残〕兵胡金□

225.（68） 木简　原书木简图版 IV
　　兵赵得〔下残〕

226.（69） 木简　原书木简图版 IV
　　〔上残〕三①斗□民张兴〔下残〕
注释
①孔释"一"。

227.（70） 木简　原书木简图版 IV
　　　黑粟二斛〔下残〕
注释
图版字迹漫漶，照录孔释文。

228.（71） 木简　原书木简图版 IV
　　　咸熙囗年正月一日监仓〔下残〕

229.（72） 木简　原书木简图版 IV
　　　〔上残〕斛给禀医院囗部医汜

230.（73） 木简　原书木简图版 IV
　　　〔上残〕阚携翟同付书史囗囗①〔下残〕
注释
①"囗囗"孔释"范犨"。

231.（74） 木简　原书木简图版 IV
　　　〔上残〕阚携翟同付书史
注释
图版字迹漫漶，照录孔释文。

232.（75） 木简　原书木简图版 IV
　　　〔上残〕阚携翟同〔下残〕
注释
图版字迹漫漶，照录孔释文。

233.（76） 木简　原书木简图版 IV
　　　〔上残〕翟同

注释

图版字迹漫漶，照录孔释文。

234.（77） 木简　原书木简图版 IV
〔上残〕□□月一日监仓史阙〔下残〕

235.（78） 木简　原书木简图版 IV
〔上残〕监仓阙〔下残〕

236.（79） 木简　原书木简图版 IV
〔上残〕□监仓史阙携〔下残〕

237.（80） 木简　原书木简图版 IV
〔上残〕□①事阙（凌）〔下残〕
　　　凌

注释

图版字迹漫漶，照录孔释文。

①据前面 50 号木简，此处应写为"录事掾"。

238.（81） 木简　原书木简图版 IV
督田掾张

239.（82） 木简　原书木简图版 IV
督田掾〔下残〕

240.（83） 木简　原书木简图版 IV
督田

注释

图版字迹漫漶，照录孔释文。

241.（84）　木简　原书木简图版 IV
　　　马厉吏□〔下残〕

242.（85）　木简　原书木简图版 IV
　　　〔上残〕录事掾左□①〔下残〕
注释
①孔释"廉"。

243.（86）　木简　原书木简图版 IV
　　　〔上残〕监量瓠?□〔下残〕

244.（87）　木简　原书木简图版 IV
　　　〔上残〕胡向挚〔下残〕

245.（88）　木简　原书木简图版 IV
　　　〔上残〕兵①?任保□②阳③□〔下残〕
注释
①孔释"吴"。
②孔释"临"。
③孔释"陈"。

246.（89）　木简　原书木简图版 IV
　　　　　　　　　孤
　　　〔上残〕□有①?权?·②增饶禀■人增一升为□③〔下残〕
注释
①孔释"本"，该字右半部涂抹。
②墨迹，涂抹标记，下同。
③孔释"六"?。

247.（90） 木简　原书木简图版 IV
　　出粟七斛六斗五升给将①　　右禀三百卅四斛三斗四升
　　张佥廿十②一人正祭里
注释
①孔释"禀"。
②孔释"张□十人"。

248.（91） 木简　原书木简图版 V
　　右出小麦二斛六斗

249.（92） 木简　原书木简图版 V
　　右出小麦三斛六斗……

250.（93） 木简　原书木简图版 V
　　〔上残〕二百斗麦？□仓曹掾李辛移
注释
图版字迹漫漶，照录孔释文。

251.（94） 木简　原书木简图版 V
　　十一月廿一日监仓史董堂？阖携受书史□
注释
图版字迹漫漶，照录孔释文。按前面 50、73、74、75 号木简均翟同阖携连称，此处"董堂"似误释。

252.（95） 木简　原书木简图版 V
　　〔上残〕□九十四斛二升

253.（96） 木简　原书木简图版 V
　　〔上残〕麦百五十二斛〔下残〕

254.（97） 木简　原书木简图版 V
〔上残〕一斛八斗〔下残〕

255.（98） 木简　原书木简图版 V
百五十〔下残〕

256.（99） 木简　原书木简图版 V
〔上残〕芒二斛

257.（100） 木简　原书无图版
百人六斛五斗

注释

无图版，照录孔释文。

258.（101） 木简　原书木简图版 V
〔上残〕□袁羌羊①二□蒲□〔下残〕

注释

① "□袁羌羊"孔释"陈义羊"。

259.（102） 木简
正面　原书木简图版 V
出敦煌短绫綵廿匹　　泰始五年十一月五日从掾位马厉主者王贞从
给吏宋政籴谷　　　　掾位赵辩付从史位宋政
背面　原书无图版
功曹阚

注释

背面无图版，照录孔释文。

260.（103） 木简　原书木简图版 V
　　出　　余綵七匹又一匹毡布十三匹
注释
图版字迹漫漶，照录孔释文。

261.（104） 木简
　　正面　　原书无图版
　　刘得秋失大戟一枚盾一枚皮丰兜鍪一枚
　　背面　　原书木简图版 V
　　胡支得失皮铠一领皮兜鍪一枚角弓一张箭卅枚木桐一枚
　　　　　　　　　　　　　　　　　　　高
　　昌物故
注释
正面无图版，照录孔释文。

262.（105） 木简　原书木简图版 V
　　〔上残〕卌枚木蒱一枚〔下残〕

263.（106） 木简　原书无图版
　　□鼓二枚
注释
无图版，照录孔释文。

264.（107） 木简　原书木简图版 V
　　出长史白书一封诣敦煌府蒲　　泰始六年三月十五日□①楼兰从掾位
　　书十六封具十二封诣敦煌府
　　二诣酒泉府二诣王怀阚顾　　　马厉付行书□□孙得成
注释
①孔释"统"。

265.（108） 木简　原书木简图版 VI
　　　黄羊一头耽去
注释
图版字迹漫漶，照录孔释文。

266.（109） 木简　原书木简图版 V
　　　王仲薪饷

267.（110） 木简　原书木简图版 V
　　　叔机大麦七斛

268.（111） 木简　原书木简图版 VI
　　〔上残〕曹史朱

269.（112） 木简　原书木简图版 V
　　　张雏　　董古|付|　　范烧

270.（113） 木简　原书木简图版 VI
　　　将梁惠部　　卅二人　　七月　　二日
注释
图版字迹漫漶，照录孔释文。

271.（114） 木简　原书木简图版 V
　　　　　　泰始四年六月发讫部兵名至
　　　兵曹
　　　　　　高昌留屯逃亡物故等事
注释
图版字迹漫漶，照录孔释文。

272.（115）　木简　原书木简图版 V

　　　庚 ⫼　　　⫼　　　⫼□□□

273.（116）　原书无图版

　　敦煌煌煌煌煌寘煌煌煌奉奉如四写

注释

无图版，照录孔释文。

274.（117）　木简　原书木简图版 VI

　　白叔然敬奉①

　　从事王石　　二君前

　　　　　　　在楼兰

注释

①孔释"奏"。

275.（118）　木简　原书木简图版 VI

　　　　泰文

　　白

　　　　讳然

　　主簿马　　赵君

276.（119）　木简　原书木简图版 VI

　　马厉印信

277.（120）　木简　原书木简图版 VI

　　印信

注释

图版字迹漫漶，照录孔释文。

二、《斯坦因在新疆沙漠发现的汉文文书》刊布的楼兰汉文简牍

278. No. 721—LA. VI. ii. 0186　木简　原书图版 XXII
〔上残〕元五年八月癸卯起〔下残〕
注释
按"元"字上应为"景"，即景元五年。

279. No. 722—LA. VI. ii. 021　木简　原书图版 XXII
咸熙二年七月癸丑朔廿三①日□新
注释
①王·流·杂事五十九释"廿二"。

280. No. 723—LA. VI. ii. 062　木简　原书无图版
〔上残〕朗中言兵冯麻乞恩以泰始元年中
注释
无图版，照录沙释文。

281. No. 724—LA. VI. ii. 0109　木简　原书图版 XXII
泰始二年八月
水曹　人？□　下张？豫

282. No. 725—LA. VI. ii. 014　木简　原书图版 XXII
月七日　诣督　泰始四年闰月六日己巳言

283. No. 726—LA. VI. ii. 0167　木简　原书图版 XXII
泰始五年六月庚申朔廿①？〔下残〕

注释

①沙释"十"。

284．No. 727—L.A. VI. ii. 0116　木简　原书图版 XXII

泰始五年正月廿日壬申言

285．No. 728—L.A. VI. ii. 188　木简　原书图版 XXII

正面

籹①二斛八斗当麦一斛四斗禀　　泰始四年六月十一日受仓曹掾曹颜

削工伍佰铃下马下　　　　　　吏令狐②承付

李申等五人日食八升起六月

十一日尽十七日

背面

　　　　　　　　　　　　　　　伍佰穆成③消工郭受

功曹史赵伦　主簿梁鸾录事掾曹　监量掾阚　马下穆取④

　　　　　　　　　　　　　　　领下张豊⑤一

注释

①沙释"籹"。
②"令狐承"沙释"令旅卒"。
③"穆成"沙释"程永"。
④"穆取"沙释"程取"。
⑤"豊"沙释"豐"。

286．No. 729—L.A. III. i. 14　木简　原书图版 XXII

出大麦一斛五斗食计贼①马主　　泰始六年二月一日□〔下残〕

日食五升起二月一日尽卅日

注释

①"讨贼"沙释"计财"。

287. No. 730—LA. VI. ii. 0207　木简　原书图版 XXII
　　〔上残〕□种　卮咸熙二年四月〔下残〕

288. No. 731—LA. VI. ii. 0125　木简　原书图版 XXII
　　出　　大麦五斛五斗二升小麦二斗床二斛九斗四升稟吏赵辩兵
　　　　　　□□□□□食五升床日六升起正月一日尽三①月廿日
注释
①沙释"二"。

289. No. 732—LA. VI. ii. 032　木简　原书图版 XXII
　　正面
　　出床①一斛五……
　　　　裴②冬所……
　　背面
　　录事掾□③
注释
①沙释"麦"。
②王·流·禀给三十一释"张"。
③沙释"记"。

290. No. 733—LA. VI. ii. 0170　木简　原书图版 XXII
　　正面
　　　　　　□三从 ‖ 泰始五年十二月廿八日□
　　〔上残〕　　　 ‖ □□从史位车成岱　　〔下残〕

　　背面
　　〔上残〕□主簿梁鸾□〔下残〕

291. No. 734—LA. VI. ii. 0211　木简　原书图版 XXII
　　正面

出　　床二斛四斗禀兵邓①□
　　　兵梁秋等②四人人日食六升
背面
　　领功曹掾梁鸾
注释
①沙释"刘"。
②沙释"簿"。

292．No. 735—LA. VI. ii. 0128　木简　原书图版XXII
　　正面
　　〔上残〕泰始二①年九月十二日假督？②〔下残〕
　　〔上残〕□
　　背面
　　〔上残〕张龟③录事掾〔下残〕
注释
①沙释"六"。
②"假督"沙释"从掾（位）"
③沙释"苑"。按录事掾之前署名者多为主簿（如Cha・No. 728；Ma・No. 214等），故张龟之前可补"主簿"二字。

293．No. 736—LA. VI. ii. 044　木简　原书图版XXII
　　正面
　　〔上残〕泰始六年五月七日兵曹史□□①从掾位赵辩
　　兵曹史车成　　岱
　　背面
　　〔上残〕吴　枢录事掾梁　鸾
注释
①沙释"同"。

294. No. 737—LA. III. i. 34　木简　原书图版 XXII

正面

〔上残〕□①四月十一日监藏掾赵辩

〔上残〕□兵曹史车成岱

背面

〔上残〕□　　枢录事掾□〔下残〕

注释

①沙释补"年"字。

295. No. 738—LA. II. V. 3　木简　原书图版 XXIII

正面

出佰陃一合砲一合①　▨景元四年八月八日幕下史索庐灵付兼将张禄

背面

录事掾阚

注释

①"一合砲一合"沙释"石砲一合";王·流·杂事类五十六释"一口礛一合"。

296. No. 739—LA. II. i　木简　原书无图版

▨咸熙二年十二月廿七日▨监〔下残〕

注释

无图版，照录沙释文。

297. No. 740—LA. II. i. 4　木简　原书图版 XXIII

〔上残〕升给禀将孟①〔下残〕

　　　　人日食六升起四▨月▨廿五日尽廿七▨日〔下残〕

‖□□……

‖床七斛②二□③〔下残〕

注释

①沙释"盂"。

②该简中间断裂。"床七斛"应在"孟"字下,"人日食"一行上下贯通。
③沙释"斗"。

298．No. 741—LA. II. i. 3　木简　原书图版 XXIII
〔上残〕□七匹‖‖　泰始五年〔下残〕

299．No. 742—LA. III. i. 2　木简　原书无图版
功曹掾张
注释
无图版,照录沙释文。

300．No. 743—LA. VI. ii. 0122　木简　原书图版 XXIII
□言|领功曹掾梁①鸾关主簿张龟省
注释
①王·流·杂事七十四释"吴"。

301．No. 744—LA. VI. ii. 0155　木简　原书图版 XXIII
□□□|功曹史张龟关领十簿梁鸾省

302．No. 745—LA. III. i. 17　木简　原书图版 XXIII
曹①赵伦主簿梁鸾录事掾曹　　监量掾阚□②
注释
①沙在"曹"前补"功"字。
②沙释"省"。

303．No. 746—LA. III. i. 10　木简　原书无图版
〔上残〕主簿马厉省
注释
无图版,照录沙释文。

304．No. 747—LA. VI. ii. 0175　木简　原书无图版
　　……关领主簿马厉省

注释

无图版，照录沙释文。

305．No. 748—LA. VI. ii. 0137　木简　原书无图版
　　A
　　曹马厉……
　　B
　　（泰始）六年三月八日

注释

无图版，照录沙释文。

306．No. 749—LA. VI. ii. 018　木简　原书无图版
　　簿曹李扬今借吏程穆市麫廿斛移达量受一日已……
　　　　　　　　　　　　　　　　　　六月十三日〔下残〕

注释

无图版，照录沙释文。

307．No. 750—LA. II. V. 2　木简　原书图版 XXIII
　　从掾位赵辩言谨案文书城南牧宿以去六月十八日得水天适盛①

注释

①沙释"咸"。

308．No. 751—LA. VI. ii. 0200　木简　原书图版 XXIII
　　因王督致
　　西域长史　张君坐前
　　　　　元言疏

309．No.752—LA.VI.ii.015　木简　原书图版 XXIII
　　　西域长史承移今　初除月廿三日当上　　道①从上邽至天水
注释
①沙释"路"。

310．No.753—LA.VI.ii.0107　木简　原书图版 XXIII
　　　正面
　　　　　　　　　人麦二顷已截廿亩　　　　　　下床①九十亩溉七十亩
将张金部见兵廿一人小麦卅七亩已截廿九亩
　　　　　　　　　禾一顷八十五亩溉廿亩荫九十②亩
　　　背面
　　　　　　　　　大麦七十③六亩已截五十亩　　　下床④八十亩溉七十亩
将梁襄部见兵廿六人　小麦六十三亩溉五十亩
　　　　　　　　　禾一顷七十亩荫五十亩溉五十亩
注释
①④沙释"庄"。
②王·流·成役三十一释"五十"。
③沙释"七十七"。王·流·成役三十一释"六十六"。

311．No.754—LA.III.i.16　木简　原书图版 XXIII
　　　帐下将薛明言谨案文书前至楼兰拜还宁堤兵廉汜〔下残〕

312．No.755—LA.VI.ii.0153　木简　原书图版 XXIV
　　　〔上残〕□因主簿奉谨遣大候究挈与牛诣营下受试

313．No.756—LA.VI.ii.049　木简　原书图版 XXIII
　　　〔上残〕□齿①长　牛入出起
注释
①沙释"茁"；《汉简》第十卷页99释"隧"。

314. No. 757—LA. VI. ii. 0165　木简　原书图版 XXIV
　　　□①　牛二匹〔下残〕

注释

①沙释"宰"。

315. No. 758—LA. VI. ii. 05　木简　原书图版 XXIV
　　　铠曹谨条所领器杖及①亡失簿

注释

①沙释"刃"。

316. No. 759—LA. III. i. 7　木简　原书无图版
　　　〔上残〕监仓谨条正领杂谷簿状

注释

无图版，照录沙释文。

317. No. 760—LA. VI. ii. 01　木简　原书图版 XXIV
　　　将尹宜部　　溉北河田一顷　　六月廿六日敕

318. No. 761—LA. VI. ii. 056　木简　原书图版 XXIII
　　　〔上残〕东空决六所并乘堤已至大决中作
　　　〔上残〕五百一人作
　　　〔上残〕□增兵①

注释

①"兵"沙释"长"。

319. No. 762—LA. VI. ii. 016　木简　原书图版 XXIV
　　　以弩钝众备？员①数听②事目下忧③无材④称以报天施⑤凤夜

注释

①"员"沙释"为"。

② "听"《西域出土的木简和残纸》（日本，书艺文化院刊，1962年。以下简称"西·简"）释文页 11 释"听"；沙释"于"。

③ "忧"西·简释文页 11 释"惄"；沙释"丕"。

④ "材"沙释"我"。

⑤ "施"沙释"愧"。按此简目前尚不能完全正确释读。

320．No.763—L.A. VI.ii.02　木简　原书图版 XXIV

十①月川囗受兵胡秋儿辞将救以报②着重上持刀盾

营坏不及③取亡失审

辞囗〔下残〕

注释

① 王·流·簿书五十七释"八"。

② "报"沙释"鼓"。

③ "不及"沙释"石双"。

321．No.764—L.A. VI.ii.017　木简　原书图版 XXIV

将张忠坐不与兵鲁平世相随令世堕水物故行问旨请行五丨

322．No.765—L.A. VI.ii.0111　木简　原书无图版

去蔚①? 黎城可卅余甲焉耆军在②? 苇③桥未囗去苇④桥去 蔚

注释

录文据未刊图版释。

① 沙释"苻"。

② 沙释"住"。

③④ 沙释"华"。

323．No.766—L.A. VI.ii.051　木简　原书图版 XXIV

〔上残〕囗海货𥹖①五斗囗〔下残〕

〔上残〕　复增一升日囗②〔下残〕

注释

①沙释"敔"。

②沙释"七"。

324. No. 767—L.A. VI. ii. 0139　木简　原书图版XXIV

〔上残〕别在右记到□足①有？载？入？谨

注释

①沙释"疑"。

325. No. 768—L.A. VI. ii. 0193　木简　原书图版XXIV

〔上残〕　□言□訊□长史仰还告道贼于犯间〔下残〕

□获 贼马悉①还所掠记到令所部咸使闻敛〔下残〕

会月廿四日卯时谨案文书书即日申时到斯由神□②〔下残〕

□□□振③旅远□里间□□道涂称〔下残〕

注释

①沙释"送"。

②沙释"竹"。

③沙释"襄"。

326. No. 769—L.A. VI. ii. 0204　木简　原书图版XXIV

正面

将敕　温？伯？兵张远马始今当上堤敕到具粮①食伯物

　　　诣部会被②敕③时④不得稽⑤留设？斛

背面

五月三日未时起

注释

①沙释"谷"。

②沙释"决"。

③沙释"动"；王·流·簿书三十九释"动"。

④沙释"转"。

⑤沙释"暂"。

327．No.770—LA.VI.ii.0156　木简　原书图版 XXIV

　　取丝近见岳①当出我婢掌当唊咀岳②便首道□③□

注释

①②沙释"无"。

③王·流·杂事一白七释"月"；沙释"门"。

328．No.771—LA.VI.ii.0192　木简　原书无图版

　　一正福

注释

据未刊图版，应为"一匹鋯？"。

329．No.772—LA.VI.ii.0142　木简　原书图版 XXIV

　　取书一封□□各一封□□付故□□□至□

330．No.773—LA.VI.ii.09　木简　原书图版 XXIV

　　正面

　　赵阿仲　　家书

　　背面

　　囚事

331．No.774—LA.VI.ii.0135　木简　原书图版 XXV

　　□加饶种菜豫①？作冬储孙？

注释

①沙释"蔬"。

332．No. 775—LA. VI. ii. 0106　木简　原书图版 XXIV

　　承　　前故绝弩缮①？□②□

注释

①沙释"绾"。

②沙释"六"。

333．No. 776—LA. VI. ii. 0105　木简　原书无图版

　　承　　前囚钎二具

注释

无图版，照录沙释文。

334．No. 777—LA. III. i. 21　木简　原书图版 XXV

　　　□钎二具

注释

"钎"字上漫漶，沙释"（承）前囚钎二具"。

335．No. 778—LA. III. i. 4　木简　原书图版 XXV

　　〔上残〕①前驼他带一枚毳索三枚故绝不任用

注释

①沙释在"前"之上加"承"字。

336．No. 779—LA. III. i. 7　木简　原书图版 XXV

　　承　　前新入胡甬合三百九十五枚

337．No. 780—LA. VI. ii. 186　木简　原书图版 XXV

　　承　　前胡铁小锯钋十六□①〔下残〕

注释

①沙释"枚"。

338．No.781—LA.III.i.（X） 木简 原书图版XXVI

前胡铁小锯廿八枚　　其一枚假兵赵虎
　　　　　　　　　　一枚□□

339．No.782—LA.VI.ii.0166、0168 木简 原书图版XXV
　　承　　前桔梗八两

340．No.783—LA.III.i.19 木简 原书无图版
　　承　　前桔梗八两

注释

无图版，照录沙释文。

341．No.784—LA.III.i.20 木简 原书图版XXV
　　承　前茱萸五升称得

342．No.785—LA.VI.ii.0108 木简 原书无图版
　　承　　前注丸二百七十二丸

注释

无图版，照录沙释文。

343．No.786—LA.VI.ii.101 木简 原书无图版
　　承　……

注释

无图版，照录沙释文。

344．No.787—LA.III.i.9 木简 原书无图版
　　大钻三枚

注释

无图版，照录沙释文。

345. No. 788—LA. VI. ii. 0145　木简　原书图版 XXIV

〔上残〕□连囊一枚

346. No. 789—LA. VI. ii. 028　木简　原书图版 XXIV

〔上残〕材册五根

347. No. 790—LA. VI. ii. 0195　木简　原书图版 XXIV

发寒散五合

348. No. 791—LA. VI. ii. 0128　木简　原书无图版

〔上残〕□□□斧八枚　　□□□承？□
　　　　　　　　　　　　□□□

注释

此据未刊图版释。沙仅释"斧八枚"三字。

349. No. 792—LA. VI. ii. 0180　木简　原书无图版

〔上残〕碧三枚其……

注释

无图版，照录沙释文。

350. No. 793—LA. VI. ii. 0132　木简　原书无图版

右出弩绾五……

注释

无图版，照录沙释文。

351. No. 794—LA. VI. ii. 0157　木简　原书图版 XXV

韦四枚半连治铠二领兜鍪

352．No. 795—LA. VI. ii. 0140　木简　原书无图版
　　煮丸□
注释
无图版，照录沙释文。

353．No. 796—LA. VI. ii. 0120　木简　原书无图版
　　〔上残〕监藏史虞及属□□出注丸五□〔下残〕
注释
无图版，照录沙释文。

354．No. 797—LA. VI. ii. 0143　木简　原书无图版
　　〔上残〕□月十二日辛亥白
注释
无图版，照录沙释文。

355．No. 798—LA. VI. ii. 055　木简　原书无图版
　　四月二日赐于寘□
　　三日赐行书兵□
　　四日赐于寘使三升
注释
无图版，照录沙释文。

356．No. 799—LA. VI. ii. 0127　木简　原书图版 XXV
　　十一月十日□受麦□□

357．No. 800—LA. VI. ii. 0161　木简　原书无图版
　　〔上残〕八月一日监藏掾□
注释
无图版，照录沙释文。

358. No. 801—LA. VI. ii. 033　木简　原书图版 XXV
〔上残〕□月廿四日出床？二百

359. No. 802—LA. VI. ii. 051　木简　原书图版 XXV
〔上残〕主备各？处

360. No. 803—LA. VI. ii. 041　木简　原书图版 XXV
兼仓吏〔下残〕

361. No. 804—LA. VI. ii. 0213　木简　原书图版 XXV
正面
兵胡腾宁市青旆一领广四尺六寸
背面
长丈一尺故黄旆褶一领贾丝三匹

362. No. 805—LA. VI. ii. 0160　木简　原书图版 XXV
受□①文璋廿七匹
注释
①沙释"回"。

363. No. 806—LA. VI. ii. 0134　木简　原书图版 XXV
将狄讳部

364. No. 807—LA. VI. ii. 047　木简　原书图版 XXV
吏唐循　吏左曜①　吏〔下残〕
史张龟　吏申傅？　吏〔下残〕
注释
①沙释"睢"。

365．No. 808—LA. VI. ii. 0155　木简　原书无图版

　　冯显仁

注释

无图版，照录沙释文。

366．No. 809—LA. VI. ii. 0163　木简　原书图版 XXV

　　〔上残〕掾唐循□〔下残〕

367．No. 810—LA. VI. ii. 0130　木简　原书图版 XXV

　　正面

　　鈦①

　　背面

　　侯龟龟

注释

①沙释"钱"。

368．No. 811—LA. VI. ii. 0116　木简　原书图版 XXV

　　将没□　　长度一匹

369．No. 812　LA. VI. ii. 0154　木简　原书图版 XXV

　　正贾　长度綵二匹　　寄藏
　　　　短度十四匹

370．No. 813—LA. VI. ii. 0197　木简　原书无图版

　　以正之仓曹掾李

　　二斛四斗五升

　　短度□

注释

无图版，照录沙释文。

371. No.814—LA.III.i.36　木简　原书图版XXV
　　〔上残〕匹? 为短度十匹

372. No.815—LA.III.i.18　木简　原书图版XXVI
　　……□① 十月廿六日于道逃亡
注释
①沙释"礼"。

373. No.816—LA.III.i.3　木简　原书图版XXV
　　八月十四日出米四升给曹

374. No.817—LA.III.1　木简　原书无图版
　　八日谨案文书令受敕□……
注释
无图版，照录沙释文。

375. No.818—LA.II.v.4　木简　原书无图版
　　九月廿□〔下残〕
注释
无图版，照录沙释文。

376. No.819—LA.III.i.29　木简　原书图版XXV
　　六月经用〔下残〕

377. No.820—LA.II.v.1　木简　原书图版XXVI
　　取合得二百六十三束　　束絜二围五谨表　　言

378. No.821—LA.III.i.27，28　木简　原书无图版
　　牒至后……见右别如牒事平言曹均〔下残〕

注释

无图版，照录沙释文。

379．No. 822—L.A. III. i. 15　木简　原书图版 XXVI
　　将陈颠书史兰保

380．No. 823—L.A. III. i. 13　木简　原书图版 XXVI
　　其十枚贷督杜……

381．No. 824—L.A. III. i. 25　木简　原书图版 XXVI
　　叶尽有入出复白谨启

382．No. 825—L.A. III. i. 24　木简　原书无图版
　　……咸?熙?四年假将张景记〔下残〕

注释

据未刊图版释。"咸熙"二字漫漶，存疑。

383．No. 826—L.A. III. i. 26　木简　原书图版 XXVI
　　〔上残〕今权复减省督将吏兵所食条所减

384．No. 827—L.A. III. i. 11　木简　原书图版 XXVI
　　……□斗①大麦一②斛五斗六升七合

注释

①沙释"计"。
②沙释"十"。

385．No. 828—L.A. III. i. 22　木简　原书图版 XXVI
　　已取廿五斛五斗二升

386. No. 829—LA. III. i.（X）　木简　原书无图版

　　……模一具工邓〔下残〕

注释

无图版，照录沙释文。

387. No. 830—LA. III. i. 12　木简　原书图版 XXVI

　　宜渐节省使相周接〔下残〕

388. No. 831—LA. III. i. 5　木简　原书图版 XXVI

　　〔上残〕□遣督唐循将赵

389. No. 832—LA. III. i. 37　木简　原书图版 XXVI

　　将周弄①部兵胄赤囊一枚受五斛五斗

注释

①王·流·器物七十一释"生口"。

390. No. 833—LA. VI. ii. 0113　木简　原书图版 XXVI

　　薄余谷二百册七斛一斗一升

391. No. 834—LA. VI. ii. 0138　木简　原书图版 XXVI

　　〔上残〕□五斛六斗六升七合土牛

392. No. 835—LA. VI. ii. 0181　木简　原书图版 XXVI

　　百一十三斛七斗六升六合三撮①三秒②床

注释

①沙释"掬"。

②沙释"杪"。

393．No.836—LA.VI.ii.0171　木简　原书无图版
　　〔上残〕麦五斛八斗禀□〔下残〕
注释
无图版，照录沙释文。

394．No.837—LA.VI.ii　木简　原书无图版
　　五斛禀〔下残〕
注释
无图版，照录沙释文。

395．No.838—LA.VI.ii.0131　木简　原书图版XXVI
　　如期送余少谷移奉

396．No.839—LA.VI.ii.09　木简　原书图版XXVI
　　右驴十二头驼他二匹将朱游部

397．No.840—LA.VI.ii.030　木简　原书图版XXVI
　　〔上残〕□①驼他一匹剡②
注释
①沙释"得"。
②沙释"剥"。

398．No.841—LA.VI.ii.038　木简　原书无图版
　　出驼他蒟一具给工王柔治已五月九日□□
注释
无图版，照录沙释文。

399．No.842—LA.VI.ii.205　木简　原书图版XXVI
　　入四斗给张禄部①

注释
①沙释"新"。

400．No.843—LA. VI. ii. 023　木简　原书图版XXVI
　　右①五头察②各一□③
注释
①沙释"斋"。
②沙释"祭"。
③沙释"斗"。

401．No.844—LA. VI. ii. 029　木简　原书图版XXVI
　　胡浮屈

402．No.845—LA. VI. ii. 034　木简　原书图版XXVI
　　胡犁支

403．No.846—LA. VI. ii. 04　木简　原书无图版
　　兵支胡簿成　兵支胡寅得　右二人共字驴四岁
注释
无图版，照录沙释文。

404．No.847—LA. VI. ii. 013　木简　原书图版XXVI
　　兵吴举①？○兵郭得受○兵常沙●
注释
①沙释"鼠"。

405．No.848—LA. VI. ii. 048　木简　原书图版XXVI
　　〔上残〕兵房虎春

406．No. 849—L.A. VI. ii. 0159　木简　原书图版 XXVII

兵朱生

407．No. 850—L.A. VI. ii. 0184　木简　原书无图版

王主国〔下残〕

注释

无图版，照录孔释文。

408．No. 851—L.A. VI. ii. 035　木简　原书无图版

正面

〔上残〕寄受

背面

〔上残〕□受　　已①

注释

据未刊图版释。①沙释无"已"字。

409．No. 852—L.A. VI. ii. 038　木简　原书图版 XXVI

日驰仕复〔下残〕

410．No. 853—L.A. VI. ii. 03　木简　原书图版 XXVII

以籴谷贷①□见綵籴谷②□贷綵十八匹③谨案文书

注释

①"籴谷贷"沙释"钱出利贷"。

②"籴谷"沙释"钱出利"。

③沙释"还"。

411．No. 854　L.A. VI. ii. 088　木简　原书图版 XXVII

正面

为？当将运来梁？鸾？①

背面

　　字甚潦草，沙未释

注释

①正面沙释为"为省转运来□□"。

412. No. 855—LA. VI. ii. 020　木简　原书图版 XXVII

　　顿①错用鏞②？矛刃

注释

①沙释"圬"。

②简文写作"鏞"，沙释"鐆"。

413. No. 856—LA. VI. ii. 0198　木简　原书无图版

　　〔上残〕王将孙诣国□

注释

疑"王"应释"主"；无图版，照录沙释文。

414. No. 857—LA. VI. ii. 0121　木简　原书图版 XXVII

　　当告部曲军假司马沙？康？□〔下残〕

注释

沙释"当告□林军□司马□唐"。

415. No. 858—LA. VI. ii. 0146　木简　原书图版 XXVII

　　〔上残〕囚内送①行

注释

①沙释"起"。

416. No. 859—LA. VI. ii. 199　木简　原书无图版

　　推麦出主国〔下残〕

注释

据未刊图版释。沙释"推麦出□"。

417．No.860—LA.VI.ii.0178　木简　原书图版XXVII

统军君□〔下残〕

418．No.861—LA.VI.ii.022　木简　原书图版XXVII

〔上残〕□大□□□

注释

沙释"好大空□身"。

419．No.862—LA.VI.ii.080　木简　原书无图版

出□□□□诛内合……

注释

"出"据未刊图版释，余录沙释文。

420．No.863—LA.VI.ii.0150　木简　原书无图版

〔上残〕□遣吏

注释

无图版，照录沙释文。

421．No.864—LA.VI.ii.0118　木简　原书无图版

元则仍有所〔下残〕

又恐忘故复乘……

注释

无图版，照录沙释文。

422．No.865-867—LA.VI.ii.0152　木简　原书无图版

865：□主□□国

866：〔上残〕到囗訠㚼

867：〔上残〕亩半……

注释

以上三简无图版，照录沙释文。

423．No. 868—LA. VI. ii. 141, 0173　木简　原书无图版

原书未见释文。

424．No. 869—LA. VI. ii. 0196　木简　原书无图版

原书未见释文。

425．No. 870—LA. VI. ii. 0144　木简　原书无图版

见各别如

注释

无图版，照录沙释文。

426．No. 871—LA. VI. ii. 0112　木简　原书图版 XXVII

〔上残〕囗升枢①梁

注释

①沙释"梴"。

427．No. 872—LA. VI. ii. 0104　木简　原书无图版

日天子存

注释

无图版，照录沙释文。

428．No. 873—LA. VI. ii. 06　木简　原书图版 XXVII

〔上残〕囗言谨案文书将张金言

429．No. 874—L.A. VI. ii. 07　木简　原书图版 XXVII
　　〔上残〕□敕？□物□案文书□□□〔下残〕
注释
原书无释文。

430．No. 875—L.A. VI. ii. 0126　木简　原书图版 XXVII
　　正面
　　当□①□②当须③仰侍〔下残〕
　　背面
　　□用□□□
注释
①沙释"恳"。
②沙释"行"。
③沙释"望"。

431．No. 876—L.A. VI. ii. 0169　木简　原书无图版
　　正面
　　然木为□〔下残〕
　　背面
　　〔上残〕□□己未
注释
据未刊图版释，除"然木"外，余者沙木释。

432．No. 877—L.A. VI. ii. 054　木简　原书无图版
　　四月□三日□□〔下残〕
注释
无图版，照录沙释文。

433．No.878—LA.Ⅵ.ii.（V） 木简　原书图版 XXVII
　　泰始〔下残〕
　　〔上残〕□公举孝廉?〔下残〕
　　□盐五十六〔下残〕

434．No.879—LA.Ⅱ.ii.（X） 木简　原书无图版
　　〔上残〕出小麦十六斗五升
注释
据未刊图版释。沙释"出小麦十六升五斗"。

435．No.880—LA.Ⅱ.ii.（y） 木简　原书无图版
　　〔上残〕□□什都百
注释
无图版，照录沙释文。

436．No.881—LA.Ⅱ.ii.（Z） 木简　原书无图版
　　〔上残〕羡谨启
注释
无图版，照录沙释文。

437．No.882—LA.Ⅱ.ii.4　木简　原书图版 XXVII
　　正面
　　出大麦种十①〔下残〕
　　背面
　　督田掾张〔下残〕
注释
①沙释"七"。

438．No.883—LA.Ⅱ.ii.（n） 木简　原书图版 XXVII
　　国推?□仅?表言

注释

沙释"国扣实得麦二斗"。

439．No. 884—LA. II. ii. 3　木简　原书无图版
　　〔上残〕□□翟咸①付书史董
注释
无图版，照录沙释文。据 C·W·No. 50、73、74、75、76、Ma. No. 216，"咸"似应释"同"。

440．No. 885—LA. II. ii. 5　木简　原书图版 XXVII
　　西域长　史文书事卭 甲 阖 邷
　　〔上残〕五日①仓曹掾江凉监仓掾车成汗〔下残〕
　　〔上残〕□□□百卅七斛九斗六升六〔下残〕
注释
①沙释"石"。

441．No. 886—LA. I. iii. 1　木简　原书图版 XXVII
　　正面
　　凵建兴十八年三月十七日粟①□胡楼□〔下残〕
　　一万石②钱③二百
　　背面
　　功曹④　　主簿⑤　　□〔下残〕
注释
①沙释"禀"。
②沙释"存"。
③王·流·禀给三十五及沙均释"钱"。
④⑤两处均有半个大号字。

442. No. 887—LA. I. i. 1　木简　原书无图版
　　丙申朔七日壬寅大将军右长史关
注释
无图版，照录沙释文。

443. No. 888—LA. I. ii　木简　原书图版 XXVII
　　水曹请绳十丈

444. No. 889—LA. V. i. 2　木印　原书图版 XXVII
　　吉安
　　阴游

445. No. 890—LA. V. ii. 3　木简　原书无图版
　　以索弓祖倒与
注释
无图版，照录沙释文。

446. No. 891—LA. V. i. 1　木简　原书图版 XXVII
　　官驰一顷畣十五

447. No. 892—LB. IV. V. 2　木简　原书无图版
　　兵支胡管支
注释
无图版，照录沙释文。

448. No. 893—LB. II. 2　木简　原书图版 XXVII
　　〔上残〕犁卢四两

449. No. 894—L.A. I. v. 1　纸文书　原书图版 XXVIII

　　督 邮□□首□〔下残〕

　　初暑德体平常舍〔下残〕

　　言觐想恋左右每〔下残〕

　　德岐①奉使到及〔下残〕

　　〔上残〕慰知尊兄□〔下残〕

　　〔上残〕　□□〔下残〕

注释

①王·流·遗文七十六释"政"。

450. No. 895—L.A. I. v. 1　纸文书　原书图版 XXVIII

　　〔上残〕六月廿六日具记敦①？〔下残〕

　　〔上残〕使君麾下顷不为〔下残〕

　　〔上残〕善②一日虽因奏〔下残〕

　　〔上残〕遭 送 医 等□〔下残〕

　　〔上残〕□共逮尊□〔下残〕

　　〔上残〕　□发 遭 龟〔下残〕

注释

①沙释"新"。

②《汉简》卷十一页 25 释"喜"。

451. No. 896—L.A. II. ii. 2（a）　纸文书　原书图版 XXVIII

　　‖泰始六年□〔下残〕

　　‖报休宝〔下残〕

　　‖宝自以□〔下残〕

　　‖长还□〔下残〕

452. No. 897—L.A. II. ii. 2（b）　纸文书　原书图版 XXVIII

　　万福旷□〔下残〕

万万福〔下残〕

绥所宜〔下残〕

□①所 宜〔下残〕

注释

①沙释"眷"。

453. No. 898—L.A. II. ii. 2（c） 纸文书 原书图版 XXVIII

□□□①所

南通所我

南为之展望？

□□□不出

注释

①沙释"吾"。

454. No. 899—L.A. II. ii. 2（d） 纸文书 原书图版 XXVIII

得奉

须? 用?

福祚①

注释

①沙释"作"。

455. No. 900—L.A. II. ii 纸文书

正面 原书图版 XXVIII

十二月廿九日国下□〔下残〕

有钦想仆以此月〔下残〕

才？闇无堪忝然谓？〔下残〕

〔上残〕力田里□①〔下残〕

〔上残〕所云既〔下残〕

背面

□穷四□

□耳□□穷□

□□□亦□来□

堪德所爱一同□

□以今不多□

朱丰麦□命□并

知欲重掾□□节度□

□李之□□□

注释

①沙释"定"。背面无图版,照录沙释文。

456．No.901—L.A. II. ii 纸文书 原书图版 XXVIII

〔上残〕贤兄

〔上残〕有□

457．No.902—L.A. II. ii 纸文书 原书图版 XXVIII

〔上残〕□诏书已召逞?〔下残〕

〔上残〕□彼文书□〔下残〕

〔上残〕讫二部①兵〔下残〕

注释

①沙释"郡"。

458．No.903—L.A. IV. i. 1 纸文书 原书图版 XXVIII

胡阿宗有①白绢

十匹二丈黄绢一匹

练②一匹布③二匹

注释

①沙释"贡"。

②沙释"缣"。

③沙释"为"。

LA. IV. i. 1，按 A. 斯坦因《西域考古图记》一书更正为 LA. IV. iv. 2。

459. No. 904—LA. II. i.（1）　纸文书　原书图版 XXVIII
羌女白取别之后便尔西迈相见无缘书
问疏简每念兹叔不舍心怀情用劳结仓卒
复致消息不能别有书裁因数字值信复表马羌

460. No. 905—LA. II. i.（2）　纸文书　原书图版 XXVIII
〔上残〕□□□其民〔下残〕
〔上残〕不宣夏暑日隆〔下残〕
〔上残〕不可言夏暑艰①□〔下残〕
〔上残〕□②隔险远□〔下残〕

注释
①沙释"觐"。
②沙释"广"。

461. No. 906—LA. II. i.（3）　纸文书　原书无图版
原书无释文。

462. No. 907—LA. II. i.（4）　纸文书　原书图版 XXVIII
〔上残〕楼兰以白

463. No. 908—LA. II. i.（5）　纸文书　原书图版 XXVIII
〔上残〕□便资〔下残〕

464. No. 909—LA. II. i.（6）　纸文书　原书图版 XXVIII
〔上残〕□□
〔上残〕奉问正

〔上残〕怀未敢望
〔上残〕　　诚用

465．No.910—L.A.VI.ii.（0218）　纸文书　原书图版 XXVIII
永嘉六年三月廿一〔下残〕

466．No.911—L.A.VI.ii.（0219）　纸文书　原书图版 XXVIII
〔上残〕史平议索〔下残〕
〔上残〕不?应①责〔下残〕
〔上残〕□〔下残〕

注释
①王·流·遗文六十一释"憔"。

467．No.912—L.A.VI.ii.（0230）　纸文书　原书图版 XXVIII
永嘉六年二月十五日〔下残〕
辞曹主者去四年奉〔下残〕
发玉门关州内直①□□〔下残〕
〔上残〕□得□〔下残〕

注释
①沙释"贞"。

468．No.913　L.A.VI.ii.（0232）　纸文书　原书图版 XXVIII
正面
今假贷①市买使及赵霸去仓卒及去人为书恨?不备具
若有人来念作书䌷②?来所寄悉为得取?当□可③知德文幸④
背面
似有一"国"字。

注释
①沙释"货"。

②沙释"归"：王·流·遗文六十四释"跦"；《汉简》第十一卷页29释"跦"。

③"取当□可"沙释"不当如何"。

④沙释"大□"。

469. No. 914—LA. VI. ii. ii.（0229） 纸文书　原书图版XXVIII

　　〔上残〕张幼？业于□〔下残〕

　　〔上残〕贾敦煌钱二□①〔下残〕

　　〔上残〕□业约得

注释

①沙释"万"。

470. No. 915—LA. VI. ii. 0232　纸文书　原书图版XXVIII

　　各①举材②任〔下残〕

　　□□□〔下残〕

注释

①沙释"名"。

②沙释"村"。

471. No. 916—LA. VI. ii. 0231　纸文书　原书图版XXVIII

　　□服

　　侯安　　君

　　□□

472. No. 917—LA. VI. ii. 0233　纸文书　原书图版XXVIII

　　〔上残〕忘？见告

　　〔上残〕丠？□信？白事

　　〔上残〕□严宣心书

　　〔上残〕拜言疏

〔上残〕□□□大人作

〔上残〕□执军戎

〔上残〕右白事□

〔上残〕也是尤责〔下残〕

〔上残〕舍住一皆发〔下残〕

〔上残〕□□令籍□〔下残〕

注释

此件沙未释。

473．No.918　LA.VI.ii　纸文书　原书图版XXVIII

〔上残〕敦煌具书畔毗再拜〔下残〕

〔上残〕□①备悉自后日遂〔下残〕

〔上残〕□□□……〔下残〕

注释

①《汉简》第十一卷页35释"不"。该件背面书写佉卢文。

474．No.919—LA.VI.ii　纸文书　原书图版XXVIII

书〔下残〕

道生长晋地□①〔下残〕

返命讫思还〔下残〕

夙夜□〔下残〕

注释

①沙释"右"。

475．No.920—LA.VI.ii　纸文书　原书图版XXIX

兵曹史高徽白

教如右前十□①上临

人皆级头请内本②

注释

①沙释"候"。

②王·流·遗文五十三释"广"。

476. No. 921—LA. VI. ii　纸文书　原书图版XXVIII

　　欲?展辛苦瞻望

　　前草不备叙

　　　翁华顿首顿首

477. No. 922—LA. VI. ii. 065　纸文书　原书图版XXVIII

　　张主簿前

　　八月廿八日楼兰白疏悝惶恐白奉辞

　　〔上残〕　□□无皆亲省骞心东望

478. No. 923—LA. VI. ii. 066　纸文书　原书图版XXVIII

　　五月十四日京□

　　数相闻思想□

　　知送阚西域□

　　事想当来尔

　　慎客自爱书

479. No. 924—LA. VI. ii. 067　纸文书　原书图版XXIX

　　八月田　五〔下残〕

　　大弟豊①□〔下残〕

　　所悉自尔□〔下残〕

　　已清凉〔下残〕

　　史□②〔下残〕

注释

①沙释"豐"。

②沙释"又"。

480．No.925—LA.VI.ii.069　纸文书　原书图版XXVIII
　　正面
　　□□白①请实□□□②〔下残〕
　　今所得田盖少可有廿斗□今言□□
　　胡石田当令主国实其□□③但赐□□④
　　背面
　　白事□□⑤宣诏下拜□□□〔下残〕
　　叩头叩头死罪死罪
　　□叩头死罪前兵⑥工人〔下残〕
注释
①《汉简》第十一卷页29释"自"。
②"请实"以下为淡墨字，写"□兵王大"。这几个淡墨字与背面淡墨字一致，背面亦有"兵王大"字样。故淡墨字文书与请实文书是两次写的不同文书。
③"□□"沙释"中田"。
④"□□"沙释"闰三月"。
⑤沙释"谕"。
⑥沙释"天"。

481．No.926—LA.VI.ii.068　纸文书　原书图版XXIX
　　正面
　　〔上残〕□及以□□〔下残〕
　　〔上残〕自守可以永①年念却□〔下残〕
　　〔上残〕轻用不节衣履图空?
　　〔上残〕同人道断绝仕进不
　　〔上残〕□费相从一月千万二②
　　〔上残〕讻自拙强出惶怖□

〔上残〕□③耳目盲聋衣袂④裂

〔上残〕蒙⑤

则迷昏背人忘义唯色是存⑥不

昕？尊单家尽产星夜驰奔厚□

背面

〔上残〕□奇

惟念世人甚⑦可〔下残〕

推之志⑧非世〔下残〕

好其心深□⑨〔下残〕

诗兮可供遵伸□〔下残〕

注释

①沙释"几"。

②沙释"万"。

③"耳"前沙补"破碎"二字。

④沙释"被"。

⑤此行沙释为"险一□家"。

⑥沙释"好"。

⑦沙释"其心"。

⑧沙释"念"。

⑨沙释"陳"。

482. No. 927—LA. VII. ii. 069　纸文书　原书图版 XXIX

〔上残〕　　□①〔下残〕

〔上残〕□一日至□〔下残〕

〔上残〕□也又一日因？〔下残〕

〔上残〕未讫②可来□〔下残〕

〔上残〕上莫弹□〔下残〕

〔上残〕□高③□〔下残〕

注释

①沙释"为"。

②《汉简》第十一卷页 37 释"来临"。

③沙释"写"。

483．No. 928—LA. VI. ii　纸文书　原书图版 XXIX

　　正面

〔上残〕诏书下州摄郡推官〔中残〕　　所上不□量□

〔下残〕

写郡答书草并遣兵上尚书草呈当及贾胡还府君

敕与司马为伴辄仕留司马及还其余清？静后①？有异复

白枢死罪死罪

枢死罪〔中残〕　　下万福〔下残〕

背面②

出床廿八斛六③〔下残〕

出床三斛七斗禀□□□□兵胡虎等〔中残〕五④十日

出床五十斛四斗禀兵贾秋伍何钱虎等卅八人人口食六〔下残〕

出床四斛禀兵曾虏王羌奴二人起九月一日尽廿日人日食⑤〔中残〕　□人食八升

　　　　行书入郡

出床四斛四斗禀兵孙定⑥吴仁二人起九月一日尽丨日日食六升〔中残〕尽月卅日人日

　　　　八升行书入郡

出床十二斛六斗禀兵卫⑦芒等七人人日食六升起九月一日尽□⑧日

〔上残〕床五斛四斗禀高昌士兵梁秋等三人日食六升起九月一日尽卅日

　　　　出杂谷百八十七斛四斗

　　　　其二斛麦　百八十五斛四斗〔下残〕

注释

①沙释"没"。

②背面前二行图版字迹漫漶，依沙释。

③王·流·禀给四十六释"五"。

④沙释"十日"。

⑤沙释"六升"二字。

⑥沙释"包"。

⑦沙释"它"。

⑧沙释"卅"。

484. No. 929—LA. VI. ii　纸文书　原书图版 XXIX

　　〔上残〕□为世主当①牧中〔下残〕

　　〔上残〕处而远适〔下残〕

　　〔上残〕□之中②法俗不同〔下残〕

　　〔上残〕王能③甚惘惘也□〔下残〕

　　〔上残〕□外都耳□〔下残〕

　　〔上残〕□抚恤行相柙□〔下残〕

注释

①沙释"留"。

②沙释"第"；王·流·遗文六十七释"申"。

③沙释"王敬"。

485. No. 930—LA. I. iv. 2　纸文书　原书图版 XXX

　　囲月四日具书焉耆玄顿首言

　　囯督邮彦时司马君彦祖①侍者各□〔下残〕

　　囯? 人自随无他甚休阔别逾异念想□②〔下残〕

　　〔上残〕□时卖买略讫健丈夫所在无施〔下残〕

　　〔上残〕颈来旋进③想言会闻有人从郡〔下残〕

　　〔上残〕□徐府君缠在小城中唐长史在□〔下残〕

　　〔上残〕□伯进为东部督邮修正云当□〔下残〕

　　〔上残〕□□□□□祖? 如是彦祖④? 〔下残〕

注释

①沙释"相"。

②沙释"无"。

③沙释"追";王·流·遗文四十四释"逛";"《汉简》第十一卷页 13 释"庭"。

④沙释"相"。

按 Cha·No. 930—937 的出土地点,均据原书后图版标明的地点。

486. No. 931—L.A. I. iv. 2 纸文书　原书图版 XXIX

正面

┤一月廿五日具书浚①叩〔下残〕

督邮王掾时侍者顷末②□〔下残〕

平安幸甚甚善久不相见〔下残〕

常有违比③人往通书亦得〔下残〕

吉祐④间比⑤有来人问知舍〔下残〕

惠鱼深厚前家西□〔下残〕

背面⑥

□□业叩头叩头

业? 正诸人悉告? 取? 取?

□白东道绝久实乏牢物意多□〔下残〕

五支? 并悟? 自□⑦能儿□⑧故失〔下残〕

□度不忽而已知所处国不出也〔下残〕

是故发言留意□弘时见〔下残〕

□也敬表不悉□白

正? 月十六日具书或叙□〔下残〕⑨

注释

①沙释"复"。

②沙释"来"。

③"违比"沙释"达以"。

④"吉祐"沙释"苦格"。

⑤沙释"以"。

⑥背面沙无释文。

⑦《汉简》第十一卷页 15 释"副"。

⑧《汉简》第十一卷页 15 释"动"。

⑨此行属另外一件文书。

487．No. 932—L.A. I. iv. 2　纸文书　原书图版 XXIX

　　三月十五日具书恩顿首首

　　王卒史彦时顷不①为春

　　居平安别阔有年②相思

　　俱然③相于义崇小大

　　笔所能申答知索〔下残〕

　　□国为□佳矣〔下残〕

注释

①沙释"来"。

②沙释"来"。

③沙释"怒"。

488．No. 933—L.A. I. iv. 2　纸文书　原书图版 XXX

　　腹?　热　饮〔中残〕　　　十七……五十〔下残〕

　　腹中不调一岁饮一丸不下至三丸二岁三①〔下残〕

　　七丸不下稍曾至十丸

注释

①沙补"丸"字。

489．No. 934—L.A. I. iv. 2　纸文书　原书图版 XXX

　　僧　尹香等人〔下残〕

自念皆有老亲〔下残〕

琴见迫胁不敢作□〔下残〕

⊡依焉耆王臧对①王〔下残〕

谏止怒欲相杀复对②王□〔下残〕

龟兹重奴大□如是其□〔下残〕

注释

①沙释"藏封"。

②沙释"封"。

490．No.935—L.A.I.iv.2　纸文书　原书图版 XXXI

正面

诸将为乱曹①〔下残〕

露布到降⊡〔下残〕

复别表②虽〔下残〕

首顿首

背面

□□⊡〔下残〕

拮具知款情〔下残〕

相为摄受□〔下残〕

加用意东方道〔下残〕

注释

①沙释"唐"。

②沙释"来"。

491．No.936—L.A.I.iv.2　纸文书　原书图版 XXX

〔上残〕后有信相闻宜〔下残〕

〔上残〕⊡? 宣则叩头叩〔下残〕

492. No. 937—L.A. I. iv. 2　纸文书　原书图版 XXX

五月七日具书敦〔下残〕

督邮王掾□〔下残〕

493. No. 938—L.A. I. iv. 3　纸文书　原书图版 XXX

A

〔上残〕　　□□〔下残〕

〔上残〕焉耆王□〔下残〕

〔上残〕反覆复无〔下残〕

〔上残〕为将吏所图〔下残〕

〔上残〕□鼻东西不复〔下残〕

〔上残〕更可以决疑鄯〔下残〕

〔上残〕将吏相迎国□〔下残〕

〔上残〕乃尔苦相达〔下残〕

〔上残〕　□忧也□〔下残〕

B 正面

〔上残〕　　　　　□

〔上残〕□书与张〔下残〕

〔上残〕亲故欲相〔下残〕

〔上残〕其贾得者〔下残〕

〔上残〕□贪①言者〔下残〕

〔上残〕□恕顿首〔下残〕

〔上残〕□者勤□②〔下残〕

〔上残〕□暑□〔下残〕

背面③

〔上残〕□照赤?心□〔下残〕

〔上残〕□辄自为用意〔下残〕

〔上残〕□奴党推□〔下残〕

注释

①《汉简》第十一卷页 19 释"贫"。

②《汉简》第十一卷页 19 释"客"。

③背面原有淡墨字迹，上述释文为深墨字迹，在左半部，淡墨字迹漫漶。

  C

  〔上残〕 得 罪〔下残〕

  〔上残〕□求勋□〔下残〕

  〔上残〕□量相待〔下残〕

  〔上残〕为累此间〔下残〕

  〔上残〕有往复相闻〔下残〕

  D

  〔上残〕 □〔下残〕

  〔上残〕邻？□□〔下残〕

  〔上残〕者属令〔下残〕

  〔上残〕东方改动〔下残〕

  〔上残〕首

  〔上残〕□宝以九月廿六〔下残〕

  〔上残〕想①欲闻知财□〔下残〕

注释

①《汉简》第十一卷页 21 释"相"。

  D′

  〔上残〕惶准政〔下残〕

注释

B、C、D、D′沙无释文。

494. No. 939—LB. II. 3　纸文书　原书图版 XXX

  〔上残〕颐面〔下残〕

  〔上残〕□夏〔下残〕

  〔上残〕清凉〔下残〕

三、《斯坦因第三次中亚考察所获汉文文书》刊布的楼兰汉文简牍

495．No. 169—L.A. II. x. 04　纸文书

　　正面　图版参见《汉简》第十一卷页 118

　　〔上残〕与众异罗列

　　〔上残〕分别部居

　　〔上残〕诚快

　　背面　原书图版 IX

　　〔上残〕诚快

　　〔上残〕力务之

注释

No. 169—173，原书均未刊正面的图版。

496．No. 170—L.A. II. x. 05　纸文书

　　正面　图版参见《汉简》第十一卷页 118

　　〔上残〕□少诚

　　〔上残〕之必有熹

　　〔上残〕矣于高冈梧

　　背面　原书图版 IX

　　〔上残〕觚与众

　　〔上残〕刚诸物

注释

马无正面释文。

497．No. 171—L.C. i. 017　纸文书

　　正面　图版参见《汉简》第十一卷页 118

　　〔上残〕日约少〔下残〕

〔上残〕勉力务之必有熹

急①奇觚与众异罗

列诸物名姓字分别□

居不杂②厕用日〔下残〕

快意勉力矛〔下残〕

凤皇飞〔下残〕

背面

急奇③〔下残〕

异罗列〔下残〕

名姓字分别部

〔上残〕不杂④厕用

注释

①马释"编"。

②④马释"离"。

③马释"就"。

498．No.172—LE.i.5　纸文书

正面　图版参见《汉简》第十一卷页118

〔上残〕厕用〔下残〕

意勉〔下残〕

背面　原书图版 IX

居 不〔下残〕

499．No.173—LF.ii.07　纸文书

正面　图版参见《汉简》第十一卷页118

急奇觚〔下残〕

诸物名姓字〔下残〕

不杂〔下残〕

背面　原书图版 IX

日约少〔下残〕

意勉〔下残〕

注释

No. 169—173 五件原书所记不出于一地。但是经《汉简》第十一卷编者整理，上述五件却恰好互相缀合为一件。因此原书记载的出土地点有误，似均出自 LA 遗址。缀合后的释文排列如下：

正面　缀合图版参见《汉简》第十一卷页 118 上图

急（173）奇觚与（169）众异罗列

诸（173）物名姓字分（169）别部居

不（173）杂、厕用日（171）约少诚（169）快

意（172）勉力（171）务之必有熹

急（171）奇觚与众异罗

列（171）诸物名姓字分别□

居（171）不杂厕用日□（170）少诚

快（171）意勉力务、之（170）必有熹

凤（171）皇飞、矣（170）于高冈梧

背面　缀合图版参见《汉简》第十一卷页 118 下图

急（171）奇觚（170）与众

异罗列诸（170）物

名（171）姓字分别部

居（172）不杂（171）厕用

日（173）约少诚（169）快

意（173）勉力（169）务之

500．No. 174—LA. V. x. 018　纸文书

正面　原书图版 X

刽刽为刀斧①所伤南斗

主血北斗主刽鹔鹅

卢医不能治之亦不

能还丧车起死人创奄

愈不疼不 痛？□□〔下残〕

背面　原书无图版

顿首白近自

宗诸外内

宗宗

注释

①马释"沂"。背面无图版，照录马释文。

501．No.175—LA.I.02　木简　参见张·五四·二七

四月三日庚戌白

502．No.176—LA.I.03-04　原书无图版

马未释

503．No.177—LA.II.x.01　原书无图版

马未释

504．No.178—LA.II.x.017　原书无图版

尾

注释

无图版，照录马释文。

505．No.179—LA.II.xi.01　纸文书　原书图版 X

马酒泉寄貂皮□①〔下残〕

庞少骉□②九匹③〔下残〕

□张 掖□□□〔下残〕

注释

①马释"半"。

②《汉简》第十一卷页 123 释 "皂"。

③马释 "正"。

506．No. 179—L.A. II. xi. 02　纸文书　原书图版 X

　　〔上残〕□当 施 佑 颈〔下残〕

　　　教谨启

注释

马无释文。

507．No. 180—L.A. II. x. 06　纸文书

　　正面　原书图版 X

　　前少谷盖不足言其至见敦①欲

　　得用望因②致之想不见逆③故复④

　　重及

　　背面　原书无图版

　　白光□

　　公府□□

　　白

　　刘□季□

　　塞水南下推之

注释

①马释 "郭"。

②马释 "固"。

③马释 "迸"。

④马释 "瀀"。背面无图版，照录马释文。

508．No. 181—L.A. II. x. 03　纸文书

　　正面　原书图版 X

　　〔上残〕□□□□〔下残〕

〔上残〕□①贝之期□〔下残〕

〔上残〕□大人珍重时〔下残〕

〔上残〕自②不备豊〔下残〕

〔上残〕令知道远〔下残〕

〔上残〕故③言讨厝〔下残〕

背面　原书无图版

〔上残〕君〔下残〕

〔上残〕长贵里邦财之□〔下残〕

〔上残〕□豊节言〔下残〕

〔上残〕里信必金到当〔下残〕

〔上残〕誂文□〔下残〕

注释

①"贝"与上面一字相连，疑是一个字。

②马释"百"。

③此行马释"取金计上"。背面无图版，照录马释文。

509．No. 182—LA. II. x. 011　纸文书

正面　原书无图版

□仕锥

背面　原书图版 X

使①任贪②书〔下残〕

注释

①《汉简》第十一卷页121与马均释"便"。

②有的研究者释"贫"。正面无图版，照录马释文。

510．No. 183—LA. II. 05　纸文书　原书图版 X

屈顿首顿首〔下残〕

蜡节皆亦①同□〔下残〕

来示②即以自〔下残〕

比③更有因④乃□⑤〔下残〕

顿首

注释

①《汉简》第十一卷页 121 释"变"。

②马释"亦"。

③马释"化"。

④马释"国"。

⑤马释"人"。

511. No. 184—LA. II. x. 013　纸文书　原书无图版

〔上残〕安〔下残〕

〔上残〕世令〔下残〕

〔上残〕日不一〔下残〕

注释

无图版，照录马释文。

512. No. 185—LA. II. x. 015　纸文书　原书无图版

〔上残〕不贾裹兴所今〔下残〕

〔上残〕□次一□□〔下残〕

注释

无图版，照录马释文。

513. No. 186—LA. IV. 020　木简　图版参见张·四九·十六

〔上残〕入内①

注释

①马释"丙"。

514. No. 187—LA. IV. v. 021　木简　图版参见张·五六·八

〔上残〕㩺 史君教

515. No.188—L.A.IV.v.022　木简

　　正面　图版参见张·四一·九

　　一沽四斗贾□□□

　　背面①　图版参见张·四二·九

　　计②用谷九斗八升

注释

①背面图版字迹漫漶，依马释。

②此行张释"受谷九十升"。

516. No.189—L.A.IV.v.023　木简　图版参见张·五二·二二

　　□计九一扱?

注释

此件原书无释文。

517. No.190—L.A.IV.v.024-025　木简　图版参见张·五二·五

　　□月廿五日仓曹掾曹颜①监仓史马②

注释

①张释"视"。

②张释"巨"。

518. No.191—L.A.IV.027　纸文书　原书无图版

　　〔上残〕户民大守副骑步督

注释

无图版，照录马释文。

519. No.192—L.A.IV.029　纸文书　原书无图版

　　正面

　　子□学

　　而

背面

丑丑荀子曰子曰梭□□□

注释

无图版，照录马释文。

520. No. 193—L.A. IV. V. 030　纸文书　原书无图版

正面

□别恋恨不□

〔上残〕到想近可耕督□

背面

五月廿□囯〔下残〕

言想□〔下残〕

劳近□〔下残〕

□为□〔下残〕

注释

无图版，照录马释文。

521. No. 194—L.A. IV. v. 031　纸文书　原书无图版

正面

〔上残〕　州拿仝　〔下残〕

〔上残〕　　□　　〔下残〕

〔上残〕　　河　　〔下残〕

〔上残〕　首再围

注释

背面无释文。正面无图版，照录马释文。

522. No. 195—L.A. IV. v. 038　木简　原书无图版

A……□白书□

B……仓史马……

C……□……

　　……□重……

D‖小麦一斛二斗六升给仓……

E　书□搯□……

F　仓掾曹颜监仓史……

　　……史……

G……监仓史马……

H 泰始四年三月八日

I　元龙

J　六十二匹

　　□□□

K……□敢言□□……

L……史……

M‖小麦卅斛……

　　　将□□

N（无释文）

O¹ 马□贡□

O²（无释文）

P □……

　　罗四……布十三

Q……广卅二长卌三……

S 泰始四年三月廿日□□

T……死罪

V 小麦四斛……

　　　□□……

W……录事掾……

X……三丈……

　　……七丈……

Y 香书史

Z（无释文）

　　AA　泰始四年……

　　AB……主簿……

注释

无图版，照录马释文。

523. No. 196—L.A. IV. v. 039　木简　图版参见张·五一·七

　　赏带〔下残〕

524. No. 197—L.A. IV. v. 040　木简　图版参见张·五五·四

　　素①巾各

注释

①马释"圭"。

525. No. 198—L.A. IV. v. 041　木简

　　正面　原书图版XI

　　买布四斗①　　　劳文效二斗前几取廿八斗

　　买履二斗　　　　复……　斗

　　　　　　　　　　劳②□……

　　劳阳虎二斗

　　　　　　　　　　劳③戬？暗？四？斗

　　背面　　　　　　图版参见张·四五·七

　　阿邵戈阿几取十六斗　梁功曹取一斗

　　复劳益取四斗　　　　杨通二斗

　　复共张禄吴政方取④二斗　价单⑤子二斗

　　复劳仁十⑥四斗　　　劳子估⑦四斗

　　曹仓曹廿斗

注释

①张凤将"斗"均释为升。

②③马及《汉简》、张凤等均释"共"，仔细研究图版字迹，应为"劳"字。

又③"劳馘？暗？"马、张及《汉简》第十一卷页117都释为"共曹李"。张凤在其上于"劳阳虎"左侧加"曹仓曹一升"，图版无此字迹。

④马释"余"。

⑤张释"军"。

⑥马释"子"。

⑦马释"脩"。

526. No.199—LA.IV.v.043　木简　图版参见张·五五·八
家书
弟权发

527. No.200—LA.V.x.014　木简　原书图版XI
〔上残〕胡铁大锯一枚

528. No.201—LA.V.x.015　纸文书　原书无图版
正面
　□□愚？专意愉……
　□□夺拜启……
背面
　……通下对如□□□……
　……
　……富……

注释

无图版，照录马释文。

529. No.202—LA.V.x.016　木简　图版参见张·五六·九
〔上残〕□①伍佰李卑穆成铃下李□
　〔上残〕　　二月一□□〔下残〕

注释

① 此行张释"□伯季男穆永铃下季"。

530. No. 203—LA. V. x. 017　木简　图版参见张·五七·十九

　　录事掾左　　谨〔下残〕

531. No. 204—LA. VI. i. 01　木简　图版参见张·四九·三

　　入　　客曹犊皮二枚①

注释

① 马释"牧"。

532. No. 205—LA. VI. i. 02　木简　原书无图版

　　面三斛□斗

注释

无图版，照录马释文。

533. No. 206—LA. VI. i. 04　木简　原书无图版

　　□麦壹　　大　　　出官

注释

据未刊图版释。马释"□□壹□出官"。

534. No. 207—LA. VI. ii. 020　木简　图版参见张·四九·六

　　诣楼兰

535. No. 208—LA. VI. ii. 021　木简　原书无图版

　　□言　　谨启

注释

无图版，照录马释文。

536．No.209—LA.Ⅵ.ⅱ.022　木简　图版参见张·五六·十三

　　　长史鸿移

537．No.210—LA.Ⅵ.ⅱ.023　木简　图版参见张·五十·二十三

　　　疾①病苦寒气

注释

①张释"羌"。

538．No.211—LA.Ⅵ.ⅱ.024　木简　原书无图版

　　　三尺九寸

注释

无图版，照录马释文。

539．No.212—LA.Ⅵ.ⅱ.025　木简　图版参见张·五五·十八

　　　王恺还书到

540．No.213—LA.Ⅵ.ⅱ.028　木简

　　　正面　原书图版Ⅺ

　　　都　　泰始三年以来被①

　　　督　　曹节度所下杂文

　　　　　　书本事

　　　背面　图版参见张·四四·十二

　　　限本事

注释

①陈直《居延汉简研究》（天津古籍出版社，1986年）页555释"决"。张风四十三页第十二释"府"。

541. No. 214—LA. VI. ii. 029　木简

　　正面　原书图版 XI

　　〔上残〕曹‖‖泰始四年七月四日仓曹史高开监仓史马□客曹史张抚

　　背面　图版参见张·四四·十五

　　领①录事掾张　　□②监量掾阚③　　凤

注释

①马在"领"上加"主簿梁鸾"四字。

②张释"人"。

③张释"庞□"。

542. No. 215—LA. VI. ii. 030　木简

　　正面　图版参见张·四八·五

　　出　大麦五斗给行书民桃将饮①官

　　　　驼他②一匹日五升起十二月十二日尽廿二日

　　背面　原书图版 XI

　　功曹张龟主簿梁 鸾〔下残〕

注释

①马释"饭"。

②马释"池"。

543. No. 216—LA. VI. ii. 026-027　木简　图版参见张·五五·十二

　　　　床三斛六斗给禀李囷……　　　泰始□②年十一月廿一日仓曹

　　出　①等三人　　　　　　　　　史张□监仓翟同③阚携④付

　　　　人日食一斗二升起十一月廿

　　　　日……尽卅⑤日

注释

该简自"尽"字处断为二，分编为026、027号。

①"等"前一字马释"十"。

②张释"三"。按"仓曹史张□"又见于 Ma·No. 246 号泰始二年简牍。
③张释"璘"，马释"咸"。按在 C·W·No. 50、73-75 号简牍均"翟同阗携"连称，C·W·No. 50 简牍纪年为泰始二年。
④张释"摇"。
⑤张释"卅"。

544．No. 217—LA. VI. ii. 031　木简　原书图版 XI
　　川人①铓②杖白随自宜
注释
①张释"小人"。
②马释"金芒"。

545．No. 218—LA. VI. ii. 032　木简　图版参见张·五五·一
　　寶如意
注释
马释"寶小三"；张释"窭如意"。

546．No. 219—LA. VI. ii. 033　木简　原书图版 XI
　　〔上残〕□衣裳皆尽无用放①
注释
①马释"改"。

547．No. 220—LA. VI. ii. 034　木简　图版参见张·五二·二十
　　功曹　　李①□　王主〔下残〕
　　主簿？　张龟　□
注释
①马释"木"。
②张释指出简背面有"十一月□日"等字。

548. No. 221—LA. VI. ii. 035　木简　图版参见张·五十·十

〔上残〕泰始四年四月十六日壬子言

549. No. 222—LA. VI. ii. 036　木简　图版参见张·五十·十四

不觉①亡麦

注释

①马释"买"。

550. No. 223—LA. VI. ii. 037　木简　图版参见张·五七·五

……事起火迫

551. No. 224—LA. VI. ii. 039　木简　图版参见张·五十·九

〔上残〕□①当□②一枚

注释

①马释"皆"；张释"工"。

②马释"徵"；张释"簿"。

552. No. 225—LA. VI. ii. 043　木简　原书图版 XI

并□①　承前新入马皮合十二②

注释

①马释"行"；张·五四·二十三释"令"。

②张·五四·二十三释"十一"。马释"十二"后补"枚"字。

553. No. 226—LA. VI. ii. 044　木简　原书图版 XI

□①□②□③□④□⑤□⑥贾均著名户

注释

①马释"多"；张·四九·十五释"正"。

②马释"惟"；张释"沽"。

③马释"为"。

④马、张释"敢"。

⑤马、张释"不"。

⑥马释"饥";张释"路"。

554. No. 227—L.A. VI. ii. 045　木简

　　正面　原书图版 XI

　　〔上残〕□□□①

　　楼兰耕种

　　背面②　图版参见张·四四·十三

　　禾

注释

①马释"卒"。

②背面马无释文。

555. No. 228—L.A. VI. ii. 046　木简　原书图版 XI

　　水曹掾左朗白前府掾所食诸部瓜菜贾綵①一匹付客曹

注释

①马释"丝"。

556. No. 229—L.A. VI. ii. 047　木简　原书图版 XI

　　泰始五年五月 -①日辛卯起仓曹

注释

①马释"二"。

557. No. 230—L.A. VI. ii. 048　木简　原书图版 XI

　　将张佥言谨文书兵刘□

558. No. 231—L.A. VI. ii. 049　木简　原书图版 XI

　　四枚韦假督王珮部失亡

559. No. 232—LA. VI. ii. 50　木简　原书图版 XI
　　〔上残〕□①　　正月一②日
　　〔上残〕□③□□　□□

注释

①张・五十・八释"器也"。
②张释"十"。
③此行马释"勤贝号寄";张释"可不具龙由平"。

560. No. 233—LA. VI. ii. 053　木简　原书无图版
　　卑过卒

注释

无图版,照录马释文。

561. No. 234—LA. VI. ii. 054　木简　原书无图版
　　并启上

注释

无图版,照录马释文。

562. No. 235—LA. VI. ii. 055　木简　原书图版 XI
　　□前城旦妻

注释

张・五七・二释"二翁为思之"。

563. No. 236—LA. VI. ii. 051,056　木简　原书无图版
　　马未释

564. No. 237—LA. VI. ii. 060　纸文书　原书无图版
　　正面
　　米三斗三百一十五

米三斗三百卌五

米三斗三百六十三

米三斗三百

□□斗六百

□□斗二百六十

□□斗二百卌

□一斗五升百五十

米三斗三百九十

米一斛三斗千五百七十

米一斗百卌五

麦五斗三百

□二斗百五十

米七斗一千

背面

□□

□安二枚六百

佳夷廿二枚贾□

□□二枚二千

□枚四百六十

□枚八十

□枚五十

□枚卌

骈粟三百

买蒲二百三

□□三百五十

注释

无图版，照录马释文。

565. No. 238—LA. VI. ii. 061　纸文书　原书图版 XII
　　尚法龙亡次上
　　曹希①亡次上

注释

①马释"齐"。

566. No. 239—LA. VI. ii. 064　纸文书　原书无图版
　　……卖四匹
　　……卖五匹
　　……卖十匹
　　……卖六匹
　　……卖十五匹
　　……卖十匹
　　……卖六匹
　　……卖□匹

注释

无图版，照录马释文。

567. No. 240—LA. VI. ii（E）.065　纸文书　原书图版 XII
　　敦煌〔下残〕

568. No. 241—LA. VI. ii（E）.066　纸文书
　　正面　原书图版 XII
　　〔上残〕□①来时居
　　〔上残〕□此地谓
　　背面　原书无图版
　　〔上残〕使今者有□
　　〔上残〕是积

注释

①马释"糸"。背面无图版，照录马释文。

569．No. 242—LA. VI. ii. 063　纸文书　原书无图版

　　……近有著进闻渚……

　　……面仆以书□受中小……

　　……□于亲□闻目

注释

无图版，照录马释文。

570．No. 243—LC. 049　纸文书

　　正面　原书图版 XII

　　赵君凤明省

　　背面　原书无图版

　　　　　　　省

　　□息理□□□□□如皆……

　　□问□□书□□……

注释

背面无图版，照录马释文。

571．No. 244—LC. 050　木简　原书无图版

　　□胡蓬高……

注释

无图版，照录马释文。

572．No. 245—LC. IV. 011　木简　原书无图版

　　正面

　　……尚□□须夷多事……

　　背面

……兄□□……

……月十八……

注释

无图版，照录马释文。

573. No. 246—LE.i.1　木简　原书无图版

泰始二年八月十日丙辰言

蒲书一封仓曹史张　事│营以　行

注释

无图版，照录马释文。

574. No. 247—LE.i.2　木简　原书图版 XII

泰始三年二月廿八日辛未言

书一封水曹督田掾鲍湘张雕言事

使君营以邮行

575. No. 248—LE.i.6　木简　原书无图版

泰始□年□月十日丙辰言

出一封□曹史梁□言事

营以邮行

注释

无图版，照录马释文。

576. No. 249—LE.i.3（1—5）　纸文书　原书图版 XII

（1）〔上残〕月□五日　龙顿首顿首每恨

　　〔上残〕□仓卒①不能悉怀□〔下残〕

（2）三月廿日龙顿首顿首每恨？住②？

（3）三月廿日龙顿首顿首别□③忽

　　久④每当为一□涂□□□□

（4）……有尝　　原书无图版

（5）原书无释文　　原书无图版

注释

①此行马释"仓来示敬悉惟"。

②马释"佳"；《汉简》第十一卷页123释"往"。

③马释"里"。

④此行马释"久每尝有一别涂泾很□用……"；《汉简》第十一卷页123释"久每当为劳涂踁限□□"。

（4）（5）行无图版，照录马释文。

577．No. 250　LE. i. 4　纸文书　原书图版 XII

　　龙承风声

　　□□于□已私？

　　〔上残〕□忘

578．No. 251—LF. i. 06　木简　原书无图版

　　……翟政胡蓬樟　　驯□
　　　　　　　　　　　□□……

注释

无图版，照录马释文。

579．No. 252　LA. VI. ii. 062　纸文书　原书图版 XII

　　金①□②言当③住□〔下残〕

　　出？　　　五日

　　若用无驼□④来至海头〔下残〕

注释

①马释"愈"。

②马释"足"。

③马释"尝"。

④马释"足"。

580. No. 253—LM. I. i. 016　纸文书　原书图版 XII

……①夏四月辛亥哀

〔上残〕缢干征陑②赴于楚且告有立君公子胜想③

之楚人执而杀之公子至④奔郑书曰陈侯之

弟招杀陈大子单⑤陑⑥罪在招也楚人执陈行

人干征陑杀之罪不在行人也　干徵陑不
　　　　　　　　　　　　　□陈故也　叔弓如

晋贺虒祁也游吉相郑（伯以如晋）亦贺虒祁

也史赵见子大叔曰〔中残〕其相蒙也可〔下残〕

又贺之大叔曰〔下残〕

注释

①此行图版上无，据马释补。

②⑥马释"师"。

③马释"愬"。

④马释"留"。

⑤马释"匱"。

581. No. 254—LM. I. i. 017　纸文书　原书图版 XIII

〔上残〕并明阳盛於上阴类

〔上残〕□谷□于仓矗

〔上残〕□有寒暑日有短

〔上残〕　　□似其贾不

582. No. 255—LM. I. i. 020　纸文书　原书图版 XIII

曲□①□〔下残〕

以亲诗〔下残〕

恭近〔下残〕

衣服〔下残〕

者所〔下残〕

注释

①马释"禾"。

583. No. 256—LM. I. i. 021　纸文书　原书图版 XIII

〔上残〕自天子出

〔上残〕者行化之

〔上残〕□①莫善于

〔上残〕□②故圣王

注释

①马释"俗"。

②马释"是"。

584. No. 257—LM. II. i. 04　纸文书　原书图版 XII

〔上残〕　　　　候而好耕也惟让〔下残〕

□也〔中残〕　　而忽位也惧①性命〔下残〕

咸郊牛〔中残〕相而背国也悼群妖之乱〔下残〕

欲守吾之本真□□慕古人之道风颠託□〔下残〕

□□诲第七

注释

①马释"惧姓"。

585. No. 258—LM. II. ii. 07　纸文书　原书无图版

……无……

……士危……

……芝……

注释

无图版，照录马释文。

586. No. 259—LM. III. 02　纸文书　原书图版 XII

　　病我不必归〔下残〕

　　寇害
　　也　　使民〔下残〕

　　徒①归徒②〔下残〕

注释

①②马释"徙"。

587. No. 260—LM. I. i. 018 至 022　纸文书　原书图版 XIII

　　　　　　□□〔下残〕

　　蒲隊窦成年卅　妻妈申金年廿
　　　　　　息男蒲龙年六死

　　蒲隊隃林年卅　妻司文年廿五
　　　　　　息男皇可龙年五

　　蒲隊渼支年廿五　妻温宜□年廿

　　蒲隊□□曾年七十二　□死
　　　　　　息男奴斯年卅五□死
　　　　　　……□年卅……
　　　　　　……年□……死

　　□□葛奴年五十　　妻句文年卅
　　　　　　息男公科年廿五

　　勾文□安生年卅　死
　　　　　五十三除十一
　　　　　　年卅……

注释

该件字迹不清，照录马释文。

588. No. 261—LM. I. ii. 09　纸文书　原书图版 XIII

　　六月十二日告可①归〔下残〕

　　不得汝白事用为一□〔下残〕

　　想□夫妇何？似良日吾及余？

　　示②平安惟广兴身？死未能得

　　□理③观？欲□□向臺④时想

　　□意？不？知古时？始？能去办？也汝？

　　〔上残〕□夜⑤？难⑥？吟⑦？无以自喻汝

　　〔上残〕上下求一来看者便为

　　〔上残〕永毕吾前问主宾留驴在

注释

① "告可"马释"吉河"。

② 马释"甚"。

③ 马释"裹"。

④ 马释"壹"。

⑤ 马释"处"。

⑥ 马释"废"。

⑦ 马释"洽"。

　　附：张凤《汉晋西陲木简汇编》有四件马伯乐书中未收，现辑录如下：

589. 张·四九·十八（LA—IV.v.044）　木简

　　〔上残〕令　　石监十〔下残〕

590. 张·五四·十一（LA—VI.ii.040）　木简

　　又为两作

591. 张·五四·二十（LA—VI.ii.027）　木简

　　〔上残〕掾杨善谨启

592. 张·五十八·一（LA—VI.ii.041） 木简

　　禀给匠曹石随

注释

以上几件图版字迹均漫漶，照录张释文。

四、《西域考古图谱》刊布的楼兰汉文简牍

593. 木简　西·图·史·图版（1）

　　入杜督部兵□①

注释

①《汉简》第十一卷页125释为"觇"。

594. 木简　西·图·史·图版（1）

入　敦煌兵王①隖? 仁等锁? 十一枚　　泰始五年六月廿七日监藏掾赵所
　　胡斧五枚②二秋釠一枚今还　　　　杨得? 都斤韩③应　　上□□

注释

592与593是简的正、背面。

①《汉简》第十一卷页125释"壬"。

②《汉简》第十一卷页125释"松"。

③《汉简》第十一卷页125释"斡"。

595. 木简　西·图·史·图版（1）

　　十月廿六日兵壬受㐭①自下辞辽②追还不得贼③? 物审辞具

注释

①②不可释。

③《汉简》第十一卷页125释"财"。

596. 木简　西·图·史·图版（1）
　　□□尔□①王珮②失③白綵④布□□□

注释

《汉简》第十一卷释文：

①释"去"；

②释"瓎"；

③释"矣"；

④释"縣"。

597. 木简　西·图·史·图版（1）
　　□①布八十四匹

注释

①有的研究者释"劣"。

598. 纸文书　西·图·史·图版（2）
　　五月七日海头西域长史〔下残〕
　　侯李柏顿首顿首别□①□〔下残〕
　　恒不去心今奉台使来西月
　　二日到此（海头）未知王消息想国中
　　平安王使回复罗从北虏
　　中与严参事往想是②到也
　　今遣使付大③佳相闻通
　　知消息书不悉意李柏顿首顿
　　　首

注释

①②《羽田博士史学论文集》上卷页 518 分释为"来"和"足"。

③王·流·附二释"太"。

599. 纸文书　西・图・史・图版（3）

　　五月七日西域长史关内侯①

　　柏顿首顿首阔久不知②问③〖門〗

　　怀思想不知亲相念

　　便见忘也诏家见遣

　　来慰劳诸国此月二日来到

　　海头未知王问邑邑天热

　　想王国大小平安王使

　　□④□⑤俱共发从北房中与

　　严参事往不知到未今

　　遣使苻太往通消息

　　书不尽意李柏顿

　　首顿首

注释

①王・流・附三在"侯"下补"李"字。

②王・流・附三释"相"。

③日本《西域出土的木简和残纸》释文页23释"門"。

④⑤森鹿三《东洋学研究》页207释"招臣"；藤枝晃《楼兰文书札记》（《东方学报》41册，1970年）释"招亘"；前注③《西域出土的木简和残纸》释"招氐"；王・流・附三释"□遂"。

600. 纸文书　西・图・史・图版（2）

（1）八〇一八（《西域文化研究》第五卷头图版编号、下同）　西・研・卷头图版一七

　　五月七日西域长史关内

　　侯李柏五〔下残〕

（2）八〇一九　西・研・卷头图版一七

　　□白□〔下残〕

601. 纸文书　西·图·史·图版（4）

（1）八〇〇一　　西·研·卷头图版一五

〔上残〕使君□命王可

〔上残〕□赵①□□前？自为逆

〔上残〕□杀之首欲击

〔上残〕　□事急②　　故

〔上残〕　□□已具知

〔上残〕□尔令归服一

〔上残〕　委曲问启？

〔上残〕　□黄金完

〔上残〕□□□不问罪

〔上残〕　□□任白

注释

《西域考古图谱》史料图版（4）刊布的上述文书互相缀合，《西域文化研究》第五卷头刊布的是分解图版，每号一幅照片（以下各件亦同）。该件在西·图·史·图版（4）下部。

① "赵"之下字涂抹。"□□前自为逆"写在原文书本行右侧。

② "事急"下二字涂抹。

（2）八〇〇二　　西·研·卷头图版一五

〔上残〕台□〔下残〕

〔上残〕□不□〔下残〕

〔上残〕　□〔下残〕

注释

该件在八〇〇一"使"、"赵"、"杀"三行之上（西·图·史·图版〔4〕，下同）。

（3）八〇〇四　　西·研·卷头图版一五

〔上残〕□服？□〔下残〕

〔上残〕吏？二□〔下残〕

注释

该件右与八〇〇二相接。

  （4）八〇〇五 西·研·卷头图版一五

  善赵阿〔下残〕

  欲白官賂?〔下残〕

  也若你?〔下残〕

注释

该件右与八〇〇四相接。

  （5）八〇〇六 西·研·卷头图版一五

  漫漶

  （6）八〇〇七 西·研·卷头图版一五

  〔上残〕 □〔下残〕

  〔上残〕遇?王三〔下残〕

  〔上残〕大为耳〔下残〕

  〔上残〕 □□〔下残〕

注释

该件右与八〇〇五相接。

602．纸文书 西·图·史·图版（5）

  （1）八〇三六 西·研·卷头图版一九

  臣〔下残〕

  尚书

  臣柏言焉耆王□〔下残〕

  月十五日共医□〔下残〕

注释

该件在西·图·史·图版（5）右上方。

  （2）八〇三五 西·研·卷头图版一九

  〔上残〕□逆贼赵〔下残〕

  〔上残〕不量为□〔下残〕

注释

该件右与八〇三六相接（见西·图·史·图版〔5〕，下同）。

（3）八〇三三　西·研·卷头图版一九

〔上残〕达海头□〔下残〕

〔上残〕□命慰㔫〔下残〕

〔上残〕□诚惶诚恐□〔下残〕

注释

该件上与八〇二五相接。

（4）八〇二七　西·研·卷头图版一八

〔上残〕　□〔下残〕

〔上残〕□意?〔下残〕

〔上残〕□冯〔下残〕

〔上残〕安

注释

该件右与八〇三五相接。

（5）八〇二九　西·研·卷头图版一八

〔上残〕□〔下残〕

〔上残〕□寶?□□〔下残〕

　　　　于　□

〔上残〕远□□□〔下残〕

〔上残〕□□□□〔下残〕

〔上残〕□贾□〔下残〕

〔上残〕　□□〔下残〕

注释

该件右与八〇二七相接。

（6）八〇二八　西·研·卷头图版一八

〔上残〕□四日柏及〔下残〕

〔上残〕□出?击?□〔下残〕

〔上残〕□安全?□〔下残〕

〔上残〕云李柏月？〔下残〕

〔上残〕日□□□〔下残〕

〔上残〕此住□□〔下残〕

〔上残〕宾又至〔下残〕

〔上残〕□□□〔下残〕

注释

该件上与八〇二九相接。

（7）八〇〇三　西·研·卷头图版一五

〔上残〕　□□〔下残〕

〔上残〕□逞？〔下残〕

注释

该件右与八〇二八、八〇二九相接。此据西·图·史·图版释。

（8）八〇一三（2）　西·研·卷头图版一六

〔上残〕字槐〔下残〕

注释

该件上与八〇三六相接。

（9）八〇一三（1）　西·研·卷头图版一六

〔上残〕□皿？·□〔下残〕

注释

该件上与八〇一三（2）相接。

（10）八〇一一　西·研·卷头图版一六

〔上残〕□思□〔下残〕

注释

该件右与八〇一三相接。

（11）八〇一〇　西·研·卷头图版一六

〔上残〕柏？　顿？　首〔下残〕

注释

该件在八〇一一之右，上与八〇三三相接。

（12）八〇一二　西·研·卷头图版一六

〔上残〕□□书〔下残〕

〔上残〕念□□〔下残〕

注释

该件在八〇一〇之右，八〇二八之下。

（13）八〇〇八　西・研・卷头图版一六

〔上残〕　□得重？〔下残〕

〔上残〕弗？立□□下残〕

〔上残〕　□□□〔下残〕

注释

该件右与八〇一二相接。

（14）八〇〇九　西・研・卷头图版一六

〔上残〕□累？世

注释

该件右与八〇〇八相接。

603．纸文书　西・图・史・图版（6）

（1）八〇二〇　西・研・卷头图版一七

〔上残〕月九日楼兰起出？□日悕？□□□〔下残〕

（2）八〇二一　西・研・卷头图版一七

〔上残〕　　□东□想？□自□〔下残〕

阤其白阳？□□之迎□用□□八日即日贞□□

东□□且？□□□

注释

西・图・史・图版（6）八〇二〇、八〇二一两件不相接；西・研・卷头图版一七则将其缀合。

（3）八〇二二　西・研・卷头图版一八

□□□□□〔下残〕

负吴豪军屯□〔下残〕

负胡归这？□〔下残〕

负胡□沙〔下残〕

（4）八〇二三　西·研·卷头图版一八

善□〔下残〕

尔各难□〔下残〕

　　□□不谊？迄？〔下残〕

当①□□故□〔下残〕

忘与行道〔下残〕

注释

① "当□□"涂抹。

（5）八〇二四　西·研·卷头图版一八

〔上残〕有生口驰言〔下残〕

（6）八〇二五　西·研·卷头图版一八

见？□来西和□〔下残〕

　　　□人□喻？□所？〔下残〕

百匹①　　月〔下残〕

官

注释

① "百匹"下二字涂抹。

（7）八〇二六　西·研·卷头图版一八

〔上残〕□□□□〔下残〕

不可□□□〔下残〕

□日？〔下残〕

（8）

〔上残〕此？月□日〔下残〕

〔上残〕□□□〔下残〕

〔上残〕□客□〔下残〕

〔上残〕善？王久□〔下残〕

（9）

　　吏①

〔上残〕□主宾〔下残〕

〔上残〕唯②今

注释

①②倒书。（8）（9）两件西·研·卷头图版未刊，未编号。文书见西·图·史图版。

604. 纸文书　西·图·史·图版（7）

（1）八〇一四　西·研·卷头图版一七

均是半个字，不可释。

（2）八〇一五　西·研·卷头图版一七

□□督□□□〔下残〕

一□□□主之□〔下残〕

咸?　□山□书　拜□〔下残〕

（3）八〇一六　西·研·卷头图版一六

〔上残〕□给? 李长史

〔上残〕□四千今固

（4）八〇·七　西·研·卷头图版　六

〔上残〕　□□

〔上残〕情系不宣

〔上残〕□想序宜

（5）八〇三　西·研·卷头图版一九

〔上残〕□溃□〔下残〕

〔上残〕□曰高□〔下残〕

〔上残〕主薄阙〔下残〕

〔上残〕□姊? 至□〔下残〕

〔上残〕过?〔下残〕

（6）八〇三二　西·研·卷头图版一九

〔上残〕世无?〔下残〕

〔上残〕拙□〔下残〕

〔上残〕□□〔下残〕

（7）八〇三四　西·研·卷头图版一九

〔上残〕但有悲至唯□〔下残〕

〔上残〕□□□不能?何〔下残〕

（8）八〇三七　西·研·卷头图版一九

〔上残〕□〔下残〕

〔上残〕未定去者〔下残〕

（9）八〇三八　西·研·卷头图版一九

〔上残〕五月廿三日〔下残〕

（10）八〇三九　西·研·卷头图版一九

〔上残〕□念于□言

注释

在西·图·史·图版（7），八〇一四、八〇三一、八〇三二、八〇三七不与其他文书相连接。八〇一六上接八〇三九；八〇三四下接八〇一七，左接八〇一五；八〇三八左接八〇一五，右接八〇一七。

605. 纸文书　西·图·史·图版（8）

正面①

已呼烧奴问驰意犹惟

难便为断作庚?张半其主②云

欲尔便当早了王意何

如故示王其意③意□已主意

背面④

万琦当□□一□□

琦还□□□□

□□□当□思

　　　　如常也疑

□□悉?□□□□

注释

①此件《西域文化研究》第五未刊，不在39件编号之内。此文书写于淡墨字迹之上，淡墨字迹漫漶。

②"其主"旁有淡墨字"其余"二字。

③"意"字以下倒书。

④背面有深浅两层习字，字迹潦草，多不可释。

606. 纸义书　西·图·史·图版（8）

　　一匹以上

　　〔上残〕□廿枚驴一头

　　〔上残〕□廿枚驴一头〔下残〕

607. 纸文书　西·图·史·图版（8）

　　〔上残〕海①海〔下残〕

　　〔上残〕□问言〔下残〕

注释

①"海"字倒书。

608. 纸文书　西·图·史·图版（8）

　　□故未

　　示在□

　　□□□

609. 纸文书　西·图·史·图版（8）

　　□□〔下残〕

　　这这〔下残〕

　　这□〔下残〕

610. 纸文书　西·图·史·图版（8）
　　〔上残〕何奈何〔下残〕
　　〔上残〕□之于〔下残〕
　　〔上残〕□□

注释

西·图·史·图版（8）的文书均未编在39件之内。

五、《罗布淖尔考古记》刊布的土垠汉简

611. 简一　木简　原书简版一
　　都护军候张□所假官骓牝，马一匹齿八岁高五尺八寸

612. 简二　木简　原书简版一
　　永光五年七月癸卯朔壬子左部左曲候

613. 简三　木简　原书简版一
　　右部后曲候丞陈殷十月壬辰为乌孙寇所杀

614. 简四　木简　原书简版一
　　二月庚辰朔丙午后曲候□〔下残〕

615. 简五　木简　原书简版一
　　〔上残〕者马君左部后曲候尊丞商令史利〔下残〕

616. 简六　木简　原书简版一
　　〔上残〕右?部右曲候□□令史□□

617．简七　木简　原书简版一
　　〔上残〕□□部㠯守司马

618．简八　木简　原书简版一
　　君使宣告左右部司马衍□□□

619．简九　木简　原书简版一
　　〔上残〕宗问从事人姓字□□　□□言□□言□□
　　□更姓字

620．简一○　木简　原书简版一
　　正面
　　伊循都尉左□〔下残〕
　　背面
　　……訾？……

注释

背面黄无释义。《汉简》第十二卷页104图版较清楚，页105将其释为"訾"。

621．简一一　木简　原书简版一
　　伊循卒史黄广宗□□□□

622．简一二　木简　原书简版一
　　龟兹王使者二□〔下残〕

623．简一三　木简　原书简版一
　　居卢訾仓以邮行

624．简一四　木简　原书简版一
　　交河壁一〔下残〕

625. 简一五　木简　原书简版二
　　河平四年十一月庚戌朔辛酉刬守居卢訾仓车师戊校〔下残〕

626. 简一六　木简　原书简版二
　　……交河曲仓守丞衡移居卢訾仓

627. 简一七　木简　原书简版二
　　元延五年二月甲辰朔己未□□□土□尉临居卢訾仓以□□
　　……□□□□己卯……□□□即日到守□
注释
原书简版漫漶，照录黄释文。

628. 简一八　木简　原书简版二
　　乙巳晨时都吏葛卿从西方来出谒已归舍旦葛卿去出送已坐①仓校□食时归舍日下铺时军候到出谒已归舍
注释
①黄释"尘"。

629. 简一九　木简　原书简版二
　　〔上残〕使者王君?旦东去督使者　从西方来立发东去已坐仓吏耀黄①昏时归仓
注释
①"黄"以下陈梦家《汉简缀述》（中华书局，1980年；以下简称"缀述"）页213释"□昃时归舍"。

630. 简二〇　木简　原书简版二
　　庚戌旦出坐西传日出时三老来坐食时归舍

631. 简二一　木简　原书简版二

〔上残〕行马已坐西传中已出之横门　视车已行城户已复行车已坐横门外须臾归舍

632. 简二二　木简　原书简版二

〔上残〕用二私马至敦煌辄收入敦煌去渠犁二千八百　里更沙版绝水草不能致即得用

633. 简二三　木简　原书简版二

私马二匹

634. 简二四　木简　原书简版二

〔上残〕绝水草五百里

635. 简二五　木简　原书简版三

……□□十去表是①六十里

注释

①黄释"寰"。陈直《居延汉简研究》（天津古籍出版社，1986年；以下简称陈·居……）页566释"表是"，"表是"县属酒泉郡。

636. 简二六　木简　原书简版三

正面

己未立春伏地再拜八月十三日　请卿辱使幸幸大岁在酉在初伏问初伏门

背面

三月辛丑朔小三月辛丑朔小三月己未立夏夏己未立夏　八月十九日九月十九

637. 简二七　木简　原书简版三
　　里公乘史隆家属畜产衣器物　藉

638. 简二八　木简　原书简版三
　　□□□时薄工?薄?

639. 简二九　木简　原书简版三
　　土①?霸陵西?新里田由……
注释
①黄释"一"。

640. 简三〇　木简　原书简版三
　　应募士长陵仁里大夫孙尚

641. 简三一　木简　原书简版三
　　北□士①田□□□……
注释
①黄释"土"。

642. 简三二　木简　原书简版三
　　〔上残〕士小卷里王护

643. 简三三　木简　原书简版三
　　出一人
注释
黄无释文。

644. 简三四　木简　原书简版三
　　士南阳郡湼阳石里宋钧亲①　妻玑年卅
　　　　　　　　　　　　　　　私从者同县藉同里交上□□□

注释

①陈·居·页568释"宋利亲","利亲"为西汉时最习见之名。

645．简三五　木简　原书简版三
　　右六人其二亡①□□□妻子
注释
①"□□□"黄释"士四士"。

646．简三六　木简　原书简版四
　　正面
　　□二人？二八①□四月二日
　　背面
　　妻□二□②一伯子一人□
注释
①《汉简》第十二卷页111释"人"。
②黄释"人"。

647．简三七　木简　原书简版四
　　□万
　　□万二百十五下□□□八
注释
原书图版字迹漫漶，照录黄释文。

648．简三八　木简　原书简版四
　　男□□孔六□……
注释
原书图版字迹漫漶，照录黄释文。

649. 简三九　木简　原书简版四

正面

没？临？中？女？子二七？□为？□男子十？□□□□……

治？大？□□□□□□□□头？瘛？□□□……

背面

□□□□

　　　　　　　　　　　□……

人①参二三

注释

此简图版字迹漫漶，照录黄释文。

①黄未释。

650. 简四〇　木简　原书简版四

悝私①从者大马□　六月乙丑尽七月积一月十二日食粟四石二斗

注释

①黄释"和"。

651. 简四一　木简　原书简版四

□□□□家属　　　六人官驼二匹食率　匹二斗①

注释

①黄释"升"。

652. 简四二　木简　原书简版四

凡用卅三石七头七升大

653. 简四三　木简　原书简版四

　　　　　　　　□□粟二石

十二月十日　　　□……　　　　　□□

654. 简四四　木简　原书简版五

　　卅二日　　食□□
　　　　　　　□

655. 简四五　木简　原书简版五
　　大女〔下残〕

656. 简四六　木简　原书简版五
　　十月丁丑从者给取

657. 简四七　木简　原书简版五
　　〔上残〕□□角驼　二月癸卯死

658. 简四八　木简　原书简版五
　　正面
　　□□□□□□□□食用□□□
　　背面
　　共二行，字迹漫漶。

659. 简四九　木简　原书简版五
　　正面
　　为东卿造水三斗醇酒一斗□
　　□□……
　　背面
　　漫漶

660. 简五十　木简　原书简版五
　　〔上残〕□日①　粟二〔下残〕

注释

①黄释"可"。

661. 简五一　木简　原书简版五

　　〔上残〕十秉？

662. 简五二　木简　原书简版五

　　五石具弩一

　　承弦二

　　犊丸一

663. 简五三　木简　原书简版五

　　正面

　　易　　易　　不易不易易

　　背面

　　奘枥一

664. 简五四　木简　原书简版五

　　正面

　　□□□□己卯　　易不易□易〔下残〕

　　背面

　　绨袍一领　　络□一两

注释

正面黄释似不确。

665. 简五五　木简　原书简版五

　　二褚巾三□去　　□〔下残〕

666. 简五六　木简　原书简版五
　　　黄龙元年十月□□□〔下残〕

667. 简五七　木简　原书简版六
　　　〔上残〕□□四年六月〔下残〕

668. 简五八　木简　原书简版六
　　　□□□□壬辰□□

669. 简五九　木简　原书简版八
　　　亦欲毋加诸人予口赐非

670. 简六〇　木简　原书简版六
　　　及剑殴杀死以律令从事

671. 简六一　木简　原书简版六
　　　□□到言　　属乘令史

672. 简六二　木简　原书简版六
　　　〔上残〕言之〔下残〕

673. 简六三　木简　原书简版六
　　　从不当赏证已遣临与良相是服□〔下残〕

674. 简六四　木简　原书简版六
　　　得故

675. 简六五　木简　原书简版六
　　　人利则进不利〔下残〕

676. 简六六　木简　原书简版六
　　　军□丞□再拜

677. 简六七　木简　原书简版六
　　　〔上残〕□□子孙

678. 简六八　木简　原书简版六
　　　亩受□牘书
注释
黄释似不确。

679. 简六九—七一　木简　原书简版六
　　　漫漶，不可释。

参考书目[*]

史　籍

（汉）班固撰，（唐）颜师古注：《汉书》，中华书局1962年版。

（汉）司马迁撰，（南朝宋）裴骃集解，（唐）司马贞索隐，（唐）张守节正义：《史记》，中华书局1959年版。

（晋）陈寿撰，（南朝宋）裴松之注：《三国志》，中华书局1959年版。

（南朝宋）范晔撰，（唐）李贤等注：《后汉书》，中华书局1965年版。

（北齐）魏收撰：《魏书》，中华书局1974年版。

（北魏）郦道元撰：《水经注》，商务印书馆1958年版。

（后晋）刘昫等撰：《旧唐书》，中华书局1975年版。

（后魏）崔鸿撰：《十六国春秋·前凉录》，四部备要·史部045，中华书局印行。

（唐）杜佑撰：《通典》，中华书局1984年版。

（唐）房玄龄等撰：《晋书》，中华书局1974年版。

（唐）李吉甫撰：《元和郡县图志》，中华书局1983年版。

（唐）令狐德棻撰：《周书》，中华书局1971年版。

（宋）乐史撰：《宋本太平寰宇记》，中华书局2000年版。

（宋）欧阳修、宋祁撰：《新唐书》，中华书局1975年版。

（宋）司马光撰，（元）胡三省音注：《资治通鉴》，中华书局1963年版。

---

[*]　参考书目为上编参考文献。

（元）郝经撰：《续后汉书》，商务印书馆 1958 年版。

（清）汤球辑：《十六国春秋辑补·前凉》，丛书集成初编，史地类。

（清）陶保廉撰：《辛卯侍行记》，兼树山房刻本，光绪丁酉（1897 年），甘肃人民出版社 2002 年版。

（清）袁大化修、王树枏等撰：《新疆图志》，天津古籍出版社 1987 年版。

专　著

岑仲勉：《汉书西域传地里校释》上册，中华书局 1981 年版。

陈梦家：《汉简缀述》，中华书局 1980 年版。

陈直：《居延汉简研究》，天津古籍出版社 1986 年版。

冯承钧：《西域南海史地考证论著汇辑》，中华书局 1957 年版。

甘肃省文物工作队、甘肃省博物馆：《汉简研究文集》，甘肃人民出版社 1984 年版。

韩儒林：《穹庐集》，上海人民出版社 1982 年版。

胡平生、张德芳编撰：《敦煌悬泉汉简释粹》，上海古籍出版社 2001 年版。

黄文弼：《罗布淖尔考古记》，中国西北科学考察团丛刊之一，国立北平大学出版部 1948 年版。

黄文弼：《西北史地论丛》，上海人民出版社 1981 年版。

王国维：《观堂集林》第三册，中华书局 1984 年版。

王国维：《流沙坠简》，1934 年校正重印本。

王尧、陈践：《吐蕃简牍综录》，文物出版社 1985 年版。

向达：《斯文·赫定所获缣素简牍文抄》，国立北平图书馆馆刊，5 卷 4 号，1931 年。

严耕望：《中国地方行政制度史》上编第三、四册，台北"中央研究院"历史语言研究所 1961 年版。

张凤：《汉晋西陲木简汇编》，上海有正书局 1931 年版。

中国科学院《中国自然地理》编辑委员会：《中国自然地理—历史自然

地理》，科学出版社 1982 年版。

中国科学院新疆考察队：《新疆地貌》，科学出版社 1978 年版。

译　著

〔英〕A. 斯坦因著，向达译：《斯坦因西域考古记》，中华书局 1946 年版。
〔英〕A. 斯坦因：《亚洲腹地考古图记》，广西师范大学出版社 2004 年版。
〔英〕A. 斯坦因：《西域考古图记》，广西师范大学出版社 1999 年版。
〔瑞典〕贝格曼著，王安洪译：《新疆考古记》，新疆人民出版社 1997 年版。

论文、考古简报

陈戈：《新疆米兰灌溉渠道及相关的一些问题》，《考古与文物》1984 年第 6 期。

侯灿：《李柏文书出于 LK 说》，《新疆社会科学》1984 年第 3 期。

侯灿：《楼兰新发现木简纸文书考释》，《文物》1988 年第 7 期。

侯灿：《楼兰遗址考察简报》，《历史地理》创刊号，1981 年。

侯灿：《论楼兰城的发展及其衰废》，《中国社会科学》1984 年第 2 期。

孔祥星：《唐代新疆地区的交通组织长行坊》，《中国历史博物馆馆刊》总 3 期，1981 年。

楼兰文物普查队：《罗布泊地区文物普查简报》，《新疆文物》1988 年第 3 期。

马雍：《新疆所出佉卢文的断代问题》，《文史》第七辑，1979 年。

王炳华：《孔雀河古墓沟发掘及其初步研究》，《新疆社会科学》1983 年第 1 期。

王守春：《通过考古学和地理学的比较研究对楼兰地区某些历史地理问题的探讨》，《西域史论丛》第二辑，新疆人民出版社 1985 年版。

奚国金：《罗布泊迁移过程中一个关键湖群的发现及其相关问题》，《历史地理》第五辑，1987 年。

新疆楼兰考古队：《楼兰城郊古墓群发掘简报》，《文物》1988 年第 7 期。

新疆楼兰考古队：《楼兰故城址调查与试掘简报》，《文物》1988 年第 7 期。

新疆文物考古研究所：《新疆罗布泊小河墓地 2003 年发掘简报》，《文物》2007 年第 10 期。

日文论著

香山默识编：《西域考古图谱》上、下册，国华社 1915 年版。

上原芳太郎编：《新西域记》上、下册，有光社 1937 年版。

文部省科学研究费总合研究报告：《西域文化研究》第五《中央ァジァ佛教美术》，法藏馆 1962 年版。

长沢和俊：《楼兰王国》，角川书店 1963 年、1976 年再版。

———：《楼兰王国史研究序说》上、下，《东洋学术研究》10-4，11-1，1972 年。

———：『ロブ・ノール考』，《东洋学术研究》13-2，1974 年。

———：《魏晋楼兰屯戍考》，《史观》92，1975 年。

———：『カローシュティー文书の年代について』。

———：《史学杂志》七二——二，1963 年。

榎一雄：《楼兰》，《史学杂志》六九—十二，1960 年。

———：『楼兰の位置を示す二つのカローシュティー文书について』，《石田博士颂寿记念东洋史论丛》，1965 年。

———：『鄯善の都城の位置とその移动について』，オリエソト 八—一、二。

———：『法显の通过しに鄯善について』，《东方学》三十四辑，1967 年。

西川宁：《李柏书稿年代考》，东京教育大学教育学部纪要八，1967 年。

松田寿男：《古代天山の历史地理学的研究》，早稻田大学出版部 1970 年版。

《羽田博士史学论文集》上卷，同朋舍 1975 年版。

藤枝晃：《楼兰文书札记》，《东方学报》，京都四一，1970年。

小山满：《张济文书の一考察》，《东洋学术研究》11-1，1972年。

森鹿三：『西域出土の书蹟』、『楼兰出土李柏文书にっいて』。

——：《李柏文书の出土地》及《论居延简所见的马》，收在《东洋学术研究·居延汉简篇》，同朋舍1975年版。

池田温：《沙州图经略考》，载《榎博士还历纪念东洋史论丛》，山川出版社1975年版。

《汉简》十一卷，东京堂1977年版。

片山章雄：《李柏文书出土地》，《中国古代の法と社会——栗原益男先生古稀记念论集》，汲古书院刊1988年版。

西文专著

斯文·赫定：《1889—1902年中亚考察的科学成果》第二卷 Sven Hedin, *Lop Nor, Scientific Results of a Journey in Central Asia 1899-1902*, Vol. 2, Stockholm, 1905.

斯坦因：《西域》第Ⅸ—ⅩⅢ（前有汉译本）

Aurel Stein, Serindia, *Detailed Report of Explorations in Central Asia and Westernmost China*, Volumes I-V, Oxford at the Clarendon Press, 1921.

《亚洲腹地》第Ⅴ—Ⅶ章（前有汉译本）

Innermost Asia, Detailled Report of Explorations in Central Asia, Kan Su and Eastern Iran, Volumes 1-1V, Oxford at the Clarendon Press, 1928.

贝格曼：《新疆考古记》（前有汉译本）

Folke Bergman, *Archaeological Researches in Sinkiang, Especially the Lop Nor Region*, Stockholm, 1939.

孔好古：《斯文赫定在楼兰所获汉文写本及零星物品》

August Conrady, *Die Chinesischen Handschriften und Sonstigen Kleinfunde Sven Hedins in Lou-Lan*, Stockholm, 1920. 本书引用时缩写成 C·P（纸文书），C·W（木简），后面注明原书编号。

沙畹：《斯坦因在新疆沙漠发现的汉文文书》

Edouard Chavannes, *Les documents Chinois découverts Par Aurel Stein dans les sables du Turkestan Oriental*, Oxford, 1913. 本书引用时缩写成 cha，后面注明原书编号。

马伯乐：《斯坦因第三次中亚考察所获汉文文书》

Henri Maspero, Les documents Chinois de la troisième expédition de Sir Aurel Stein en Asie Centrale, London, 1953. 本书引用时缩写成 MA，后面注明原书编号。

拉普逊等：《佉卢文题铭》

Boyer, A.M., Rapson, E.J., & Senart. E., *Kharoṣṭhī Inscriptions, Discovered by Sir Aurel Stein in Chinese Turkestan*, Oxford at the Clarendon Press, Psrt Ⅰ-Ⅲ, 1920, 1927, 1929.

本书引用时直接用原书编号。

佉卢文汉文译名对照

1. 王名

Aṃgoka　安归加

Mahiri　马希利

Pepiya　贝比耶

Tajaka　陀阇迦

Vaṣmana　伐色摩那

2. 职官

aǵeta, agita, aghita　税吏

apsu　曹长

ari　贵人

carapuruṣa　探长

cojhbo, cozbo　都伯（州长）

daśavita　十户长

divira　书吏

ekhara　埃卡罗

guʒura　古斯拉

jiṭugha, jitumga, citugha　夷都迦（侍中）

kāla　卡拉

kitsaitsa, kitsayitsa, kitsatsa　元老

kori　御牧

ogu　奥古

śadavida, satavida　百户长

ṣoṭhaṃgha, śvaṭhaṃgha　税监

tasuca　祭司

toṃga, taṃga　督军

vasu　司土

3. 地名

Caḍ'ota　凯度多（精绝）

Calmadana, Calmatana　且末

Kroraina, Krorayina　库罗来那（楼兰）

Kuhani, Khvani, Khuv́ane　库哈尼（扜泥）

Mahaṃtanagara　马哈姆塔·纳加拉（伟大城镇）

Navaga avana, Navaka　纳缚县，纳缚

Nina, Nana　尼壤
Saca, Sacha　舍凯（莎阇）
Supiya　苏毗

4. 行政区划

avana, avana　县（州之下第二级行政单位，其地位高于村，此处系借用"县"的名称）
daśavita, dasavita　十户
gotha　庄园
grama　村
nagara　城
raya, raja　（王）州
śadavida, sadavita　百户

5. 人名

Acuñiya, Acuniya　阿注尼耶
Aṃtġiya, Amtiya　安提耶
Apgeya　阿波格耶（阿钵吉耶）
Apeṃna, Apemna　阿般那
Apñiya, Apniya　阿波尼耶
Arcaka　阿凯伽
Bhimaya　毗摩耶
Bhugelga　布格尔伽
Budhapala　觉护
Camaka　凯摩迦（左摩迦）
Calaya　凯罗耶
Cugapa　注伽钵
Ḍhaġiya, Dhagiya　驮吉耶（达祇耶）

Kamlana　甘罗那
Kapġeya, Kapgeya　迦波格耶
Karaṃtsa, Karamtsa　迦罗没蹉
Kipsaya　吉波沙耶
Kipsuta　吉波苏陀
Kolẏina, Kolyina　柯莱那
Kranaya　克罗那耶
Kuṃsena, Ḱuṃtsena, Kumsena　鸠那色那
Kupala　鸠帕罗
Kuraġeya, Kurageya　鸠罗吉耶
Kustañaġa, Kustanaga　鸠色多那伽
Kutre, Kutreya　鸠特列
Kuuna　鸠那（鸠元）
Larsu　罗苏（罗尔苏）
Lpipanga　苯钵多伽
Lustu　楼色都
Lẏimsu, Lpimsu　林苏（莱没苏）
Lẏipe, Lyipe　黎贝
Lẏipeya, Lyipeya　黎贝耶
Malbhigeya　摩尔毗格耶
Malbhu　摩尔布
Moġeya, Mogeya　莫吉耶
Maṣdhige, Masdhige　摩施迪格
Motge　莫特伽
Muldeya　牟尔德耶
Mutreya　牟特罗那
Namarajnma　那摩罗兹摩
Oġiya, Ogiya　奥祇耶

Onaka	乌那伽	Sugiya	苏耆耶
Parsuge	帕尔苏格	Sujata, sujada	苏阇陀（善生）
Payina	钵夷那	Suryamitra	苏耶迷多罗（日友）
Pġena, Pgena	波格那	Tagu	耶笈
Pigita	毕祇多	Taṃjaka, Tamjaka	檀阇伽
Piltua	皮尔都	Tamaṡpa, Tamaspa	耽摩色钵
Piteya	毕特耶	Tatika	驮提伽
Rutraya	卢特岁耶（楼答喇耶）	Tsugeṣla, Tsugesra	楚格施罗
Saġapeya, Sagapeya	沙迦贝耶	Varpa	伐钵
Ṣamasena, Samasena	舍摩犀那（勤军）	Vasula	婆数罗
		Vuġeya, Vugiya	布祇耶
Sidnaya	尸德那耶	Vukimna	布基没那
Sigaya	施耆耶	Vukto	伏陀
Sirjhata	尸札多	Vurcugana pradaejade	伏尔周迦那之部
Soṃjaka, Somjaka	索波阇伽		
Sotuge	索都格	Yapgu	耶钵笈（叶波怙）
Sucamma	苏遮摩	Yitaka	夷陀伽
Sugita	苏耆陀（苏笈多）		

注：佉卢文汉文译名很不规范，译法很多。本书采用的是王广智和林梅村的汉文译名，其中有的译名不太合适，但考虑到上述二人的汉文译名使用者较多，故未变动。

索 引 *

古地名，山水

楼兰城 3, 27—30, 32, 39—41, 45—49, 54, 55, 58—61, 63, 92, 104, 105, 109, 110, 113, 120, 124, 129, 140, 142, 144—148, 151, 153—166, 173—175, 182—188, 192—195, 198—203, 212, 213, 215—218, 224, 226—234

楼兰故城 4, 6, 26—29, 31—40, 42, 45—48, 53—55, 57, 59—61, 92, 93, 105, 109—111, 114—116, 120, 124, 129, 135, 142, 144, 146—148, 154, 155, 157—159, 163, 165—169, 171, 173—179, 181—187, 191—195, 197, 199, 200—205, 212, 213, 215—220, 227, 228, 232

楼兰国 3, 20, 32, 33, 37, 39—41, 45, 46, 49, 53, 55, 68, 93, 102, 104, 105, 109, 110, 165, 173, 182, 184, 190—192, 202

楼兰道 35, 46, 49—65, 84, 90, 93, 104, 105, 110, 174

楼兰王 3, 38, 40, 50, 55, 57, 68, 93, 104, 105, 183, 184

楼兰史 3, 5, 6, 31, 36—39, 42, 47—49, 51, 53, 55, 57, 59, 61, 63, 67, 69, 71, 73, 75, 77, 79, 81, 83, 85, 87, 89, 91, 93, 95, 97, 99, 101, 103, 105, 107, 109, 111, 113—115, 117, 120, 121, 123, 125, 127, 129, 131, 133, 135, 137, 139, 141, 143—145, 147, 149, 151, 153—155, 157, 159, 161, 163—165, 204, 205, 207, 209, 211—213, 215, 217, 219, 221, 223, 225—228

楼兰地区 3—6, 20, 27, 29, 35, 37, 39, 44—46, 48, 50—55, 59—61, 63—65, 68, 76, 83, 93, 104, 109—111, 124, 125, 129, 145—148, 154, 157—160, 163, 165, 173, 178, 181,

---

* 索引为上编索引。

182, 186—188, 193, 197, 198, 203, 205, 212, 216, 222, 225, 227, 229, 230, 234

鄯善都尉 185, 186, 188

鄯善 3, 4, 6, 20, 27, 32, 37—41, 44—50, 55—60, 63, 68, 75, 83—85, 87, 90—94, 97, 101—105, 108—112, 125, 129, 144, 145, 149, 154, 159, 163—165, 173, 175, 177, 178, 181—193, 196, 198—203, 210, 213, 214, 217, 225, 227—233

鄯善王 97, 110, 177, 178, 182, 185—190, 192, 198, 201, 202

鄯善史 38, 101, 154, 165

高昌 48, 55—60, 63, 64, 69, 74, 118, 137, 145, 151, 159, 198, 207—210, 212, 227, 228, 230—232

交河城 192

盐水 50, 54, 55, 68, 104

交河曲仓 56, 70, 75, 81

蒲昌海 51, 56, 60, 65, 83, 85, 102, 109, 110, 190, 192, 213—217

楼兰之屯 3, 46, 49, 90—94, 113

高昌国 64, 74

蒲类海 50

拉布 41

田地县 209

临海 214

大罗布 100, 101

西州 57, 59, 64, 74, 227

注宾河 55, 92, 109—111, 113, 214

小罗布 100—102

金满城 91

卑鞮侯井 54, 82, 83

伊吾卢 91

海头 37, 45, 47, 48, 130, 205—209, 212—219

扜泥城 32, 33, 38, 55, 56, 59, 102, 103, 109, 111, 165, 182—185, 188, 190—192, 202

伊吾路 50, 57—59, 62, 76

西域北道 55—57, 75, 76, 94, 105

居卢訾仓 73, 74, 75, 81—83, 88, 89

欢泥 185

龙城 44, 45, 51, 65, 83—85, 90, 210, 213

西域中道 53, 54, 65, 175

居卢仓 45, 46, 49, 50, 53—58, 63, 65, 68, 75, 79—83, 85, 88—91, 94, 105, 110, 174

屯城 46, 97, 100—103, 190, 191, 214, 215

西域都护府 54, 55, 69, 70, 72, 75, 76, 88, 94

伊循 3—5, 38, 45, 46, 49, 50, 54—56, 70, 72, 75, 76, 89—91, 93, 94, 98, 100—105, 109—113, 190, 191, 193, 215

古屯城 46, 102, 103, 190

姜赖之虚 51, 65, 83—85, 90

西域都护 48, 50, 54, 55, 57, 67, 69, 70, 72, 75, 76, 88, 91, 92, 94, 145, 198, 207, 211, 226—228, 230, 232, 233

伊循城 38, 45, 46, 55, 90, 93, 94, 101—105, 109, 110, 112, 113, 193, 215

七屯城 100—102, 190, 191

龙堆 51—54, 57, 59, 61, 82—85, 104, 213

伊循都尉府 55, 75, 76, 90, 91, 93, 94, 112, 113

东城 59, 97, 98, 103, 106, 108, 111, 112, 166, 167

白龙堆 51—54, 57, 61, 82—85, 104, 213

西域校尉 207, 227, 228, 230, 232, 233

伊循都尉 55, 56, 70, 75, 76, 90, 91, 93, 94, 112, 113, 193

东故城 97, 103

三陇沙 53, 54, 59, 83, 85

西域长史 3, 40, 45—48, 58, 59, 61, 63, 91—93, 120, 122, 124—131, 135, 136, 138—146, 149, 151, 153—156, 159, 160, 164, 165, 175, 183, 185, 187, 188, 193—200, 202, 203, 205—208, 213, 216, 217, 224, 226—230, 232

新城 190, 191, 220

白龙堆沙 54, 83

西域长史营 47, 48, 159, 193, 194, 198—200, 227, 230

伊循屯田 3, 46, 49, 50, 72, 75, 89—91, 93, 94, 98, 100, 103, 105, 110, 112, 113, 215

弩支城 190

五船 57, 59

中道 53, 54, 59, 65, 83, 175

注宾城 45, 109, 113

石城镇 102, 190, 191

横坑 59

北道 46, 55—57, 75, 76, 91, 93, 94, 105, 196

鄯善城 41, 108, 190, 191

播仙镇 190

葱岭 53, 55, 83, 105, 213, 214, 224

南道 54—58, 75, 76, 93, 94, 105, 111, 196

大鄯善城 41

典合城 190, 191

南山 55—57, 109, 197, 213, 214

新道 57—59

小鄯善城 41, 191

尼壤 188, 189

北山 3, 4, 51, 55—57, 61

北新道 59

鄯善大城 102, 190, 191

铁门关 55

南河 109, 110, 113, 213—215

大海道 57, 59

小鄯善 41, 102, 103, 190, 191

邮行 74, 81, 148, 159, 160, 194, 203, 227

乌垒 50, 55, 56, 69, 70, 75, 94, 192

北河 113, 147, 148, 213

碛路 60—62

鄯善郡尉 185

仓头 68

阿耨达大水 109, 213

大碛路 60—62

馆驿 64, 74

长行车坊 74

长行坊 74

传舍 54, 73

行书 74, 75, 131, 135, 137, 139, 140, 159, 194, 195, 199, 200

驿南驿 73

传马 73, 74

行马 54, 72—74

驰置 73

行车 54, 72—74

乘置 73

长行马 74

轺置 73

长行车 74

国名，族名，王名

焉耆 5, 48, 50, 55, 58—61, 67, 75, 92, 120, 127, 149, 185, 188, 189, 196—198, 201, 205—209, 211—216, 224—232

康居 55, 56, 75

车师戊校 56, 70, 75, 81

奄蔡 55

姑师 44, 50, 55, 68, 104, 184

乌弋山离 56, 75

危须 50, 75

山国 45, 75, 113

大夏国 56

尉犁 50, 55, 60, 61, 147, 192, 225

匈奴 50, 53, 55, 57, 58, 67, 76, 91—94, 104, 184, 185, 196, 197, 208

安息 55, 104

北匈奴 196

日逐王 50

鲜卑 59, 187, 208, 227

呼衍王 91, 196,

尉犁县 51, 55, 60, 61, 147

昆弥 67, 75

渠犁 54—56, 72, 75, 89, 91

苏毗 181, 233

龟兹 48, 53—56, 58, 59, 67, 72, 75, 83, 85, 92, 125, 149, 185, 188, 189, 196—198, 201, 210, 213, 224—226, 230, 231

吐谷浑 97

尉屠耆 87, 90, 102, 104, 184, 190

戎卢国 188

吐蕃 35, 41, 46, 96, 97, 98, 100—103

元孟 92, 196

精绝 75, 178, 188

比龙 97, 182, 190

且末 55, 63, 75, 97, 109, 110, 113, 180, 182, 184, 188—192, 202, 213, 214

丁零 97

于阗 40, 58, 75, 125, 127, 185, 189, 190, 196, 198, 213, 214

仲云 97

莎车 55, 56, 57, 67, 75, 90, 91, 93

回鹘 97

龙安 224

卢水胡 127

龙会 224, 225

疏勒 52, 54—57, 75, 188, 189, 193, 197, 198

大宛 50, 55, 56, 68, 75, 90, 91, 104, 105, 214

军就 196

车师 54—59, 69, 70, 72, 75, 81, 89, 91, 93, 94, 184, 192, 196, 197, 208, 228, 232

小宛 75, 188

罗云 224

车师前部 57, 69, 91, 232

乌孙 54, 55, 67, 68, 70, 75, 82, 83, 89, 104, 184

万年 91, 93

车师前王廷 55—57

大月氏 55, 75

车师后部 57, 91

月氏国 199

新疆地名

群克 51

阿尔金山 4, 51, 146

生格尔 4, 51, 98, 146

营盘 35, 45, 60, 61, 68, 192

策特尔 192

米兰 5, 27, 32, 34, 35, 41, 45, 46, 55, 59, 90, 94—103, 105, 109—111, 113

库姆塔格 4, 51, 52

阿不旦 31, 218

米兰古城 32, 34, 35, 41, 45, 46, 59, 90, 94, 96—98, 100—103, 110, 111, 113, 191

库鲁克山 51, 192, 218

尼雅 27, 39, 109, 110, 156, 174—178, 182, 183, 185, 186, 188, 189, 196—198, 200, 202

阿拉干 6, 110, 113, 215

阿奇克谷地 4, 52, 53, 193

尼雅遗址 39, 109, 110, 177, 178, 182, 185, 188, 198

都护井 53, 54, 83

索引

孔雀河 3—8, 20, 21, 25, 27—29, 31, 33—35, 37, 42, 45, 46, 50—55, 60, 61, 110, 146, 166, 173—175, 192, 215, 217, 219

沙西井 53, 54, 83

塔里木河 32, 42, 44, 45, 51, 55, 110, 146, 214, 219

西藏 41

羊塔克库都克 54, 83

罗布泊 3—6, 11, 12, 20, 21, 29, 31—46, 51, 52, 54, 55, 61, 65, 84, 93, 106, 112, 146, 166, 173, 174, 193, 213—217, 234

库尔勒 52, 54, 193

罗布淖尔 20—22, 24, 25, 33, 34, 36, 37, 51, 65, 68, 70, 71, 76—80, 83—87, 173, 228

若羌 32, 41, 47, 55, 59, 60, 93, 97, 100—102, 104, 111, 165, 190—192, 202, 218

喀拉和顺湖 43, 51, 111, 213—215, 217

吐鲁番 55, 63—65, 74, 192, 218, 228, 232

台特马湖 51

鲁克沁 57, 59, 192

疏勒河 52, 54, 193

巴里坤 50

车尔臣河 55, 146, 214

阿克苏 51

内地地名

长安 60, 87, 174, 190, 192, 209

陇右 126—128, 197

柴达木盆地 51

洛阳 60, 125, 197, 222

金城 126—128

凉州 47, 125—127, 187, 188, 193, 196—200, 203, 207—212, 222, 227, 228, 233

河西 52, 55—57, 60, 61, 98, 126, 127, 192, 193, 196, 197, 210, 228, 233

武威 126, 127, 197, 199, 211, 222

河西走廊 52, 60, 193

姑臧 126, 210, 211

河南地 209, 212

张掖 125, 127, 197, 199

河州 211

敦煌 4, 32, 33, 46, 47, 52, 60, 64, 68, 70, 74—76, 79, 81—83, 86, 88, 90, 92, 94, 95, 125, 130, 133, 135, 149, 159, 161, 162, 174, 181, 185, 187, 189, 191, 193

秦州 126, 127, 197

敦煌郡 47, 54, 193—198, 200, 203, 216, 226

雍州 126, 127, 197

敦煌汉简 70, 76

梁州 126

沙州 46, 48, 57, 59, 60, 63, 102, 103,

144, 190, 191, 193, 197, 198, 203, 211, 214, 216, 226—228, 230, 231

南州 221, 222

酒泉 50, 54, 68, 92, 125, 127, 141, 149, 194, 195, 197, 199

上邽 126, 130

寿昌县 102, 190

冀城 126, 127

玉门 32, 33, 44, 46, 50, 52—57, 59, 68, 83, 85, 192, 195, 196, 198, 227, 232

阴平 126

玉门关 32—33, 44, 46, 52—57, 59, 83, 85, 192, 195, 196

西平 127, 197, 199

小方盘城 53, 83

晋昌 198, 227, 232

阳关 46, 53, 55—57, 102, 190—192

武兴郡 222

阳关故城 102, 190

天水 126, 127, 130

职官

戊己校尉 48, 55, 57, 59, 67, 69, 70, 75, 76, 92, 94, 125—127, 145, 196—198, 208, 209, 211, 227, 230, 232

奉晋大侯 189, 198

伍佰 117, 122, 131, 135, 136, 139, 140, 151

幕下史 133, 134, 139, 140

尚书 195, 206, 207, 209, 210

奏曹史 131, 135, 136, 139, 140

统军 134, 143

关内侯 127, 206—208

簿曹 131, 139, 140, 143

刺史 92, 125—127, 196—199, 211, 227, 232

仓曹 116—118, 120—122, 131, 132, 135—140, 148—152, 155, 159, 201

戊校尉 91

太守 58, 121, 125, 127, 133, 138—141, 189, 194—196, 199

仓曹掾 117, 118, 120—122, 131, 132, 135—137, 149, 150

部兵 132, 142, 143, 148, 149, 152, 159, 162

京兆尹 127

仓曹史 116, 117, 131, 132, 135, 136, 148, 151, 159

部曲 65, 69, 70, 86, 130, 140—143

西胡校尉 207, 211, 227, 230—232

侍中 125, 185, 186, 188, 189, 198, 210

仓吏 54, 70, 72, 73, 81, 88, 131, 132

大都尉 186, 188, 198

徐府君 194, 201, 226

监仓 116, 117, 119, 121, 124, 132, 135—140, 149, 151

骑都尉 188

监仓掾 119, 120, 132, 138, 149

索 引

监仓史 116, 117, 121, 124, 132, 135, 136
后曲候 67, 69, 70, 75, 86, 88
宜禾都尉 91
监量 117, 118, 122, 124, 132, 135, 136, 139, 140, 149
曲候 54, 65, 67, 69, 70, 72, 75, 86, 88
僮仆都尉 50
监量掾 117, 118, 122, 124, 132, 135, 136, 149
军候 69, 72, 88, 143
都护 48, 50, 53—57, 64, 67, 69, 70, 72, 75, 76, 83, 88, 91, 92, 94, 145, 192, 198, 207, 211, 226—228, 230—233
使君 148, 159, 194, 201, 209, 227
监藏掾 118, 119, 121, 132, 149
候官 7, 73, 86, 89
大将军 90, 143, 184, 201, 210, 211, 221
使者 27, 54, 56, 67—70, 72, 75, 82, 88, 91, 93, 104, 125
监藏史 132
候长 71
镇东大将军 221
台使 205, 206, 208, 210
水曹 132, 135, 136, 138—140, 148, 149, 153, 159, 201
破羌将军 54, 65, 82
诏家 206, 210

水曹掾 132, 153
令史 69, 70, 72, 88
督田掾 117, 120, 132, 135, 139, 140, 148, 149, 159
仓校 54, 70, 72, 73, 81, 88
假将 116, 121, 134, 142, 143
司马 70, 90, 91, 102, 104, 116, 126, 128, 130, 138, 139, 141—143, 145, 190, 195—197, 210, 226
兵曹 118, 119, 121, 132, 135—140
中郎将 196
军司马 142, 196
兵曹史 118, 119, 121, 122, 132, 135, 137, 138
大夫 70, 71, 73, 104, 211
虎贲中郎将 196
左部司马 70
铠曹 133, 138—140, 159
骑士 70, 71, 88
帐下将 121, 134, 139, 140, 142, 146, 148
右部司马 70
客曹 133, 135, 136, 140, 141, 153, 156, 163
燧长 71
贰师将军 55, 92, 197
功曹 116—119, 121, 122, 130, 135—140, 143, 149, 152, 155, 159
客曹史 133, 135, 136

公乘 70, 71

五威将 67

功曹掾 118, 119, 121, 122, 130, 137, 140, 152

辞曹 133, 135, 139, 140, 160, 195

应募士 70, 71, 88

大都督 211

功曹史 117, 118, 122, 130, 135, 137, 138, 140

私从者 68, 71, 72, 88

大护军 198, 227, 231

主簿 117—122, 130, 135—140, 143, 149, 159, 193, 194, 227

郡吏 69

三老 70—72, 88

录事掾 117, 118, 122, 131, 134—140, 143

都吏 70, 72

戍卒 66, 67, 69—72, 85, 88, 89, 152, 153, 156

副骑步督 121, 141

书史 120, 131, 135, 136, 140, 152

从掾位 118—122, 131, 133, 135, 137—140, 146, 150, 195

凉王 206, 210—212

从史位 117—119, 122, 133, 135, 137—140

假凉王 211

文书事郎 120, 130, 131, 139, 140

从事 27, 70, 101, 119, 120, 127, 133, 149, 155, 233

凉州牧 210

郎中 130, 131, 135, 139, 140, 211

主者 133, 135, 137, 195

主国 133, 158, 200

开陵侯 184

马下 70, 131, 135, 136, 139, 140, 151

楼兰考古学名称

土垠 4, 6, 20, 22—25, 27, 33, 35, 37, 45, 46, 50, 53—56, 60, 65—79, 81, 83—91, 102, 173, 174

候楼 79

土垠汉简 46, 50, 54, 56, 66—75, 81, 83, 85—90, 102

障城 89

土垠遗址 4, 25, 27, 33, 35, 37, 45, 46, 54, 55, 60, 65, 66, 68, 69, 70, 72, 74—78, 81, 84—89, 91, 174

前凉楼兰史 47—48—120, 204, 205, 207, 209, 211—213, 215, 217, 219, 221, 223, 225—231

苯教 100

古墓沟 5—8, 20—22, 25, 27, 30, 110, 173

佛教 27, 64, 100, 108, 109, 113, 156

小河墓地 6—12, 20—22, 27, 30, 34, 39

平台墓地 27—29

索 引 | 427

亭 50, 54—56, 66, 68, 69, 74, 76, 78, 79, 88, 138, 141

孤台墓地 28—30

亭障 50, 55, 68

亭燧 79

沙门 187

丛葬墓 21, 22, 28, 29

烽燧 29, 35, 49, 50, 54, 60, 61, 66, 68, 69, 72, 76, 78, 79, 81, 88, 89

僧团 187

烽竿 65, 78, 79, 88

营盘古城 35, 45, 61

瓦什峡古城 191

合校

社祭 151, 157

住人 161

李柏 32, 37—39, 45, 47, 48, 59, 120, 121, 124, 130, 136, 144, 151, 200, 204—213, 215—220, 223—227, 229, 230, 232

李柏文书 32, 37—39, 45, 47, 48, 120, 121, 136, 200, 204—213, 215, 216—220, 223—225, 227, 229, 230, 232

蜡 117, 157

蜡节 117, 157

汉简 33, 46, 50, 54, 56, 66 76, 78, 79, 81, 83, 85—90, 102, 152, 196, 212

寄受 161

居延汉简 67, 71—74, 78, 79, 89, 152, 212

粟特文 60, 111, 112

寄藏 161

悬泉置 75, 90

焉耆—龟兹语 185

悬泉汉简 69, 70, 75, 90

印度语 185

云梦秦简 74

伊朗语 185

过所 125, 196, 199, 200

佉卢文简牍 32, 33, 35, 37—40, 46, 47, 109, 112, 114, 155, 156, 169, 172, 174—178, 180—190, 192, 200—202, 227, 228

前凉简牍 48, 227, 229

大石 152, 153

小石 15, 72, 152, 153

占人名

安周 97, 103, 182, 190

班超 91—93

班勇 3, 50, 57, 58, 91—93, 149, 185, 195, 196

仓慈 125, 196

曹宗 196

陈良 67

陈殷 67, 69, 75, 83

但钦 67

刁护 67

窦固 91

窦宪 92

杜通 127

段会宗 67

冯奉世 90, 93, 105

傅介子 3, 50, 57, 68, 90, 104, 184, 190

郭钦 67

韩拔 97

回复罗 205, 208

霍光 90, 184

贾耽 102, 190

靳准 222

沮渠安周 190

沮渠无讳 97

康艳典 190

李崇 67

李广利 50, 55, 56, 68

郦道元 103, 213

刘聪 222

刘桀 222

刘渊 221, 222

马廖 196

毛奕 92, 197

裴岑 196

石勒 209, 221, 222

宋亮 196

索班 196

索劢 45, 46, 49, 58, 91—94, 110, 113, 142, 149, 150, 197

索劢屯田 45, 46, 49, 91—94, 197

万度归 97

王霸 92

王恢 23, 68, 104

王莽 54, 67, 69, 75

王弥 221, 222

王尊 92

奚充国 91, 93

辛武贤 54, 65, 82, 83, 89

杨宣 48, 59, 207, 210, 211, 216, 224—228, 230—232

杨终 3, 58, 91—93

尹奉 125, 196

张恭 127, 196

张轨 125, 126, 210, 222, 227

张既 126, 127

张骞 3, 50, 62, 184

张骏 198, 206—212, 222, 224, 226—228, 231, 232

张茂 210, 222

张顼 228, 233

张寔 210

张植 207, 227, 230, 232

赵破奴 50, 55, 68

赵贞 48, 59, 206—209, 211, 212, 230, 232

郑吉 91

郑众 196

终带 67

重华 211

简牍文书所记

曹颜 117, 118, 121—123, 131, 135, 136

将梁襄部 122, 134, 142, 148, 149

将尹宜部 121, 122, 134, 135, 147, 148, 152

将张金部 122, 134, 142, 148, 149

将周弄部 121, 134, 142, 162

阚凤 117

阚凌 116, 117, 135

阚携 116, 117, 124, 132, 135, 151

李卑 117, 122, 123, 131, 135, 151

李足 117, 132, 135, 137

梁鸾 117—119, 121—123, 130, 131, 135—138, 152, 159, 194

梁秋 118, 122, 137, 151, 152, 194

申传 116, 119

翟同 116, 117, 124, 132, 135

张超济 120, 121, 124, 220—223, 229

张雕 117, 132, 135, 148, 159

张龟 118, 119, 122, 123, 133, 137, 138, 159

张济逞 120, 220—223

张景记 116, 121, 134

张禄 116, 121—123, 134, 135

张忠 122, 134, 160

赵辩 118, 119, 121, 122, 123, 132, 133, 135, 137, 138, 146, 150, 151

赵伦 117—119, 121—123, 130, 135, 136

增订本后记

　　西汉通西域首先接触到楼兰道（隋称大碛道，唐烽燧简牍称楼兰路）和楼兰国，故楼兰名垂青史，誉满天下。由于史籍只记鄯善史未记楼兰史，导致楼兰、鄯善关系及楼兰故城与楼兰国关系等一系列争议和误解。细检史籍，如《汉书·西域传》记元凤四年（前77年）汉遣傅介子刺杀楼兰王，"更名其国为鄯善"、"鄯善国，本名楼兰，王治扜泥城，去阳关千六百里"。《新唐书·地理志》贾耽"入四夷道里记"载：阳关故城，"又西至蒲昌海南岸千里"；"石城镇，汉楼兰国也。亦名鄯善，在蒲昌海南三百里"。斯坦因获得的《沙州图经》写本记载："石城镇东去沙州一千五百八十里，……本汉楼兰国。"伯希和发现的《沙州图经》写本记载：鄯善城"西去石城镇二十步。汉鄯善城（按指鄯善国都扜泥城），见今摧坏"；"蒲昌海（现今罗布泊）在石城东北三百二十里"。上述史料互证，可完全确知楼兰国和更名鄯善国后的中心区及其国都扜泥城所在地一直位于今若羌县城附近一带。考诸史籍和考古发现，楼兰故城于两汉之际兴起，并非楼兰国都。有鉴于这些重要史学、考古学问题，引起我以土垠遗址、楼兰故城出土的汉魏晋前凉官方文书档案的简牍文书为基础，结合考古遗迹遗物和有关文献记载，复原出一个与"楼兰之谜"相对的《楼兰新史》，以正视听的想法。于是我就着手整理研究土垠遗址、楼兰故城的遗迹遗物，并将其出土的简牍文书在诸家考释的基础上，对照简牍文书图版重新整理、研究和考释。进而按照考古学和简牍学规范和方法，对简牍文书进行分期断代研究，使之可与《楼兰新史》各章节论述的问题在时间上和内涵上基本对应，以得出相对较准确的结论。准此，本书基本复原出汉魏晋前凉楼兰史实况的概貌，大体重构了汉魏晋前凉楼兰史编年的框架，在一定程度上部分地还原出汉魏晋前凉楼兰史的本来面目，提出了一些新见解，形成了一些新成果，厘清了一些史实。

除上所述，还应指出本书与其他楼兰史论著不同的四个特点。其一，《楼兰新史》独辟蹊径，不走前人老路，不受成说束缚，按材料说话，不人云亦云。本书以考古实证资料为基础，归纳、总结、论证有关问题，弃虚务实是本书的宗旨和主要特色。其二，本书以简牍文书资料为基础，结合文献记载，建构了史籍中未记载存在的汉魏晋前凉楼兰史及其编年的基本框架，这就是本书《楼兰新史》的由来。如此形成的《楼兰新史》，使其涉及的楼兰学主要课题较饱满，"有血有肉"，因而课题的论证有据、论点鲜明、结论有的放矢，往往切中要害，形成新说。其三，本书依托简牍文书，资料真实可靠，根据这些官方文书档案基本复原出汉魏晋前凉楼兰史的概貌，再现了当时一些历史片断场景的实况。因此，本书在较大程度上可以按照历史本来面目，实事求是地进行开创性研究，由此激发出顿悟某些灵感，乃是本书创新之源。其四，由于《楼兰新史》与楼兰汉文简牍合校是以楼兰汉文简牍文书为主的复原研究，所以本书收入了原版《楼兰新史》所无的《楼兰汉文简牍文书合校》（包括笔者和诸家的考释成果），使基础资料与研究成果合为一体。这样可使读者对所关注的问题和论述进行复查与验证，从而各自作出应有的判断，这也是本书的特色之一。

最后，应当指出本书不是1990年光明日报出版社出版的《楼兰新史》之再版。本书《楼兰新史（增订本）》乃是以原书为基础，进行了较多的增补、改写，结构也多有变化，与原书相比面貌焕然一新。但愿这样一本新书，能为推动楼兰学务实研究的进展稍尽绵薄之力，起到一定的促进作用。如是，吾将心满意足矣！